ABC der Alternativen

D1933905

ABC der Alternativen

Von »Ästhetik des Widerstands«
bis »Ziviler Ungehorsam«

Herausgegeben von
Ulrich Brand, Bettina Lösch und Stefan Thimmel

In Kooperation mit der
Rosa Luxemburg Stiftung,
der »tageszeitung« und dem
Wissenschaftlichen Beirat von Attac

VSA-Verlag Hamburg

www.vsa-verlag.de

www.rosalux.de

www.taz.de

www.attac.de

© VSA-Verlag 2007, St. Georgs Kirchhof 6, 20099 Hamburg
© der einzelnen Beiträge bei den Autorinnen und Autoren
Alle Rechte vorbehalten
Fotos auf den Innenklappen: Stefan Thimmel (vorn: Ankündigungsplakat des 3. Cumbre de los Pueblos, Alternativgipfel zum parallel tagenden Gipfel der Amerikanischen Staats- und Regierungschefs, Anfang November 2005 in Mar del Plata, Argentinien; hinten: Transparent im Fußballstadion in Mar del Plata zum gleichen Anlass)
Titelgrafik: Claudia K. Pfeiffer (taz-Gestaltung)
Druck- und Buchbindearbeiten: Offizin Andersen Nexö, Leipzig
ISBN 978-3-89965-247-5

Inhalt

Neben den Literaturangaben »Zum Weiterlesen« unter jedem Stichwort gibt es zu vielen Beiträgen auch **Internet-Links**; diese haben wir auf einer gesonderten Seite im Internet elektronisch aufbereitet: http://www.vsa-verlag.de/abc-der-alternativen/

ABC der Alternativen

Vorwort

»Neuland. Tausend Probleme. Nur Erfahrung ist imstande, zu korrigieren und neue Wege zu eröffnen.« (Rosa Luxemburg)

Was sind heute gesellschaftliche Alternativen? Fängt man erst einmal an, gemeinsam darüber nachzudenken, fallen einem im Nu zahlreiche historische und aktuelle Projekte, Bewegungen, Institutionen und Forderungen sowie alte und neue Praxen ein. Und Begriffe, die eben diese Praxen konturieren und benennbar machen, von anderen abgrenzen, gegebenenfalls Menschen motivieren und orientieren für anderes Handeln, historisch Erlebtes und Erlittenes festhalten. Eine große Schatzkiste an Erfahrungen und Ideen öffnet sich, und es ist »lexikalisches Glück«, dass dieses Buch mit »Ästhetik des Widerstands« beginnt.

Der Begriff Alternative bezeichnet herkömmlich eine Entscheidung zwischen zwei Möglichkeiten (französisch *alterne,* lateinisch *alternus,* abwechselnd, wechselweise) Im Gegensatz dazu wird der Begriff umgangssprachlich verwendet, um die Wahl zwischen mehreren Möglichkeiten auszudrücken und weist dementsprechend über eine Entweder-Oder-Entscheidung hinaus.

Um diese zweite Bedeutung geht es in diesem Buch. Nicht nur um zwei, sich ausschließende Perspektiven: dort die herrschaftliche, imperiale-neoliberale und kapitalistische, patriarchale, rassistische, andere Menschen und gesellschaftliche Gruppen ausschließende, hier die emanzipatorische. Es geht zwar um die Kritik und Veränderung bestehender Macht- und Herrschaftsverhältnisse, die Alternativen dazu sind jedoch vielfältig, müssen praktisch entstehen, stehen teilweise in Spannungen zueinander.

Die Ausrichtung von Alternativen kann am Staat orientiert, staatskritisch oder anti-staatlich sein, vom Anspruch her oder in der Praxis systemimmanent oder System transformierend. Ökologische Alternativen stehen häufig in Spannung mit jenen, die auf eine bessere Verteilungspolitik setzen und die Art und Weise wirtschaftlicher Produktion weniger in den Blick nehmen. Sie können eher kleinräumig oder in ganzen Gesellschaften gedacht und praktisch angegangen werden.

Als wir diesen Band konzipierten, waren wir schnell bei über 250 Begriffen. Margaret Thatchers berühmt-berüchtigte Killerphrase von der Alternativlosigkeit *(»There Is No Alternative«)*, das TINA-Prinzip, wie Pierre Bourdieu ironisch das simple Muster bezeichnete, mit der in der Öffentlichkeit Entscheidungen begründet werden, hat noch nie gestimmt und stimmt heute weniger denn je. Vielmehr gilt der Ausruf »TATA« *(There Are Thousend Alternatives!)*, den Susan George prägte. Aus 250 oder »tausend Alternativen« wurden schließlich 126. Denn wir haben uns dafür entschieden, ins »ABC der Alternativen« *Begriffe* aufzunehmen, die alternative »Weltsichten« eröffnen und für emanzipatorisches Denken und Handeln wichtig sind. Wir haben die Autorinnen und Autoren darum gebeten, nach den historischen Entstehungskontexten, nach den kritischen und emanzipatorischen Potenzialen der Begriffe zu fragen. Aber auch, inwieweit die Begriffe auf wichtige gesellschaftliche Widersprüche hinweisen oder wie sich ein Begriff – und die damit benannten Weltsichten und Praxen – produktiv entwickeln könnte. Damit fallen etwa konkrete Bewegungen wie *Attac* oder *Vía Campesina* und Praxen wie z.B. Tauschringe heraus.

Wir sind uns auch der Tatsache bewusst, dass mit den Begriffen gesellschaftlich bestimmte Sachverhalte benannt – und damit andere »entnannt« werden. Dieses ABC erhebt jedoch nicht den Anspruch, erschöpfend zu sein. Sicherlich fallen uns und den Leserinnen und Lesern im Nachhinein noch zahlreiche weitere Begriffe ein, die alternative Perspektiven öffnen. Und wahrscheinlich wird der eine oder die andere mögliche Alternativen ganz anders einschätzen. Sollte das der Fall sein, dann hat das Buch seinen Sinn erfüllt. Denn: Wenn man – in nicht ganz zulässiger Weise – eine Gemeinsamkeit aus den Begriffen herausdestillieren wollte, dann wäre es die breit geteilte Perspektive, dass emanzipatorisches politisches Handeln unter sehr widersprüchlichen Bedingungen stattfindet und die Reflexion dieser Widersprüche zum praktischen Bestandteil von Emanzipation wird.

Wir freuen uns sehr darüber, dass sich derart viele Menschen aus sehr unterschiedlichen linken politischen und beruflichen Zusammenhängen zur Mitarbeit an diesem Projekt bereit erklärt haben und dass somit ein breites und internationales Spektrum der gegenwärtigen linken kritischen politischen Praxis vertreten ist. Diese Pluralität ist eine der Stärken des aktuellen alternativen Denkens und Handelns und spiegelt sich in diesem Buch wider.

Die Idee der bildungspolitischen Intervention in Form von ABCs geht auf Claudia von Braunmühl zurück, die ab 2004 für den wissenschaftlichen Beirat von Attac eine wöchentliche Rubrik in der »taz« organisierte. Dieser Ansatz wurde ausgebaut und im Jahr 2005 erschienen die überarbeiteten Stichworte in dem Buch »ABC der Globalisierung«. Nach dem »ABC zum Neoliberalismus«, das Hans-Jürgen Urban 2006 in der Schriftenreihe der Otto-Brenner-Stiftung im VSA-Verlag herausgegeben hat, wird diese positiv aufgenommene kleine Serie nun um ein »ABC der Alternativen« ergänzt.

Der Band ist in Kooperation mit dem Wissenschaftlichen Beirat von Attac, der »tageszeitung« und der Rosa Luxemburg Stiftung entstanden. Letztere hat das Projekt dankenswerterweise auch finanziell unterstützt.

Wir bedanken uns bei allen Autorinnen und Autoren für ihre Beteiligung am Brainstorming und ihre Bereitschaft, die Herausforderung angenommen zu haben, komplexe Begriffe auf zwei Buchseiten abzuhandeln. Herzlich bedanken möchten wir uns auch bei Gerd Siebecke vom VSA-Verlag, der das Projekt von Anfang an intensiv begleitet hat. Der VSA-Verlag wird einmal mehr seiner Rolle als wichtige publizistische Plattform für die aktuellen emanzipatorischen Debatten und Praxen gerecht.

Wir hoffen, dass mit dem »ABC der Alternativen« dem kritisch-emanzipatorischen Denken und Handeln im deutschsprachigen Raum neue Impulse gegeben werden können.

Köln, Berlin und Wien im Oktober 2007

Bettina Lösch, Stefan Thimmel, Ulrich Brand

Ästhetik des Widerstands

»... eingespannt in eine einzige Bewegung ... rangen sie miteinander, ... träumend, reglos in wahnsinniger Heftigkeit« (Ästhetik des Widerstands I, S. 8). Die Ästhetik des Widerstands liest sich wie eine vorgezogene und zugleich zu spät kommende Bilanz der proletarischen Bewegung. Mit der vorgezogenen kritischen Bilanz rettet Peter Weiss in den Roman, was 1989 summarisch zur geschichtlichen Wirkungslosigkeit verdammt wurde, sie kommt als fiktive Biografie zu spät, weil es im historischen Prozess selbst die wirkmächtige Verkörperung dieser Position nicht gab. Das Anliegen ist eine politische Ästhetik als Gegenentwurf zur Ästhetisierung der Politik im Faschismus. Der Roman sagt in einem kunstvollen Gewebe aus historischen Bezügen und Traumelementen vieles, was dem zeitgenössischen theoriegeleiteten Blick entging. Das anonymisierte Leben und Sterben, das im 20. Jahrhundert so viel Angst verbreitet hat, wird in einer Art Umkehrung zum produktiven Prinzip in der anonymen Figur des Erzählers.

Auffällig ist die Konfrontation mit den Artefakten und den Geschehnissen am Ort und den Orten des Geschehens, also eine Aufforderung zur Deutung des Originalen und Authentischen. Die Dimensionen der Kunstwerke ermöglichen eine Auseinandersetzung, weil sie den Entstehungsort, den Ort des Geschehens und die sie ermöglichenden gesellschaftlichen Verhältnisse zwischen Menschen in sich verschlüsselt tragen, etwa das Bild des Eisenwalzwerkes oder der Pergamon-Fries.

Was in diesen Originalen steckt, wird als Überschreitung durch die realistische und zugleich visionäre und surreale Vorstellungskraft entwickelt. Das Ergebnis ist die Freisetzung der in den Artefakten eingefangenen Bewegung, um den dargestellten Besiegten ihre Würde zurückzugeben. In dialogischer Form wird die Zeitlosigkeit des in den Kunstwerken fixierten Augenblicks aufgehoben und zugleich die permanente Grundstruktur gesellschaftlicher Herrschaft freigelegt. Die Lesenden werden in ein virtuoses Springen in Raum und Zeit hineingezogen, durch das eines deutlich wird: Ein Anliegen wie das der Beendigung der Herrschaft von Menschen über Menschen, ob direkt oder in sachlicher Hülle, erfordert ein Denken, das sich in verschiedenen Räumen und Zeiten bewegen muss, von Angkor Wat bis Berlin, von Pergamon bis Guernica.

Die solchermaßen aufgespannten Zeiten und Räume werden durch zwei Fäden verbunden, die Decodierung gesellschaftlicher Herrschaft mit ihren verborgenen und offensichtlichen Techniken in der Bekämpfung des Faschismus als einer außerordentlich überwältigenden Form der Herrschaft und die Deformierung der Gegenbewegung in all ihren Formen. Die Ähnlichkeit von Lebensbedingungen unter herrschaftlichen Verhältnissen ermöglicht ein Wiedererkennen selbst über große zeiträumliche Distanzen, ein Aufschließen von Erfahrungen, nicht allein eine Form reiner Erkenntnis. Vielmehr enthalten die Deutungsleistungen eine muskulär-motorische Komponente, aus der sich Emotionalität speist. Im Wiedererkennen verändert sich Subjektivität, erhält sie Zugang zu der Frage: Warum ist es bisher nicht gelungen, Herrschaft von Menschen über Menschen zu beseitigen?

Der politisch-ästhetische Widerstand mit der Vielheit seiner Stimmen lebt und erleidet den Widerspruch zwischen der überwältigenden Melancholie angesichts der Opfer und der Tatkraft, die sich in bestimmten Bereichen dem ähnlich machen muss, was sie bekämpft, um sich ihm überhaupt entgegenstellen zu können – selbst um den Preis der eigenen Entstellung. Eine gelingende Bewegung zur Beseitigung der Herrschaft von Menschen über Menschen bedarf einer umfassenden Auslegungs- und Schaffenskunst bei den Menschen, die bisher von beiden Künsten ausgeschlossen wurden und in den Artefakten nur als Besiegte auftauchen.

Das, was wir Geschichte nennen, kann nicht das letzte Wort sein, zu viel Unabgegoltenes ist in dieser Geschichte aufgehäuft. Auch wenn es nach 1989 so scheint, als seien die Springquellen historischer Parteinahme abgeschnitten und auf die Gegenwart zusammengeschrumpft bei einer gleichzeitigen Vervielfältigung räumlicher Bezüge, die kritische → Interventionen erfordern.

Die zentrale Frage bleibt: Wie kann entfaltete politisch-ästhetische Individualität mit den Notwendigkeiten eines kollektiven Kampfes so verknüpft werden, dass weder die Emotionalität noch die Handlungsfähigkeit unter dem Druck eines übermächtigen und lernfähigen Gegners zerbrechen?

Siegfried Timpf

Zum Weiterlesen

Dunz-Wolff, Günter/Goebel, Hannes/Stüsser, Jochen (Hrsg.) (1988): Lesergespräche. Erfahrungen mit Peter Weiss' Roman »Die Ästhetik des Widerstands«, Hamburg.

Weiss, Peter (1975/1978/1981): Ästhetik des Widerstands, 3 Bde. Frankfurt/M.

Weiss, Peter (1981): Notizbücher 1971-1980, 2 Bde., Frankfurt/M.

Alltagskultur

Ausgehend von der These, dass sich der patriarchale Kapitalismus neben ökonomischer Ausbeutung auch über repressive Normen reproduziert, stellt die neue Linke die Forderung nach einer → Politisierung des → Alltags: Wohn-, Familien- und Körperverhältnisse sowie Sexualität werden hinterfragt und experimentell neu gelebt. Schon in der historischen Arbeiter_innenkultur (Mit der neuen Schreibweise des Unterstrichs wird im Sinne von → queer versucht, Subjektpositionen jenseits von »männlich«/»weiblich« sichtbar zu machen) des vergangenen Jahrhunderts gibt es Versuche, das tägliche Leben zu problematisieren und die »bürgerliche Familie« in Frage zu stellen. Die Kinderfreund_innenbewegung oder Experimente mit sozialistischer Pädagogik, die Versuche einer Schulreform oder die erste (sozialistische) Frauenbewegung sind nur einige Beispiele.

Die klassische Arbeiter_innenbewegung ist vom Denken eines Hauptwiderspruchs, dem zwischen Kapital und Arbeit, und der Existenz von Nebenwidersprüchen (Kolonialismus, Sexismus, Stadt-Land) geprägt. Die Lösung des Hauptwiderspruchs soll erst die Lösung der anderen befördern und ermöglichen. Dies bedeutet, dass die Nebenwidersprüche eben erst *nach* der → Revolution (Hauptwiderspruch) gelöst werden können. Dieser verkürzenden Sichtweise hängt die Mehrheit der organisierten historischen Arbeiter_innenbewegung und -kultur an. Daneben und dagegen gibt es immer künstlerische oder sexuelle Avantgarden. Die Sozialrevolte von 1967/68 geht weiter. Sie stellt dem Kampf der »alten Linken« gegen Ausbeutung den Kampf der »neuen Linken« gegen Entfremdung zur Seite. Sie kritisiert die uniformen Lebenspraktiken der 1950er und 1960er Jahre und die damit verwobenen Hierarchien und bringt vor allem das eigene seelische und soziale Erleben in die Politik ein. Uniforme Lebenspraktiken waren *auch* Ergebnis des Klassenkompromisses und des Kampfes der Sozialdemokratie für soziale Sicherheit – die neue Linke stellt sich damit direkt gegen die alte, was bis heute schwerwiegende Folgen und gegenseitiges Unverständnis zur Folge hat.

Das Selbstverständliche im Privaten inklusive der Geschlechterzuschreibungen wird zunehmend entkleidet. »Das Private ist politisch« wurde zum Slogan der neuen Bewegungen, vor allem des → Feminismus. Der Weiberrat formulierte: »Es gilt, Privatleben qualitativ zu verändern und diese Veränderung als revolutionären Akt zu verstehen«. In Erweiterung des traditionell männlichen Politikbegriffs der klassischen Arbeiter_innenbewegung sollte damit die politische Dimension und die Veränderbarkeit scheinbar privater

Beziehungsstrukturen und des Alltags hervorgehoben werden. Damals entstanden kollektive Formen des Wohnens, Versuche politisch bewusster zu konsumieren oder Erziehung anders zu bestimmen, Genossenschaften als solidarische Form materieller Reproduktion. Die meisten dieser Versuche wurden mittlerweile kommerzialisiert, aber es gibt ein Revival von kollektiven Formen der Einkommenssicherung durch Finanzcoops und Kommunen.

Selbstverständlich ist heute nicht zu übersehen, dass der neue Geist des Kapitalismus einige linke Forderungen aufgenommen und umgewandelt hat. Die Forderung nach einer Politik der ersten Person hat paradoxerweise zu einer Privatisierung und Intimisierung des öffentlichen Lebens geführt. Problematisch ist auf der Ebene der → sozialen Bewegungen die Moralisierung politischer Probleme und individuellen (Fehl-)Verhaltens, der Ruf nach Begrenzung, nach Verzicht – und des »Anzufangen haben wir bei uns selbst«. Die Moralisierung des Alltags ist eine Folge seiner Politisierung – mitsamt der Überforderung und Doppelmoral, denn beides hat seit jeher zur Moral gehört. Die Vorstellung von Freiräumen wird zusehends kritisch reflektiert – in der autonomen Linken, wie auch in der Bewegung der alternativen Ökonomie. Freiräume sind zwar als Orte und Räume mit geringerem Zwang eine wichtige Bedingung für emanzipatorisches Handeln (→ Emanzipation). Sie werden aber schnell zu Orten, die von der Gesellschaft abgeschieden sind.

Der »Alltag« und wie er verbracht wird, ist schon deswegen wichtig, weil ihm niemand entfliehen kann. Einen Alltag hat jede/r und er ist all-gegenwärtig. Eine subversiv-emanzipatorische Alltagskultur, in der Revolution und Genuss keine Gegensätze mehr sind, erhöht die Lebensfreude und motiviert zu neuem widerständigem Handeln. Was heißt Politisierung des Alltags unter neoliberalen Bedingungen? Wie können politische Einsichten im Alltag umgesetzt werden? Wie revolutionieren oder auch nur: verändern wir unseren Alltag? Da gibt es keine Blaupause, es kann nur selbst-tätig und selbstständig, kollektiv *und* individuell herausgefunden werden.

Bernd Hüttner

Zum Weiterlesen

A.G. Gender-Killer (Hrsg.) (2007): Das gute Leben. Linke Perspektiven auf einen besseren Alltag, Münster.

Arranca! (2006): Andere Umstände – zwischen Rebellion und Rente. Heft 33 (www.fels-berlin.de).

Hammer, Heide (2007): Revolutionierung des Alltags. Auf der Spur kollektiver Widerstandspraktiken, Wien.

Meißner, Joachim/Meyer-Kahrweg, Dorothee/Sarkowicz, Hans (Hrsg.) (2001): Gelebte Utopien. Alternative Lebensentwürfe, Frankfurt/M.

Anarchismus

Als Gegner jeder Form von Schulmeisterei hat der Anarchismus nie ein doktrinäres Lehrgebäude errichtet. Das Ansinnen, Menschen auch nur annäherungsweise »auf Linie« zu bringen, widerspricht seiner politischen Moral so fundamental, dass Dissidenz und Eigensinn als Lebenselixier des Anarchismus angesprochen werden müssen. In seinem philosophischen Horizont kann Max Stirners Eigentumsapotheose deshalb mit Kropotkins Glaube an Gegenseitige Hilfe in der Tier- und Menschenwelt ebenso koexistieren wie in seiner Praxis der hochqualifizierte Handwerkeranarchismus Schweizer Uhrmacher in der zweiten Hälfte des 19. Jahrhunderts mit der Brandschatzung von Kirchen durch die arme andalusische Landbevölkerung.

Dem auch in solchen Kontrasten artikulierten Protest gegen innere Disziplinierung entspricht die Rigorosität, mit der Anarchisten den Staat ebenso wie jede andere Obrigkeit anfeindeten. Gegen das bereits in der Antike virulente Vorurteil, anarchische Abwesenheit von politischer Führung würde menschliche Gesellschaften unweigerlich in blutiges Chaos stürzen, haben sie persönlich geltend gemacht, auf Beherrschung gut verzichten zu können. Von daher teilten sie auch das Bekenntnis zu einer Assoziation, in der nach dem libertären Wort von Marx und Engels »die freie Entwicklung eines jeden die Bedingung für die freie Entwicklung aller« ist. Uneins waren sie mit den Verfassern des Kommunistischen Manifests über den Weg zu dieser Gesellschaft. »Ich bin deshalb nicht Kommunist«, meinte etwa Bakunin, »weil der → Kommunismus alle Macht der Gesellschaft im Staat konzentriert und aufgehen lässt, weil er notwendig zur Zentralisation des Eigentums in den Händen des Staates führen muss, während ich die Abschaffung des Staates wünsche, die radikale Ausrottung des Autoritätsprinzips und der Vormundschaft des Staates, die, unter dem Vorwand, die Menschen sittlich zu erziehen und zu zivilisieren, sie bis heute versklavt, unterdrückt, ausgebeutet und verdorben hat. Ich wünsche die Organisation der Gesellschaft und des kollektiven und sozialen Eigentums von unten nach oben auf dem Weg über die → freie Assoziation und nicht von oben nach unten mit Hilfe irgendeiner Autorität, wer immer sie sei. Genau in diesem Sinne bin ich Kollektivist und kein Kommunist.«

An Versuchen, den Anarchismus angesichts derartiger Äußerungen zu einem romantischen Wunschdenken zu erklären, das allenfalls für die Phase des Übergangs von der Agrar- zur Industriegesellschaft typisch sei, hat es in der Historiographie nicht gemangelt. Gegen die These, das anarchistische Motiv verblasse in dem Maße, in dem sich die Gewöhnung an fabrikgesellschaftliche Normierung verallgemeinert, spricht aber alleine schon die Spürbarkeit von Verfeinerung und Widersinn kapitalistischer Kontrolle. Ihre Enttarnung wird durch ein Interesse an ungehinderter Bewegung vorangetrieben, dessen anti-autoritärer Impuls nach einer Reihe ermutigender Emanzipationsprozesse nicht schwächer sein dürfte als in ihrem Vorfeld.

Indessen musste sich der Anarchismus seit dem Aufstieg der ArbeiterInnenbewegung von der marxistischen Konkurrenz vorhalten lassen, seinen subjektiv → revolutionären Anspruch nicht einlösen zu können, sondern durch eigene Disziplinlosigkeit letztlich nur der Ordnungsmacht in die Hände zu spielen. Der bloße Wille zur revolutionären Tat sei eben ein schlechter Ersatz für die Notwendigkeit ernsthafter Einsicht in die Bedingungen politischen Handelns. Zwar haben einige → Marxisten eingeräumt, dass sich Anklagen gegen den Anarchismus bestens zur Beschönigung bürokratisch-autoritärer Tendenzen in sozialistischen Organisationen und Staaten eigneten. Die Alternative, deshalb das Prinzip der Delegation ebenso radikal zu verwerfen wie die Politik überhaupt, stieß bei ihnen aber nur auf wenig Anklang. Allzu simpel erschien dafür die alte anarchistische Vorstellung von der Möglichkeit eines sofortigen Sprungs ins Reich der → Freiheit.

Damit sich der Anarchismus seiner Verbannung ins Museum für Ideengeschichte entziehen kann und neue Sprengkraft gewinnt, muss er sein Gesellschaftsbild erneuern und die Erfahrungen studieren, die beispielsweise die Bewegungen der Frauen, Jugendlichen und gesellschaftlichen Minderheiten mit den Versuchen ihrer Selbstbefreiung gesammelt haben. Immerhin ist die Despotie von Autokraten, auf die die Anarchisten von einst so viele Attentate verübt haben, im demokratischen Zeitalter abgelöst worden durch die Gewalt rationalisierter Sachzwänge, die die Menschheit in einen beherrschbaren Maschinenpark zu verwandeln drohen, wenn sich ihr Widerwille gegen solche subtilen Formen der Zurichtung nicht drastischer bemerkbar macht. Gründe für die anarchistische »Weigerung, es zu etwas zu bringen« (Victor Serge), gibt es auch unter diesen Umständen immer noch mehr als genug.

Malte Meyer

Zum Weiterlesen

Guérin, Daniel (1967): Anarchismus. Begriff und Praxis, Frankfurt/M.
Serge, Victor (1991): Erinnerungen eines Revolutionärs, Hamburg.
Spehr, Christoph (1999): Die Aliens sind unter uns. Herrschaft und Befreiung im demokratischen Zeitalter, München.

Aneignung

Jede Form menschlichen Daseins basiert auf Aneignungsprozessen. Dazu gehören die Schaffung von Gebrauchswerten durch Arbeit, die Nutzung von Natur und das kontinuierliche Lernen und Sichentwickeln. In kapitalistischen Gesellschaften sind diese Aneignungsprozesse jedoch herrschaftsförmig organisiert und nehmen eine spezifische Form an, die vor allem auf der Aneignung der Ware Arbeitskraft zur Mehrwertproduktion beruht. Dafür bedurfte es der gewaltförmigen Enteignung der ProduzentInnen vom Besitz der Produktionsmittel und der hergestellten Produkte in der Entstehungsphase des Kapitalismus. Dieser Prozess der Enteignung findet auch heute noch statt, z.B. durch die Privatisierung öffentlicher Güter, die Patentierung von Saatgut und Landvertreibungen.

In der Debatte um politische Alternativen wird der Begriff der Aneignung in staatskritischer Perspektive verwendet, um den Raum zu schaffen über selbstbestimmte Befriedigung von Bedürfnissen im Zusammenhang mit alternativen Formen der Produktion zu diskutieren. Dadurch ergibt sich die Frage zum einen nach der Ausgestaltung kollektiver und solidarischer Gesellschaften und zum anderen nach der Überwindung von Herrschaftsverhältnissen. Entsprechend kann die Geschichte → sozialer Bewegungen als eine Geschichte von Aneignungskämpfen gelesen werden, die auf verschiedenste Herrschaftsverhältnisse fokussieren: Klassenherrschaft, Rassismus, Sexismus, Heteronormativität, imperiale Nord-Süd-Verhältnisse.

In Deutschland wurden in den letzten Jahrzehnten unter dem Begriff der Aneignung politische Aktionen und Praxen entwickelt, die den Zugang zu Gütern und Dienstleistungen thematisieren. Dazu sind Hausbesetzungen, Reclaim the Street, Innenstadt-Aktionen und die → Umsonst-Kampagnen zu zählen. Vor allem letztere sind zentraler Gegenstand aktueller Debatten um Aneignung. Ausgehend von vielfältigen Praktiken der alltäglichen Aneignung thematisieren die Umsonst-Kampagnen die Möglichkeiten deren Verallgemeinerung und stellen damit die Frage nach der Überführung in eine kollektive, politische Praxis.

Unter dem Motto »Alles für alle und zwar umsonst« fanden zahlreiche Umsonst-Aktionen (Schwarzfahren, Kino- und Museumsbesuche, Einklauen, etc.) in verschiedenen Städten statt, die die Verteilung und Nutzung gesellschaftlichen Reichtums und dessen staatliche Absicherung kritisierten. Eine zentrale Kritik an den Umsonst-Kampagnen lautet, dass diese maßgeblich der Waren- und Konsumebene verhaftet bleiben und damit zwar eine kritisch systemimmanente Politik betreiben, jedoch nicht die kapitalistische Vergesellschaftung grundsätzlich in Frage stellen.

Aneignung als Perspektive geht jedoch über sozio-ökonomische Praxen im engeren Sinne hinaus. Der Verweis auf ein »Anderes« in der Zukunft ohne darauf zu warten, verbindet Forderungen nach der Verbesserung der eigenen Lebensverhältnisse mit der radikalen praktischen Infragestellung der herrschenden Verhältnisse, der Suche nach einer kollektiven und solidarischen Gesellschaft und danach, was ein Leben in Autonomie und Freiheit für alle bedeuten kann. Es kann damit in einem → gegenhegemonialen Projekt gesellschaftlicher Transformation münden. Der Gedanke der Selbstbestimmung und → Selbstermächtigung stellt den Staat als bevorzugtes Terrain von Auseinandersetzungen und als Adressat für die Einforderung sozialer und politischer Rechte in Frage. Dabei geht es weniger um ein allumfassendes Konzept zur Überwindung kapitalistischer Vergesellschaftung, sondern eher um einen suchenden, experimentierenden Ansatz, um Widerstandspraktiken zu entwickeln und damit hegemoniale Denkweisen zu verunsichern.

Die Stärke der Aneignungsperspektive liegt zum einen darin, verschiedenste Kämpfe in den Blick zu bekommen, ohne diese zu hierarchisieren. Kämpfe z.B. um sexuelle Selbstbestimmung oder die Verweigerungen einer identitären Zuordnung zu einem Geschlecht lassen sich ebenso wie Kämpfe um Land und öffentliche Güter oder Fragen von Verteilung unter der Perspektive von Aneignung diskutieren und in eine Praxis überführen. Dennoch stellt sich hier die Frage, ob mit der Brille der Aneignung eine Verknüpfung gelingt, die Widersprüche zwischen verschiedenen emanzipativen Dimensionen und Bewegungen nicht einebnet, sondern zulässt. Dabei geht es nicht um die Erreichung eines ideellen Endzustandes, in dem gesellschaftliche Auseinandersetzungen der Vergangenheit angehören. Zum anderen beinhaltet ihre Strategie ein offensives Moment – im Gegensatz zu Abwehrkämpfen, die auf Verteidigung und Verhinderung zielen – das Räume für das Denken von Alternativen öffnet. Als emanzipatorische Perspektive zielt Aneignung auf den Versuch, das Prinzip der Selbstbestimmung in kollektiven Prozessen und Erfahrungen zu lernen und (er)lebbar zu machen.

Caren Kunze/Simone Buckel

Zum Weiterlesen

Arranca! Zeitschrift für eine linke Strömung (2004): Schwerpunkt Aneignung I und II. Heft 28 und 29. Berlin.

Bausteine für eine Interventionistische Linke (2004): Prekarisierung. Aneignung. Globale Soziale Rechte.

Anerkennung

Anerkennung ist eine wesentliche Konstitutionsbedingung eines autonomen bürgerlichen Subjekts. Der/die eine spiegelt sich im Bewusstsein der/des andern, dabei findet eine gegenseitige Übernahme von Eigen- und Fremdperspektiven statt, sodass das »Selbstbewusstsein ... nur als ein Anerkanntes« (Hegel) Bestand hat. Ihre ganze Tragweite gewinnt eine solche Anerkennung erst im Prozess von → Vergesellschaftung *und* Individualisierung.

In vorbürgerlichen Gemeinwesen sind die Einzelnen von vornherein Mitglieder eines spezifisch sozialen/politischen Verbandes (wie Großfamilien, Clans, Kasten oder Stände) und Anerkennung ist über Status, Tradition, Sitte o.ä. geprägt. Die bürgerliche Gesellschaft setzt die Individuen aus solchen bornierten Strukturen frei, indem sie den Vergesellschaftungs- und Individualisierungsprozess umwälzt, aber zugleich die Anerkennung von → Freiheit, Autonomie und Selbstbewusstsein als »allgemeinverbindlich« zu garantieren verspricht. Auch wenn dieser Prozess in rechtlichen und politischen Formen institutionalisiert und letztlich staatlich sanktioniert wird, indem liberale Freiheits-, politische Teilnahme- und soziale Wohlfahrtsrechte sich herausbilden, so ist die Grundform der Anerkennung doch schon in den ökonomisch-sozialen Grundstrukturen der kapitalistischen Gesellschaft verankert; sie wird dort auf spezifische Weise geprägt und ideologisch geformt.

Die kapitalistische Marktwirtschaft erscheint auf den ersten Blick als »ein wahres Eden der angeborenen → Menschenrechte« (Marx) von Freiheit, Gleichheit und Eigentum und für Prozesse intersubjektiver Anerkennung als die beste aller Welten. Zugleich aber existieren Abhängigkeiten und strukturelle Ungleichheiten; diese treten in Zeiten sozialer Sicherheit und individueller Entwicklungsperspektiven immer wieder hinter das Anerkanntsein als freie Marktteilnehmer und gleichberechtigte Citoyens zurück.

Seit den 1990er Jahren wird verstärkt ein sozialkritischer Diskurs zum »Kampf um Anerkennung« (Axel Honneth) geführt. In ihm reflektiert sich das Brüchigwerden bürgerlicher Anerkennungsmuster, die um einen intakten und lebbaren Zusammenhang von (Erwerbs-)Arbeit und Leistung zentriert waren. Sie basierten auf einem Mindestmaß an ökonomischer und sozialer Sicherheit bis hin zur Errungenschaft eines »Lohnarbeitsstatuts« als »anerkanntem« sozialem Eigentum.

Pluralisierung von Lebensweisen und Globalisierungsprozesse sprengen mit der Krise des Fordismus Anerkennungsmechanismen, die letztlich am Idealtypus eines männlichen, weißen, heterosexuellen (Erwerbs-)Bürgers ausgerichtet waren, und machen → differenziertere Anerkennungsmuster erforderlich. Es zeigt sich, dass auch die bürgerliche Gesellschaft überkommene patriarchalische, geschlechtliche und fremdenfeindlich-rassistische Herrschaftsformen reproduziert. Der Kampf der Frauenbewegung, ethnischer Minderheiten oder Homosexueller gilt der Überwindung dieser asymmetrischen Anerkennungsordnung.

Prekarisierung der Erwerbsarbeit, Entgrenzung des Marktes, Entkopplung von Wertschöpfung und sozialer Sicherheit und die Anrufung des »Arbeitskraftunternehmers« als Vermögensbesitzer unterminieren im Finanzmarktkapitalismus die bürgerliche Werteordnung und deren Anerkennungsmuster: an die Stelle von Leistung und sozialer Durchlässigkeit treten Erfolg und Exklusion. Politisch flankiert der Neoliberalismus diese Marktimperative: »Regieren durch Individualisieren«. Der »Kampf um Anerkennung«, der auf Entwicklungsfähigkeit des Individuums und zivilgesellschaftliches »*Werden* der Sittlichkeit« (Hegel) angelegt war, schlägt um in »negativen Individualismus« (Robert Castel), Versagen, Beschämt-Werden, Entwürdigung, Desintegration und Demokratieentleerung (Wilhelm Heitmeyer).

Angesichts einer solchen Umformung des bürgerlichen Anerkennungsmusters stehen emanzipatorische Bewegungen vor einer doppelten Herausforderung: Sie müssen zum einen über den »bürgerlich-beschränkten Inhalt« (Marx) im »Kampf um Anerkennung« hinausgehen und »neue Formen der Subjektivität zustande bringen« (Foucault). Zum andern müssen bezogen auf → Umverteilung und → soziale Gerechtigkeit überkommene egalitaristische Transformationskonzeptionen überwunden und muss für differenzierte, der Verschiedenheit und Besonderheit der Individuen und ihrer Lebensformen Rechnung tragende Anerkennungsformen und politische Regularien gestritten werden. Die Linke und die sozialen Bewegungen müssen in ihren eigenen Reihen zu einer politischen Sprache, Symbolik und Kultur finden, die diese → Pluralität von Anerkennungskämpfen repräsentieren, miteinander verbinden und dadurch die Handlungsfähigkeit von Subjekten stärken.

Christoph Lieber

Zum Weiterlesen

Foucault, Michel (2005): Das Subjekt und die Macht (1982), in: Schriften, Bd. 4, Frankfurt/M.

Hegel, Georg Wilhelm Friedrich (1970): Selbstbewusstsein, in: Phänomenologie des Geistes (1807), Werke Bd. 3, Frankfurt/M.

Heitmeyer, Wilhelm/Imbusch, Peter (Hrsg.) (2005), Integrationspotenziale einer modernen Gesellschaft, Wiesbaden.

Honneth, Axel (1992): Kampf um Anerkennung. Zur moralischen Grammatik sozialer Konflikte, Frankfurt/M.

Antisemitismuskritik

Die Bestimmung von Antisemitismus ist ein umkämpftes politisches Feld, das sich zwischen Leugnung der Existenz judenfeindlicher Semantiken und nicht nachhaltig belegten Antisemitismusvorwürfen erstreckt. Generell wird Antisemitismus als Ersatzreligion, Ideologie, als ein Bündel von Vorurteilen und als kulturelle Deutungsmacht begriffen, mit der/dem ein umfassendes Bild einer personifizierenden, modernen Welt konstruiert werden kann. Ein Bild von »dem Juden/der Jüdin« wird dabei als Gegenbild zum positiven Selbstbild einer Wir-Gruppe entworfen, die sich als Nation, Volk oder kulturelle Einheit artikuliert. Dabei wird »der Jude/die Jüdin« als wurzellos, international und abstrakt definiert. Im Gegensatz zum Rassismus imaginiert der Antisemitismus nicht nur eine minderwertige Gruppe, sondern schreibt »den Juden/Jüdinnen« Eigenschaften wie Allmächtigkeit, übermäßige Intelligenz und zu viel Einfluss in Politik, Kultur, Wissenschaft, Wirtschaft und Medien zu. Solche Semantiken sind soziokulturell verwurzelt und nicht auf individuelles Bewusstsein reduzierbar, haben nichts mit Juden/Jüdinnen zu tun, sondern sagen nur etwas über AntisemitInnen aus.

Heute ist wissenschaftlich belegt und weitgehend unstrittig, dass auch die Linke nicht per se frei von antisemitischen Semantiken ist, ebenso aber ein Generalverdacht gegen z.B. GlobalisierungskritikerInnen in toto nicht zutrifft. Zu den Erscheinungsformen eines *linken Antisemitismus* gehört seit dem Sechs-Tage-Krieg 1967 eine spezifische Form der Kritik an Israel. Über die Bedeutung eines linken *Antizionismus* wird seitdem eine komplexe Debatte geführt. Polarisierend formuliert, stehen sich zwei Positionen gegenüber: die eine, die sich auf jüdische EuropäerInnen oder antizionistische Israelis bezieht und sich dadurch gegen den Antisemitismusvorwurf immunisiert sieht, die andere, die den *Antizionismus* als einen getarnten *Antisemitismus* definiert. Zweitens artikulieren sich antisemitische Stereotypen in einem bestimmten *Antiamerikanismus*: z.B. dem Bild einer »jüdischen Lobby«, die das politische System unterwandert, die Finanzmärkte kontrolliert, ausgedrückt durch »Ostküste« und »Wallstreet« und die Suggestion einer vollkommenen Manipulation durch Massenkultur und Medienkontrolle. Drittens werden Semantiken in antimoderner Abwehr verwendet, die an tradierte antisemitische Bilder anknüpfen.

Im *modernen Antisemitismus* findet eine Biologisierung des »abstrakten« Kapitals in Form des »internationalen Judentums« statt (Moishe Postone). Die Eigenschaften der Macht, die im Antisemitismus »dem Juden/der Jüdin«

zugeschrieben werden, sind allesamt solche der Wertdimension der kapitalistischen Ökonomie. Die »mysteriöse Kraft« des Kapitals, Zins hervorzubringen wird personalisiert, indem die wirklich ausbeuterischen Kapitalisten in den »Juden/Jüdinnen« ausfindig gemacht werden. Es werden also Wirkungsweisen, die den Kapitalismus strukturieren, auf eine äußere Gruppe projiziert, die damit für die fatalen Folgen der Ökonomie verantwortlich gemacht wird. Ein Antisemitismusvorwurf kann nicht mit dem Verweis auf solch fetischistische Denkformen begründet werden. Allerdings ist Antikapitalismus, der innerhalb dieses Fetischs verbleibt, mit antisemitischen Semantiken kompatibel (z.B. in der Trennung zwischen dem »guten Produktivkapital« und dem »bösen Finanzkapital«). Eine solche Anschlussfähigkeit für antisemitische Semantiken beschreibt der Begriff des *strukturellen Antisemitismus*.

Verstärkt seit Anfang der 1990er Jahre wird in Deutschland eine Kritik solcher Argumentationsmuster formuliert, die sich durch eine theoretische Analyse um Kriterien bemüht, die soziale Sinngehalte dechiffrieren und objektivieren, unabhängig davon, ob diese antisemitisch intendiert sind. Diese Kritik am Antisemitismus hat in weiten Teilen der Linken eine Sensibilisierung gegenüber personifizierenden Deutungen und sich wandelnden Chiffren bewirkt. Allmächtige Erklärungsstrukturen werden problematisiert: wie z.B. eine Kritik der Ökonomie, die die Krisenhaftigkeit unseres Wirtschaftssystems ausschließlich in den globalisierten Finanzmärkten angelegt sieht und nicht grundsätzlich im Kapitalismus selbst. Heute werden vielerorts Seminare, Projekte an Schulen etc. angeboten, die eine Kritik des Antisemitismus fördern wollen und auf die Notwendigkeit einer präzisen Begrifflichkeit insistieren. → Emanzipatorische linke Politik fokussiert zudem mehr auf → differenzierte, komplexe Analyseschritte, die politische und ökonomische Entwicklungen nicht vereinfachen. Schlussendlich reicht es für eine progressive politische Theorie nicht, die Grenzen des Sagbaren auszuloten – also nur solche Ideologeme zu verwenden, die nicht an sich antisemitisch sind – sondern es gilt grundsätzlich einer Logik der Entdifferenzierung entgegenzuwirken.

Monika Urban

Zum Weiterlesen

Brosch, Matthias u.a. (Hrsg.) (2007): Exklusive Solidarität. Linker Antisemitismus in Deutschland. Vom Idealismus zur Antiglobalisierungsbewegung, Berlin.

Postone, Moishe (2005): Antisemitismus und Nationalismus (1979), in: ders: Deutschland die Linke und der Holocaust. Politische Interventionen, Freiburg, S.165-194.

Rabinovici, Doron u.a. (Hrsg.) (2004): Neuer Antisemitismus? Eine globale Debatte, Frankfurt/M.

Arbeitszeitverkürzung

Eigentlich eine erfreuliche Entwicklung: durch die digitale Revolution (auch »dritte industrielle Revolution«) steigt die Arbeitsproduktivität gewaltig an. Durch immer effizientere Technik, bessere Qualifikation und wachsende Arbeitsintensität produzieren immer weniger Menschen in kürzerer Zeit in wachsendem Umfang Güter und Dienstleistungen. Dennoch sind Millionen arbeitslos. Zwischen dem Angebot von Arbeitsplätzen und der Zahl der Arbeit suchenden Menschen klafft eine gewaltige Lücke. Nichts ist plausibler als die Idee, dass die Arbeitzeit nun für alle reduziert werden könnte, wenn sie auf alle Schultern verteilt würde. Bertrand Russell hat schon vor vielen Jahren das (von Adam Smith erwähnte) Beispiel der Nadelproduktion aufgegriffen: »Nehmen wir an, jemand macht eine Erfindung, die es ermöglicht, dass dieselbe Zahl von Menschen doppelt so viele Nadeln herstellen kann. Aber die Menschheit braucht nicht doppelt so viele Nadeln. Sie sind bereits so billig, dass kaum eine zusätzliche verkauft würde, wenn sie noch billiger würde…«. »Die Nadelarbeiter arbeiten noch immer acht Stunden, es gibt zu viele Nadeln. Einige Nadelfabrikanten machen Bankrott und die Hälfte der Leute verliert ihren Arbeitsplatz. Es gibt jetzt, genau betrachtet, genau so viel Freizeit wie bei halber Arbeitszeit; denn jetzt hat die Hälfte der Leute überhaupt nichts mehr zu tun, und die andere überarbeitet sich.«

Gegenwärtig wird diese Absurdität sogar noch überboten. Unternehmen und Staaten verlängern die Arbeitszeit und vernichten dadurch Arbeitsplätze. Das vollzieht sich vor dem Hintergrund einschneidender Verschiebungen im kapitalistischen Weltsystem. Das Ende des alternativen Weltmarktes in den »realsozialistischen« Ländern und die Integration der asiatischen Länder in den Weltmarkt haben das globale Angebot an Arbeitskräften anschwellen lassen und eine *globale industrielle Reservearmee* geschaffen, die gewaltigen Druck auf Löhne und Arbeitsbedingungen weltweit ausübt und die Macht des Kapitals anwachsen lässt.

Der erheblich gestiegene globale Konkurrenzdruck führt überall zu sinkenden Reallöhnen und zu enorm gesteigerten Gewinnen, die nach immer neuen Anlagemöglichkeiten suchen. Die globale Arbeiterklasse sieht sich dem *Zangengriff* technologischer Arbeitsplatzvernichtung und der unbarmherzigen Peitsche der wild gewordenen Finanzmärkte gegenüber. Die Weltwirtschaft wächst und produziert verschlechterte Arbeits- und Lebensbedingungen im Globalen Norden wie im Globalen Süden – und damit allerdings auch potenziell rebellische Opfer.

Unter diesen Bedingungen ist der Kampf um die Verkürzung der Arbeitszeit schwieriger geworden. Allerdings gab es immer Erfolge und Niederlagen: 1891 streikte der Deutsche Buchdruckerverband für den Acht-Stunden-Tag, 1923 wurde der einige Jahre zuvor erkämpfte Acht-Stunden-Tag wieder aufgehoben; nach dem Zweiten Weltkrieg gelang die Einführung der 40-Stunden-Woche, in Frankreich und Deutschland wurde – teils erfolgreich - um die 35-Stunden-Woche gekämpft, die jetzt wieder bedroht ist.

Das Wirtschaftssystem entwickelt sich in die falsche Richtung, wie an der Abwärtsspirale von Löhnen, Sozialstandards und Unternehmenssteuern beobachtet werden kann. Einer emanzipativen Gegenbewegung muss es darum gehen, dass die Gesellschaft sich das Primat der Politik über die Ökonomie zurückerobert und die Märkte, vor allem den Arbeitsmarkt, re-reguliert. In den alltäglichen Auseinandersetzungen gilt es, jeden Widerspruch zu nutzen. Die Forderungen nach → Mindestlohn, existenzsicherndem → Grundeinkommen und Arbeitszeitverkürzung ergeben eine Triade auch kurzfristig erreichbarer Ziele, die in grenzüberschreitender → Solidarität erstritten werden können. Längerfristig geht es aber auch um die Beseitigung sinnloser Arbeit (z.B. in der Rüstungsindustrie), um die Neuverteilung der Arbeit zwischen Männern und Frauen, zwischen leitender und ausführender, zwischen körperlicher und geistiger Arbeit. Ohne Veränderung der Eigentumsverhältnisse wird das nicht gehen. Erst wenn die »knechtende Unterordnung unter die Arbeitsteilung« (Marx) überwunden ist, kann man von einer echten Humanisierung der Arbeit reden – von ArbeitFAIRteilen eben.

Um auf Bertrand Russell zurückzukommen: »In einer vernünftigen Welt würde jeder, der mit der Herstellung von Nadeln beschäftigt ist, jetzt eben vier statt acht Stunden täglich arbeiten«. Wenn die Menschen den Märkten und ihren Nutznießern die Kontrolle entrissen haben und wenn sie den Ausgang aus der selbstverschuldeten Machtlosigkeit den Märkten gegenüber geschafft haben; wenn sie ihr Schicksal wieder – in neuen demokratischen Formen – in die eigenen Hände nehmen, dann wird diese »vernünftige Welt« die Arbeitszeit radikal und geplant verkürzen können, um die Natur zu schonen und mehr Zeit zum Leben, Lieben und Lachen zu gewinnen.

Peter Strotmann

Zum Weiterlesen

Bontrup, Heinz-J./Niggemeyer, Lars/Melz, Jörg (Hrsg.) (2007): Arbeit fair teilen, Hamburg.

Russell, Bertrand: »Nehmen wir an«. Zitiert in »Sand im Getriebe 34«: »Mehr Zeit zum Leben, Lieben, Lachen – 30 Stunden sind schon lange genug – Arbeit solidarisch umverteilen«.

Silver, Beverly (2005): Forces of Labor, Hamburg.

Autonomie der Migration

Der Begriff der Autonomie der Migration führte längere Zeit ein verstecktes Dasein in einem Interview mit dem französischen Politökonomen Yann Moulier Boutang von Beginn der 1980er Jahre. Mit Autonomie der Migration sprach er zunächst den »subjektiven Faktor« an, der in vielen theoretischen und politischen Analysen und in öffentlichen Debatten zu Migration lange Zeit unterschlagen wurde: »Auch wenn sich Myriaden von Experten und Beamten in den Behörden und staatlichen und internationalen Einrichtungen mit der Emigration beschäftigen, haben sie keine Ahnung von dieser ... Autonomie der Migrationsflüsse. Sie haben vielmehr die Vorstellung, daß alle miteinander verbundenen Faktoren und Phänomene auf die Wirtschaftspolitik zurückzuführen und daher nur Gegenstand der verwaltungsmäßigen Regulierung wären. Natürlich wird bei diesem Denkansatz die Objektivität der Politik und speziell der Wirtschaftspolitik grotesk überschätzt, es wird völlig vergessen, daß es eine Eigendynamik der Auswanderung gibt. Man kann zwar der Emigration mit repressiven Mitteln begegnen, die Rückkehr der Immigranten ›fördern‹, aber man kann nicht die Flüsse nach Programmierung und Dafürhalten öffnen und sperren.«

Obwohl bis in eine breite internationale wissenschaftliche Debatte und sogar in offizielle Politikanalysen für deutsches und europäisches Migrationsmanagement hinein die Auffassung, nach der MigrantInnen nicht einfach eine durch Wirtschaftspolitik an- und abschaltbare Verfügungsmasse bilden, inzwischen zum Substrat geworden ist, hatte und hat die Rede von der Autonomie der Migration lange Zeit die Funktion übernommen, die Perspektive *auf* Migration zu verändern, indem sie die Perspektive *der* Migration einnahm. Aufgegriffen haben den Begriff in Deutschland für ihre migrationspolitische und antirassistische Arbeit gegen Mitte/Ende der 1990er Jahre zunächst vor allem zwei Gruppen, nämlich → kein mensch ist illegal und Kanak Attak, woraufhin er vielfach diskutiert und ausgearbeitet wurde. Im Rahmen der internationalen Debatte stieß der Begriff auf einen Resonanzraum, in dem sich zeitgleich und zum Teil unabhängig voneinander ausgearbeitete Ansätze zum Recht auf Flucht, historische Ansätze zur Sklaverei, zur Lohnarbeit, zum Lumpenproletariat sowie zahlreiche feministische (→ Feminismus), migrationstheoretische und postkoloniale Beiträge, künstlerische und filmische Produktionen mit politischer Arbeit zu Migration ergänzten. Daher kann inzwischen von einem Konzept oder einer Methode die Rede sein.

In gewisser Weise ließe sich behaupten, dass der Begriff nötig geworden war. Vor allem, weil er mit ein paar Hirngespinsten über die Migration aufräumt. Zwar eröffnet Migration ein Feld sozialer und politischer Konflikte, allerdings wird der sich ergebende soziale Antagonismus anstatt als Herausforderung zu gelten, doch im Allgemeinen den MigrantInnen zur Last gelegt. Wie bei einem Vexierbild ergibt sich immer nur der Blick auf MigrantInnen, die mal als Schurken, mal als Opfer heraustreten. Diesem Bild, das über zahllose Figuren verfügt und sich historisch als höchst resistent erweist, entzieht das Konzept der Autonomie der Migration die Grundlage.

Migration tritt niemals in gleicher Weise auf, sie hat zahlreiche Gründe und läuft selten nur in eine Richtung. Sie ist nicht das Projekt Einzelner, sondern ein Prozess, der auf transnationalen Netzwerken (→ transnationale Migration) und einer globalen Bewegung beruht. Wollte man sie eine soziale oder politische Bewegung nennen, könnte sie unser Verständnis des Politischen in Frage stellen. Denn die Perspektive der Migration einzunehmen bedeutet, unsere Vorstellungen von den Grenzen nationaler Organisierung, sei es in Form staatlicher Migrationspolitik oder nationaler Gewerkschaftsarbeit, die Auffassung von Lokalem und Globalem, von engen disziplinären Grenzen, vor allem aber auch die unsinnige Idee, dass die nationale Gesellschaft »ohne Migration« bestens integriert wäre, zu überdenken.

Fraglos ist das Konzept, dessen Kerngedanke vom autonomen Marxismus geprägt ist, nicht unstrittig. Vorwürfe wie, der Ansatz verhindere, MigrantInnen als Opfer der internationalen Arbeitsteilung, von Ausbeutungsverhältnissen, Kolonialismus und Postkolonialismus, von Kriegen, Geschlechterverhältnissen, Rassismus etc. zu sehen, bilden die Hauptlinien der Auseinandersetzung. Dagegen nimmt das Konzept die Bedingungen von Migrationsbewegungen in den Blick, und zwar nicht für MigrantInnen an sich, sondern die Herausforderung antretend, die die Kämpfe der Migration stellen, wenn sie zahlreiche Grenzen überschreitend ein besseres Leben suchen.

Manuela Bojadžijev

Zum Weiterlesen

Bojadžijev, Manuela/Karakayali, Serhat (2007): Autonomie der Migration. 10 Thesen zu einer Methode, in: TRANSIT MIGRATION Forschungsgruppe: Turbulente Ränder. Neue Perspektiven auf Migration and den Rändern Europas, Bielefeld.

Mezzadra, Sandro (2007): Kapitalismus, Migrationen, Soziale Kämpfe. Vorbemerkungen zu einer Theorie der Autonomie der Migration, in: Pieper, M. at al. (Hrsg.): Empire und die biopolitische Wende, Frankfurt/M./New York.

Moulier Boutang, Yann (1993): Interview, in: Materialien für einen neuen Antiimperialismus Nr. 5, Berlin/Göttingen.

Basisdemokratie

Basisdemokratie bezeichnet eine auf → Partizipation ausgerichtete Form der politischen Beratung und Entscheidungsfindung. Sie bildet ein Gegenmodell zur repräsentativen Demokratie. In einer repräsentativen Demokratie werden RepräsentantInnen für eine bestimmte Periode dazu legitimiert, für die gesamte Gruppe zu sprechen oder politische Entscheidungen stellvertretend zu fällen. In basisdemokratischen Konzepten ist dagegen immer die gesamte Gruppe an der Beratung und Entscheidungsfindung beteiligt. Die Versammlung aller ist der Ort, wo Entscheidungen diskutiert und gefällt werden. Wenn die Gruppe für eine Versammlung aller zu groß ist, werden Delegierte von kleineren Einheiten (der Basis) bestimmt, die in einem Plenum mit anderen Delegierten Entscheidungen für die gesamte Gruppe diskutieren und beschließen sollen. Im Unterschied zu RepräsentantInnen, die ein freies Mandat haben und nach individueller Einschätzung die Gruppe vertreten können, sind Delegierte an die von der Basis diskutierten Entscheidungen gebunden (imperatives Mandat). Delegierte sind jederzeit abwählbar und es soll eine starke Rotation zwischen den Personen stattfinden, damit das Problem der Machtanhäufung unterlaufen wird. Delegiertenmodelle (Recall- und Rotationsprinzip) wurden in den → Rätebewegungen am Ende des 19. bzw. zu Beginn des 20. Jahrhunderts praktiziert. Das aktuell erfolgreichste Beispiel basisdemokratisch orientierter politischer Organisation sind die zapatistischen Gemeinden in Chiapas/Mexiko.

Die aktuelle Popularität basisdemokratischer Konzepte, etwa in der globalisierungskritischen Bewegung, geht auf negative Erfahrungen mit den repräsentativen Modellen zurück. Es gibt schon länger eine sichtbare und breit diskutierte Krise der repräsentativ-parlamentarischen Demokratien, die in der Politikwissenschaft als »Krise der Repräsentanz« bezeichnet wird. Unter Bedingungen der Globalisierung hat sich diese Krise noch verschärft, rückläufige Wahlbeteiligungen und politischer Vertrauensverlust sind hierfür die sichtbarsten Symptome.

Die Tradition basisdemokratischer Organisierung reicht historisch sehr weit zurück. Im 19. Jahrhundert ist es insbesondere der → Anarchismus, der jegliche Hierarchien in der Gesellschaft radikal ablehnt. Basisdemokratische Formen werden in den 1980er Jahren prägend für die Neuen → Sozialen Bewegungen. Auf Parteiebene ist dieser Einfluss in der parlamentarischen Anfangsphase der Grünen noch vorzufinden. Die Grünen geben allerdings im Laufe der Jahre viele basisdemokratisch motivierte Instrumente, z.B. die

Rotation von politischen RepräsentantInnen, nach und nach und im Zuge ihrer Regierungsbeteiligung auf. Gegenwärtig greift die globalisierungskritische Bewegung, insbesondere die jüngere und sich neu politisierende Generation, auf basisdemokratische Prinzipien zurück. Dem politischen Zentralismus, wie er noch große Teile der Arbeiterbewegung prägte, wird das Prinzip der horizontalen Organisierung entgegengesetzt.

Mit einer basisdemokratischen Organisierung geht das Prinzip der → Entschleunigung einher. Für die Handlungsfähigkeit der Gruppe wird nicht die Schnelligkeit in der Entscheidungsfindung zum Maßstab erhoben, sondern ein langsameres Tempo akzeptiert, wodurch größtmögliche Beteiligung gewährleistet werden soll. In den sozialen Bewegungen zielt eine solche Organisierung darauf, die Utopie einer demokratischen Gesellschaft im Hier und Jetzt und im Kleinen zu verwirklichen. Eine zentrale Forderung für mehr Basisdemokratie in der Gesellschaft sind Volksentscheide über wichtige soziale und politische Angelegenheiten. In dem brasilianischen Bundesstaat Rio Grande do Sul wurde deshalb das Modell des → partizipativen Bürgerhaushalts initiiert, bei dem die kommunalen Versammlungen von BürgerInnen über die Investitionen der Kommune bestimmen können. Dieses Modell hat mittlerweile in vielen Städten und Kommunen Anklang gefunden.

Kritisiert werden basisdemokratische Modelle vor allem hinsichtlich ihrer Praktikabilität. Je größer die Gruppe, umso schwieriger sei es, wirklich alle zu beteiligen, vor allem dann, wenn oft Entscheidungen zu fällen sind. Dieses Problem hat in einigen Strukturen und Organisationen der sozialen Bewegungen zu einer Mischform zwischen basisdemokratischen und repräsentativen Modellen geführt.

Außerdem wurde die Erfahrung gemacht, dass sich trotz der bewussten Ablehnung von RepräsentantInnen in politischen Gruppen häufig informelle SprecherInnen und Führungspersonen herausbilden, die noch weniger demokratisch kontrollierbar sind als wenn sie ein offizielles Mandat hätten.

Pedram Shahyar

Zum Weiterlesen

Kaltmeier, Olaf/Kastner, Jens/Tuider, Elisabeth (Hrsg.) (2004): Neoliberalismus. Autonomie. Widerstand. Soziale Bewegungen in Lateinamerika, Münster.

Marchart, Oliver/Weinzierl, Rupert (Hrsg.) (2006): Stand der Bewegung? Protest, Globalisierung, Demokratie – eine Bestandsaufnahme, Münster.

Shahyar, Pedram/Wahl, Peter (2005): Bewegung in der Bewegung? Erfahrungen und Perspektiven der GlobalisierungskritikerInnen, Hamburg.

Befreiungspädagogik

Sozialistische Experimente standen im 20. Jahrhundert immer wieder vor einem ähnlichen Problem: Die → Vergesellschaftung von Produktionsmitteln auf staatlicher Ebene, aber auch in kleineren Einheiten wie in Genossenschaften führte längerfristig fast überall zu einem spürbaren Einbruch der Produktivität. Die bürgerliche Wirtschaftswissenschaft erklärte dies mit dem Mangel an individuellen Anreizen.

Auch wenn das politische Interesse dieser Argumentation auf der Hand liegt, ist das Problem nicht zu leugnen: Kollektive Produktionsformen entwickelten im 20. Jahrhundert meist nur geringe Dynamik. Vor diesem Hintergrund entspann sich in den 1960er Jahren eine internationale Debatte um das so genannte Anreizproblem. Sowjetmarxistische und jugoslawische Ökonomen sprachen sich (ähnlich wie sozialliberale Denker im Westen) für wirtschaftspolitische Strukturen aus, durch die egoistische Motive und gesamtgesellschaftlicher Nutzen zur Deckung gebracht werden sollten. Zusatzzahlungen für Einzelpersonen und Belegschaften wurden als Leistungsanreize eingeführt, was von Maoisten, aber auch vom damaligen kubanischen Industrieminister Che Guevara als Rückschritt kritisiert wurde. Guevara schlug stattdessen eine Erziehungspolitik vor, durch die der »neue sozialistische Mensch« als Produktivkraft entdeckt werden könne. Auf diese Weisen wurden der moralische Appell zur kollektiven Verantwortung und die Heroisierung des persönlichen Opfers zu prägenden Kennzeichen der guevaristischen Periode auf Kuba. In China und Kambodscha schlug die permanente politische Mobilisierung gar in brutale Erziehungsdiktaturen um.

Vor diesem Hintergrund ist die in Lateinamerika entstandene Befreiungspädagogik ein entscheidender Beitrag für zukünftige gesellschaftliche Projekte. Alternative soziale Beziehungen müssen erlernt werden, doch wie kann ein Lernprozess aussehen, der nicht auf autoritäre Erziehung hinausläuft? Der Brasilianer Paulo Freire (1921-1997), der den Begriff der Befreiungspädagogik maßgeblich prägte, entwickelte sein Konzept auf der Grundlage von Alphabetisierungsprogrammen in Brasilien und Chile. Ausgehend von der Frage, warum bestimmte Lernmethoden die Apathie der SchülerInnen nicht zu durchbrechen vermögen, kam er zu der Schlussfolgerung, dass Lernen nicht als neutraler Prozess der Wissensübermittlung betrachtet werden könne. Lernen sei nur dann erfolgreich, wenn es die spezifischen Erfahrungen des Einzelnen aufgreife und ihn befähige, diese zu verarbeiten. Lernen sei also ein Selbstermächtigungsprozess, in dem die soziale Situation der

Lernenden aktiv verändert wird. Im Gegensatz zur staatssozialistisch orientierten Pädagogik, die unterdrückte Massen mit einer Art Aufklärung zu »erwecken« suchte, lehnte Freire die politische Agitation ab, weil diese erneut entfremdete Beziehungen zwischen Führern und Geführten hervorbringe. Die in der Folge von Freire konzipierten Alphabetisierungsprogramme nahmen das spezifische Wissen der Unterdrückten zur Grundlage und postulierten die Kollektivität von Lernprozessen, auch die der Lehrenden. Da alle Beteiligten Wissen einbringen und kollektive Prozesse unvorsehbare Ergebnisse produzieren, würden die Alphabetisierenden ständig dazu lernen. In dieser Hinsicht besitzt die Befreiungspädagogik eine bemerkenswerte Parallele zu den »unterdrückten Wissensarten« Foucaults. Auch die Befreiungspädagogik propagiert die befreiende Kraft von unterdrücktem Wissen und plädiert für das Aufbrechen diskursiver Machtsysteme.

Interessanterweise erhielt die Befreiungspädagogik ihren Anstoß aus einer linkschristlichen Praxis (→ Befreiungstheologie). Basiskirchliche Strömungen (wie die Arbeiterkirche) diskutierten die Frage, wie Pfarrer sich in Gemeinschaften einbringen und ihr Wissen für eine Emanzipation nutzbar machen können, ohne selbst Machtpositionen zu erlangen. Aus diesem Zusammenhang stammten Begriffe wie Ergebenheit und Demut, die in Freires Haltung eine große Rolle spielen. Der Befreiungspädagoge (in seinem Aktivismus, nicht aber in seiner konkreten Rolle dem leninistischen »Kader« vergleichbar) müsse seine eigene Rolle fortwährend zur Disposition stellen.

Befreiungspädagogik stellt jedoch die Frage, inwiefern Pädagogik als solche ein Konzept biopolitischer Macht ist, nicht wirklich. Immerhin wurde das Problem der Kindererziehung historisch erst dadurch aktuell, dass neue Produktions- und Regierungsformen sich selbst disziplinierende StaatsbürgerInnen und Arbeitskräfte benötigten. Doch der praktische Wert befreiungspädagogischer Projekte bleibt von dieser Einschränkung unberührt. Die vielfältigen Ansätze einer basisorientierten, von Freire inspirierten Educación Popular sind sicherlich einer der Gründe, warum sich die → sozialen Bewegungen in Lateinamerika in den vergangenen 30 Jahren trotz brutaler Repression immer wieder neu konstituieren konnten. Sie haben den Unterdrückten Selbstbewusstsein vermittelt und gemeinschaftliche Handlungsperspektiven aufgezeigt.

Raul Zelik

Zum Weiterlesen

Freire, Paulo (1990): Pädagogik der Unterdrückten. Bildung als Praxis der Freiheit, Reinbek.

Befreiungstheologie

Die Befreiungstheologie ist eine Sammlung der seit 1971 veröffentlichten Schriften von – mehrheitlich lateinamerikanischen – Intellektuellen wie Gustavo Gutiérrez (Peru), Hugo Assmann, Frei Betto, Leonardo und Clódovis Boff (alle Brasilien), Jon Sobrino, Ignacio Ellacuria (El Salvador), Pablo Richard (Chile/Costa Rica) und Enrique Dussel (Argentinien/Mexiko) – um nur einige der Bekanntesten zu nennen. Die von der Befreiungstheologie beeinflussten Christen gehören zu den wirksamsten und wichtigsten AktivistInnen der Bewegung des *Altermundialismus* (altermundialismo), die sich im Namen der → sozialen Gerechtigkeit gegen die neoliberale kapitalistische Globalisierung stellt. Einer der Gründer des → Weltsozialforums und Repräsentant der Kommission »Gerechtigkeit und Frieden« *(Justicia y Paz)* der CNBB (*Conferencia Nacional de los Obispos Brasileños* – nationale Konferenz der brasilianischen Bischöfe), Chico Whitaker, gehört dieser Strömung ebenso an wie der belgische Pater François Houtart (Freund und Lehrer von Camilo Torres), eine der einflussreichsten intellektuellen Persönlichkeiten des Forums. Die zwei wichtigsten brasilianischen Befreiungstheologen, Leonardo Boff und Frei Betto, befinden sich ebenfalls unter den Gründern des Altermundialismus und beteiligen sich aktiv durch ihre Schriften und Reden an den Mobilisierungen und Veranstaltungen des Weltsozialforums.

Die Befreiungstheologie ist der Ausdruck einer breiten sozialen Bewegung, die man als »Befreiungschristentum« bezeichnen könnte und die sich Anfang der 1960er Jahre entwickelte. Diese Bewegung umfasste weite Bereiche der Katholischen Kirche – Priester und Bischöfe, aber vor allem religiöse Orden, weltliche religiöse Bewegungen wie *Acción Católica* (katholische Aktion), *Juventud Universitaria Cristiana-JUC* (christliche universitäre Jugend), *Juventud Obrera Cristiana*-JOC (christliche Arbeiterjugend), Volkspastoralen (*pastoral obrera* – ArbeiterInnen-Pastoralen und *pastoral de la tierra* – Pastorale der Erde) sowie die kirchlichen Basisgemeinden (*Comunidades Eclesiales de Base* CEBs). Sie übt auch Einfluss auf nichtkonfessionelle soziale Bewegungen wie Stadtteilzusammenschlüsse, Frauengruppen, Gewerkschaften, Bauernbewegungen und Volksbildungsbewegungen bis hin zu politischen Parteien aus. Ohne die Erfahrung dieser sozio-religiösen Bewegung lassen sich äußerst wichtige soziale und historische Phänomene der lateinamerikanischen Geschichte der letzten 30 Jahre nicht verstehen, wie der revolutionäre Prozess in Zentralamerika (Nicaragua, El Salvador), die neue ArbeiterInnen- und BäuerInnenbewegung in Brasilien oder der zapatistische Aufstand in Chiapas. Das »Befreiungschristentum«, das durch die brasilianische JUC – Rezipientin der progressiven katholischen Kultur (Emmanuel Mounier und die Zeitschrift »Esprit«), Pater Lebret und die Bewegung *»Economía y Humanismo«* (Ökonomie und Humanismus) und Yves Calvez, den »Karl Marx der Jesuiten« beeinflusst wurde, forderte zum ersten Mal im Namen des Christentums eine radikale gesellschaftliche Umwandlung in Lateinamerika. Diese Bewegung sollte sich alsbald über fast alle Länder des Kontinents in verschiedenen Ausformungen – »Christen für den Sozialismus«, »Priester der Dritten Welt« etc. – ausbreiten, bis sie ab den 1970er Jahren in der Befreiungstheologie eine kulturelle, politische und spirituelle Übertragung fand.

Würde man die zentrale Idee der Befreiungstheologie in einer einzigen Formel zusammenfassen müssen, wäre das »Präferenzoption für die Armen«. Was ist das Neue? War die Kirche nicht seit jeher von einer wohltätigen Aufmerksamkeit gegenüber dem Leiden der Armen geprägt? Der wesentliche Unterschied ist, dass für die Befreiungstheologie die Armen nicht mehr als Objekte wahrgenommen werden – der Hilfe, des Mitleids, der Wohltätigkeit –, sondern als AkteurInnen ihrer eigenen Geschichte, als Subjekte ihrer eigenen Befreiung. Die Rolle der sozial engagierten ChristInnen ist es, am »langen Marsch« der Armen teilzunehmen – des »Pauperiats« (pobretariado), in der Sprache einiger christlicher Gewerkschafter – bis die »Terra prometida« (versprochenes Land), die Befreiung durch Selbstorganisation und gesellschaftliche → Emanzipation erreicht ist.

Trotz der Schwierigkeiten – der repressiven Maßnahmen des Vatikans, des Wettbewerbs der charismatischen katholischen Strömungen und der protestantischen Neo-Pfingstsekten – bleibt die Befreiungstheologie in Lateinamerika präsent, vor allem in Brasilien, wo ihr Einfluss auf die Kirche bedeutend ist. Ohne ihre gesellschaftliche Fürsorge aufzugeben, hat sie sich für neue Themen geöffnet: die Unterdrückung der Frauen, die indigenen und afroamerikanischen Kulturen, die Ökologie.

Michael Löwy (Übersetzung: Katja Fritsche)

Zum Weiterlesen

Boff, Leonardo (1981): Igreja, Carisma e Poder, Petropolis.
Gutiérrez, Gustavo (1971): Teología de la liberación. Perspectivas, Lima.
Löwy, Michael (1999): Guerra de Dioses. Religión y Política en América Latina, México DF.

Bioethik-Kritik

Biotechnologische Verfahren der Medizin sind in weiten Kreisen der Gesellschaft akzeptiert. Junge Eltern lassen das Nabelschnurblut ihres Neugeborenen einlagern, damit daraus in Zukunft vielleicht einmal körpereigene Ersatzorgane gezüchtet werden können. DiabetikerInnen oder ParkinsonpatientInnen hoffen auf Stammzelltherapien, die Insulin oder Dopamin produzierende Zellen erneuern oder zerstörte Nervenzellen ersetzen können. Noch größer ist die Akzeptanz biotechnischer Verfahren in der Diagnostik, so bei der vorgeburtlichen Diagnostik oder der Suche nach dem Brustkrebs-Gen.

Das war nicht immer so. Bis weit in die 1980er Jahre hinein galt beispielsweise die Intensivmedizin als inhuman oder die medizinisch kontrollierte, klinische Entbindungspraxis wurde durch die »natürliche«, die »sanfte« Geburt zurückgedrängt. Der Boom biomedizinischer Technologien begann erst Ende der 1980er Jahre parallel zu einer gesundheitspolitischen Entwicklung, die durch die Internationalisierung medizinischer Forschung, die Ökonomisierung des Gesundheitssektors und die Privatisierung von Verantwortung gekennzeichnet ist. Zeitgleich mit dem Boom der Biomedizin entwickelte sich, von der westlichen Welt ausgehend, die Bioethik. Bioethik intendiert, Nutzen und Nachteil biomedizinischer Verfahren unter Berücksichtigung der Interessen möglichst aller gesellschaftlichen Akteure abzuwägen. Insofern sie damit demokratischen Prinzipien im weitesten Sinne gehorcht, sind selbst gesellschaftskritische Geister geneigt, ihr eine korrektive Funktion gegenüber biotechnologischer Verfügung zuzusprechen.

Keineswegs jedoch ist das Verhältnis der Bioethik zur Biomedizin grundsätzlich kritisch. Beide teilen vielmehr den gleichen wissenschaftlichen und gesellschaftlichen Hintergrund. Es wird weder nach der sozialen Genese von Krankheiten und Bedürfnissen gefragt noch gibt es Raum für alternative Deutungen des Körpers. Vielmehr werden bestimmte Krankheiten als Status quo vorausgesetzt, um davon ausgehend passende medizinisch-technische Therapien zu entwickeln, die von der Industrie dann kostengünstig produziert und weltweit gewinnbringend vermarktet werden können. Lehnt man diesen Zusammenhang von Biomedizin, Bioethik und Bioindustrie für das eigene leibliche Wohlbefinden ab, scheint es naheliegend, sich der alternativen Medizin zuzuwenden. Nicht ohne Grund haben ja auch Chinesische Medizin, Ayurveda, Naturheilkunde, Homöopathie und andere seit Jahren Hochkonjunktur. Sicherlich sind sie durchaus in der Lage dort anzusetzen, wo die westliche Medizin mit ihrem Latein am Ende ist. Bei Schmerzzuständen ohne »erkennbare organische Ursache« oder bei all jenen Beeinträchtigungen, die von der naturwissenschaftlichen Medizin abwertend als »Befindlichkeitsstörungen« klassifiziert werden, sind sie gerade deshalb hilfreich, weil sie die menschliche Existenz nicht zergliedern und dekontextualisieren. An den gesellschaftlichen Ursachen von Krankheit und Schmerz rühren jedoch auch alternative Therapien nicht. Im Gegenteil: Unter dem Label »Wellness« etabliert, leisten sie – gewollt oder ungewollt – eben jener Individualisierung sozialer Probleme Vorschub, die mit dem Umbau des Gesundheitswesens zu mehr privater Verantwortung ohnehin einhergeht.

Was aber bleibt, wenn sich die Frage »Biomedizin oder alternative Medizin?« als falsche Alternative erweist? Wie kann eine kritische Auseinandersetzung mit der Medizin aussehen, die weder der Privatisierung von Verantwortung Vorschub leistet noch die Individuen um ihre medizinischen Möglichkeiten beschneidet? Quer zur Alternative »Bioethik oder Gesellschaftskritik« stehend böte sich vielmehr ein zweistufiges Vorgehen an, das sich als *De-Naturalisierungsstrategie und Machtanalyse* beschreiben lässt.

Erstere appelliert dafür, scheinbar naturwüchsige Krankheitsvorstellungen und Bedürfnisse als gewordene zu begreifen. Dabei geht es jedoch gerade nicht darum, den Einzelnen ihre Empfindungen abzusprechen oder gar als falsch zu deklassieren, sondern sie für die Betroffenen in ihrer Genese nachvollziehbar zu machen. Einschränkungen und Ausgrenzungen, die mit bestimmten, vorgegebenen Deutungen von Körper und Krankheit verbunden sind, werden erfahrbar gemacht und darüber jene individuellen Schuldgefühle relativiert, die den Einzelnen durch die Privatisierung von Verantwortung zugeschoben werden. Damit eröffnet sich im zweiten Schritt ein anderer Blick auf die Verhältnisse im Gesundheitswesen. Jetzt lässt sich – an technisierte ebenso wie alternative Heilkünste – die Frage stellen: Wer entwickelt aus welchen Gründen welche Therapien? Wer profitiert davon, wer kann sie sich leisten und wem nutzen sie wirklich? Die Praxis, scheinbare natürliche Evidenzen in Frage zu stellen und auf dahinter stehende Machtverhältnisse abzuklopfen, eröffnet individuell wie gesellschaftlich neue Handlungsspielräume und Denkmöglichkeiten.

Alexandra Manzei

Zum Weiterlesen

Braun, Kathrin (2000): Menschenwürde und Biomedizin, Frankfurt/M.
Manzei, Alexandra (2003a): Körper-Technik-Grenzen, Münster.
Manzei, Alexandra (2003b): Mythos der unendlichen Rekonstruierbarkeit des Körpers. In: ETHICA. Wissenschaft und Verantwortung. 4/2003

Bündnispolitik

Am 15. Februar 2003 gingen in Berlin mehr als 500.000 Menschen und in mehr als 600 Städten weltweit zwischen zwölf und sechzehn Millionen Menschen gegen den Irak-Krieg und für den Frieden auf die Straße. Diese seit Jahrzehnten größte Manifestation war ein globales Bündnis in Aktion. Was es einte, war der Wille, mit dem »Nein« ein Zeichen gegen den drohenden Irak-Krieg zu setzen.

Je genauer man das verbindende »Nein« beschreibt, desto deutlicher wird die Vielfalt der Sichtweisen auf Gesellschaft und globale Prozesse. Menschen mit unterschiedlichen weltanschaulichen Positionen, sozialen Prägungen, Erfahrungswerten, politischen Orientierungen und Selbstverständnissen, sichtbar gemacht durch Fahnen, Symbole, Losungen oder Plakate, fanden sich an diesem Tag in *dieser* Frage zusammen.

Bündnisse entstehen, wenn es individuelle und gesellschaftliche Bedürfnisse gibt, sich zusammenzuschließen, um mit eigener und der Kraft der Anderen aktiv zu werden, wenn Gesellschaft so nicht sein oder verändert werden soll. Ihnen liegt zumeist eine soziale Gemeinsamkeit zugrunde. Bündnisse sind ein zentraler Bestandteil des Politischen. Sie brauchen von allen AkteurInnen gemeinsam getragene Ziele, Symbole und Handlungen, die an individuelle und kollektive Identitäten, Interessen und Kulturen anknüpfen. Wie sie funktionieren, ist eine politische Frage: Es gibt hierarchische und monolithische, aber auch plurale und nach dem Prinzip der Gleichheit strukturierte Bündnisse. Linke Bündnisse sind ihrem Anspruch nach eine Verbindung auf gleicher Augenhöhe, die von der Freiheit der Andersdenkenden leben und in denen niemand instrumentalisiert wird. Die Vielfalt der AkteurInnen und die Pluralität ihrer Positionen sind ihr wichtigstes Potenzial und machen es möglich, viele zu erreichen und zum Handeln zu aktivieren. Netzwerke stehen für lockere, flüchtige und oft pragmatische Formen der → Kooperation. Netzwerkpolitik und Diversität als soziales und kulturelles Kapital und politische Gleichheit kennzeichnen linke Bündnispolitik.

Damit Bündnisse handlungsfähig sind und die Grenzen ihrer inneren Vielfalt in der politischen Auseinandersetzung bestimmen können, bedarf es der Verständigung über Minimalkonsense, Wege und Formen des gemeinsamen Handelns. Das erfordert Regularien, die für alle gelten, für jeden verständlich sind und deren Erarbeitung Bündnisarbeit ist, die sich auf Toleranz, Anerkennung der Unterschiede, offene Zugänge, unterschiedliche Räume, konsensuale Verfahren des Interessenausgleichs ebenso stützen wie auf verlässliche

Absprachen, ohne die Souveränität der AkteurInnen in anderen Fragen einzuschränken. Der solidarische Umgang mit verschiedenen Ressourcen wie Wissen, Organisationskraft, Geld etc. sind grundlegende Voraussetzungen für Bündnisarbeit, die von Gleichwertigkeit und Partizipation lebt.

Bündnisse sind nicht harmonisch. Sie sind Ergebnis politischer Aushandlungsprozesse von gleichen, verschiedenen und zum Teil gegensätzlichen Interessen. Bündnisse müssen sich im Handeln immer wieder neu reproduzieren und dürfen nicht unnötig überfordert werden. Das gilt auch für die Wahl der Aktionsformen. Damit stellt sich auch die Frage der Verantwortung für jede/n im Bündnis, selbst Handlungen zu unterlassen, die der/dem anderen schaden.

Je mehr ein Bündnis dauerhaft Macht entwickeln und bewahren soll und so auch in das Spiel der hegemonialen Macht in der Gesellschaft gerät, desto stärker wird die Tendenz zur Institutionalisierung und mit ihr die Gefahr zur strukturellen Hierarchiebildung innerhalb von Bündnissen. Gerade deshalb sind Transparenz in der Arbeitsteilung und der solidarische Umgang mit Ressourcen Grundbedingungen für Bündnisarbeit. Das gilt vor allem für Parteien, die um politische und gesellschaftliche Mehrheiten kämpfen.

Ebenso konstitutiv wie oftmals kooperationsverhindernd sind die unterschiedlichen Handlungslogiken und -möglichkeiten sowie die Eigenlogiken von Handlungsfeldern der verschiedenen AkteurInnen innerhalb von Bündnissen. So haben Parteien, Gewerkschaften, NGOs und soziale Bewegungen unterschiedliche Wirkungsmöglichkeiten, die in Bündnissen einander ergänzend ihre spezifischen Potenziale einbringen können – oder sich im Weg stehen. Dabei hilft es zu wissen, welche konkreten Sorgen und Probleme es für den/die andere gibt, aus welchen Interessen- und Konfliktlagen sie agieren und Lösungsansätze anbieten. Bündnisse sind ein Schlüsselmedium der Politik. Sie sind umkämpft, zentral, vielfältig. Es gibt sie lokal und global, zu Grundfragen und aktuellen Problemlagen, zum Aufbau politischer Strömungen, Formationen und Organisationen. Sie sind ein Ort, wo Politik entsteht, sich bewährt – aber auch scheitert.

Cornelia Hildebrandt

Zum Weiterlesen

Beiträge zur Auswertung von G8. In »analyse & kritik« Nr. 518 vom 22.6.2007 und 519 vom 17.8.2007 von Thomas Seibert, Werner Rätz, Uli Brand und Gregor Samsa.

Escobar, Arturo (2004): Andere Welten sind schon möglich: Selbstorganisation, Komplexität und postkapitalistische Strukturen. In: Anand, A/Escobar, A./Sen, J./Waterman, P. (Hrsg.): Eine andere Welt. Das Weltsozialforum, Berlin. S. 333-344.

Deglobalisierung

Der Begriff verbreitete sich in den Debatten um Globalisierung, nachdem Walden Bello, eine der führenden Figuren der Antiglobalisierungsbewegung, die Idee ausgeführt hatte. Eine Kernthese lautet, dass es um eine Umorientierung von den auf Export ausgerichteten Volkswirtschaften zu einer Produktion vorwiegend für den Binnenmarkt gehe. Es gibt Vorläufer für diese Vorstellung, auch wenn dort der Begriff Deglobalisierung nicht explizit genutzt wurde. Der Ökonom John Maynard Keynes beispielsweise dachte bereits 1933 entlang der Linien von Deglobalisierung, als er darauf drängte, wirtschaftliche Verwicklungen zwischen den Nationen zu vermindern. Waren sollten einheimisch sein, wann immer das vernünftig und möglich ist. Und vor allem muss das Finanzwesen national bleiben. Ebenso gleicht Bellos Deglobalisierungsstrategie in wichtigen Aspekten den frühen Werken des ägyptischen Intellektuellen Samir Amir, der 1990 eine »Entkoppelung« und die »Unterordnung externer Verbindungen unter die Logik der internen Entwicklung« befürwortete.

Keiner dieser Denker wandte sich gegen internationale Beziehungen per se. Amin betont, dass »Entkoppelung … nicht gleichbedeutend mit Autarkie ist«. Keynes wiederum räumte ein: »Ideen, Wissen, Gastfreundschaft, Reisen – alle diese Dinge sollten ihrer Natur gemäß international sein.« Hingegen argumentieren Verfechter der Deglobalisierung, dass von oben nach unten verlaufende und homogenisierende Prozesse neoliberaler Globalisierung umgekehrt werden müssten. Das Deglobalisierungsparadigma bringt die Produktion von Waren und Dienstleistungen mit sich, die weniger auf die firmengesteuerte Konsumkultur als vielmehr auf die Bedürfnisse der Menschen eingehen. Deglobalisierte Produktion verwendet Technologien, die die Gemeinschaft, die Umwelt und das Leben verbessern und nicht zerstören. Eine deglobalisierte Wirtschaft speist einen Großteil der finanziellen Ressourcen einer Gesellschaft für ihre Entwicklung aus sich selbst anstatt von ausländischen Investitionen abhängig zu sein. Darüber hinaus verringert eine Politik der Deglobalisierung den Stellenwert von Wachstum und maximiert die Verteilungsgerechtigkeit. Gewürdigt wird zudem die zentrale Bedeutung des Beitrags von Frauen zur Produktion und Reproduktion ökonomischer und sozialer Systeme. Deglobalisierung beendet die kapitalistischer Entwicklung innewohnende Kluft zwischen Stadt und Land, indem sie Landwirtschaft, landwirtschaftliche Kommunen und landwirtschaftliche Ökonomien aufwertet. Strategische wirtschaftliche Entscheidungen werden einer demokratischen Auswahl unterworfen und nicht dem Markt überlassen. Der private Sektor wird staatlicher Regulierung untergeordnet, die wiederum strikter demokratischer Kontrolle unterliegt. Zu den veränderten Produktions-, Tausch- und Verteilungsnormen einer deglobalisierten Welt gehören lokale Kooperativen, private Firmen und Staatsunternehmen, während transnationale Konzerne ausgeschlossen bleiben. Deglobalisierung bewahrt so das Subsidiaritätsprinzip im Wirtschaftsleben. Das System wahrt die Menschenrechte, fördert Selbstbestimmung und unterstützt kulturelle und politische → Pluralität anstatt sie zu unterminieren. Kritiker setzen Deglobalisierung beharrlich mit Autarkie und Protektionismus gleich. Es geht aber darum, die neoliberale Politik der Handels- und Finanzliberalisierung, der exportorientierten Produktion, Privatisierung und Deregulierung umzukehren, umso mehr als sie durch internationale Handelsabkommen und von internationalen Finanzinstitutionen betrieben wird. Die Macht internationaler Konzerne und Finanzmärkte wird »dekonstruiert«, soziale Beziehungen, lokale Gemeinschaften, die Umwelt und lokale Ökonomien werden »rekonstruiert«. Deglobalisierungsdenken zeigt, dass andere Welten möglich sind.

Bellos Vorstellung von Deglobalisierung hat jedoch andere Beschränkungen. So erläutert er nicht, wie im Prozess der Deglobalisierung der Staat selber verändert werden kann. Er erweitert den traditionellen Dritte-Welt-Nationalismus durch den Versuch, feministische und ökologische Perspektiven zu integrieren, entwickelt diese Perspektive jedoch nicht umfassend. Zudem ist in Bellos Ansatz die Rolle neuer progressiver globaler Netzwerke und Organisationen nicht angemessen durchdacht. Obwohl er von → Internationalismus und der Globalisierung der Menschen spricht, bleibt sein Blick überwiegend lokal und staatszentriert. Und die Deglobalisierungsstrategie hat die Formen möglicherweise entstehender alternativer Wirtschaftssysteme (→ Weltwirtschaftsordnung) noch nicht weitreichend ausgearbeitet.

Nicola Bullard (Übersetzung: Anne Löwisch)

Zum Weiterlesen

Amin, Samir (1990): Delinking: Towards a Polycentric World, London.

Bello, Walden (2005): De-Globalisierung. Widerstand gegen die neue Weltordnung, Hamburg.

Bond, Patrick (2003): »Deglobalisation? Sure, but...« ZNet, 12.1.2003. http://www.zmag.org/sustainers/content/2003-01/12bond.cfm

Brand, Ulrich (2005): De-Globalisierung. In: ders.: Gegen-Hegemonie. Perspektiven globalisierungskritischer Strategien, Hamburg.

Keynes, J.M. (1933): »National Self-Sufficiency«, in: Yale Review, 22, 4.

Demokratisierung

Demokratie bedeutet im klassischen Sinne die Selbstregierung der BürgerInnen und zielt auf die Selbstbestimmung der Menschen. Unter Demokratisierung wird sowohl die Herstellung demokratischer Verhältnisse als auch ihre Weiterentwicklung verstanden. In einem weit gefassten Sinne zielt Demokratisierung auf die (Wieder-) → Aneignung von Politik sowie den Abbau von Herrschafts-, Ausgrenzungs- und Unterdrückungsverhältnissen. Demokratisierung steht für eine Ausweitung politischer Teilhabe unter Beteiligung aller. Wenn gegenwärtig von bürgerlich-liberaler Demokratie die Rede ist, herrscht in der Regel ein auf formale → Gleichheit, das parlamentarische Prozedere und die staatlichen Institutionen begrenztes Demokratieverständnis vor. Zu Zeiten der Weimarer Republik, in der grundlegende demokratische und → soziale Rechte erkämpft wurden, war die Koexistenz kapitalistischer Wirtschaft und politischer Demokratie noch Gegenstand großer politischer Kontroversen. Streitpunkt war, inwieweit die kapitalistischen Produktions- und Eigentumsverhältnisse und die damit verbundene soziale Ungleichheit und (Klassen-)Herrschaft eine Grenze der bürgerlich-liberalen Demokratie markieren. Mit Demokratisierung war insofern nicht nur die Befreiung von obrigkeitsstaatlicher Herrschaft gemeint. Zur Entscheidung stand die Organisationsform des politischen Gemeinwesens als repräsentativ-parlamentarische Demokratie oder als → Rätedemokratie, die auf → basisdemokratischen Strukturen beruht, die sozialen Voraussetzungen von Demokratie (be-)achtet und keine Sphärentrennung von Ökonomie und Politik vorsieht → Wirtschaftsdemokratie. Noch in der Gründungsphase der Bundesrepublik wurde die Weiterentwicklung der liberalen zur sozialistischen oder sozialen Demokratie gefordert (vgl. Wolfgang Abendroth).

In den 1960er Jahren formulierten die erstarkenden Protestbewegungen, BürgerInneninitiativen und neuen → sozialen Bewegungen weitere scharfe Kritik an der bürgerlich-liberalen Demokratie. Wortführer wie Johannes Agnoli diagnostizierten eine Rückentwicklung der Demokratie, kritisierten das uneingelöste Repräsentationsversprechen und die autoritären Schließungsmechanismen (Notstandsgesetze, Radikalenerlass etc.). In Opposition zur »formierten Gesellschaft« wurde die Demokratisierung aller gesellschaftlicher Bereiche – der Betriebe, der Schulen und Universitäten, der Medien, des Strafvollzugs, der Erziehung, der Familie etc. – eingeklagt und → alternative Lebensformen ausprobiert. Politische → Emanzipation wurde zuvorderst als »Politik in erster Person« und als gelebte → radikaldemokratische

Praxis verstanden. Die Gründung von Kinderläden, selbstverwalteten Betrieben, kritischen Universitäten etc. bewirkte eine Kulturrevolution und führte zur Öffnung der formierten und autoritären Nachkriegsgesellschaft.

Gegenwärtig wird die Forderung der Demokratisierung vor allem von sozialen Bewegungen aus Lateinamerika erhoben. Die Neuerung dabei ist, angeregt durch die mexikanischen Zapatistas, dass Demokratisierung über den nationalstaatlichen Raum hinausweist und sich eine transnationale Kultur des → Widerstandes formiert. Mit radikaler Kritik am Versagen und den zerstörerischen Auswirkungen neoliberaler Politik werden alternative Politikformen gefordert und ausprobiert. Demokratisierung steht bei den Zapatistas für die Einrichtung autonomer Gemeinden sowie basisdemokratischer und dialogischer Politik- und Organisationsformen.

Die → globalisierungskritische Bewegung hat sich insofern als nationalstaatenübergreifende, globale Demokratisierungsbewegung formiert, die gleichzeitig die soziale Frage neu artikuliert und die Demokratisierung europäischer und internationaler Politik verlangt. Zentral ist hierbei auch die Forderung der Re-Demokratisierung und (Wieder-)Aneignung privatisierter Bereiche und Güter, die von der Allgemeinheit geschaffen wurden und → öffentliches Eigentum darstellen. Ziel von Demokratisierung ist außerdem die demokratische Kontrolle politischer Institutionen und Entscheidungsverfahren, die zunehmend von privaten Akteuren (Konzernen, Denkfabriken, Lobbyisten etc.) beeinflusst oder gekapert werden.

»Eine andere Welt ist möglich!« verweist auf das Erfordernis einer anderen Politik. Demokratisierung schließt die Überwindung von Herrschaftsverhältnissen in den Lebens-, Alltags- und Arbeitsverhältnissen (Rassismus, Sexismus sowie Klassenherrschaft) sowie die Entwicklung von Formen politisch-sozialer Selbst-Organisation und → Kooperation ein. Die Herausforderung ist, dies zu erreichen, ohne dabei die Kritik staatlicher Herrschaft und ökonomischer Unterdrückungs- und Zwangsverhältnisse zu vernachlässigen.

Bettina Lösch

Zum Weiterlesen

Abendroth, Wolfgang (1967): Antagonistische Gesellschaft und politische Demokratie, Neuwied und Berlin.

Agnoli, Johannes (1990): Die Transformation der Demokratie und andere Schriften zur Kritik der Politik, Freiburg.

Demirović, Alex (1997): Demokratie und Herrschaft. Aspekte kritischer Gesellschaftstheorie, Münster.

Roth, Roland (1994): Demokratie von unten. Neue soziale Bewegungen auf dem Wege zur politischen Institution, Köln.

Differenz

Die Entdeckung der Differenz als Leitkategorie ist identisch mit der Herausbildung der Soziologie und des → Marxismus seit dem 19. Jahrhundert. »Was auf dem Spiel steht, ist die Erschaffung eines ›kollektiven Willens‹ durch Verbindung einer Vielfalt demokratischer Kämpfe unterschiedlichster Provenienz (ökonomischer, politischer, sozialer und kultureller), die oft im Konflikt miteinander liegen und nicht automatisch konvergieren, zu einer Äquivalenzkette. Ich möchte betonen, dass eine solche Äquivalenzrelation Differenz nicht einfach eliminiert – denn dann würde es sich um einfache Identität handeln.« (Chantal Mouffe)

Differenz in der jüngeren Diskussion ist der Ausdruck jener französischen Intervention, die mit Jacques Derrida *(différance),* Jean-François Lyotard *(différend)* und Gilles Deleuze (*différence* et répétition) versehen ist. Parole ist: Differenz statt Identität! Ziel war die Verhinderung der Wiederherstellung des Identitätsdiskurses, der sich nach jeder neuen politischen Konstellation gemeinsamer Kämpfe machtvoll aufdrängt. Feldzeichen im semantischen Kampf um Differenz ist die »Dekonstruktion«, Kampffeld jenes »Patchwork der Minderheiten«, welches Lyotard bereits 1977 als Ort zukünftiger Stellungskriege antizipierte. 30 Jahre später bilden sich Organisationsformen heraus, die locker (z.B. Attac) oder fester gekoppelt (z.B. Die Linkspartei) Differenz in sich aufzunehmen versuchen. Identität ist die Beschreibung organisationstechnischer Zwänge im Sinne Eintritt/Austritt, Wahlen der Gremien, Außendarstellung, ohne den Versuch alle Widerstandsformen, die Äquivalenzketten nach Ernesto Laclau und Chantal Mouffe, gewaltsam zu homogenisieren.

In den Wissenschaften, die eng mit → sozialen Bewegungen kommunizieren, ist die differenztheoretische Methode selbstverständlich. Die Gender-Forschung beginnt mit der Differenz von sex und gender (Judith Butler) und operiert mit dieser Grunddifferenz in allen Varianten. Auch in der Übertragung etwa auf empirische Ungleichheitsforschung wird das reflektierte Dual weiblich/männlich erkenntnisleitend. Ähnlich differenztheoretisch kann im Wissensfeld von »Ethnien« und von »Klassen« darüber aufgeklärt werden, dass die Subjekte an der sozialen Konstruktion von Differenz mitwirken: »Doing gender« als Modell auch für andere Felder. Ein verwandtes Modell ist das von Homi Bhabha einer kulturellen *Hybridität,* welches in empirischen Forschungen zur Ethnizität des Politischen oder zur Analyse der Integration von ImmigrantInnen beginnt seine Fruchtbarkeit zu beweisen. Ähnlich Gayatri Spivak: Sie »verwendet Derridas Dekonstruktion, um Debatten über die langfristigen Auswirkungen des Kolonialismus in der Dritten Welt zu vertiefen und die Anwendbarkeit westlicher feministischer Theorien im postkolonialen Kontext in Frage zu stellen. Sie sieht Dekonstruktion als kritisches Korrektiv zu feministischen bzw. marxistischen Theorien an, als Warnsignal, das uns helfen kann, unsere Denkkategorien immer wieder zu überprüfen und, wenn nötig, auch über Bord zu werfen.« (Miriam Nandi)

Theoriepolitisch fällt auf, dass letztlich einzig der Durchgang durch die dekonstruktive Lesart von Differenz diesen Begriff vor Etikettenschwindel oder bloßer Mode schützt, damit er politisch nicht neutralisiert werden kann. Auch beim Ausgangspunkt Differenz bleibt mittels der »Wir-Sie-Unterscheidung«, symbolisiert in Links/Rechts, Antagonismus und Hegemonie im Politischen erhalten, es kommt darauf an, diese Unterscheidung nicht zu ontologisieren, sondern als Korrektiv differenzpolitischer Kämpfe zu begreifen.

Eine spannende Probe – ob man mit der Differenzkategorien nicht besser denken kann – bildet die Debatte um Empire von Hardt/Negri. Mouffe lehnt diesen Text entschieden ab. »Das Abfeiern von Fluchtlinien, Hybridität, Offenheit, Körpern ohne Organe, etc. lenkt uns von der Aufgabe ab, uns politisch mit der Vielfalt von Institutionen, die die notwendigen ›Organe‹ der Gesellschaft bilden, auseinanderzusetzen.« Eine lapidare Reaktion darauf könnte sein: Sowohl als auch! Wenn es eine Wirklichkeit für Differenz gäbe, das Denken sich also in die Wirklichkeit einschriebe, dann wäre das der Begriff der → Multitude in Empire. In ihrer Entstehung, ihrer Emergenz ist Multitudo notwendiges Element der Differenzstruktur. Nicht auszuschließen ist, dass sie in der Wiederholung dieser Bewegung, mit der Absicht einer Stabilisierung und/oder Organisation, in die Falle der Identität rutscht – über diese Differenz entscheidet der politische Kampf.

Manfred Lauermann

Zum Weiterlesen

Bonz, Jochen/Struve, Karin (2006): Homi K. Bhaba: Auf der Innenseite kultureller Differenz: »in the middle of differences«, in: Moebius/Quadflieg, S. 140-153.

Deleuze, Gilles (1992): Differenz und Wiederholung, München.

Lauermann, Manfred (2006): Michael Hardt & Antonio Negri: Kulturrevolution durch Multitudo, in: Moebius/Quadflieg, S. 309-321.

Lyotard, Jean-François (1997): Das Patchwork der Minderheiten, Berlin.

Moebius, Stephan/Quadflieg, Dirk (Hrsg.) (2006): Kultur. Theorien der Gegenwart, Wiesbaden.

Mouffe, Chantal (2005): Exodus und Stellungskrieg. Die Zukunft radikaler Politik, Wien.

Nandi, Miriam (2006): Gayatri Chakravorty Spivak: Übersetzung aus anderen Welten, in: Moebius/Quadflieg, S. 129-139.

Einstiegsprojekte

Einstieg – das signalisiert Beginnendes, noch Offenes. Einstiegsprojekte bezeichnen Vorhaben, die einen emanzipatorischen sozialökologischen Richtungswechsel einleiten oder ihm einen Schub verleihen könnten. Dieser Begriff entstand in der Diskussion darüber, dass eine solche Veränderung mit größter Wahrscheinlichkeit nicht in der Gestalt eines einmaligen großen Umsturzes eintreten wird. Gesellschaftliche Transformation ist eher ein langwieriger Prozess, der mitten im Kapitalismus beginnt, der Widerstand und Protest gegen die neoliberal geprägten Verhältnisse mobilisiert sowie alternative Reformen im Gegebenen und deren Öffnung für die Überschreitung der Grenzen des Kapitalismus umfasst. Einstiegsprojekte werden umso eher eine Richtungsänderung in der Politik anstoßen oder voranbringen, je mehr sie bestimmten Maßstäben genügen: Erstens müssten sie wichtige ungelöste Probleme der Gesellschaft betreffen, also das Empfinden großer sozialer Gruppen aufnehmen und Antworten auf ihre Sorgen, auf ihr Verlangen nach Arbeit, Sicherheit und Selbstbestimmung über das eigene Leben geben. Zweitens sollten sie realistisch sein, d.h. die Chance bieten, in absehbarer Zeit durchsetzbar zu sein und zu Verbesserungen für möglichst viele führen. Drittens würden sie dadurch das weit verbreitete Gefühl der Alternativlosigkeit und Ohnmacht zurückdrängen und mobilisierende Wirkung entfalten können. Viertens sollten sie die Öffnung für weiterreichende Entwicklungen ermöglichen, die bei veränderten Kräfteverhältnissen in ein Zurückdrängen der Kapitaldominanz münden.

Solche Einstiegsprojekte werden nicht an Schreibtischen und nicht in den Zentralen von Parteien, Gewerkschaften und Bewegungen erfunden. Der Begriff Einstiegsprojekt birgt ein Spannungsverhältnis. Einerseits fordert er ständige Aufmerksamkeit für die Vielzahl von Erfahrungen, Protestformen, Veränderungsvorschlägen und Konflikten heraus, die den Zündstoff für Ausbreitung und Weiterreichendes in sich tragen. Andererseits bedarf es aber auch politischer Kräfte, die daraus gemeinsam mit den in Bewegung geratenen BürgerInnen ein Projekt mit Anziehungskraft erst formen, es verbreiten und ihm einen Ort in alternativen Konzepten, Strategien und Programmen geben. Als die Privatisierung der Wasserversorgung in der bolivianischen Stadt Cochabamba zu einer mehr als 100prozentigen Preissteigerung führte, kam es zu heftigen Protesten. Diese Mobilisierungen hatten in der Folge einen wichtigen Einfluss bei der Wahl von Evo Morales zum ersten linken und aus der indigenen Bevölkerung stammenden Präsidenten. Der »Wasserkrieg« erwies sich als eines der Einstiegsprojekte in soziale Umbrüche - auch auf internationaler Ebene.

In der Regel werden Einstiegsprojekte zunächst allerdings nur Teilerfolge erreichen. Die Verteidigung von kommunalen Krankenhäusern und Verkehrsunternehmen mag vorerst nur vor privater Rationalisierung mit der Folge von Entlassungen, vor Zuzahlungen von PatientInnen und Erhöhung von Verkehrstarifen schützen. Doch kündigt sich ein Stückchen Richtungswechsel an, wenn die Effizienz von Leistungen der Daseinsvorsorge auch an sozialen und ökologischen Kriterien gemessen wird, wenn BürgerInnen über Bürgerhaushalte (→ Partizipativer Haushalt) mitentscheiden, wie mit kommunalem Eigentum gewirtschaftet wird.

Vielleicht könnten Forderungen nach Mindestlöhnen in Deutschland und in der EU, nach einer sozialen Grundsicherung für Alle, der Widerstand gegen die weitere Privatisierung von öffentlicher Daseinsvorsorge oder gegen deutsche Kriegseinsätze den Charakter von Einstiegsprojekten gewinnen. Sie würden dann als Katalysatoren oder Schnittpunkte gemeinsamer Kämpfe wirken. Dieses »vielleicht« deutet eine weitere Problematik an: Die Vielzahl gesellschaftlicher Interessenkonflikte und ihre Verschiedenheit in unterschiedlichen Staaten und Regionen werden von manchen so interpretiert, dass es übergreifende Einstiegsprojekte in einen politischen Richtungswechsel kaum geben könne. Andere dagegen sehen gerade in der Möglichkeit nationaler, europäischer oder internationaler Mobilisierung für einige wenige Projekte die Chance für eine gesellschaftliche Transformation, die eine Vielzahl anderer Initiativen keineswegs ausschließt. Die Forderung nach einer Tobin-Steuer auf Gewinne aus Devisenspekulationen hat beispielsweise eine erhebliche Rolle für die Herausbildung der kapitalismuskritischen und antikapitalistischen globalen Bewegungen (→ Sozialforen) gespielt.

Einstiegsprojekte lassen sich als Aufforderung zur Solidarität mit demokratischen Protesten, Forderungen und Aufbrüchen verstehen, zur Vernetzung mit anderen AkteurInnen, zur Suche nach Perspektiven über die Nahsicht hinaus und zur Mobilisierung dafür.

Dieter Klein

Zum Weiterlesen

Brangsch, Lutz: Überlegungen zum Charakter von Einstiegsprojekten, www.rosalux.de/cms/fileadmin/rls_uploads/pdfs/2brangsch.pdf

Klein, Dieter/Brie, Michael (Hrsg.) (2007): Elementare Fragen neu bedenken. Kapitalismus, Sozialismus, Eigentum und Wege der Veränderung. In: Standpunkte 2/2007 der Rosa Luxemburg Stiftung, Berlin.

Emanzipation

Emanzipation war ursprünglich ein Rechtsbegriff im Römischen Reich, der die Freilassung von Sklaven durch ihren Herrn bezeichnete. Mit der Aufklärung und der Französischen Revolution gewann der Begriff eine politische und aktive Bedeutung, die sich auch in der reflexiven grammatischen Form ausdrückt: »Sich emanzipieren« bedeutet, die Unterstellung unter Herrschaft zu be- und die Freiheit zu erkämpfen.

Auch in den modernen Auseinandersetzungen bezeichnet Emanzipation den Freiheitskampf etwa der amerikanischen Sklaven. Weiter ging es um die politische Emanzipation aus der Vorherrschaft der Kirche. Die Forderung nach Emanzipation von der Religion kann reaktionär werden, wenn sie auf den Einzelnen bezogen wird und die gesellschaftlichen Grundlagen der religiösen Denkformen aus dem Blick geraten. Marx unterschied die »politische« Emanzipation, den Kampf benachteiligter gesellschaftlicher Gruppen und Bevölkerungsteile, von der »menschlichen«, die die allgemeine Befreiung von Herrschaft und Verwertung, damit von Arbeitszwang und Entfremdung anstrebt.

In späteren Schriften betonte Marx, dass die menschliche Emanzipation von der Klasse erkämpft werden könne und müsse; einer Klasse, die nichts zu verlieren habe, außer ihren Ketten. Die Abschaffung gesellschaftlicher Unterdrückung sollte zunächst über die Erkämpfung der Staatsgewalt durch das Proletariat geschehen; dies wurde als Vorbedingung für das Absterben des Staates gedacht. In den Traditionen der Arbeiterbewegung ist oft vernachlässigt worden, dass dieser Kampf zur Abschaffung der Klassen als Weg zur menschlichen Emanzipation nicht schon mit dieser gleich zu setzen ist. Marx fasste außerdem die Aufhebung der Herrschaft durch die Befreiung der Arbeit in den Blick: ohne Herrschaft würde sie produktiver Genuss und Selbstverwirklichung durch Entfaltung der Fähigkeiten. In der Kritischen Theorie wird Emanzipation in Zusammenhang mit dem Verhältnis von Individuum und Massengesellschaft diskutiert, Adorno betont das Sich-Befreien der Sache von gesellschaftlichen Konventionen und Kontrolle.

Mit den → Sozialen Bewegungen der 1960er Jahre kommen Gedanken und Ansätze der Kritischen Theorie in die politische Praxis. Johannes Agnoli begreift Emanzipation im Zusammenhang mit der antiautoritären Bewegung als begrenzte Regelverletzung. Die Ausschreitungen der Jugendrevolte scheinen ihm mehr emanzipatorisches Potenzial zu haben als die erstarrten Formen der institutionalisierten und verstaatlichten Arbeiterbewegung. Die

Forderungen der sozialen Bewegungen seit 1968 richten sich gegen die Einbindung in fordistische Konformität, imperialistische Kriege, Frauenunterdrückung, Zwangsheterosexualität, Arbeit jenseits von Selbstverwirklichungsmöglichkeiten. Das Gegeneinander von allgemeiner und (vermeintlich) partieller Emanzipation wird innerhalb der sozialen Bewegung zunächst an der »Frauenfrage« ausgetragen und führt zu einer eigenständigen Etablierung der neuen Frauenbewegung (→ Feminismus). Im Laufe der Zeit bildeten sich weitere soziale Bewegungen – Homosexuellen-, Friedens-, Black Panther-, Anti-AKW-Bewegung –, die sich als Teil einer allgemeinen Emanzipationsbewegung sehen oder aber Emanzipation im politischen Sinne auf Teilbereiche und Betroffenengruppen beziehen. Als Gegenpol zur Emanzipation wird oftmals der paternalistische Staat ausgemacht. Darüber hinaus wird Emanzipation als individueller Prozess verstanden, der sich gegen die psychischen, internalisierten Herrschaftsinstanzen richtet. Diese seien in ihrer Bedeutung für die eigene Lebensführung einzudämmen und in einem Selbstbefreiungsprozess zu überwinden. Mit dem Aufkommen der informationstechnologischen Produktionsweise sowie neoliberaler Politikkonzepte werden Forderungen der Bewegungen ab 1968 aufgegriffen und ihre Realisierung jenseits gesellschaftlicher Emanzipation im Sinne der Abschaffung von Herrschaft versprochen: die Emanzipation vom paternalistischen Staat wird über die Abschaffung des Sozialstaates beschworen; eine erweiterte Beteiligung von Frauen im Berufsleben, auch in höheren Hierarchieebenen, wird versprochen und über die Etablierung eines Niedriglohnsektors und einer Spaltung der Frauen organisiert. Homosexuelle, subkulturelle und permissive Milieus sollen in den sozialdemokratischen Neoliberalismus eingebunden werden und ihre Kreativität in der Arbeit verwirklichen.

Es bleibt die Herausforderung einer menschlichen Emanzipation, die auch »befreite« Arbeit, Frauen und Sexualität der Herrschaft des Verwertungszwangs entzieht. Wie diese Emanzipation aussehen kann, lässt sich nur im Laufe von Kämpfen herausbilden. Weiterhin aktuell ist die Antwort Adornos auf die Frage nach dem Gesicht der emanzipierten Gesellschaft: »Zart wäre einzig das Gröbste: dass keiner mehr hungern soll.«

Christina Kaindl

Zum Weiterlesen

Adorno, Theodor W. (2001): Minima Moralia. Reflexionen aus dem beschädigten Leben, Frankfurt/M.

Agnoli, Johannes (1998): 1968 und die Folgen, Freiburg i.B.

Energiepolitik

Energiepolitik ist häufig auf einen Energieträger ausgerichtet und eng mit der politischen Struktur verfilzt. Traditionelle Energiepolitik gilt der Förderung und/oder Substitution eines Energieträgers, ist angebotsorientiert, weder planvoll noch integriert und hat wenige Akteure. Das gilt auch und in noch größerem Maße für Entwicklungsländer. Das globale Wohlstandsgefälle lässt sich als Gefälle beim Energieverbrauch ablesen. Arme Länder verbrauchen wesentlich weniger Energie pro Kopf als reiche und nutzen zum Teil andere Energiequellen, aber in der Regel nimmt die Anhängigkeit von Energieimporten ständig zu. Sie setzen zudem einen kleineren Teil der verfügbaren Energie für den Verkehr ein und mehr für die Industrie – und das oft sehr ineffizient und erneuerbare Energieressourcen werden oft sehr umweltschädlich genutzt. Energiepolitik ist daher ein unverzichtbarer Bestandteil sowohl von Entwicklung als auch von Armutsbekämpfung.

Der Energiesektor besteht aus der Produktion, Umwandlung und Nutzung von fossilen (Kohle, Öl, Gas), nuklearen und erneuerbaren Energieträgern (Wasser, Sonne, Wind, Biomasse). Die industrielle und gesellschaftliche Organisation der Stromwirtschaft ist das Resultat von mehreren Einflussfaktoren. Die wichtigsten sind Technik, Wirtschaftlichkeit, Staatsintervention (z.B. durch Subventionen) und staatliche Regulierung sowie ökologischer Problemdruck. Jeder dieser Faktoren hat seine eigene Dynamik; dennoch sind sie voneinander abhängig und beeinflussen einander.

Die Entwicklung der Energiepolitik kann als eine wechselnde Festlegung auf den jeweils vermeintlich »billigsten« Energieträger skizziert werden. Die Energiepolitik von Industriestaaten verfolgte im Zeitraum 1945-1973, also bis zur ersten Ölpreiskrise, gemeinsame Muster, die der US-amerikanische Politikwissenschaftler Leon N. Lindberg als »Energiesyndrom« bezeichnet hat. Das Energiesyndrom besteht aus gleichzeitig auftretenden Symptomen und führt zu einem abnormen Systemversagen. Zu diesen Symptomen gehören, dass Energieproduktion und -verbrauch ständig steigen, dass die staatliche Politik von den Perspektiven der Energieproduzenten dominiert wird und dass ein interagierendes Set von politischen, institutionellen und strukturellen Hindernissen die Suche nach Alternativen erzwingt. In den 1970er Jahren begann sich das Energiesyndrom graduell aufzulösen und dem Experimentieren mit verschieden Energiepolitik-Optionen wie »business as usual«, staatszentrierte Mobilisierung, Pluralisierung und/oder Liberalisierung sowie Konsensbildung zu weichen.

Die energiepolitischen Ziele stellen ein magisches Vieleck dar. Zu den traditionellen Zielen, sichere, wirtschaftliche und ausreichende Energieversorgung, kamen nach den Ölpreiskrisen der 1970er Jahre Ziele wie sparsamer und rationeller Energieeinsatz, breitgefächerte Versorgung und geringe Umweltbelastung hinzu. Inzwischen sind Ziele wie die Sozialverträglichkeit und Konfliktträchtigkeit der Energieproduktion hinzugekommen. In der Bundesrepublik Deutschland war Energiepolitik zunächst Kohlepolitik. Dann folgte der halbherzige Versuch, den Verdrängungsstrategien der multinationalen Erdölkonzerne entgegenzutreten. In der dritten Phase wurde Erdöl als »billiger« Energieträger akzeptiert und im ersten energiepolitischen Gesamtkonzept von 1973 erhielt die Atomenergie den höchsten Stellenwert.

»Weg vom Öl« und Energiesparen lauteten die energiepolitischen Parolen in der vierten Phase 1974-1982. Durch das Waldsterben fand ab 1983 verstärkt der Umweltschutz Eingang in die Energiepolitik und leitete die fünfte Phase ein. Verstärkte Bemühungen zur Energieeinsparung als Hauptinstrument gegen die drohende Klimakatastrophe und zur Verminderung der Emissionen des Treibhausgases CO_2 kennzeichnen diese jüngste Etappe der Energiepolitik.

Die Rahmenbedingungen für den Umgang mit Energie, wie sie durch den weltweit immer noch ansteigenden Energiebedarf, das Bevölkerungswachstum, die Grenzen der Ressourcen oder den Klimawandel und andere Umweltauswirkungen gegeben sind, erzwingen die Suche nach einer sozial- und umweltverträglichen Alternative. Die Energiewirtschaft steht deswegen aus ökologischen Gründen an einem Scheideweg. Neben den riesigen Kathedralen der Elektrizität (z.B. Atomkraftwerke) haben verschiedene Typen von Umwandlungstechnik, die mit völlig anderen sozialen Beziehungen zwischen Energieerzeugern und -verbrauchern einhergehen, eine historische Chance. Das fossile Zeitalter und das Atomzeitalter können schon heute durch das Solarzeitalter abgelöst werden. Dies ist jedoch nicht nur ein technisches, sondern mehr noch ein soziales und politisches Problem, das eine neue Ressourcenpolitik erfordert.

Lutz Mez

Zum Weiterlesen

Kitschelt, Herbert (1983): Politik und Energie. Energie-Technologiepolitiken in den USA, der Bundesrepublik Deutschland, Frankreich und Schweden, Frankfurt a.M./New York.

Mez, Lutz (2007): »Energiepolitik« in: Andersen, Uwe/Woyke, Wichard (Hrsg.): Handwörterbuch des politischen Systems der Bundesrepublik Deutschland, 6. Aufl., Wiesbaden.

Reiche, Danyel (Hrsg.) (2005): Grundlagen der Energiepolitik, Frankfurt/M.

Entschleunigung

Die Beschleunigungsdynamik, die alles Handeln im Kontext der Globalisierung erfasst hat, ist begleitet von Gegenströmungen, die in der »Entdeckung der Langsamkeit« eine Alternative sehen. Slow Food ist das bekannteste Beispiel dafür. Als gesellschaftspolitische Alternative jedoch ist Entschleunigung in der Programmatik politischer AkteurInnen konzeptionell nicht explizit verankert. Nicht einmal die leicht umsetzbare Entschleunigungsoption eines Tempolimits auf deutschen Autobahnen ist – trotz nachweisbar positiver Effekte auf Verkehrssicherheit und Senkung von CO_2-Emissionen – mehrheitsfähig. Beschleunigung – hier zuerst verstanden als Kompression von Raum und Zeit – wird möglich durch die Erfindung von neuen Technologien des Transports und der Produktion im Zuge der industriellen Revolution und wäre undenkbar ohne die Nutzung von fossilen Energieträgern zum »Anfeuern« der mechanischen Antriebskraft. Die industrielle Revolution bringt Technologien hervor, welche die Schnelligkeit menschlicher oder animalischer Körper um ein Vielfaches übertreffen, enorme Produktivitätssteigerungen und sensationelle Wachstumsprozesse erlauben. Die Schranken des agrarischen »Zeitalters der metabolischen Geschwindigkeit« (Sieferle) und die Abhängigkeit von der »Geschwindigkeit des Lebendigen« (ebd.), die den größten Teil der menschlichen Geschichte bestimmt hat, wird mit einem revolutionären Wechsel der energetischen Grundlagen der Gesellschaft vom agrarischen Solarenergiesystem zum fossilen Energiesystem überwunden. Eine in vielerlei Hinsicht neue Qualität der Kompression von Raum und Zeit ermöglichen die neuen Informations- und Kommunikationstechnologien. Die Möglichkeit der Kommunikation in Echtzeit liefert die technische Voraussetzung für einen tief greifenden gesellschaftlichen Wandel, zum Beispiel in Bezug auf die enorme Bedeutung von internationalen Finanzmärkten, netzwerkförmigen Unternehmensstrukturen oder neuen Formen der Kriegsführung. Beschleunigung – hier zweitens als Ausdruck von Zeitökonomie verstanden – bringt es mit sich, getreu dem Motto »Zeit ist Geld« das Innovationstempo ebenso wie Arbeits- und Produktionsprozesse durch das Stopfen von immer mehr »Zeitporen« extrem zu verdichten und zu beschleunigen. Zeitökonomie und Effizienzstreben werden mit immer neuen Methoden der Arbeitsgestaltung – vom Taylorismus über die Flexibilisierung bis hin zur Arbeitszeitfreiheit – umzusetzen gesucht. Sie prägen im Zuge der Subjektivierung von Arbeit zunehmend individualisierte Anforderungen der Selbstführung und die Mikro-Ökonomik der Gefühle.

Im Wettlauf der Zeit mitzuhalten und den Anforderungen des »Immer Schneller« gerecht zu werden, erfordert ein Tempo, das an Grenzen stoßen kann. In ökologischer Hinsicht ist die Beschleunigungskrise im gesellschaftlichen Naturverhältnis offensichtlich, da der Verbrauch von Ressourcen einen Umfang und eine Geschwindigkeit erreicht hat, die weit über die Zeitdauer von Neubildung bzw. Absorption hinausgeht. Regeneration und Gesundheit von Menschen leiden ebenso wie Sicherheit und Qualität der Arbeit, wenn Arbeitsprozesse zu sehr verdichtet sind. Lebensqualität steht in Frage, wenn Hektik und ein Diktat der Kurzfristigkeit dem »flexiblen Menschen« (Sennett) den Verzicht auf langfristige Lebensplanungen und soziale Bindungen abverlangt. Soziale Rhythmen der Pflege, Erziehung und Versorgung geraten im Zuge ihrer Ökonomisierung in Konflikte mit dem Tempo-Diktat. Die Risiken der Beschleunigung haben längst dazu geführt, dass der Zeitmanagement-Diskurs einer Entschleunigung das Wort redet und die Abstimmung des Tempos auf physiologische und psychologische Rhythmen zur Kunst der Lebensführung erklärt. In diesem Sinne wird Entschleunigung zu einem Element der Zeitkontrolle, das im Sinne der Ökonomisierung von Zeit eingesetzt werden soll, letztlich aber den Individuen überantwortet wird. Slogans wie »Slow down. Pleasure up« sind damit längst zum Bestandteil des Zeitgeists geworden, dethematisieren jedoch Machtunterschiede zwischen ZeitgeberInnen und ZeitnehmerInnen sowie gesellschaftlich unterschiedlich verteilte Potenziale der Gestaltungsmacht von Zeit. Besonders deutlich polarisieren Globalisierungsprozesse dabei Geschwindigkeit und verstärken die Spaltung in eine globale und hochmobile Elite, während andere zwangsweise entschleunigt an den lokalen Raum gebunden bleiben. Sozial-ökologische Zeitpolitik erfordert es daher zum einen, die Gestaltung kollektiver Rhythmen und sozial verträglicher Zeiten als öffentliches Gut und Feld politischer Gestaltung anzuerkennen. Zum anderen besteht die Herausforderung der Entschleunigung darin, die sozial-metabolische Basis von Ökonomie und Gesellschaft langfristig wieder auf ein Solarenergiesystem zu orientieren.

Dagmar Vinz

Zum Weiterlesen

Sennett, Richard (1998): Der flexible Mensch. Die Kultur des neuen Kapitalismus, Berlin.

Sieferle, Rolf Peter (1997): Rückblick auf die Natur: eine Geschichte des Menschen und seiner Umwelt, München.

Vinz, Dagmar (2005): Zeiten der Nachhaltigkeit. Perspektiven für eine ökologische und geschlechtergerechte Zeitpolitik, Münster.

Ernährungssouveränität

Der Begriff wird erstmals 1996 in der Erklärung »Profit für wenige oder Nahrung für alle« erwähnt, die Bauernorganisationen und NGOs anlässlich des Welternährungsgipfels der UN-Ernährungs- und Landwirtschaftsorganisation (FAO) in Rom formuliert haben. Vor allem die internationale Organisation *La Via Campesina* (»Der bäuerliche Weg«) – entwickelt die Ernährungssouveränität als Gegenkonzept zur industrialisierten und exportorientierten Landwirtschaft und fordert u.a. den heimischen Agrarsektor mit Zöllen vor Dumpingprodukten zu schützen. »Ernährungssouveränität ist das Recht der Völker auf gesunde und kulturell angepasste Nahrung, nachhaltig und unter Achtung der Umwelt hergestellt. Sie ist das Recht auf Schutz vor schädlicher Ernährung. Sie ist das Recht der Bevölkerung, ihre Ernährung und Landwirtschaft selbst zu bestimmen. Ernährungssouveränität stellt die Menschen, die Lebensmittel erzeugen, verteilen und konsumieren, ins Zentrum der Nahrungsmittelsysteme, nicht die Interessen der Märkte und transnationalen Konzerne«, heißt es in »Nyeleni – Deklaration für Ernährungssouveränität«, die im Februar 2007 in Mali beim 1. Internationalen Forum zur Ernährungssouveränität verabschiedet wurde. Im Gegensatz zur Ernährungs*sicherheit,* die auch mit grüner Gentechnik erreicht werden soll, auf Ertragsquantität und finanzielle Verwertung fokussiert, umfasst die Ernährungssouveränität auch Produktionsbedingungen, Produktqualität und ungleiche Tauschbedingungen auf internationaler Ebene. Die von diesem Begriff angeleiteten Politiken wenden sich »gegen Nahrungsmittelhilfe, die das Preisdumping versteckt, Gentechnik einschleust und neuen Kolonialismus schafft« (Nyeleni-Deklaration).

Verfechter der Ernährungssouveränität sehen ihre Märkte durch Billigimporte zerstört. Die Privatisierung von Ressourcen gräbt ihnen buchstäblich das Wasser ab, wegen internationaler Patentrechtsabkommen dürfen sie nicht mehr ihr eigenes Saatgut verwenden. Stattdessen melden Biotechnologiekonzerne immer wieder neue Patente auf Pflanzen an, deren genetischer Code dann sprichwörtlich in ihr »Eigentum« übergeht. Ernährungssouveränität weist jegliche Anwendung von Gentechnologie zurück und bewertet auch den jüngsten Boom der so genannten »Bio«-Energie nicht als Chance, sondern als Bedrohung für die bäuerliche Existenz und eine menschenwürdige Ernährung, denn die Energiepflanzen werden in großflächigen Monokulturen angebaut, unter Einsatz von Chemie und Gentechnik. Ernährungssouveränität ist auch ein Gegenbegriff zur »Grünen Revolution«, die in den 1960er und 1970er Jahren mithilfe von Kunstdünger, Pestiziden und Herbiziden kurzfristige Produktionssteigerungen erzielte, dann aber – wegen Schädlingsresistenzen, vergifteten Böden und Grundwasser – ihre zerstörerische Wirkung entfaltete. Diese Schäden und die Folgekosten werden in den Kalkulationen der Agrarindustrie externalisiert, d.h. der Allgemeinheit in Rechnung gestellt. Auf Ernährungssouveränität zielende Praktiken berücksichtigen die ökologischen Kosten – den Verbrauch von Grundwasser, die Vernutzung des Bodens und anderes – und streben eine nachhaltige Nutzung der Ressourcen an.

Ernährungssouveränität ist eine Kampfansage an die westliche Agrarindustrie, ihre Verwertungs- und Profitinteressen auf dem Weltmarkt. Wasser, Saatgut und Land sollen dem Zugriff und der Kontrolle durch große Konzerne entzogen werden; die NahrungsmittelproduzentInnen sollen diese Ressourcen frei nutzen können. Ob der Boden dann genossenschaftliches oder privates Eigentum der Kleinbauern ist, bleibt offen. Schließlich werden in dem Leitbild der Ernährungssouveränität die Interessen von abhängig Beschäftigten berücksichtigt und für LandarbeiterInnen »gerechte Löhne« und »annehmbare Arbeit« gefordert (Nyeleni-Deklaration).

Weit mehr als eine Milliarde Menschen leben weltweit als KleinbäuerInnen oder LandarbeiterInnen, vor allem im Globalen Süden. Die industrialisierte Landwirtschaft raubt ihnen die Lebensgrundlage und treibt sie in die Städte. Doch dieser Prozess der Urbanisierung geht – anders als vor mehr als 200 Jahren in Europa – mit einer fortschreitenden Deindustrialisierung in den Städten einher. Das Leben in der Stadt bietet der Landbevölkerung also keine Perspektive mehr. Was bleibt sind die Slums. Da die Praktiken der Ernährungssouveränität die noch bestehenden bäuerlichen Versorgungsstrukturen stärken, stellen sie auch eine Option für Millionen Slumbewohner dar. Die brasilianische Landlosenbewegung MST z.B. führt Landbesetzungen – oft in Randbezirken von Großstädten – auch mit SlumbewohnerInnen durch, um dort anschließend Landwirtschaft zu betreiben.

Gerhard Klas

Zum Weiterlesen

Aktionsbündnis Globale Landwirtschaft zum G8-Gipfel (2007): Widerstand ist fruchtbar – Analysen und Perspektiven für eine nicht-kapitalistische Landwirtschaft.

Pérez-Vitoria, Silvia (2007): Bauern für die Zukunft – Auf dem Weg zu einer globalen Bewegung, Zürich.

Shiva, Vandana (2006): Erd-Demokratie – Alternativen zur neoliberalen Globalisierung, Zürich.

Fair Trade

Der Ansatz von Fair Trade (»gerechter Handel«) beruht auf der Annahme, dass ungerechte Handelsbeziehungen (→ Gerechter Welthandel) eine wesentliche Ursache von Unterentwicklung sind. Die Verschlechterung der Terms of Trade, bei der Entwicklungsländer für ihre Primärgüter (Rohstoffe, Kaffee, usw.) immer weniger an verarbeiteten Produkten aus den Industrieländern bekommen, führt demnach dazu, dass sie immer ärmer werden. Bildhaft gesprochen heißt das bspw., dass ein Kaffeebauer 1980 vier Kilogramm, 2002 aber zehn Kilogramm Kaffee verkaufen musste, um ein Schweizer Taschenmesser kaufen zu können. Das Machtgefälle innerhalb der Vertriebsketten kommt durch die Dominanz von wenigen Handelshäusern in den Industrieländern zustande und führt dazu, dass die kleinbäuerlichen ProduzentInnen oder die PlantagenarbeiterInnen einen sehr geringen Anteil des Verkaufspreises erhalten.

Initiativen für gerechten Handel entstanden Anfang der 1970er Jahre im Rahmen der Solidaritätsbewegungen mit der so genannten Dritten Welt. Hunderte von Gruppen, oft aus kirchlichen Zusammenhängen, nahmen direkte Handelsbeziehungen mit lokalen ProduzentInnengruppen auf, um deren Produkte dann in (»Dritte«- oder »Eine«-)Welt-Läden zu verkaufen. Durch Ausschaltung der großen Handelsketten und über Solidaritätspreise sollten die ProduzentInnen eine »gerechte« Entlohnung erhalten und dadurch in die Lage versetzt werden, sich selbst zu »entwickeln«. Dominierten zunächst Handwerksprodukte (»Jute statt Plastik«), wurden mit der Entstehung professioneller Vertriebsnetze wie Gepa (Gesellschaft zur Förderung der Partnerschaft mit der Dritten Welt, 1975 gegründet) Nahrungsmittel wie Kaffee dominant. Die Fair Trade-Bewegung war bewusst politisch ausgerichtet: Das Trinken des berühmtesten Fair Trade-Kaffees aus Nicaragua drückte eine antiimperialistische Grundhaltung aus. Fairer Handel hat mittlerweile, gemessen an Umsatz und Anzahl der Beteiligten, einen Siegeszug angetreten. Um die 800 Welt-Läden verkaufen Fair Trade-Produkte in Deutschland (Österreich: 100; Schweiz: 300), der europaweite Umsatz hat sich in den letzten fünf Jahren fast verdreifacht. Der Boom ist vor allem auf die Entwicklung von Gütesiegeln bzw. Markenzeichen wie TRANSFAIR oder FAIRTRADE zurückzuführen. Fair Trade-Kaffee wird deutschlandweit in über 27.000 Supermärkten angeboten, u.a. durch Karstadt, Tengelmann und Kaisers. Doch gerade das Erfolgsprodukt Kaffee zeigt auch klare Grenzen auf: Trotz seines Einzugs in die Supermärkte hat fair gehandelter Kaffee nur einen Marktanteil von 1,2% in Europa. An den grundlegenden Abhängigkeiten hat sich nichts geändert: So verloren in den vergangenen zehn Jahren Hunderttausende von KaffeebäuerInnen ihre Existenz, weil durch eine weltweite Überproduktion durch zusätzliche Anbieter (v.a. aus Brasilien und Vietnam) und die Macht der fünf großen Kaffeekonzerne, die den Markt beherrschen (Kraft, Nestle, Sara Lee, Procter & Gamble und Tchibo), die Kaffeepreise für die ProduzentInnen auf den niedrigsten Stand seit 30 Jahren sanken.

Eine Antwort auf das Nischenproblem sucht die Fair Trade-Bewegung in Kampagnen für eine faire Handelsarchitektur, die insbesondere in der »Make Trade Fair«-Kampagne von Oxfam zum Ausdruck kommt. Nach der Maxime »Trade not Aid« setzt sich Oxfam für eine erfolgreiche Doha-Runde der WTO ein, bei der ein gerechter Marktzugang zu den Agrarmärkten des Nordens (v.a. Abbau der Subventionen) »Millionen aus der Armut heben« sollte. Die Kampagne löste heftige Debatten aus. Walden Bello (Focus on the Global South) warf Oxfam vor, die Handelsliberalisierungsagenda der WTO grundsätzlich zu akzeptieren, einem exportorientierten Entwicklungsmodell anzuhängen, das den KleinbäuerInnen des Südens eher schadet, und die Bewegung gegen die WTO zu spalten (→ De-Globalisierung).

Das Dilemma der Fair Trade-Bewegung wird in der Zusammenarbeit zwischen TRANSFAIR und dem Lidl-Konzern deutlich. Zwar werden so mehr Fairtrade-Produkte verkauft, die Initiative legitimiert aber gleichzeitig einen Protagonisten der kapitalistischen Globalisierung und zementiert somit strukturelle Ausbeutung im Welthandelssystem. Auch im Bundestag wird Gepa-Kaffee getrunken, eine faire Handelspolitik betreibt er dadurch aber trotzdem nicht. Statt die Fair Trade Bewegung zu einer Lifestyle- und Konsumentscheidung von Besserverdienenden zu entpolitisieren, brauchen wir eine Rückbesinnung auf die emanzipatorische Sprengkraft, die im konkreten Projekt den Schrei gegen ein menschenverachtendes Handelssystem mit der Vision einer menschenwürdigen Alternative verband.

Oliver Pye

Zum Weiterlesen

Bello, Walden (2002): What's Wrong with the Oxfam Trade Campaign. Focus on Trade 77.

Oxfam (2002): Rigged Rules and Double Standards. Trade, Globalisation and the Fight against Poverty.

Stiglitz, Joseph E./Charlton, Andrew (2006): Fair Trade. Agenda für einen gerechten Welthandel, Hamburg.

Feminismus

Es gibt nicht *den* Feminismus, es gibt Feminismen. Ein Feminismus, der den Blick auf die Diskriminierung von Frauen richtet, setzt sich für Gleichstellung ein. Ein Feminismus, der Geschlechterkonstruktionen, das System von Zweigeschlechtlichkeit und Hetero-Normen betrachtet, betreibt Sexualitäts- oder → queer-Politik – Gender Trouble! Postkolonialer Feminismus kritisiert die Universalisierung von »weißen«, westlichen Perspektiven und das Selbstverständnis der Sicht- und Lebensweisen aus dem Globalen Norden. Und kapitalismuskritischer Feminismus richtet den Blick auf die kapitalistisch-patriarchalen Verhältnisse und vertritt die These, dass es keine kapitalistische Hegemonie ohne die Herstellung ungleicher Geschlechterverhältnisse geben kann.

Über unterschiedliche Sichtweisen hinweg ist klar, dass *die* Alternative nicht allein im Blick auf die empirische *Gruppe Frauen* liegt. Feminismus als Gesellschaftskritik fragt, wie die Geschlechterverhältnisse kulturell, diskursiv, ökonomisch, politisch – institutionell und individuell – hergestellt werden und wie dadurch Herrschaftsverhältnisse getragen und reproduziert werden. Ein wichtiger Vorschlag im Feminismus lautet, den »Standpunkt von Frauen« als Standpunkt eines kritischen Diskurses einzunehmen. Damit ist nicht der Standpunkt einer vermeintlich homogenen Gruppe Frauen gemeint, sondern ein Standpunkt, der die Regelung der Verhältnisse in den Blick bekommt: Welche Praxen, welche Arbeiten, welche Fragen, Themen und Subjekte werden in den Verhältnissen marginalisiert? Wie kann sichtbar werden, was gesellschaftlich ausgeblendet und zum Schweigen gebracht wird? Der »Frauenstandpunkt« wird so zur strategischen Subjektposition, um das, was »Normalität« jeweils zum Verschwinden bringt, wieder sichtbar zu machen. Er ist ein möglicher Kritikstandpunkt in einer Gesellschaft, in der zum Beispiel die gesamte Palette der Daseinsfürsorge, der Sorge und der Bedürfnissorientierung unwesentlich gemacht wird; oder in der es kaum was ausmacht, dass »die Menschen, deren Leben auf dem Spiel steht, weniger zählen als die Menschen, deren Geld auf dem Spiel steht« (Medha Patkar).

Feminismus hat Potenziale für Alternativen, weil hier Werkzeuge, Wissen und Ansprüche eingeübt und stark gemacht werden. Zum Beispiel durch die Kritik an Ausblendungen, an der Universalisierung von Standpunkten oder an Selbstverständnissen, die auf eindimensionalen Konzepten, Abstraktionen und einer technokratischen, geschlechtsneutralen Sprache basieren. Die Stärken des Feminismus liegen auch in dem Anspruch darauf, Herrschaftsmechanismen verschränkt zu denken und ein »crossover« zu betreiben, das immer zumindest zwei Unterdrückungs- und Diskriminierungsrealitäten zugleich erfasst und beachtet. Und – last but not least – liegen sie in dem Anspruch, Alltagsrealitäten mit Strukturanalysen zu verknüpfen, um zu verstehen, wie sich Herrschaft auch alltäglich reproduziert. Kritische Feminismen hinterfragen so zwangsläufig immer wieder die herkömmlichen Wissens- und Erkenntnisformen und ihre Institutionen.

Feministische Widerstandspraxis heißt, die Gefühle und Zeiten der Reproduktion, die Problematiken des Alltags, das Soziale zum Teil von Bewegung zu machen. Die afrikanischen *Courts of Women* versuchen Gefühle und Analyse, Erfahrungen und Wünsche zusammenzubringen: Poetry und Story-Telling schaffen Raum für den Schmerz über die Zerstörung der Verhältnisse. So entstehen Räume, um Trauer mit der Analyse und der Kritik an neoliberalen Politiken zusammenzubringen. Die Bewegung gegen den Bombenabwurfplatz »Bombodrom« in Brandenburg bündelt ihren Widerstand in den Slogans »Jedes Ziel ist ein Zu Hause« und »Pink Point«: Ein Kommandoturm wurde pink gestrichen und damit wurde zum Thema, dass Militär immer auf bestimmten Männlichkeitsnormen basiert.

Viele feministische Aktionsformen stellen die Frage, wie Neoliberalismus zur Alltagsrealität wird. Ohne ein Vermessen und Evaluieren des Alltags kein Neoliberalismus, meint die Schweizer Finanzexpertin Mascha Madörin. Sie schlägt vor, Messguerillas gegen das Erfassen des (Arbeits-)Alltags in Zahlen zu gründen, denn dies genau stellt eine Grundlage für Vergleichbarkeit, Konkurrenz und die neoliberale Effizienz- und Verwertungsspirale her. Ein Ausgangspunkt des Streiks in der Flughafen-Catering-Fabrik »Gate Gourmet« im Jahr 2005 war es, dass die Effizienzlogik den Alltag und den Feierabend ergriff. Die ArbeiterInnen sagten »Es reicht!«, als sie anfingen, die Schritte in ihren Küchen zu zählen. Widerständigkeit setzt voraus, Strukturfragen in Alltagsfragen zu übersetzen, Herrschaft im Alltag zu erkennen, und sie setzt den Mut voraus, die eigenen Lebensrealitäten zum Teil von Bewegungen und Analysen zu machen. Die Frage nach Geschlecht ist kein »Extra-Thema«; sie ist eine erweiterte, alternative Suchbewegung nach den versteckten, untergründigen Mechanismen von Herrschaftsverhältnissen und Hegemonie.

Ariane Brenssell

Zum Weiterlesen

Fuchs, Brgitte u.a. (Hrsg.) (1996): Rassismen und Feminismen, Wien.
Hawthorne, Susan (2002): Wild politics, Melbourne.
Weltsozialforum Mumbai (2004): Feministische Perspektiven. Rosa Luxemburg Stiftung. DVD, Berlin.

Feministische Ökonomie

Der archimedische Punkt feministischer Ökonomie sind die unbezahlte Sorgearbeit und soziale Reproduktion, die weltweit überwiegend von Frauen geleistet werden. Seit den 1970er Jahren analysierten Feministinnen in kritischer Auseinandersetzung mit marxistischer Ökonomie »Hausarbeit« als eine »verschleierte Form produktiver Arbeit« und ihre gesellschaftliche Geringbewertung als die tragende Säule der geschlechtshierarchischen Arbeitsteilung. Während Selma James bis heute einen »Lohn für Hausarbeit« fordert, werteten die Soziologinnen Veronika Bennholdt-Thomsen, Maria Mies und Claudia von Werlhof die »Subsistenzproduktion« von Kleinbäuerinnen und Marginalisierten in der »Dritten Welt« und die Hausarbeit in der »Ersten Welt« zur Schlüsselkategorie einer noch nicht (vollständig) den kapitalistischen Produktionsverhältnissen unterworfenen Ökonomie auf.

Seit den 1980er Jahren formulierten Entwicklungsökonominnen eine Kritik am »strategischen Schweigen« (Isabella Bakker) und dem »male bias« (Diane Elson) der neoklassischen Ökonomie und neoliberaler Politiken. Diese beruhen auf dem perfiden Prinzip, einerseits die unbezahlte Sorgearbeit aus ökonomischen Wertkalkulationen auszublenden und die Interdependenzen zwischen marktvermittelter und nicht-marktvermittelter Arbeit zu ignorieren, andererseits die Reproduktionsarbeit, ohne die die Marktsphäre nicht funktionieren kann, als unendlich dehnbar und nutzbar zu unterstellen.

Feministische Ökonominnen nehmen das Ganze der Ökonomie und alle Formen von Arbeit und Wertschöpfung in den Blick und analysieren die Wirtschaft als durch geschlechtsspezifische Normen und Machtbeziehungen konstruiertes System. Märkte sind genauso wenig geschlechtsneutral wie Haushalte. Sie sind geschlechtlich kodierte Institutionen, deren Machtasymmetrien und Bewertungshierarchien von den transnationalen Verwertungsprozessen geprägt und funktionalisiert werden. Dies gilt auch für makro-ökonomische Modelle und Analysen, deren aggregierte Zahlen einen geschlechtsneutralen Schleier über die konkreten wirtschaftlichen Akteurinnen und Akteure breiten. Deshalb versuchen Gender Budget Initiativen, die geschlechtsspezifischen Implikationen makro-ökonomischer Politiken zu entschleiern und fordern eine geschlechtergerechte Neustrukturierung von Einnahmen und Ausgaben öffentlicher Haushalte. Die systemimmanent herrschaftskritischen Potenziale feministischer Ökonomieansätze liegen in ihrem liberalen Gleichheitsansatz, der eine → Umverteilung zum Ausgleich von sozialen und Geschlechterungleichheiten fordert. Feministische Ökonominnen befragen makro-ökonomische Politiken dahingehend, welche geschlechtsspezifischen mikro-ökonomischen Voraussetzungen in (welche) Strategien zu Finanzstabilisierung und Wachstum eingehen (z.B. in eine exportorientierte Wachstumsstrategie), welche sozialen Folgen Privatisierungspolitik für den Zugang zu öffentlichen Gütern, Daseinsvorsorge und sozialer Sicherung hat und inwiefern Steuerpolitiken und die derzeit stattfindenden Steuerreformen geschlechtsgebundene Belastungen neu verteilen.

Über die Verwertungsmechanismen kapitalistischer Ökonomie hinausweisend ist die Forderung, die Makro-Ökonomie zu »engendern«, indem ex-ante die Interdependenz zwischen dem marktvermittelten und nicht-marktvermittelten Sozialprodukt in makro-ökonomische Politikentscheidungen aufgenommen wird. Es geht darum, die Ökonomie wieder in soziale Zusammenhänge einzubetten und soziale und ökologische Kosten zu internalisieren statt sie zu externalisieren. Vorsorge, Fürsorge und Gebrauchswertorientierung in der Sorgeökonomie werden als Gegenstück zu den Marktprinzipien der Konkurrenz, Effizienz und Rentabilität gesehen. Die auf Reziprozität und → Solidarität basierenden, moralischen Wirtschaftsformen, in denen vor allem Frauen außerhalb oder an den Rändern der Märkte produktiv tätig sind, müssen als Alternativen zur profitorientierten Ökonomie gestärkt werden. Die Versorgungsökonomie als Teil des Wirtschaftskreislaufs und der gesellschaftlichen Wertschöpfung auszuweisen und aufzuwerten, ohne sie den Gewinnzwängen des Marktes zu unterwerfen, bedeutet ein Bruch mit dem Markttotalitarismus neoliberaler Politik. Dieser würde – wie dies andere heterodoxe (nicht neoklassische) Ökonomen auch fordern – einen Umbau des gesamten ökonomischen Systems nach Maßgabe sozialer Gerechtigkeit und der Bedürfnisbefriedigung notwendig machen. Diese transformatorischen Perspektiven sind derzeit allerdings schwächer in der feministischen Ökonomie vertreten als systemimmanente, gleichheitsorientierte Konzepte (→ Gleichheit) und Forschungen zum Verhältnis von Wachstum und Geschlechter(un)gleichheit. Diese Ansätze laufen jedoch Gefahr, in neoliberale Politiken integriert und kooptiert zu werden.

Christa Wichterich

Zum Weiterlesen

Cagatay, Nilüfer (2001): Trade, Gender and Poverty, Background Paper. UNDP, New York.
Elson, Diane (1991) (ed.): Male Bias in the Development Process, Manchester.
Femina politica (2002): Engendering der Makroökonomie, 11. Jg., Heft 1/2002
Hoppe, Hella (2002): Feministische Ökonomik. Gender in Wirtschaftstheorien und ihren Methoden, Berlin.

Freie Assoziation

Verweist der Begriff der Assoziation (von lat. sociare, »verbinden«) seit dem 19. Jahrhundert zunächst in einem generellen Sinne auf → zivilgesellschaftliche Organisationsformen wie Vereine und Genossenschaften, wird er im Zuge seiner Aufnahme in das Vokabular der Arbeiterbewegung als Freie Assoziation im unmittelbaren, mittelbaren und utopischen Sinne zu einem Kernbegriff der Organisationsfrage linker Politik. Bei Marx erhält der Begriff der Freien Assoziation seinen schillernden, die Fantasie anregenden utopischen Charakter, da Marx ihn als Chiffre für die → kommunistische Gesellschaft benutzt. Diese beschreibt Marx als »assoziierte Produktionsweise«, in der die kapitalistischen Klassengegensätze aufgehoben sind und der Staat – als Ausdruck derselben – zugunsten eines »Vereins freier Menschen« abgeschafft wird. Die so entstehende Freie Assoziation ermöglicht »die freie Entfaltung eines jeden» als »Bedingung für die freie Entfaltung aller«. Der Begriff der Freien Assoziation weist bei Marx gleichzeitig auf den unmittelbaren »freien« Zusammenschluss von Proletariern, der es den im kapitalistischen Konkurrenzkampf gegeneinander gestellten Individuen ermöglichen soll, langfristige Formen solidarischer Praxis (→ Solidarität) einzuüben. In einem weiteren Schritt stellt die Freie Assoziation als »Genossenschaft« für Marx eine mittelfristige Organisationsform im Übergang zum Kommunismus dar – und zwar in dem Maße, wie diese auf Gemeineigentum basiert und damit die kommunistische Gesellschaft in Teilen vorwegnimmt.

Die Brisanz des Konzepts steckt in seinem realpolitischen Spannungsverhältnis: Die Freie Assoziation ist zugleich das wie und das wofür man kämpft. In diesem Moment der Vorwegnahme überschreitet sie – als »kleine« Form politischer Organisation – sich allerdings selbst ständig in Richtung »großer« Politik. Da Freie Assoziation zugleich die Form ist, in der Menschen emanzipative Praktiken einüben, wie der »Name« einer noch zu erkämpfenden klassenlosen Gesellschaft, nehmen Diskussionen in und um die konkreten Formen und den Stellenwert an Schärfe zu. Dies galt schon für die »Internationale Arbeiter-Assoziation« (»Erste Internationale«, gegründet 1864), deren → marxistischer und → anarchistischer Flügel sich über die konkrete Ausformulierung eben dieser Frage entzweite: Sollte die »Assoziation« als zentralistische Dachorganisation von Arbeiterparteien oder als föderaler Zusammenschluss fungieren? Führt der mittelbare Weg zum Kommunismus über eine »Diktatur des Proletariats« oder über die Abschaffung jeglicher staatlicher Macht zugunsten Freier Assoziationen? Und wie sähe diese Utopie am Ende konkret aus: staatlicher Zentralismus und Planwirtschaft oder Förderation selbstverwalteter Arbeiter-Assoziationen?

Auch heute noch bergen diese Konfliktlinien Stoff für Kontroversen: Wie sollte, vor allem aber wie kann sich eine → basisdemokratische antikapitalistische Linke heute organisieren? Die lange Geschichte linker, nicht-staatlicher Selbstorganisation (von autonomen Hausprojekten, über → Fair-Trade-Genossenschaften und Gütergemeinschaften bis hin zu wissenschaftlichen Netzwerken) kann einem hier Anregungen bieten. Im neoliberal eingefassten High-Tech-Kapitalismus haben sich die Bedingungen für die Freie Assoziation allerdings verändert: Als dezentrale Organisationsform steht die Freie Assoziation nun als divergente Form neben den ungleichen Leitbildern »Start-Up« und »Ich-AG«. Verweist Ersteres auf die hegemoniale Form unternehmerischer Selbstorganisation, steht Letzteres für den herrschaftlichen Zwang, sich in Zeiten der Privatisierung gesellschaftlicher Risiken das eigene Über-Leben »selbst zu organisieren«.

Gleichwohl kann die Freie Assoziation auch heute noch als Inspirationsquelle für ein kritisches Nachdenken über eine klassenlose Gesellschaft und den Weg dorthin dienen. Dabei besteht das grundsätzliche Problem, sich als alternative Organisationsform zu Staat und Markt unter dem widersprüchlichen Druck eben dieser Verhältnisse etablieren zu müssen. Diese stehen nicht »außerhalb« alternativer Selbstorganisation, sondern durchziehen als gesellschaftliche Handlungsgrundlage die Mitglieder und damit die Freie Assoziation selber. Dennoch (oder gerade deswegen) bleibt der unscharfe Impuls der Freien Assoziation hochrelevant: sich in »dissoziativen Zeiten« (Wolf-Dieter Narr) einen Freiraum zu erkämpfen, in dem die anvisierte Utopie eines »Vereins freier Menschen« ein Stück weit vorweggenommen werden kann. Das Einüben von → Basisdemokratie, → Solidarität und → Kooperation, von gegenseitigem Verständnis für die individuellen Ambivalenzen zwischen Selbstorganisation und Sicherheitsbedürfnissen, gegenseitiger Unterstützung und → Solidarischer Ökonomie bleiben unter allen Bedingungen Grundlage linker Politik.

Lars Bretthauer/Daniel von Fromberg

Zum Weiterlesen

Abendroth, Wolfgang (1965): Sozialgeschichte der europäischen Arbeiterbewegung, Frankfurt/M.

Haug, Wolfgang Fritz (2001): Assoziation, in: Historisch-Kritisches Wörterbuch des Marxismus, Bd. 1, Hamburg.

Marx, Karl/Engels, Friedrich (1959/1972): Marx-Engels-Werke, Bde. 4 und 23, Berlin.

Freiheit

Freiheit ist das zentrale Leitmotiv der Aufklärung, das im Schlachtruf der Französischen Revolution an erster Stelle genannt wird: »Freiheit, Gleichheit, Brüderlichkeit«. Bestimmend für das Verständnis dieser Freiheit sind immer noch die liberal, individualistischen Konzeptionen der Aufklärung, die exemplarisch von Kant definiert wurde: »Das angeborene Recht ist nur ein einziges. Freiheit (Unabhängigkeit von eines anderen nötigender Willkür), sofern sie mit jedes anderen Freiheit nach einem allgemeinen Gesetz zusammen bestehen kann.« Freiheit ist zunächst die individuelle Unabhängigkeit des Einzelnen, seine Unabhängigkeit vom Willen, den Befehlen und der Autorität anderer. So wird auch heute noch das allgemeine Freiheitsrecht in Art. 2 GG interpretiert. Freiheit ist das Recht, zu tun oder zu lassen, was ich will. Aber natürlich wird diese weite Freiheit eingeschränkt, nämlich durch die Freiheit der anderen, die, so auch Kant, durch allgemeine Gesetze bestimmt werden muss. Die Freiheits- oder Rechtssphären werden gegeneinander abgegrenzt, damit die Freiheit des einen nicht mit Gewalt gegen andere durchgesetzt wird. Innerhalb dieser rechtlich definierten Sphäre kann das Individuum tun und lassen, was es will.

Freiheit wird zunächst jedem Individuum in gleichem Maße zugeschrieben – das war der Fortschritt der Aufklärung. Und es ist die eingeforderte Freiheit, die in der Beschränkung der Staatsgewalt ihre emanzipatorische Seite hat. Sie bleibt aber individuell und der Mensch vereinzelt als eine auf sich gestellte, nur durch Grenzziehungen mit anderen in Kontakt tretende Persönlichkeit. Freiheit wird beschränkt auf das Recht, in Ruhe gelassen zu werden. Das beschränkt die Macht des Staates, legt dem repressiven und überwachenden Staat rechtliche Fesseln an. Aber die gesellschaftlichen Zwänge, die nicht aus der Machtausübung des Staates resultieren, bleiben außen vor. So ist dieser Begriff der Freiheit von Beginn verwoben mit seiner wirtschaftsliberalen Seite, d.h. er steht Pate für die Gewerbefreiheit oder Freiheit des Unternehmens. Freiheit wird reduziert, sie hat allen kritischen Impetus der liberalen Freiheitsrechte verloren und fungiert als Kampfbegriff gegen jede auf Gleichheit und Solidarität angelegte Politik. In dieser eingeschränkten Form schlägt sie um in Unfreiheit, in das Diktat der ökonomischen Gesetzmäßigkeiten des Marktes und Wettbewerbs, der nicht nur die Individuen, sondern auch die Gesellschaft und den Staat gleichschaltet, d.h. als Unternehmen konzipiert etwa in »Ich-AGs« oder dem Konzern BRD. Daneben entsteht eine Scheinfreiheit der Konsumwelt, über die Leo Kofler sagt: »Die Aufhebung von Tabus schafft eine Scheinfreiheit, die wiederum zu Schuldgefühlen führt. Und dieses Schuldgefühl ist schließlich Ursache für eine freiwillige Anpassung an die Spießermoral«.

Freiheit muss nicht begrenzt werden auf das atomisierte Individuum. Ein kurzer Blick auf die gegenwärtige Gesellschaft zeigt: Es steht nicht gut um das »Tun und lassen können, was man will«. Die Einzelnen sind in der Wahrnehmung ihrer Freiheit gefesselt von ökonomischen Notwendigkeiten, gesellschaftlichen Konventionen und faktischen Beschränkungen. Das lässt sich mit Marx auch so beschreiben: »Sowie nämlich die Arbeit verteilt zu werden anfängt, hat jeder einen bestimmten ausschließlichen Kreis der Tätigkeit, der ihm aufgedrängt wird, aus dem er nicht heraus kann; er ist Jäger, Fischer oder Hirt oder kritischer Kritiker und muss es bleiben, wenn er nicht die Mittel zum Leben verlieren will…« Die sozialen Verhältnisse treten den Individuen als außer ihnen liegender Zwang gegenüber und werden auch von der Gesellschaft keineswegs kontrolliert oder aus freiem Willen produziert – sie reproduzieren sich als stummer Zwang jenseits des kollektiven Willens. Die liberale Freiheit des Individuums ist nur eine halbierte Freiheit. Wirkliche Freiheit kann nur gedacht werden als → Emanzipation der gesamten Gesellschaft, als bewusste Selbstorganisation der Gesellschaft, in der die Gesellschaft auch die Voraussetzungen der eigenen Reproduktion demokratisch bestimmt und damit alle Verhältnisse umwirft, in denen der Mensch ein »erniedrigtes, ein geknechtetes, ein verlassenes, ein verächtliches Wesen« (Marx) ist. In einer solchen Gesellschaft ist Freiheit nicht nur negativ bestimmt, sondern sie lässt sich positiv bestimmen als: »Möglichst Viele haben möglichst viele Möglichkeiten, das zu tun, was sie wollen.« Die Entfaltung der Persönlichkeit geschieht nicht gegen, sondern mit anderen und in Gesellschaft. Freiheit widerspricht hier nicht der → Gleichheit, wie die Neoliberalen gebetsmühlenartig behaupten, sondern meint eine sich wechselseitige Voraussetzung. Es ist die Freiheit zur → Differenz, die erst entstehen kann, wenn gleiche Bedingungen geschaffen werden, diese Differenz zu entwickeln und auszuleben.

Andreas Fisahn

Zum Weiterlesen

Bloch, Ernst (1977): Naturrecht und menschliche Würde, Frankfurt/M.
Kofler, Leo (2000): Zur Kritik bürgerlicher Freiheit, Hamburg.
Marx, Karl/Engels, Friedrich (1956): Die deutsche Ideologie, MEW Bd. 3, S. 11, Berlin.
Fisahn, Andreas (2007): Auf dem Weg in den Sicherheitsstaat, in: Sozialismus 7-8/ 2007, S. 4ff.

Frieden

Der Wunsch, in Frieden zu leben, ist den Menschen eigen, seit sie in organisierten Gesellschaften leben. Frieden meint ein verträgliches und gesichertes Zusammenleben von Menschen, innerhalb sozialer Gruppen und zwischen ihnen. Im Verhältnis zwischen großen Gruppen, Gesellschaften und Staaten ist Frieden das Gegenteil von *Krieg*. Seit es (auf)geschriebene Geschichte gibt, erscheint sie als Geschichte von Kriegen – um Macht, Territorien, Ressourcen oder auch Glaubenssätze; Friedenszeiten dagegen eher als Unterbrechung zwischen den Kriegen. Frieden ist bewusst zu schaffen und mit einer Ordnung des Rechts verknüpft. Die Behauptung, es gäbe eine angeborene Disposition des Menschen zu Gewalt und Aggression, lässt sich nicht halten. Gruppenaggressionen zur Destruktion des Gegners sind stets anerzogen, Feinde werden zu Nicht-Menschen erklärt.

Das Römische Reich ging davon aus, dass seine Kriege »gerecht« seien (*bella iusta*), weil die *Pax Romana*, der vom Reich der erreichbaren Welt oktroyierte Friede, die natürliche Ordnung sei. Deshalb war jeder Krieg gegen das Imperium ein »ungerechter« Krieg (*bella iniusta*), was die Herren des Reichs auch zu den drastischsten Maßnahmen ermächtigte: Am Ende wurde das einst reiche Karthago dem Erdboden gleichgemacht. Die Idee des gerechten Krieges zog sich auch durch das christliche Mittelalter, allerdings nicht für das Imperium, sondern nun im Namen Gottes. Im Leninismus wurde daraus der »gerechte« Krieg im Dienste der Arbeiterklasse und der jeweilige Generalsekretär entschied, was denn jeweils gerecht sei. Da bei der Konstruktion eines »gerechten Krieges« die Ermessensgründe sich jeweils gegenseitig ausschließen bzw. in die Willkür des Kriegsherrn gegeben sind, schlug Kant in seiner berühmten Schrift *Zum ewigen Frieden* vor, eine internationale Rechtsordnung zu schaffen, die den Frieden sichert. Im 5. Präliminarartikel lehnte er die gewalttätige Einmischung in die inneren Angelegenheiten eines anderen Staates ausdrücklich ab: »Kein Staat soll sich in die Verfassung und Regierung eines andern Staates gewalttätig einmischen.« Dieses Herangehen wurde dann Grundlage der UNO-Charta von 1945. Dort heißt es in Artikel 1, dass es Ziel der UN ist, »den Weltfrieden und die internationale Sicherheit aufrechtzuerhalten«. Im Kalten Krieg konnte die Friedenssicherung allerdings nicht so funktionieren, wie sie ursprünglich institutionell vorgesehen war. Dennoch wurde das Prinzip der *friedlichen Koexistenz* realisiert, das trug zur Verfriedlichung des Ost-West-Konflikts bei. Zugleich setzte sich die Auffassung durch, dass politische, soziale und kulturelle Menschenrechte eine Einheit bilden. Das Ende des Kalten Krieges brachte jedoch keine Ära des Friedens, wie 1989/1990 allgemein erhofft, sondern ein neues Zeitalter der Intervention und imperialer Kriege. Die USA und ihre Verbündeten haben Krieg wieder zu einem »normalen« Mittel der Politik gemacht. Die weltweiten Rüstungsausgaben liegen im Jahr 2006 bei über 1.200 Milliarden US-Dollar; im Falle der USA nahezu eine Verdopplung seit 2001. Weltweit sind die Rüstungsausgaben seit 1990 um 25% gestiegen. Zwei Drittel dieser Ausgaben entfallen auf die NATO. Globalisierung und Krieg sind zwei Seiten einer Medaille. Die »Neue Weltordnung«, die Präsident Bush Senior mit dem Golfkrieg Anfang der 1990er Jahre postulierte, zielt auf die Verfügung über Rohstoffe, vor allem Erdöl und Erdgas, und die Kontrolle über strategische Räume. Mit den Kriegen gegen Jugoslawien, Afghanistan und Irak wurde diese Linie fortgesetzt. Bei Kriegen, die nicht ursächlich auf die Politik des Westens zurückgehen, wird nach jeweils gesonderten strategischen Gesichtspunkten über Interventionen entschieden. Der »Krieg gegen den Terror« unter US-Präsident Bush Junior hat zu einer Militarisierung der Außenpolitik, zu einer Verschlechterung des Verhältnisses zur muslimischen Welt und zum Abbau der BürgerInnen- und Freiheitsrechte in den Ländern des Westens selbst geführt.

Frieden ist heute Ziel und Strategie zugleich. Es geht um die Wiederherstellung der BürgerInnen- und Freiheitsrechte im Innern und um eine internationale Ordnung auf der Grundlage der Herrschaft des Rechts, wie es in der UNO-Charta angelegt ist, anstelle des »Rechts des Stärkeren«. Die Strategie zielt darauf, die internationale Politik wieder zu entmilitarisieren, friedliche Konfliktlösungen durchzusetzen und ausländische Besatzungstruppen, so aus Afghanistan oder Irak, abzuziehen. Mehr Mittel sind für die weltweite Bekämpfung von Armut, Hunger und vermeidbaren Krankheiten sowie zum Schutz der natürlichen Umwelt nötig, die nur durch Abrüstung freizusetzen sind. Friedenserziehung muss dazu beitragen, ein humanistisches Menschenbild zu befördern und die Schablonen der Entmenschlichung der »Feinde« aufzulösen. Die äußere Friedensfähigkeit des Staates und der Gesellschaft hat ihre innere Friedensfähigkeit zur Voraussetzung.

Erhard Crome

Zum Weiterlesen

Bundesausschuss Friedensratschlag: www.friedensratschlag.de
Crome, Erhard (2006): Sozialismus im 21. Jahrhundert, Berlin.
Informationsstelle Militarisierung e.V. (IMI): www.imi-online.de

Gegen-Hegemonie

Der Begriff der Gegen-Hegemonie soll dazu beitragen, dass emanzipatorische Bewegungen strategische Perspektiven entwickeln. Herrschaft wird dabei nicht nur auf ihre Zwangselemente hin betrachtet, sondern die mehr oder weniger konsensuale Einbindung der Beherrschten in gesellschaftliche Entwicklungen berücksichtigt. Antonio Gramsci nannte diesen Herrschaftstypus Hegemonie. Diese – als Zusammenhang politischer, ökonomischer und sozio-kultureller Verhältnisse – entsteht durch die Strategien und Projekte der herrschenden Kräfte, die wiederum untereinander → Bündnisse schließen und Ausgleich schaffen müssen. Hegemonie wird zudem über selektive Kompromisse mit den Beherrschten und ihren vielfältigen Organisationen entlang unterschiedlicher Konfliktlinien geschaffen (was mitunter massive Ausgrenzungen nicht ausschließt). Kompromisse und Kräfteverhältnisse werden unter Umständen auf Dauer gestellt. Der Staat – auch über lokale und internationale Staatsapparate – ist ein wichtiges Terrain dieser herrschaftsförmigen Absicherung. Dennoch gibt es keinen privilegierten Ansatzpunkt – etwa den Staat – für emanzipatorisches Handeln.

Mit dem Begriff der Gegen-Hegemonie sollen *strategische Elemente* der pluralen emanzipatorischen AkteurInnen – → emanzipatorische Bewegungen und Verbände, linke Parteien, linke Strömungen in Gewerkschaften, → kritische WissenschaftlerInnen und PublizistInnen – stärker berücksichtigt werden. Dabei handelt es sich nicht nur um die »großen« Entscheidungen wie etwa neue Arbeitsmarktgesetze oder Kriege auf der einen Seite oder sichtbare Protestmobilisierungen auf der anderen Seite, sondern auch um die vielen alltäglichen, oft nicht sichtbaren Machtkonstellationen.

Damit können Ansatzpunkte in den aktuellen kritischen Analysen und emanzipatorischen Bewegungen benannt werden. *Erstens* impliziert eine gegen-hegemoniale Perspektive, sorgfältig die herrschaftlichen Strategien zu analysieren. Das Sichtbarmachen von Macht und Herrschaft ist häufig ein erster Ansatzpunkt zu ihrer Veränderung. *Zweitens* tendiert die Kritik der herrschenden Globalisierung zu einem problematischen »Oben-Unten«-Schema, demzufolge neoliberal-imperiale Herrschaft von mächtigen PolitikerInnen, BürokratInnen oder ManagerInnen vorangetrieben wird. Dass die kritisierten und zu verändernden Verhältnisse von vielen Menschen zumindest passiv hingenommen werden, wird häufig übergangen. *Drittens* sind theoretisch angeleitete Diagnosen aktueller Entwicklungen und historischer Erfahrungen wichtig für die Erarbeitung praktischer Alternativen. Wissen um die gesellschaftlichen Verhältnisse entsteht nicht nur theoretisch, sondern auch in konkreten Konflikten und gepaart mit spezifischen Erfahrungen. Gleichwohl ist es wichtig, diese Erfahrungen in übergreifende Konstellationen einordnen zu können. Gesellschaft verändernde AkteurInnen müssen sich der (In-)Stabilität herrschender – auch subjektiver und diskursiver – Strukturen, Kräftekonstellationen und Prozessen immer wieder vergewissern, um eigene Strategien zu entwickeln. Gegen-hegemoniale Perspektiven und Praktiken erachten *viertens* emanzipatorische, wenig institutionalisierte soziale Bewegungen und Bündnisse als zentral. Sie berücksichtigen aber durchaus institutionelle Strukturen und Praxen etwa in Betrieben und öffentlicher Verwaltung, Schulen und Hochschulen, die teilweise »von innen heraus« verändert werden müssen. Deren Veränderung ist nicht nur Ergebnis → sozialer Bewegungen, sondern beispielsweise von Dissens innerhalb der Institutionen oder von versuchten Antworten auf Probleme.

Die strategische Dimension von Auseinandersetzungen wieder stärker zu machen, könnte verhindern, dass emanzipatorische Bewegungen sich zuvorderst an den Agenden der herrschenden Kräfte orientieren, z.B. bei einem G8-Gipfel im eigenen Land oder einem zu verhindernden Gesetz. Diese konkreten Anlässe sind wichtig, sollten aber aus einer gegen-hegemonialen Perspektive um eigene – diskutierte und reflektierte – Agenden ergänzt werden. Eine dringende Aufgabe besteht darin, gegen-hegemoniale Perspektiven und Praxen zu internationalisieren. Das bedeutet nicht nur die Stärkung internationaler Bündnisse und Kampagnen. Die imperiale Lebensweise basiert auf einer für viele – herrschende, aber auch beherrschte – Menschen in den Gesellschaften des Globalen Nordens materiell und kulturell vorteilhaften Einbindung in die internationale Arbeitsteilung. Diese Tatsache wird aktuell von linken Parteien, Gewerkschaften und auch von großen Teilen der Bewegungen kaum thematisiert. Wie dies in Bildungs-, Lern- und Organisierungsprozessen, mit pointierten Forderungen und internationalen Bündnissen, durch harte Konflikte und tief greifende institutionelle Veränderungen hindurch erreicht wird, ist noch offen.

Ulrich Brand

Zum Weiterlesen

Brand, Ulrich (2005): Gegen-Hegemonie. Perspektiven globalisierungskritischer Strategien, Hamburg.

Das Argument, 1/2007 (Nr. 269), »Dialektik des Antikapitalismus«, Berlin.

Gramsci, Antonio (1991ff.): Gefängnishefte, Hamburg/Berlin.

Marchart, Oliver/Weinzierl, Rupert (Hrsg.) (2006): Stand der Bewegung? Protest, Globalisierung, Demokratie – eine Bestandsaufnahme, Münster.

Gegenöffentlichkeit

Gegenöffentlichkeit ist überall. Wo auch immer wir sind, machen wir uns Öffentlichkeiten: Wir flüstern und tauschen Zettel im Unterricht, wir schreiben an Wände und ins Internet, wir unterhalten uns in der Kantine, in privaten und politischen Gegenräumen, wir lesen Zeitung auf dem Klo während der Arbeitszeit, wir tauchen ab in unsere Lieblingsserie im Fernsehen. Wir nutzen Gegenöffentlichkeiten, weil wir die Erfahrung machen, dass wir uns in der jeweils herrschenden Öffentlichkeit nicht durchsetzen können und nicht gehört werden. Gegenöffentlichkeit ist eine spontane Praxis. Aber sie kann auch eine hochorganisierte Form von Gegenmacht sein, in der eigene Medien produziert und genutzt werden, oder in der gezielt auf die herrschende Öffentlichkeit eingewirkt, sie unterlaufen und verändert wird.

Die 1960er und 1970er Jahre waren berauscht von der Idee des »Gegen«. Man machte Gegenöffentlichkeit, Gegeninformation, Gegenmacht usw. Dahinter stand die richtige Erkenntnis, dass gesellschaftliche Unterdrückungsverhältnisse immer auch das Denken und Handeln formen. Die Herrschaft des Kapitals, des Staates oder des Patriarchats übersetzt sich in Herrschaft darüber, was gesagt werden kann – sei es durch Verbote und direkte Kontrolle, oder durch ungleiche Ressourcen und die Macht der Gewohnheit. In der »Enteignet Springer«-Kampagne drückte sich der Wille aus, »eine aufklärende Gegenöffentlichkeit zu schaffen ... die Macht der Manipulateure muss gebrochen werden.« Falsche Informationen sollten durch richtige bekämpft, die Unterwerfung der Öffentlichkeit unter die Macht des Privateigentums beendet werden. In den 1970er Jahren entstand eine Fülle von »eigenen Medien«. Die neuen → sozialen Bewegungen, der → Feminismus der zweiten Frauenbewegung, die vielen Gruppierungen und Strömungen der Neuen Linken und die unzähligen kulturellen Gruppen und Initiativen entfalteten eine reiche Form von Gegenöffentlichkeit, die sich auch auf die technischen Umwälzungen stützte. Eigene Druckveröffentlichungen wie auch die Produktion von Radiosendungen wurde immer einfacher und billiger. Seit den 1990er Jahren verschafften die neuen, mit dem Internet verbundenen Technologien Gegenöffentlichkeit enorme Möglichkeiten zur globalen Kommunikation, zur Aufhebung der alten Gegenüberstellung von Sender und Empfänger zugunsten interaktiver, netzwerkförmiger Strukturen, Indymedia wurde zu einem zentralen Projekt globaler Gegenöffentlichkeit.

Im gleichen Zuge wurde jedoch deutlich, dass alles nicht so einfach war. Der strukturelle Vorsprung der herrschenden Medien besteht nicht nur in

Geld und Macht, sondern auch darin, dass ihre Darstellung der Welt zum Alltagserleben der Menschen passt und es aufgreift, dass sie die Diskurse und »Codes« wiederholt, die auch im herrschaftsförmigen → Alltag verwendet werden. Immer häufiger läuft reine Gegeninformation ins Leere, weil es an Handlungsalternativen fehlt. Im Neoliberalismus wurden auch die rebellischen, individualistischen, dissidenten Aspekte von Gegenöffentlichkeit in neuer Weise integriert. Wenn jeder »sein Ding macht«, ist Herrschaft nicht mehr in Gefahr. Auf dem Gebiet der kulturellen Massenkommunikation ist der Kampf zwischen einer enormen Verallgemeinerung und Verbreiterung von Produktions- und Distributionsmitteln (YouTube, MySpace) einerseits, und einer globalen Konzentration auf wenige deutungsmächtige Großproduktionen (Blockbuster, TV-Serien) im vollen Gange.

Rückblickend erscheint die Vorstellung, die sich die APO der 1960er von Gegenöffentlichkeit machte, als stark beeinflusst von der bürgerlichen Konzeption der einen, wahren, repräsentativen Öffentlichkeit, die Bedingung für vernünftige Entscheidungen ist. Stattdessen gibt es eine Vielzahl von Öffentlichkeiten und Gegenöffentlichkeit ist immer relativ. Für den Arbeiter/die Arbeiterin kann die BILD, die man in der Kantine liest, ebenso Gegenöffentlichkeit sein, wie die Kinoschnulze. Umgekehrt reproduziert die Gegenöffentlichkeit der sozialen Bewegungen häufig Ausgrenzung durch Sprache und Form. Anders zu sein, andere zu Wort kommen zu lassen, andere Menschen und Gruppen anzusprechen, nichtkommerziell und demokratisch kontrolliert zu sein, und kritisch auf die herrschende Öffentlichkeit einzuwirken und diese zu verändern: all diese Ansprüche von Gegenöffentlichkeit gehen nicht immer zusammen. Gegenöffentlichkeit handelt nicht nur von Medien und Nischen. Wie gerade die EZLN (deutsch: Zapatistische Armee der Nationalen Befreiung) in Chiapas es vorgeführt hat, handelt Gegenöffentlichkeit auch von einer demokratischen Sprache, von nicht-elitären Organisationsformen, von populären sozialen und kulturellen Räumen. Die Aufgabenstellung von Gegenöffentlichkeit aber bleibt dieselbe, wie Günter Eich sie beschrieben hat: »Seid Sand, nicht das Öl im Getriebe der Welt!«

Christoph Spehr

Zum Weiterlesen

Holert, Tom/Terkessidis, Mark (1996): Mainstream der Minderheiten. Pop in der Kontrollgesellschaft, Berlin.

Oy, Gottfried (2001): Die Gemeinschaft der Lüge, Münster.

Spehr, Christoph (2001): Gegenöffentlichkeit, in: Historisch-kritisches Wörterbuch des Marxismus, Bd. 5, Hamburg.

Gemeinschaftsgüter

Gemeinschaftsgüter entfalten sich zu einem zentralen Begriff in zwei großen Transformationsprozessen: in der Ökologisierung der Wirtschaft und im Wandel der Industrie- zur Wissensgesellschaft. Der Begriff bezieht sich auf zwei Kategorien. Erstens auf materielle Ressourcen wie Rohstoffe, Energieträger, Wasser und Wald, zweitens auf immaterielle Ressourcen wie Wissen und Ideen – die *codes* der Informationsgesellschaft (Software) und die *codes* des Lebens; die → Wissensallmende. Historisch wurden vor allem die in Gemeindebesitz befindlichen Gewässer, Wiesen und Wälder als Gemeinschaftsgüter bzw. Allmende (etymol.: *All+Gemeinde*) bezeichnet.

Bis zum Beginn des 20. Jahrhunderts zur Lebensrealität gehörend, gewann Allmende u.a. durch den Aufsatz des Biologen Garrett Hardin von 1968 neue Relevanz. Dieser formulierte die These, dass der Mensch einer gemeinschaftlich genutzten Ressource zum Zwecke persönlicher Gewinnmaximierung normalerweise mehr entnehme, als ihm anteilig zusteht und dies zur Vernutzung der Ressource führte. In der aktuellen Debatte rekurriert der Begriff nicht nur auf Gaben der Natur, sondern auch auf von vorangegangenen Generationen erzeugte kulturelle und immaterielle Ressourcen, die sich im Besitz von lokalen bzw. globalen Gemeinschaften befinden oder aus normativen Gründen in Kollektivbesitz gehalten werden. So wie Gemeinschaftsland kein Niemandsland ist, sind Gemeinschaftsgüter keine herrenlosen Güter. Gemeinschaftsgüter brauchen Gemeinschaften, die sich »ihrer annehmen«, die vom kollektiven sozialen und kulturellen Erbe profitieren, dieses Erbe aber auch erweitern und stets an die Gesellschaft zurückgeben. Zugangs-, Nutzungs- und Teilhaberechte an ihnen werden weltweit nach selbst gesetzten, lokal angepassten und der Struktur der Güter entsprechenden Regeln kollektiv bestimmt. Diese Regeln müssen den Eigenschaften der jeweiligen Kategorie entsprechen. Während natürliche Ressourcen in Konsum und Nutzung nicht teilbar sind, trifft das auf Wissensallmende nicht zu. Eine Software oder ein Rezept können beliebig oft genutzt werden, sie werden dennoch nicht verbraucht. Diese Eigenheit läuft den Mechanismen der Marktwirtschaft zuwider, in der knappe Ressourcen über den Preis gesteuert werden. Wissensgüter sind nur »nachhaltig« (→ Nachhaltigkeit), wenn der Zugang zu ihnen offen gehalten wird. Verantwortungsvolles Gemeinschaftsgütermanagement zielt darauf ab, Existenz, Stabilität und Widerstandsfähigkeit der Ressourcen und Systeme zu sichern sowie Zugangs-, Nutzungs- und Verteilungsgerechtigkeit für alle Menschen zu gewähren. Prinzipien wie → Freiheit und Verantwortung, → Solidarität, Reziprozität und → Kooperation sind dafür grundlegend. Gemeinschaftsgüter müssen immer wieder an die Gesellschaft zurückfallen. Doch nach wie vor werden sie massiv übernutzt oder privatisiert (Klimawandel, Wasser-Privatisierung, Patentierung von Softwarecode, lebenden Organismen oder Gensequenzen). Daher wird postuliert, dass sie entweder per sé nicht privateigentumsfähig sind (Ideen, Kultur, die Stille, das Sonnenlicht) oder dass sie ihren Nutzen nur dann entfalten, wenn sie von der Gesellschaft (nicht notwendigerweise vom Staat) kontrolliert und bewirtschaftet werden. Im Grundsatz ist Gemeinschaftsgütermanagement immer treuhänderisch. Unabhängig davon, wer als Treuhänder agiert – die BürgerInnen direkt oder indirekt über ein funktionierendes demokratisches Staatswesen oder zeitweilig ein privates Unternehmen –, entscheidend ist, ob die Verfügungshoheit über das kollektive Erbe erhalten bleibt.

Seit mehr als einem Jahrzehnt gewinnen die Auseinandersetzungen um Wissensallmende in den Kämpfen um Patentrechte, um die allgemeine Verfügbarkeit von Algorithmen, um freie Bildung und Kultur an Wirkungsmacht. Dieser Prozess greift auf immer neue Sphären über und aktiviert zahlreiche politische Konflikte. Er findet auf technologischer (DRM, Terminator Technologie), juristischer (TRIPS, nationale Gesetzesnormen zu Patentrecht und Copyright), politischer und (sozio-)ökonomischer Ebene (Megainfrastrukturprojekte) statt. Gemeinschaftsgüterbezogen denken heißt, den Demokratiegedanken mit dem Wissen um die informationellen Grundlagen wissensbasierten Wirtschaftens sowie mit ökologischen und Gerechtigkeitsvorstellungen zusammenzubringen. Jenseits der Polarisierung zwischen Markt und Staat rückt die Gemeinschaftsgüteridee die BürgerInnen in die Verantwortung für zukunfts- und wissensgesellschaftsfähiges Handeln. Gemeinschaftsgüter sind langfristige Voraussetzung für Produktion und Reproduktion. Businessmodelle, Entwicklungsprojekte und politische Steuerungsmechanismen werden deshalb künftig auf ihre Gemeinschaftsgüterverträglichkeit abzuklopfen sein.

Silke Helfrich

Zum Weiterlesen

Boyle, James (2003): Second Enclosure Movement and the construction of the public domain. www.law.duke.edu/pd/papers/boyle.pdf

Hardin, Garrett (1968): The Tragedy of the Commons. Science (162), S. 1243-1248.

Lessig, Lawrence (2006): Freie Kultur. Wesen und Zukunft der Kreativität, München.

Ostrom, Elinor (1999): Die Verfassung der Allmende, Tübingen.

Gemeinwirtschaft

Als Gemeinwirtschaft werden grundsätzlich wirtschaftliche Aktivitäten bezeichnet, die nicht auf die private Gewinnmaximierung, sondern auf das Gemeinwohl ausgerichtet sind. Diese Definition lässt viel Raum zur Interpretation und so erhielt der Begriff – je nach Zeit, AutorIn und Umständen – die unterschiedlichsten Bedeutungen. Mal bezeichnet er eine gesamte Wirtschaftsordnung, mal eine Gruppe von Unternehmen, mal einen staatlichen Konzern, mal die Feuerwehr oder die Konsumgenossenschaft von nebenan. In einer *monistischen* Interpretation wurde Gemeinwirtschaft als Synonym für eine planwirtschaftliche Wirtschaftsordnung gesehen. Gängiger ist allerdings die *dualistische* Konzeption, in der dem privatwirtschaftlichen Sektor innerhalb eines kapitalistischen Systems ein gemeinwirtschaftlicher Sektor gegenübersteht, der durch verstaatlichte oder sozialisierte Produktionsmittel sowie die Förderung von Neugründungen aufgebaut wird. Der gemeinwirtschaftliche Sektor kann dabei aus öffentlichen (staatlichen, kommunalen) Unternehmen, insbesondere aber aus vom Staat unabhängigen Betrieben wie Genossenschaften und gewerkschaftlichen Unternehmen bestehen. Diese Definition prägte den Begriff der Gemeinwirtschaft in der Bundesrepublik lange Zeit. Nach Skandalen um Unternehmen der »gewerkschaftlichen Gemeinwirtschaft« wie der Neuen Heimat oder der Coop-AG und nach deren Untergang in den 1980er Jahren, wurde es um die Idee der Gemeinwirtschaft relativ ruhig. Das Konzept wurde zunehmend von einer Debatte um den »dritten Sektor« verdrängt, in dem »Non-Profit Organisationen« mitunter zur Stabilität der herrschenden Wirtschaftsordnung beitragen, indem sie als »Lückenbüßer« Aufgaben wahrnehmen, die Staat und Privatwirtschaft nicht mehr übernehmen wollen.

Wer die Gemeinwirtschaft aber nur als elementaren Bestandteil einer »pluralistischen Marktwirtschaft« sieht, der übersieht, dass der Begriff eine »antikapitalistische Botschaft« (Harald Mattfeldt) enthält oder zumindest Ausdruck von Systemkritik ist. Denn die Gemeinwirtschaft ist eine soziale Reformbewegung, die etwa Mitte des 19. Jahrhunderts mit der Genossenschaftsbewegung ihre Anfänge hatte: »Der Aufbau einer ›Eigenwirtschaft der Arbeiterklasse‹, einer ›positiven Ökonomie sozialer Bewegungen‹ … geschah oft mit einer solchen Dynamik, dass dieser Teil der reformsozialistischen Bewegung selbst zeitweise zum Träger der Hoffnungen auf eine tiefgehende gesellschaftliche Alternative wurde.« (Arno Mersmann/Klaus Novy). Die Praxis der Gemeinwirtschaftsbewegung kann so als Ausgangspunkt für die Debatte um → Wirtschaftsdemokratie gesehen werden. Genossenschaften waren und sind nicht nur Selbsthilfeunternehmen, die gegründet werden, um sich z.B. von schlechter Wohnraumversorgung und überhöhten Lebensmittelpreisen zu befreien. Sie zeichnen sich auch durch demokratische Prinzipien, → Solidarität und Selbstverwaltung aus. Jedes Mitglied hat in der Regel gleiches Stimmrecht bei Entscheidungen – unabhängig von der Höhe des Kapitaleinsatzes. Außerdem herrscht das Identitätsprinzip: In Wohnungsbaugenossenschaften sind z.B. die MieterInnen ihre eigenen VermieterInnen, in Konsumgenossenschaften sind KundInnen gleichzeitig HändlerInnen. Die Genossenschaft hat ihren Zweck nicht in der Gewinnmaximierung, sondern in der Förderung der Interessen ihrer Mitglieder.

Zwar wird die »eingetragene Genossenschaft« (e.G.) heute oft nur als Rechtsform unter vielen gewählt, bei einigen verschwimmen die genossenschaftlichen Ideale und häufig wird die Gemeinwohlorientierung abgelehnt. Dennoch gab und gibt es viele genossenschaftliche Unternehmen, bei denen die Idee eines »anderen Wirtschaftens« – jenseits von Konkurrenzkampf und Profitstreben – emanzipatorisch in die Tat umgesetzt werden soll. Bei diesen Unternehmen geht die Solidarität oft über die Gruppe der Mitglieder hinaus und erstreckt sich beispielsweise auf den fairen Handel (→ Fair Trade) mit Ländern des globalen Südens. Solche Ideen waren es auch, die in den 1970er/1980er Jahren die Entstehung der so genannten Alternativen Ökonomie, als neuer Ausprägung der Gemeinwirtschaft beförderten. Zu den klassischen genossenschaftlichen Prinzipien kamen neue Kriterien wie umweltorientiertes Wirtschaften hinzu. Gerade die ökologische Komponente lässt die Vitalisierung der Gemeinwirtschaftsidee auch heute sinnvoll erscheinen. Etwa im Sinne einer »Energiewende von unten«, bei der sich z.B. Dorfgemeinschaften genossenschaftlich organisieren, um auf Basis erneuerbarer Energien ihre Versorgung unabhängig von profitorientierten Konzernen selbst zu organisieren. Vor allem wachsende soziale Probleme weltweit haben die Gemeinwirtschaftsidee außerdem in den Debatten um → Solidarische Ökonomie neu aufleben lassen.

Florian Moritz

Zum Weiterlesen

Ebels, Rainer/Maaßen, Josef (1987): Gemeinwirtschaft – Kritik an der Lehre von den gemeinwirtschaftlichen Institutionen (Diss.), Trier.

Mersmann, Arno/Novy, Klaus (1991): Gewerkschaften, Genossenschaften, Gemeinwirtschaft. Hat eine Ökonomie der Solidarität eine Chance? Köln.

Novy, Klaus/Prinz, Michael (1985): Illustrierte Geschichte der Gemeinwirtschaft, Berlin/Bonn.

Gerechter Welthandel

Arbeitsteilung ist Grundlage menschlichen Wohlstands, denn Spezialisierung führt zu effizienterem Arbeiten. Doch die einzelnen Tätigkeiten werden nicht gleich wertgeschätzt. Um den Faktor 1.000 unterscheidet sich das Entgelt für Putzen und für Finanzmarktdeals. Zudem kann nicht frei zwischen den Tätigkeiten gewechselt werden. Auch die Kinder der Putzfrau haben kaum Chancen, jemals als Finanzspekulanten tätig zu werden. In der globalen Arbeitsteilung entscheiden Geschlecht, Hautfarbe und Geburtsland maßgeblich, auf welcher Hierarchiestufe die jeweilige Person eingeordnet wird.

Unter Ökonomen findet David Ricardos Theorie der komparativen Kosten breite Anerkennung. Diese besagt, dass internationale Arbeitsteilung (und damit Handel) selbst für solche Länder von Vorteil ist, die alle Güter zu höheren Kosten als die anderen Länder herstellen. Sie müssen sich nur auf die Produktion jener Güter spezialisieren, die sie vergleichsweise (komparativ) am günstigsten herstellen können. Diese Ökonomen übersehen jedoch beharrlich, dass ein einzelnes Land, bevor es sich optimal spezialisiert hat, durch wettbewerbsstärkere Länder wirtschaftlich geschwächt werden kann. Aber selbst wenn es marktgerecht spezialisiert ist, kann es langfristig im Wettbewerb scheitern. Denn nicht jede Spezialisierung wirkt sich positiv aus. Ein Land, das sich beispielsweise auf wenige Agrarprodukte spezialisiert, versäumt es, wichtige Erfahrungen auf Gebieten des industriellen Fortschritts zu sammeln, worauf bereits Friedrich List im Jahre 1841 aufmerksam gemacht hat. Marx betonte neben dem Aspekt der Entfremdung durch Arbeitsteilung noch die Gefahr der misslingenden Koordination. Gerade der grenzüberschreitende Austausch erfolgt fast ausschließlich marktförmig. Aufgrund der am Markt vorherrschenden dezentralen Entscheidungen über Produktion und Konsumtion können Angebot und Nachfrage krisenhaft auseinanderklaffen. Ökologisch ist Arbeitsteilung zweifach problematisch. Erstens entkoppelt sie Verursachung und Betroffenheit von Umweltschäden. Zweitens vermehrt sie den Transport von Gütern, der nicht nur endliche Ressourcen verbraucht, sondern auch das klimaschädliche CO_2 ausstößt.

Die vielstimmige Kritik am heutigen Welthandelssystem greift auf diese Argumente zurück, doch was sind die Alternativen? Der radikalste Vorschlag einer Bioregion setzt auf biologisch vom Weltmarkt abgekoppelte Kleinräume (Thayer 2003). Für einige Regionen bzw. Warengruppen dürfte dies sinnvoll sein, doch insgesamt ist die → Solidarische Ökonomie nicht verallgemeinerbar. Erstens stehen Spezialisierungsgewinne in Gefahr und zweitens ist eine Abkehr vom Weltmarkt mit hohen Anpassungskosten verbunden. Selbst der »ökologische Fußabtritt« muss nicht kleiner ausfallen. Der CO_2-Ausstoß neuseeländischen Lammfleischs beträgt trotz 11.000 »food miles« aufgrund günstigerer Futterbedingungen nur ein Viertel von dem des englischen Fleischs. Viel versprechender erscheint, das Regelwerk des Welthandels nach entwicklungspolitischen, sozialen und ökologischen Prinzipien auszurichten. Durch starke Öffnung der reichen Märkte für Produkte aus armen Märkten, durch Einschränkung des Patentrechts (das die starken, zuerst gekommenen Wettbewerber schützt) und durch Ausgleichsfonds als Puffer gegen Preisschwankungen auf den Rohstoffmärkten könnte das Entwicklungsgefälle verringert werden. Sozialklauseln in Handelsverträgen könnten verhindern, dass der Wettbewerb auf Kosten völkerrechtlich verbindlicher Arbeiterrechte ausgetragen wird. Zugleich sollten, finanziert durch progressive Steuern, die GlobalisierungsverliererInnen innerstaatlich besser entschädigt werden, was allerdings ohne Einschränkung der Finanzmärkte nur begrenzt möglich sein wird. Die Transportkosten sollten die ökologischen Kosten widerspiegeln, bspw. durch eine Steuer auf den CO_2-Ausstoß. Die Warenherstellung sollte ökologischen Mindeststandards genügen und die ökologischen Kosten sollten sichtbar vermerkt werden.

Solche oder ähnliche Reformen setzen eine Demokratisierung des Handelsregimes voraus, und zwar sowohl im Verhältnis der Länder zueinander als auch innerstaatlich. Derzeit entscheidet vornehmlich die Kaufkraft, die die reichen Länder am Verhandlungstisch eindeutig begünstigt. Die Parlamente sind bei Verhandlungen meist außen vor. Kurzfristig geht es darum, sowohl den Trend zu bilateralen Verhandlungen, der eindeutig die kaufkraftärmeren Länder benachteiligt, als auch weitere Liberalisierungen aufzuhalten, die die öffentlichen Dienste bedrohen.

Christoph Scherrer

Zum Weiterlesen

Fritz, Thomas/Mosebach, Kai/Raza, Werner/Scherrer, Christoph (2006): GATS Dienstleistungsliberalisierung: Sektorale Auswirkungen und temporäre Mobilität von Erwerbstätigen, Düsseldorf.

Oxfam (2006): Ungleiche Partner: Wie Wirtschaftspartnerschaftsabkommen (EPAs) zwischen der EU und den AKP-Ländern die Entwicklung vieler der ärmsten Länder der Welt schädigen könnten.

Passadakis, Alexis J. (2006): Keine Tränen für Doha. Die Anti-Entwicklungsrunde der WTO vor dem Aus? Zeit für Alternativen, Berlin, WEED.

Thayer, Robert (2003) LifePlace: Bioregional Thought and Practice, Berkeley.

Gewerkschaftliche Autonomie

Um wirksam für politische Alternativen eintreten zu können, wird von Teilen der Gewerkschaften eine grundlegende Neubestimmung ihres politischen Selbstverständnisses eingefordert, bei der die »Rückgewinnung« gewerkschaftlicher Autonomie im Zentrum steht. Hinter dem Begriff verbirgt sich die Aufforderung an die Gewerkschaften, sich auf die eigene Stärke zu besinnen und durch die Mobilisierung der Beschäftigten autonome Durchsetzungsmacht zu entwickeln. Es geht um die Kritik an der Einbindung der Gewerkschaften in die betrieblichen und gesellschaftlichen Wettbewerbsbündnisse, die sich in den 1990er Jahren als eine neue Politikarena etabliert haben. Aus heutiger Sicht erscheint es offensichtlich, dass diese den gewerkschaftlichen Legitimationsverlust eher vergrößert haben.

Dementsprechend stehen die Gewerkschaften vor der Aufgabe, neue Formen politischer Einflussnahme zu entwickeln. Hierbei kann zum Teil an die traditionelle linke Korporatismuskritik angeknüpft werden, die bereits in den 1960er und 1970er Jahren die korporatistische Einbindung als gewerkschaftlichen »Autonomieverlust« thematisiert hat. Es geht aber auch um das Verhältnis von Gewerkschaften und Sozialdemokratie. Obwohl gerade in Deutschland mit dem Prinzip der Einheitsgewerkschaft die parteipolitische Unabhängigkeit schon lange zum Selbstverständnis der Gewerkschaften gehört, so existierte faktisch lange eine Art »privilegierte Partnerschaft« (Hans-Jürgen Urban) mit der SPD. In den letzten Jahren hat sich das Verhältnis angesichts der Dominanz »neu-sozialdemokratischer« Politikkonzepte – wie etwa die Orientierung an der »Neuen Mitte« oder an einem »Dritten Weg« – jedoch grundlegend gewandelt.

Mit dem Verlust eines »natürlichen« Partners auf der politischen Bühne sind die Gewerkschaften nun gezwungen, vermehrt selbst das politische Mandat wahrzunehmen. Sowohl der Bedeutungsverlust korporatistischer Arrangements als auch der Wandel im Verhältnis zur Sozialdemokratie machen neue Handlungsstrategien erforderlich. Als Beispiel eines neuen autonomen Politiktypus erfreut sich hierbei das ursprünglich aus den USA kommende Konzept des → Social Movement Unionism auch in Deutschland einer immer größeren Beliebtheit. Bei diesem Konzept geht es einerseits darum, dass Gewerkschaften von anderen → sozialen Bewegungen lernen und die gewerkschaftliche Durchsetzungsmacht durch gezielte → Bündnisse mit anderen sozialen Organisationen und Bewegungen vergrößert werden. Bei aller notwendigen Öffnung in den gesellschaftspolitischen Raum können Gewerkschaften jedoch weder zu einer universellen BürgerInnenorganisation noch zu einer Art Ersatzpartei werden. Entscheidend bleibt die politische Verzahnung von betrieblicher und gesellschaftspolitischer Ebene. Dabei verkennt eine Entgegensetzung von gewerkschaftlicher Autonomie und institutioneller Einbindung die komplexen Formen gewerkschaftlicher Machtentfaltung. Insgesamt können – in Anlehnung an Klaus Dörre – drei Quellen gewerkschaftlicher Macht unterschieden werden. Die erste Quelle liegt in der Entwicklung von »Organisationsmacht«. Ausgehend von den Betrieben müssen Gewerkschaften über eine kritische Masse von Mitgliedern verfügen, die sie in die Lage versetzt, Arbeitskampfmaßnahmen durchzuführen und damit ihre Konfliktfähigkeit unter Beweis zu stellen. Angesichts rückläufiger Mitgliederzahlen sind die Gewerkschaften in vielen Bereichen empfindlich geschwächt worden. Die Debatte um gewerkschaftliche Autonomie muss demnach stets die real existierende Organisationsmacht im Blickfeld haben, um nicht in voluntaristischen Appellen zu verpuffen. Die zweite Quelle ergibt sich aus der jeweils konkreten Stellung der Beschäftigten im kapitalistischen Produktionsprozess. Die hieraus erwachsende »strukturelle Macht« umfasst zwei Dimensionen: Zum einen wird die politische Durchsetzungsmacht unmittelbar durch die Höhe der Arbeitslosigkeit beeinflusst. Zum anderen bietet das spezifische Tätigkeits- und Qualifikationsprofil einzelnen Beschäftigtengruppen ein mehr oder weniger großes Druckpotenzial. Der Grad an struktureller Macht markiert zugleich die Grenzen gewerkschaftlicher Autonomie. Schließlich verfügen die Gewerkschaften über ein erhebliches Maß an »institutioneller Macht«. Institutionen sind hierbei Ausdruck historischer Klassenkompromisse, in denen gesellschaftliche Kräfteverhältnisse politisch und rechtlich fixiert werden. Eine institutionelle Einbindung steht daher nicht notwendig gewerkschaftlicher Autonomie entgegen, sondern bildet oft ein wichtiges Medium zur Durchsetzung gewerkschaftlicher Interessen. Die Frage der gewerkschaftlichen Autonomie ist demnach primär keine institutionelle, sondern eine inhaltliche Frage.

Thorsten Schulten

Zum Weiterlesen

Deppe, Frank (1979): Autonomie und Integration. Materialien zur Gewerkschaftsanalyse, Marburg.

Dörre, Klaus (2007): Gewerkschaften und die kapitalistische Landnahme: Niedergang oder strategische Wahl? in: Heinrich Geiselberger (Hrsg.): Und jetzt? Politik, Protest und Propaganda, Frankfurt/M, S. 53-78.

Urban, Hans-Jürgen (2005): Gewerkschaften als konstruktiver Vetospieler, in: Forschungsjournal Neue Soziale Bewegungen Vol. 18 (2), S. 44-60.

Gleichheit

Prominent wurde der Begriff der Gleichheit in der Trias »Freiheit, Gleichheit, Brüderlichkeit« der Französischen Revolution. Bezog sich Gleichheit hier auf politische Forderungen nach gleicher politischer und sozialer Teilhabe, hat sich der Begriff seine sozial-transformative Kraft bis heute bewahrt. Von → sozialen Bewegungen wie der Arbeiter- und der Frauenbewegung wurde gleiche Teilhabe an politischen und sozialen StaatsbürgerInnenrechten seit dem 19. Jahrhundert politisch eingefordert.

Gleichheit bezieht sich als Rechtsbegriff auf die Beziehung von zwei zu vergleichenden Personen oder Gegenständen in Bezug auf ein Drittes, das *tertium comparationis*, und meint immer ein soziales Verhältnis. Deshalb ist es von großer Relevanz, welche gesellschaftlichen Bereiche dem Vergleich zugrunde gelegt werden bzw. an welchem Maßstab Gleichheit gemessen wird. In der politischen Theorie wird zwischen normativer, formal-rechtlicher und materieller Gleichheit unterschieden. Das *normative* Ziel der Gleichheit in westlichen Demokratien wurde hauptsächlich von den neuzeitlichen Vertragstheoretikern geprägt. In deren Naturrechtstradition sind alle Menschen von Natur aus frei und gleich. Jedoch bildet diese Vorstellung sich nicht in der Wirklichkeit ab, sondern muss immer erst hergestellt werden. Der *formal-rechtliche* Begriff von politischer, d.h. staatsbürgerlicher Gleichheit blendet jedoch die faktische soziale Ungleichheit aus – beispielsweise jene zwischen Frauen und Männern –, da Gleichheit im Staat an formal gleichen Partizipationsmöglichkeiten, Chancengleichheit und Mitbestimmung festgemacht wird. So wird das normative Ziel demokratischer Gleichheit mit der Institutionalisierung der Staatsbürgerschaft realisiert. *Materielle* Gleichheit im Sinne der Abschaffung von sozialer Ungleichheit wird damit noch nicht verwirklicht, da formal rechtliche Gleichheit nicht per se die historisch entstandenen sozialen Ungleichheiten, die sich in die politischen Institutionen des Staates eingeschrieben haben, verändern können.

Historisch liegt diesem Verständnis ein Widerspruch vertragstheoretischer Prämissen zugrunde. Deutlich wird das etwa an der gesellschaftlich konstruierten und institutionalisierten Ungleichheit zwischen Frauen und Männern: Das universalistische Prinzip der Gleichheit von Natur aus beinhaltete nicht das Grundrecht auf → Freiheit und Gleichheit und abstrahierte von körperlichen Unterschieden zwischen Männern in der Öffentlichkeit, aber nicht von körperlichen Unterschieden zwischen Männern und Frauen in der Privatsphäre. Frauen wurde aufgrund ihrer Prokreativität, ihrer vermeintlichen körperlichen Schwächen und weiblichen Eigenschaften Vernunft abgesprochen. Sie erhielten so nur verminderte Rechte, Verträge abzuschließen und in der politischen Öffentlichkeit aktiv zu partizipieren. Der Unterschied zwischen natürlicher Gleichheit als vorrechtlicher Norm im Naturrecht und der gesellschaftlich institutionalisierten Rechtsnorm wird hier deutlich. Denn in der rechtlichen Umsetzung abstrahiert das positive Recht von jeglichen Unterschieden, die als angenommene »natürliche« Faktoren – wie etwa die Kategorie Geschlecht – gelten.

Die Konstruktion von Geschlecht und auch die der Klassenunterschiede aufgrund von Besitzeigentum können so nicht mehr rechtlich erfasst werden. Der politische Ausschluss von Frauen aus der öffentlichen Sphäre und ihre marginalisierte soziale Position wurden historisch durch die normative Gleichheitskonzeption der Vertragstheoretiker politisch legitimiert und tradieren sich teilweise bis in die Gegenwart. Geschlecht wurde wie Klassenzugehörigkeit zu einem politischen Strukturmerkmal moderner westlicher Demokratien und stellt bis heute eine politische Herausforderung an moderne Gleichheitsvorstellungen dar.

Seine System transformierende Bedeutung trägt der Gleichheitsbegriff qua Definition in sich. So lässt sich mit der Forderung nach Gleichheit auf eine Vielzahl politischer Forderungen rekurrieren, die sich in aktuellen Debatten niederschlagen: Von der feministischen Forderung nach gleichem Lohn für gleiche und gleichwertige Arbeit(→ Feminismus) bis hin zu der Forderung nach einem → Grundeinkommen für alle. Entscheidend dabei bleibt, wie Gleichheit inhaltlich definiert wird, wer oder was als ungleich gilt und auf welche gesellschaftliche Bereiche Gleichheit rekurriert. Somit bleibt die Forderung nach Gleichheit ein politisch umkämpftes Terrain und Utopie, da theoretisch immer wieder neue Personengruppen ihre alternativen Forderungen nach gleicher politischer und sozialer Teilhabe formulieren können.

Stefanie Wöhl

Zum Weiterlesen

Fraser, Nancy (1996): Öffentlichkeit neu denken. Ein Beitrag zur Kritik real existierender Demokratie, in: Scheich, Elvira (Hrsg.): Vermittelte Weiblichkeit. Feministische Wissenschafts- und Gesellschaftskritik, Hamburg.

Gerhard, Ute (1990): Gleichheit ohne Angleichung. Frauen im Recht, München.

Wilde, Gabriele (1995): Geschlecht und das Prinzip der Ungleichheit. Zur Problematik der Gleichheit in demokratietheoretischen Ansätzen, in: Kreisky, Eva/Sauer, Birgit (Hrsg.): Feministische Standpunkte in der Politikwissenschaft. Eine Einführung, Frankfurt/M.; New York.

Globale Soziale Rechte

Unter diesem Begriff wird seit wenigen Jahren versucht, konkreter zu fassen, wie eine andere Welt aussehen könnte. Die spontane Einsichtigkeit, dass sie möglich ist, reicht vielen AktivistInnen nicht mehr aus. Also versuchen sie Inhalte und genauere Bestimmungen zu nennen. Das kann sehr konkret geschehen (Sicherung materieller Bedürfnisse durch ein globales bedingungsloses → Grundeinkommen, Bewegungsfreiheit, intakte Umwelt, etc.) und umfasst dann in der Regel die traditionellen → Menschenrechte. Es kann auch sehr viel allgemeiner ein Ausgangspunkt sein, von dem her das Gemeinsame von Denk- und Kampfbewegungen in den Blick genommen werden kann. Das bedeutet eher ein vorsichtiges und tastendes als ein sicheres und rasches Voranschreiten. Was ein globales soziales Recht genau sein soll, ist nicht festgelegt, sondern kontrovers diskutierbar.

Das Recht, Rechte zu haben, ist das grundlegendste aller Menschenrechte. Menschen wollen und sollen nicht Objekt Dritter sein, Menschsein beginnt damit, dass ein Mensch existiert. Menschenrecht muss sich niemand verdienen und kann niemand verlieren. Menschenrechte sind so verstanden kein Widerspruch zu Globalen Sozialen Rechten, auch wenn traditionelle linke Kritik immer die defizitäre Seite ersterer betonte: Da sie originär als Abwehrrechte gegen den Staat formuliert wurden, genauer gesagt als Abwehrrechte des Bürgers (in seiner männlichen und singulären Form!) gegen den Zugriff des Staates auf sein Eigentum, könnten sie ihrem selbstformulierten Anspruch nach, gleiche → Freiheit für alle zu ermöglichen, nicht gerecht werden. So sehr das stimmt, so sehr wird dabei unsichtbar, dass genau dieser Widerspruch zwischen Anspruch und Wirklichkeit menschenrechtlicher gesellschaftlicher Zustände fruchtbar werden kann und sich auch in der bürgerlich-liberalen Debatte als Anspruch auf Entfaltungsrechte niederschlägt.

Menschenrechte gelten individuell und universell; was einem Menschen zusteht, muss allen zustehen. Globale Soziale Rechte nehmen darüber hinaus die gesellschaftliche Gesamtheit in den Blick. Der Anspruch auf ein gutes Leben für alle verträgt sich nicht mit einer realen Welt, in der Möglichkeiten und Macht, Reichtum und Teilhabe, Ressourcenverbrauch und Rechte extrem ungleich verteilt sind. Deshalb gehen Globale Soziale Rechte weit über das hinaus, was im Deutschen das Adjektiv »sozial« bezeichnet. Sie schließen ökologische Fragen ebenso ein wie Fragen der Demokratie (→ Demokratisierung) oder der Bewegungsfreiheit. Globale Soziale Rechte stellen Herrschaftsverhältnisse generell in Frage, seien sie wirtschaftlich, patriarchal, rassistisch oder sonst wie begründet. Sie unterscheiden sich von den traditionellen Menschenrechten dadurch, dass sie eng mit zumindest versuchten → Aneignungspraxen verbunden sind. Diese Praxen sind der ursprünglichen Verteidigung des Eigentums durch die Bürger gar nicht so unähnlich, die ihre eigenen, unmittelbaren Interessen meinten, wenn sie von »Recht« sprachen. Der Formalisierungsprozess des Rechts verdeckt diese Haltung bestenfalls oberflächlich. Aneignung enthält eine andere Kritik an den Menschenrechten als die links-traditionelle, die darin bestand, dass Menschenrechte in einer Klassengesellschaft systematisch nicht ihrem Anspruch gemäß zu verwirklichen sind. Damit wurde faktisch die gesamte Aneignungspraxis auf den revolutionären Umbruch (→ Revolution) verlegt: Vorher waren die Menschenrechte defizitär, hinterher verwirklicht.

Wenn Globale Soziale Rechte als kontinuierlicher Aneignungsprozess verstanden werden, so ist zu fragen, wo diese Praxen bereits vorzufinden sind und unter welchen Bedingungen sie möglich werden. Das kann ganz praktisch geschehen, so z.B. bei MigrantInnen, bei Besetzungen/Aneignungen (Landbesetzungen in Brasilien), beim Wirtschaften in → Solidarischer Ökonomie, bei individuellem »Sich-Entziehen«, also bei der Aneignung von Freiheitsspielräumen, so in der Erwerbsarbeit (etwa Krankfeiern, Dienst nach Vorschrift) oder bei Diebstahl (der sich auch politisch gibt wie bei mancher Umsonst-Aktion (→ Umsonstökonomie); auch z.B. Nutzung der Infrastruktur des Arbeitgebers – Telefon, Internet). Oder bei eher symbolischen Kämpfen für mehr Nutzungsmöglichkeiten (Roter Punkt, Hausbesetzung, etc.). Aber auch beim Umfunktionieren dienstlicher Arbeiten in private Selbstständigkeit, bei freiwilliger Prekarität oder beim Verzicht auf Familie.

Menschenrechte mussten vom Staat gefordert, vielleicht auch gegen den Staat erkämpft, schließlich aber vom Staat garantiert werden. Genau damit kann die Welt des globalen Kapitalismus nicht mehr ausreichend reflektiert werden. Staaten sind zwar nicht machtlos und irrelevant, aber auch nicht die alleinigen Akteure. Insoweit könnten Globale Soziale Rechte die Form sein, in der die Verhältnisse schon gedacht werden müssen, ehe sie praktisch in Frage gestellt werden können.

Werner Rätz

Zum Weiterlesen

Kritischer Bewegungsdiskurs, Globale Soziale Rechte versus Neoliberalismus, www.bewegungsdiskurs.de

Seibert, Thomas (2007): Globale Soziale Rechte und der Prozess ihrer Aneignung, www.medico-international.de/aktiv/20070227_g8bericht.asp

Globalisierungskritik

Globalisierungskritik ist eine spezifische Form der Kritik der bestehenden gesellschaftlichen Verhältnisse und wird durch die globalisierungskritische Bewegung getragen. Sie nahm infolge einer neuen Phase kapitalistischer Entwicklung seit den 1990er Jahren (»neoliberale Globalisierung«) ihren Anfang. Die anfänglichen zentralen Slogans sind noch immer wirkungsmächtig: »Globalisierung ist kein Schicksal« und »Eine andere Welt ist möglich« weisen eine vermeintliche Sachzwanglogik zurück und heben hervor, dass Alternativen zur derzeitigen Wirtschafts- und Gesellschaftsordnung existieren und machbar sind. »Die Welt ist keine Ware« greift die zunehmende Inwertsetzung zahlreicher Lebensbereiche durch Privatisierung, Liberalisierung und Deregulierung an. Ansatzpunkte der Kritik sind vertiefte gesellschaftliche Spaltungen, vermehrte Umweltzerstörung und Verlust demokratischer Gestaltungsspielräume sowie der wachsende Einfluss Transnationaler Konzerne und internationaler Wirtschaftsorganisationen wie Weltbank, IWF und WTO.

Die Globalisierungskritik umfasst system-transformierende Positionen (→ Aneignung), stellt aber auch konkrete Forderungen, wie etwa die nach einer verstärkten Regulierung des »entfesselten Kapitalismus«, um neoliberale Restrukturierungen abzuwehren. Ergänzend zu anti-kapitalistischen Gruppen umfasst die globalisierungskritische Bewegung auch solche Spektren, die entweder keine klare Position zum Kapitalismus einnehmen oder sich explizit auf eine Strategie der Reform beziehen. Der Begriff der »Globalisierungsgegner« dient vor allem der Diffamierung und fungiert nur selten als Eigenbezeichnung. Während rechte Globalisierungskritik die Bedeutung nationaler Identität hervorhebt, gehört zum Selbstverständnis einer emanzipatorischen Globalisierungskritik ein unbedingter positiver Bezug auf die Globalisierung sozialer Rechte und Protestbewegungen.

Die Globalisierungskritik bietet viele Anknüpfungspunkte für die Entwicklung von Alternativen. Dies gilt zunächst für *inhaltliche* Alternativen: Das Novum der Globalisierungskritik ist es, unterschiedliche politische Traditionen und Spektren – ArbeiterInnenbewegung, neue soziale Bewegungen mit ihren verschiedenen Bezugspunkten und Nord-Süd-Solidaritätsarbeit – durch Begriffe wie »globale Solidarität«, → »globale soziale Rechte« oder → »ökologische Gerechtigkeit« zusammenzuführen. Die Entwicklung von Alternativen ist dabei eher durch Suchprozesse und praktische Auseinandersetzungen geprägt als durch konkrete Vorstellungen einer »anderen Welt«.

Zudem sind *organisatorische* Alternativen entstanden: Die globalisierungskritische Bewegung zeichnet sich durch weitgehend basisdemokratische, bündnisorientierte und internationale Netzwerke aus. Neben zahlreichen autonomen lokalen Gruppen umfasst sie so breite und diverse Vernetzungsforen wie Attac, Vía Campesina, People's Global Action, Internetplattformen wie »gipfelsoli« sowie NGOs wie Focus on the Global South. Typische Organisationsformen sind → Sozialforen oder Gipfelproteste, in denen über Erfahrungsaustausch, Bildungsarbeit und Aktionstrainings inhaltliche Alternativen und neue Protestformen erarbeitet werden.

Ein Beispiel für praktische Globalisierungskritik ist die globale Wasserbewegung. Typisch ist sie, weil sie erstens die Auswirkungen und Ursachen der Privatisierung und Kommerzialisierung der Wasserversorgung in Nord und Süd thematisiert, zweitens unterschiedliche Spektren (umwelt- und entwicklungspolitische Verbände, Gewerkschaften, indigene Bevölkerung etc.) national und international zusammenführt und drittens neben Abwehrkämpfen gegen konkrete Privatisierungsvorhaben oder die Politik bestimmter Institutionen (Weltbank, Weltwasserforum) auch Aneignungskämpfe für eine demokratische und bedürfnisorientierte Wasserversorgung umfasst. Mit dem (zunächst) erfolgreichen »Wasserkrieg« von Cochabamba verfügt die Wasserbewegung zudem über einen symbolträchtigen positiven Bezugspunkt.

Eine Stärke der Globalisierungskritik besteht darin, dass sie oft eng an konkrete politische Kämpfe anknüpft und damit Praxisnähe besitzt. Andererseits mangelt es der globalisierungskritischen Bewegung zum Teil an vertiefter Auseinandersetzung und Reflexion. So besteht bei vielen Beteiligten häufig nur ein vages und intuitives Verständnis von der Rolle von Markt und Staat, Herrschaft oder strategischen Optionen. Ein Vorteil des sehr breiten inhaltlichen Dachs der Globalisierungskritik ist die Möglichkeit spektrenübergreifender Bündnisse und die Niedrigschwelligkeit vieler politischer Aktivitäten. Um allerdings der Gefahr von Vereinnahmung auszuweichen und inhaltliche Schärfe zu bewahren, ist teilweise eine begriffliche Konkretisierung notwendig. In Zukunft wird sich die globalisierungskritische Bewegung sicherlich häufiger auf den »globalisierten Kapitalismus« als auf die »neoliberale Globalisierung« beziehen müssen, um ihre Kritik deutlich zu machen.

Christina Deckwirth

Zum Weiterlesen

Bello, Walden (2005): De-Globalisierung, Hamburg.
Brand, Ulrich (2005): Gegen-Hegemonie, Hamburg.
Klein, Naomi (2001): No Logo! Der Kampf der Global Players um Marktmacht, München.

Grundeinkommen

Die Forderung nach Einführung eines bedingungslosen Grundeinkommens hat sowohl in der wirtschaftlichen Elite (z.B. bei dem Unternehmer Götz Werner) als auch bei PolitikerInnen des bürgerlichen Lagers (z.B. dem thüringischen Ministerpräsidenten Dieter Althaus) deutlich an Akzeptanz gewonnen. In einer Studie des neoliberalen Hamburger Instituts für Weltwirtschaft (HWWI) heißt es: »Es ist volkswirtschaftlich effizient und finanzierbar... Ein bedingungslos gewährtes Grundeinkommen ist ein transparentes Umverteilungs- und Sozialsystem mit höchster Effizienz. Es verhindert wirksam und nachhaltig Einkommensarmut und kommt mit einem Minimum an Bürokratie aus. Es funktioniert ohne staatlichen Berechtigungsprüfungs-, Ermittlungs- und Kontrollaufwand ... Das Grundeinkommen ermöglicht ein lebenslanges Lernen ... (es) erhöht die Risikobereitschaft der Menschen ... Zudem wirkt die mit einer sicheren Existenz verbundene neue Freiheit motivierend und befreiend auf die Menschen und verbessert das soziale Klima in der Gesellschaft ... Andere Formen von Arbeit werden ebenso anerkannt ... Das Grundeinkommen macht es wesentlich leichter, Beruf und Familie zu verbinden.«

De facto existieren längst Vorformen eines Grundeinkommens – in Form einer minimalen Existenzsicherung, nämlich als Sozialhilfe. Die christlich geprägten Gesellschaften lassen nicht zu, dass Menschen ohne Nahrung und Kleidung, obdach- und würdelos dahinvegetieren. In Deutschland sind Millionen BürgerInnen auf das Netz von Sozialtransfers angewiesen, ihre Existenzsicherung ist in ein bürokratisches und repressives System der Anspruchskontrolle eingebunden. Die Sozialverbände kritisieren die Ausstattung dieser Unterstützungsleistungen als unzureichend. Weil tief im gesellschaftlichen Alltag die Vorurteile von Sozialmissbrauch verankert sind, gibt es jedoch keine relevanten Anstrengungen zur Verbesserung dieser Praxis.

In den kapitalistischen Industrieländern existiert ein Reichtum, der eine Mindestvorsorgung für alle BürgerInnen möglich macht. Ständig produzieren wir mehr Güter und Dienstleistungen. Dafür werden jedoch immer weniger Arbeitskräfte gebraucht. Mittlerweile hat sich aus den »Überflüssigen« eine Masse von Langzeitarbeitslosen entwickelt. Zugleich haben die Argumente an Überzeugungskraft verloren, dass durch → Arbeitszeitverkürzungen, → öffentlich geförderte Beschäftigung und nachfrageorientierte Wirtschaftspolitik Vollbeschäftigung wiederhergestellt werden könnte. Statt den Überschuss an Gütern allen zugänglich zu machen, besteht am Zugang zur Teilhabe ein Flaschenhals. Insofern gibt es auch im emanzipatorischen politischen Spektrum zahlreiche AnhängerInnen eines allgemeinen bedingungslosen Grundeinkommens. Seine VerfechterInnen wollen die BürgerInnen aus der Sackgasse einer repressiv-erniedrigenden Armutsverwaltung herausholen. Der Arbeitszwang soll aufgehoben und die Möglichkeit geschaffen werden, bei Sicherung der existentiellen Grundbedürfnisse einer sinnvollen Arbeit nachzugehen. Diese Konzeption geht über den sozialen Ausgleich der sozialen Marktwirtschaft hinaus: Das Grundeinkommen soll mehr sein als ein Instrument der Versorgung wegrationalisierter ArbeitnehmerInnen.

Die Gegenargumente: die Konzeption sei ökonomisch naiv, weil ausgeblendet wird, dass das Volkseinkommen jährlich neu geschaffen werden muss. Selbst wenn zur Gegenfinanzierung mittlere und höhere Einkommen hoch besteuert werden, würde ein Großteil des jährlichen Volkseinkommens gesellschaftlich umverteilt. Das Arbeitsangebot würde markant zurückgehen, die Arbeitsethik würde sich ändern, das Anspruchsdenken an die Gesellschaft würde verfestigt und letztlich würde die Schattenökonomie gefördert.

Erklärtermaßen will die Mehrheit der VerfechterInnen des Grundeinkommens keine Transformation der auf dem Gegensatz von Lohnarbeit und Kapital basierten Gesellschaften. Die grundlegenden realexistierenden Unterschiede in der Verteilung des Reichtums bleiben demzufolge bestehen. Mit dem Grundeinkommen werden die Strukturen des gesellschaftlichen Wertschöpfungs- und Verwertungsprozesses nicht verändert; es bleiben die Zeitverteilung und die Strukturen entfremdeter Lohnarbeit. Auch die sozialen Ungleichheiten in den der Produktion nachgeordneten Gesellschaftssphären (Bildung, Gesundheit, Freizeit, Kultur, Politik) bleiben bestehen. Ein Aufeinanderzugehen von AnhängerInnen eines allgemeinen Grundeinkommens und VerfechterInnen einer umfassenden Veränderung von Lohnarbeit und Demokratisierung der Wirtschaft unterstellt, dass eine Verständigung auf eine unbürokratische, existenzsichernde Grundsicherung und auf eine realisierbare Perspektive der Veränderung sozialer Ungleichheit möglich ist.

Joachim Bischoff

Zum Weiterlesen

Bischoff, Joachim (2007): Allgemeines Grundeinkommen. Fundament für soziale Sicherheit? Hamburg.

Borchard, Michael (2007): Das Solidarische Bürgergeld, Stuttgart.

Hohenleitner, Ingrid/Straubhaar, Thomas [HWWI] (2007): Bedingungsloses Grundeinkommen und solidarisches Bürgergeld – mehr als sozialutopische Konzepte, Hamburg.

Werner, Götz (2007): Einkommen für alle, Köln.

Vanderborght, Yannik (2005): Grundeinkommen für alle, Frankfurt/M.

Gute Arbeit

Erwerbsarbeit stellt den zentralen Bezugspunkt der Gewerkschaften dar. Arbeit zu erhalten, zu fördern und »human« zu gestalten, gehörte seit jeher zum Kern ihres Selbstverständnisses. Arbeitspolitik mit der Aufgabe der Regulierung war deshalb immer ein wichtiges Handlungsfeld, auch wenn es oft durch andere Prioritäten überlagert wurde. So können etwa die 1990er Jahre als arbeitspolitisch »verlorenes Jahrzehnt« bezeichnet werden, da Beschäftigungs- und Einkommenssicherung alle Ansätze qualitativer Arbeitsgestaltung verdrängt haben. Gleichzeitig wurden in den Unternehmen vielfach humanisierungspolitische Erfolge aus den 1970er und 1980er Jahren rückgängig gemacht. Insofern haben sich gegenüber der Zeit, als die Humanisierung der Arbeit ein weithin akzeptiertes Projekt war, die Grundkonstellationen verändert: Kurzfristige Orientierung von Unternehmen sowie Standort- und Kostensenkungswettbewerb lassen vielerorts die Qualität der Arbeit zu einer Restgröße schrumpfen. Symptomatisch hierfür sind die Auseinandersetzungen um Arbeitszeitverlängerungen. Unter dem Slogan »Hauptsache Arbeit« werden zudem Qualitätsstandards durchlöchert und gesetzliche Schutzniveaus mit der Folge dereguliert, dass auch die Ansprüche der Menschen, die Arbeit haben oder in Arbeit wollen, weiter abgesenkt werden.

Gegen diesen neoliberalen Mainstream hat die IG Metall seit 2003 eine Initiative Gute Arbeit gestartet, um »ein arbeitspolitisches, Einzelthemen integrierendes Reformkonzept für eine moderne, humane Arbeitswelt zu entwickeln.« Eine solche »konkrete Utopie einer ›guten Arbeit‹ (könnte) auch heute, allem Wertewandel zum Trotz, weitreichende Ausstrahlungskraft erzeugen ... Doch mit einer arbeitspolitischen Utopie alleine wäre nicht viel gewonnen. Vielmehr müsste sie im Kontext eines neuen arbeitspolitischen Humanisierungsprojektes wirken, die an die Traditionslinie der ›Humanisierung der Arbeit‹-Projekte der 70er und 80er Jahre anknüpften könnte.« (Pickshaus/Urban). Das Projekt Gute Arbeit zielt darauf, sowohl die betriebliche Alltagsgestaltung von Arbeitsbedingungen erneut ins Zentrum zu rücken als auch die Qualität der Arbeit zu einem gesellschaftspolitischen Thema zu machen. Insofern geht es um die Re-Politisierung eines Handlungsfeldes.

Das Profil enthält dabei mehrere Dimensionen: Gute Arbeit ist zuallererst ein *Widerstandskonzept*. Es gilt, schlechter Arbeit Grenzen zu setzen und Widerstandslinien aufzubauen, um die Anpassungsspirale von Standards guter Arbeit nach unten zu stoppen. Dies bedeutet in erster Linie, einen

Kampf gegen weitere Arbeitszeitverlängerung und die Ausweitung von prekären Jobs zu führen. Gute Arbeit ist darüber hinaus auch eine *Interventionschance*, um in zentralen Feldern der Gestaltung von Arbeitsbedingungen vor allem betriebspolitisch handlungsfähig zu werden und eigene Konzepte einzubringen. Gute Arbeit ist aber auch ein *Zukunftskonzept*, das in einer Situation der Defensive die Ansprüche und Interessen der Beschäftigten an guter Arbeit stärkt und ihre soziale Phantasie auch in einer Widerstandssituation freisetzen hilft. Es ist damit auch anschlussfähig für weitergehende Aspekte der Ökologie und → Demokratie in der Arbeit.

Von der Bundesregierung wird »Gute Arbeit« für das europäische Sozialmodell beansprucht, das im Rahmen des Lissabon-Prozesses nicht nur mehr, sondern auch bessere Arbeitsplätze gewährleisten soll, um Europa zum »wettbewerbsfähigsten ... Wirtschaftsraum der Welt« zu machen. Mittlerweile hat sich auch die SPD »gute Arbeit« für ihre Programmdebatte zu Eigen gemacht, ohne sich allerdings von den arbeitspolitischen Deregulierungen (Hartz-Gesetze) zu distanzieren, deren Ergebnisse allen Kriterien guter Arbeit widersprechen.

Gegenüber einer solchen wettbewerbspolitischen Vereinnahmung muss eine Initiative für eine gute Arbeit als »gegentendenzielles Projekt« verstanden und praktiziert werden. »Als ein Projekt, das vor allem die gesundheitlichen, sozialen und arbeitsinhaltlichen Interessen der Beschäftigten zur Geltung bringt; und das aus den produktivitäts- und wettbewerbsfördernden Impulsen durchaus Bewegungsenergie bezieht, sie aber nicht zum zentralen Bewertungs- und Rechtfertigungskriterium erhebt.« (Pickshaus/Urban). Die Kernansprüche der Beschäftigten zu stärken und ihre Sicht auf die Qualität der gegenwärtigen Arbeitsbedingungen ins Blickfeld zu nehmen, ist Anliegen des ab 2007 jährlich repräsentativ erhobenen DGB-Indexes Gute Arbeit. Mit diesem neuen Instrument wird die Chance eröffnet, Arbeitspolitik als ein wichtiges Arbeitsfeld der gesamten Gewerkschaftsbewegung erneut zu etablieren (www.dgb-index-gute-arbeit.de).

Klaus Pickshaus

Zum Weiterlesen

IG Metall Projekt Gute Arbeit (Hrsg.) (2007): Handbuch »Gute Arbeit«, Hamburg.

Pickshaus, Klaus/Urban, Hans-Jürgen (2002): Perspektiven gewerkschaftlicher Arbeitspolitik. Plädoyer für eine neue Humanisierungsoffensive, in: Gewerkschaftliche Monatshefte Heft 10/11, S. 631-639.

Pickshaus, Klaus (2007): Gute Arbeit – Vom Projekt zum gewerkschaftlichen Arbeitsfeld? Versuch einer Zwischenbilanz, in: Peter, Gerd (Hrsg.), Grenzkonflikte der Arbeit, Hamburg 2007, S. 341-356.

Internationalismus

Internationalismus ist die Grundbedingung einer solidarischen, also linken Politik. Er beinhaltet ein emphatisches »Für alle!« und resultiert aus der Einsicht, dass der globalen imperialen Ordnung, die strukturell – vermittelt über Institutionen wie WTO (Welthandelsorganisation), IWF (Internationaler Währungsfonds) und Weltbank, NATO, Europäische Union u.a. – auf Ausgrenzung und auf die Ausbeutung von Mensch und Natur zielt, eine internationalistische, auf Gerechtigkeit zielende Politik entgegengestellt werden muss. Der Internationalismus öffnet den Horizont auf die globalen Kämpfe und ist somit ein Mittel gegen Versuche, diese Kämpfe nationalistisch, eurozentristisch oder rassistisch einzuhegen.

Der Internationalismus entstand im 19. Jahrhundert mit der Herausbildung des industriellen Kapitalismus und eines kapitalistischen Weltmarktes. Indem die industrielle Bourgeoisie den Weltmarkt herstellt, lässt sie kein anderes Band zwischen Mensch und Mensch übrig als das »nackte Interesse«, davon waren Marx und Engels überzeugt. Deshalb müsse der Kampf der ArbeiterInnenklasse seinem Inhalt nach international sein, auch wenn er es seiner Form nach noch nicht ist. Der Internationalismus der ArbeiterInnenbewegung lag immer in einem Spannungsverhältnis zur je nationalen Politik von Parteien und Gewerkschaften. Offenkundig wurde dies am Vorabend des Ersten Weltkrieges, als sich in fast allen Ländern die nationalistischen, den Kriegskurs des je eigenen Staates unterstützenden Kräfte in den Arbeiterparteien auf breiter Front durchsetzten.

Der Internationalismus war ein wesentlicher Bestandteil der Neuen Linken seit den 1960er Jahren: Vietnam, Kuba, Chile, Nicaragua oder El Salvador. Die Person und die Schriften Che Guevaras (»Schaffen wir zwei, drei, viele Vietnams«) prägten politische Generationen. Einen bedeutenden Einfluss hatten aber auch christliche Strömungen, die sich an der lateinamerikanischen Theologie der Befreiung orientierten. So wichtig dieser Internationalismus auch war, so lassen sich seine Defizite nicht leugnen: Er ist durch einen Antiimperialismus gekennzeichnet, der den historischen Faschismus nach dem Zweiten Weltkrieg räumlich in die USA verschob und die Differenz zu diesem einebnete. Er orientierte sich stark am Vorbild des heroischen Kämpfers (Che Guevara). Er ging einher mit einer Flucht vor der politischen Realität im eigenen Land und romantisierte die Objekte der Solidarität.

Die Formen internationaler Solidarität waren vielfältig. Sie reichten von der publizistischen und finanziellen Unterstützung, dem Schmuggel von

Unterlagen und Waffen, der Unterstützung von Deserteuren, bis hin zum Einsatz von Zehntausenden von ArbeitsbrigadistInnen in der Nicaragua-Solidarität. Höhepunkt in der Geschichte des Internationalismus war der Spanische Bürgerkrieg, in dem ca. 45.000 internationale BrigadistInnen gegen Franco und die faschistischen Verbündeten kämpften.

Mit dem Systembruch von 1989 und dem Ende des Kalten Krieges setzten viele Hoffnungen in eine am Konsens orientierte Politik der Global Governance. Dabei sollten die NGOs als Repräsentanten der Zivilgesellschaft eine zentrale Rolle spielen. Als diese Hoffnungen an der neoliberalen Politik der kapitalistisch-imperialen Staaten scheiterten, führte dies ab 1999 mit den Protesten von Seattle und Genua (2001) zu einer Rehabilitierung des Protestes und einer neuen internationalistischen Bewegung, die die globalen Herrschaftsverhältnisse wieder stärker thematisierte. Einen starken Einfluss übte die zapatistische Bewegung aus. Den Internationalismus verstand diese Bewegung nicht als ein Endziel, sondern als Ausgangspunkt. Auf den → Weltsozialforen und den kontinentalen Foren (→ Sozialforen) bündelten sich die Proteste. In der Form der Organisierung besteht ein zentraler Unterschied zu früheren internationalistischen Bewegungen: Zielte der frühere Internationalismus auf Vereinheitlichung und Vereinigung der Vielen, also auf Identität – zumindest als Endziel –, ist der Ausgangspunkt der jetzigen Bewegung die Anerkennung der → Differenz. Ein neuer Internationalismus kann heute nur noch als widersprüchlicher Prozess verstanden werden, der deshalb in sich selbst plural und demokratisch organisiert werden muss.

Die Existenz dieser Bewegung hat die Hegemonie des Neoliberalismus unterminiert. Da die imperialen Staaten an der Aufrechterhaltung der sie begünstigenden globalen Ordnung interessiert sind, werden sich die jetzt schon manifesten Konflikte (Kampf um natürliche Ressourcen wie Öl und Wasser, Erstarken nationalistischer, rassistischer und fundamentalistischer Strömungen) verschärfen. Dass in dem bevorstehenden »Verwandlungszeitraum« (Wallerstein) das Lager von »Seattle und Genua« an Bedeutung gewinnen wird – davon ist auszugehen.

Josef Moe Hierlmeier

Zum Weiterlesen

Balsen, Werner/Rössel, Karl (1986): Hoch die Internationale Solidarität. Zur Geschichte der Dritte Welt-Bewegung in der Bundesrepublik, Köln.

BUKO (Hrsg.) (2003): radikal global. Bausteine für eine internationalistische Linke, Berlin.

Hierlmeier, Josef Moe (2006): Internationalismus. Eine Einführung in seine Ideengeschichte – von den Anfängen bis zur Gegenwart, 2. erw. Aufl. Stuttgart.

Intersektionalität

Die Wahrnehmung und Bezeichnung als einheitliches Subjekt stellte in der Arbeiter-, Frauen-, Bürgerrechts-, Lesben- und Schwulenbewegung ein wesentliches Element der Politisierung dar. Das Dilemma, dass dies aber auch bedeutet, die Differenzen innerhalb dieser »Wir«-Identität zu übergehen, war in der Geschichte der → Sozialen Bewegungen Antrieb zu einer immer weiteren Ausdifferenzierung. So wie die zweite Frauenbewegung stark durch die Auseinandersetzung mit einer Form des → Marxismus an Lebendigkeit gewann, der die Frauenfrage zum Nebenwiderspruch reduzierte, wandten sich sowohl *women of color* als auch lesbische Feministinnen gegen rassistische resp. heterosexistische Ausschließungsformen. Die Einsicht, dass Unterdrückung entlang mehrerer Kategorien zugleich verläuft, führte Kimberlé Crenshaw 1988 dazu, den Begriff »intersectionality« einzuführen. Dieser geht über den »triple oppression«-Ansatz hinaus, da er nicht nur die Gleichzeitigkeit, sondern auch die Überkreuzungen und Überlagerung mehrerer Macht- und Herrschaftsachsen begreifbar macht. Während der Ansatz der Intersektionalität mittlerweile im angloamerikanischen Sprachraum ein wichtiger Bestandteil theoretischer und politischer Kritik ist, steckt die Auseinandersetzung im deutschsprachigen Raum erst in ihren Anfängen.

Der Begriff umspannt drei Dimensionen: Erstens macht er deutlich, dass Gesellschaft und Staat nicht nur auf *einer* Herrschafts- und Machtsstruktur, sondern auf mehreren, miteinander verwobenen, basiert. So sind die Strukturen des modernen Staates zugleich bürgerlich, androzentrisch, rassistisch und heterosexistisch, die sich wechselseitig stützen. Zweitens rekurriert der Begriff darauf, dass Subjektivität entlang mehrerer Kategorien ausgebildet wird. Das rückt die Gleichzeitigkeit von Subalternität und Dominanz in den Subjekten in den Blick. Drittens ist der Ansatz relevant für politisches Handeln. Aus der Geschichte der Sozialen Bewegungen lässt sich lernen, dass die Nichtberücksichtigung von Intersektionalität zur Reproduktion bestehender Macht- und Herrschaftsverhältnisse auch innerhalb linker Bewegungen führt. Indem Ungleichheitsstrukturen allerdings weder als additiv noch als voneinander ableitbar begriffen werden, kann das jeweils Spezifische bei gleichzeitiger Verbindung zu anderen Strukturkategorien sichtbar gemacht werden. Sexismus ist somit ebenso wenig Ausdruck von Klassenherrschaft wie von Rassismus oder umgekehrt.

Gesellschaftliche Differenzierungen, ihr Zusammenwirken sowie deren politische Regulierung sind kulturell und historisch verschieden. Innerhalb gegenwärtiger neoliberaler Transformationsprozesse verändert sich auch das Zusammenwirken von Klasse, Geschlecht, Sexualität und race. So lässt sich z.B. an der gesellschaftlichen Organisation der Reproduktion ablesen, wie vergeschlechtlichte Subjektkonstitutionen in neuen Formen durch Klasse und Ethnie durchkreuzt werden, da die Reproduktionstätigkeiten zunehmend von Migrantinnen übernommen werden. Zugleich lässt sich feststellen, dass gesellschaftliche Differenzen in politischen und ökonomischen Rhetoriken neu eingespannt werden: »Diversity-Politik« avanciert immer mehr zum Kernstück des europäischen Sozialmodells. Das Konzept des »Managing Diversity« schlägt Unternehmen vor, unterschiedliche Humanressourcen der Beschäftigten für die Profitmaximierung nutzbar zu machen. In beiden Strategien geht es um die Affirmation der Differenzen, wodurch diese letztlich festgeschrieben werden.

Demgegenüber kann ein emanzipatorischer Zugang nicht die Anerkennung oder Toleranz der Unterschiede zum Ziel haben. Vielmehr stellt die Aufhebung der klassisierten, vergeschlechtlichten, sexuierten und rassisierten Formen, in denen Individuen zu Subjekten werden und die sie auf bestimmte hierarchische Identitäten festlegen, die radikale Konsequenz des Ansatzes dar. Für diesen Weg wird es auch notwendig sein, das Konzept aus den Ursprungszusammenhängen der feministisch-antirassistischen Forschung und Bewegung stärker auszuweiten: So gibt es zwar mittlerweile sowohl theoretisch als auch politisch viel Aktivität um das Zusammenwirken von Geschlecht, race und sexueller Orientierung, die Kategorie der Klasse bleibt aber meist außen vor. Die Herausforderung, diese Leerstelle theoretisch und politisch zu schließen, wäre auch eine bedeutsame Zusammenführung antikapitalistischer mit → feministischen, → queeren und antirassistischen Kämpfen. Denn es gilt immer noch, die vom Combahee River Collective geäußerten Zweifel einzulösen: »We are not convinced ... that a socialist revolution that is not also a feminist and antiracist revolution will guarantee our liberation«.

Gundula Ludwig

Zum Weiterlesen

Anderson, Margaret L./Collins, Patricia Hill (1995): Race, Class and Gender: An Anthology. Belmont.

Crenshaw, Kimberlé (1993): Mapping the Margins: Intersectionality, Identity Politics and Violence Against Women of Color. In: Stanford Law Review, Vol. 43, No. 6 (Jul., 1991), S. 1241-1299.

Knapp, Gudrun-Axeli (1995): »Intersectionality« – ein neues Paradigma feministischer Theorie? Zur transatlantischen Reise von »race, Class, Gender«. In: Feministische Studien 23. Jg., H. 1, S. 68-81.

Interventionismus

Interventionen sind Eingriffe in den Wirtschaftsprozess oder seinen Ordnungsrahmen, die unerwünschte Folgen oder Defizite der Marktwirtschaft (Marktversagen) ausgleichen oder aber bestimmte politische Ziele verwirklichen sollen. Der Träger dieser Maßnahmen ist in der Regel der Staat, der über verschiedenste Institutionen interveniert. Insbesondere im Prozess wirtschaftlicher Entwicklung (z.B. im Übergang von der Agrar- zur Industriegesellschaft) waren und sind staatliche Interventionen unabdingbar. Letztlich ist eine interventionsfreie Ökonomie ein rein theoretisches Konstrukt. Selbst eine »freie« Marktwirtschaft bedarf zur Aufrechterhaltung ihrer Funktionsfähigkeit regelmäßig staatlicher Interventionen.

Seit den wirtschaftlichen Krisen der 1870er Jahre wurde in Deutschland (wie in anderen industrialisierten Ländern) über Ziel, Zweck und Ausmaß von wirtschaftlichen Interventionen diskutiert. Da es zunächst an einer geschlossenen Konzeption staatlicher Eingriffe mangelte, wurde von einem punktuellen Interventionismus gesprochen. Vor allem neoliberale Kritiker staatlicher Eingriffe wie etwa die Vertreter der Freiburger Schule, allen voran Walter Eucken, prägten in den 1930er Jahren den negativ konnotierten Begriff des Interventionismus. Danach bedienen staatliche Eingriffe in der Regel politisch motivierte Sonderinteressen, welche die wohlstandsmehrenden Wirkungen einer Wettbewerbswirtschaft behindern oder gar außer Kraft setzen. Mit dem in den 1930er Jahren entstandenen → Keynesianismus lag dann erstmals eine Theorie vor, die einen systematischen Handlungsrahmen für wirtschaftspolitische Interventionen entwickelt hat. Keynes ging im Unterschied zur Neoklassik und dem sich formierenden Neoliberalismus von der prinzipiellen Instabilität des Kapitalismus aus und entwickelte die Grundlagen für eine Wirtschaftspolitik der langfristigen Stabilisierung.

Neben der prinzipiellen, eher ideologischen Frage nach dem Sinn staatlicher Interventionen ist in der wirtschaftspolitischen Debatte vor allen Dingen die Richtung strittig. Während ordnungspolitische Eingriffe zur Stabilisierung der Marktwirtschaft selbst in der herrschenden Ökonomie breite Zustimmung finden, kritisieren die Vertreter der (neo)liberalen Wirtschaftstheorie in besonderem Maße Eingriffe in den marktwirtschaftlichen Prozess selbst, gerade im Hinblick auf die Korrektur von marktwirtschaftlichen Verteilungsergebnissen. Zu diesem Zweck unterscheiden sie marktkonforme (zur Sicherung der »Rahmenbedingungen«) und – inkonforme Interventionen (die den Marktmechanismus außer Kraft setzen) – eine Differenzierung, die allerdings theoretisch, methodisch und praktisch große Defizite aufweist. Weitgehend unstrittig ist demgegenüber die Beachtung der Interdependenz von Interventionen, was bedeutet, stets die Auswirkungen einzelner Maßnahmen auf andere Handlungsfelder in Wirtschaft und Gesellschaft zu beachten.

Die grundsätzliche Notwendigkeit von Interventionen in das Wirtschaftssystem kann aus heutiger Sicht nicht ernsthaft bestritten werden, z.B. wenn es um den Erhalt der natürlichen Lebensgrundlagen auf der Erde geht. Selbst die Konzeption eines Minimalstaats kommt nicht ohne staatliche Eingriffe aus, denn die notwendige Rechtsstaatlichkeit, allgemeine Sicherheit oder ein Minimum an öffentlicher Infrastruktur sind die Vorraussetzungen einer funktionsfähigen Marktwirtschaft. Der Konflikt über Richtung und Intensität wirtschaftspolitischer Interventionen ist allerdings auch im 21. Jahrhundert eine – oftmals ideologisch aufgeladene – Grundsatzfrage der Wirtschaftswissenschaft geblieben.

Im Kontext politischer und ökonomischer Alternativen ist der Begriff des Interventionismus aufgrund seiner inhaltlichen Unschärfen nur sehr bedingt tauglich. Für eine emanzipatorische Perspektive reicht es nicht, die Notwendigkeit staatlicher Eingriffe gegen marktradikale Illusionisten zu verteidigen. Notwendig scheint eine neue Debatte über Möglichkeiten und Grenzen eines global ausgerichteten, gesellschaftspolitisch eingebetteten Keynesianismus. Auch die Frage einer geplanten Ökonomie, die sich am Kriterium der Vernunft und an gesamtgesellschaftlichen Interessen im Rahmen einer gerechten Weltwirtschaftsordnung orientiert, gehört auf die Tagesordnung. Dazu bedarf es allerdings einer kritischen wie differenzierten Analyse der Erfahrungen zentralistischer Staatsplanung, deren autoritäre und gleichermaßen ineffektive Züge zweifelsohne keine Perspektive für emanzipatorische Politik darstellen können. Es gilt, eine Vorstellung von geplanter Intervention zu entwickeln, die einerseits demokratisch organisiert ist und andererseits den ökonomischen Anforderungen gerecht werden kann.

Ralf Ptak

Zum Weiterlesen

Keynes, John Maynard (1985): Das Ende des Laissez-Faire – Ideen zu einer Verbindung von Privat- und Gemeinwirtschaft (Erstveröffentlichung 1926), in: Harald Mattfeldt, Keynes. Kommentierte Werkauswahl, Hamburg, S. 96-116.

Ptak, Ralf (2004): Vom Ordoliberalismus zur Sozialen Marktwirtschaft. Stationen des ›neuen‹ Liberalismus in Deutschland, Opladen.

Röpke, Wilhelm (1929): Staatsinterventionismus, in: Handwörterbuch der Staatswissenschaften, 4. Auflage, Ergänzungsbd. Jena, S. 861-882.

Kapitalismuskritik

Die kapitalistische Globalisierung kenne Gewinner und Verlierer, heißt es. Zeit für Kapitalismuskritik? Unsinn! Die Menschheit ist mit dem System insgesamt gut gefahren und der »Wohlstand der Nationen« sei so hoch wie nie zuvor: Seit mehr als zwei Jahrhunderten gibt es jahresdurchschnittliche Wachstumsraten von 2% und mehr, das hat es in der Menschheitsgeschichte vor dem Kapitalismus nie gegeben. Da ist die ebenfalls wachsende Ungleichheit der Einkommen, Vermögen und Lebenschancen zwischen den GewinnerInnen und VerliererInnen zu verschmerzen.

So könnte es noch lange weitergehen und es ginge dann nur um eine mehr oder weniger gerechte Verteilung des produzierten Reichtums. Doch keine Bäume wachsen in den Himmel. Daher sind der Inwertsetzung, also der Verwandlung natürlicher Ressourcen in Werte, Grenzen gesetzt, zumal die kapitalistischen Gesellschaften wenige Ressourcen, die sie für die Inganghaltung des Akkumulationsprozesses benötigen, selbst produzieren können. Allenfalls gilt dies für immaterielle Ressourcen wie die Qualifikation der Arbeitskraft oder manche technologische Entwicklung, nicht aber für mineralische und agrarische Rohstoffe und vor allem nicht für die fossilen Energieträger – das sind heute vor allem Erdöl und Erdgas. Ohne sie würde die Kapitalakkumulation zusammenbrechen. Wenn man sich, wie zu Beginn des fossilen Zeitalters vor gut 150 Jahren, fern von den Ressourcengrenzen befindet, brauchen diese einen nicht zu kümmern. Wenn der Höhepunkt der Ölförderung (»Peakoil«) aber kurz bevorsteht, muss jede Kapitalismusanalyse den gesellschaftlichen Naturverhältnissen Rechnung tragen. Für die Kapitalismuskritik wird spätestens dann der von Karl Marx als »Springpunkt« bezeichnete Doppelcharakter des Wirtschaftens bedeutsam: dass die stofflich-natürliche Dimension der in Wert gesetzten Ressourcen auch im Prozess der kapitalistischen Akkumulation bedeutsam bleibt.

Auch endogene Widersprüche der Akkumulation stellen sich als Entwicklungsgrenzen dar. Die Verluste der Verlierer und die Gewinne der Gewinner der kapitalistischen Globalisierung lassen sich nicht einfach saldieren. Zu letzteren gehören jene, die über hohe Geldvermögen und Kapital verfügen und sich einen hohen Konsumstandard leisten können. Erstere sind jene, die von ihrer Arbeit abhängig sind, deren Entgelt oftmals nicht zum Leben reicht. Das verweist nicht nur auf ein Verteilungs- und Gerechtigkeitsproblem. Denn ihre Konsumtionskraft reicht periodisch nicht aus, um die Produkte der stets größer werdenden Produktionskraft aufkaufen zu können.

Die periodische Krise der kapitalistischen Produktionsweise wird offenkundig: die Kapitalakkumulation stockt, weil die kaufkräftige Nachfrage fehlt, und mit ihr das Wachstum. Kapital wird vernichtet, dabei viele Arbeitsplätze und damit die Lebenschancen vieler Menschen. Die Einkommen sinken, die Staatseinnahmen auch. Die Krise ist allenthalben und sie erfasst auch die Finanzmärkte. Sie lässt sich nicht mehr eingrenzen, und wenn dies versucht wird, erlaubt die immer weiter reichende Liberalisierung der Finanzmärkte die Erfindung immer abenteuerlicherer Finanzinnovationen. Mit diesen können sich »Finanzinvestoren« selbst in der Krise hohe Renditen sichern, auf Kosten ganzer Bevölkerungsschichten und Länder, die in die Armut abgedrängt werden. Akkumulation des Kapitals erfolgt dann nicht mehr durch Produktion eines (relativen) Mehrwerts, sondern durch Enteignung.

Würde das System krisenfrei und anstandslos funktionieren, gäbe es gar keinen Anlass für Kritik und daher auch keinen Grund, sich Gedanken über Alternativen zum Kapitalismus zu machen. Die Krisen der Gesellschaftsformation sind es, die die intellektuelle und praktische Kritik provozieren. Worauf muss diese vor allem zielen? Darauf dass sich der Kapitalismus an sich selbst bemisst und andere Kriterien als Rendite, Profitabilität und Akkumulations- oder Wachstumsrate nicht akzeptiert. Erstens bringt der Akkumulationsprozess aus seiner eigenen widersprüchlichen Dynamik periodische Krisen hervor. Weder keynesianische antizyklische Interventionspolitik hat diese verhindern können, noch – und erst recht nicht – neoliberales Vertrauen auf die »grundsätzliche Stabilität des privaten Sektors«. Zweitens tendiert der Kapitalismus dazu, die Ressourcen der Akkumulation zu übernutzen, in erster Linie die menschliche Arbeitskraft. Zu ihrem Schutz ist der moderne Sozialstaat erkämpft worden, der nun in der »neoliberalen Konterrevolution« mehr und mehr abgeschafft wird, um die Ausbeutung ungehindert steigern zu können. Aber auch die Reproduktionsbedingungen der äußeren Natur werden systematisch missachtet. Die Ressourcen werden bis zur Neige ausgebeutet und die Senken der globalen Natur werden bis zum Zusammenbruch von Ökosystemen, wie des globalen Klimasystems, übernutzt.

Elmar Altvater

Zum Weiterlesen

Altvater, Elmar (2005): Das Ende des Kapitalismus, wie wir ihn kennen. Eine radikale Kapitalismuskritik, Münster.
Harvey, David (2003): Der neue Imperialismus, Hamburg.
Koch, Claus (1995): Die Gier des Marktes, München.
Marx, Karl (1956ff.): Das Kapital, Band 1-3, Marx-Engels-Werke, Band 23-25.

kein mensch ist illegal

kein mensch ist illegal gehört zu den wichtigsten politischen Kampagnen und Vernetzungsansätzen der 1990er Jahre in Deutschland. Schon der Entstehungsort der Idee, nämlich der hybrid workspace der documenta X 1997 in Kassel, steht für den neuen Ansatz: Die Verbindung von Kunst, Politik und Medien, der starke Fokus auf Öffentlichkeit, der Verzicht auf Forderungen an den Staat sowie auf moralische Argumentationen, die Nutzung neuer Medien und Aktionsformen brachen mit der klassischen antirassistischen Politik der 1980er Jahre. Nach der faktischen Abschaffung des Asylrechts 1993, der rassistischen Eskalation und Zunahme von Abschiebungen wählte kein mensch ist illegal – der Name ist einem Zitat des Schriftstellers und Holocaustüberlebenden Elie Wiesel entliehen – bewusst einen »radikalen Menschenrechtsstandpunkt«, der den Schutz der Betroffenen und die Verteidigung bestehender Rechte in den Mittelpunkt stellte.

Erstmals einer breiten Öffentlichkeit bekannt wird kein mensch ist illegal durch einen im Oktober 1997 veröffentlichten Aufruf. Im Sinne einer Legalisierung von unten wird zur praktischen Hilfe für Illegalisierte aufgefordert, Rechte und Bewegungsfreiheit für alle gefordert, die Notwendigkeit von Bündnissen mit legalen MigrantInnen und die staatliche Produktion von neuen Illegalisierten thematisiert. Versuche, gemeinsam mit Flüchtlingen und MigrantInnen Öffentlichkeit und eine Gegenbewegung zu schaffen, sind die Vernetzung mit den Sans Papiers in Frankreich, die Einbindung in das europäische No-Border-Netzwerk und später der Austausch mit US-amerikanischen Arbeiterinnen in der Reinigungs- und Textilbranche über deren Ansätze zur Selbstorganisierung. Die Reflexion dieser Erfahrungen trägt entscheidend zur Diskussion darüber bei, wie sich Kämpfe von MigrantInnen im Niedriglohnbereich mit der Forderung nach Legalisierung, wie sich sozialer Widerstand und Antirassismus verbinden können. Durch öffentlichkeitswirksame Aktionen wie z.B. die »Stop Deportation Class«-Kampagne gegen Lufthansa gelingt es kein mensch ist illegal mit neuen Aktionsformen wie einer Online-Demo, einem virtuellen Sit-In, Lufthansa in die Defensive zu bringen und konkret Abschiebungen zu verhindern. Camps an den europäischen Außengrenzen setzen die Forderung nach Freizügigkeit und Bewegungsfreiheit als universales Menschenrecht auf die Tagesordnung.

kein mensch ist illegal steht für einen Blickwechsel: weg vom Opfer und Objekt staatlicher Repression und karitativer Zuwendung hin zu MigrantInnen und Flüchtlingen als politischen Subjekten. Neue theoretische wie praktische Verknüpfungen zu feministischen (→ Feminismus), globalisierungskritischen (→ Sozialforen) und Critical Whiteness-Debatten etc. entstehen. Die Ausblendung der Kolonialgeschichte Deutschlands und die Kontinuität rassistischer Diskriminierung werden kritisiert, der Widerstand von MigrantInnen thematisiert. Das Konzept der → Autonomie der Migration ist seitdem nicht mehr aus der antirassistischen Diskussion wegzudenken.

kein mensch ist illegal hat Räume geschaffen, in denen verschiedene Kampagnen und Netzwerke, wie z.B. »jeder mensch ist ein experte« entstanden sind, die die Frage der Arbeitsmigration (→ transnationale Migration) in den Blick nehmen und darauf hinweisen, dass Migrationspolitik auch und gerade als Reaktion auf die selbstbestimmte Mobilität der MigrantInnen zu begreifen ist. In diesem Sinne haben z.B. 2003 die Berliner Gründungsorganisationen der Gesellschaft für Legalisierung – Kanak Attak, Polnischer Sozialrat, Mujeres sin Rostro, Medizinische Flüchtlingshilfe, RESPECT, elexir-A u.a. – im Rahmen ihrer Tour »Wir sind unter euch« den 1. Bundeskongress von ver.di besucht, um die Gewerkschaftsmitgliedschaft illegalisierter ArbeiterInnen einzufordern.

kein mensch ist illegal war ein Transformator dafür, die Hierarchisierung innerhalb der antirassistischen Bewegung zwischen Kunst und Politik aufzuweichen, Identitäten aufzulösen und nach Schnittmengen, Übergängen, taktischen Gemeinsamkeiten und produktiven Missverständnissen zu suchen. kein mensch ist illegal hat die Figur der/s Illegalisierten in den Diskurs gebracht und Flüchtlinge und MigrantInnen damit zu Subjekten gemacht. kein Mensch ist illegal wurde zur Klammer und zum Bezugspunkt für ein breites Spektrum von Aktiven. Selbstorganisationsansätze von MigrantInnen wie The Voice und die Brandenburger Flüchtlingsinitiative sind entstanden. Die Herausforderung ist, weiter Verbindungslinien zwischen Arbeit, Migration und der Legalisierungsforderung zu thematisieren und damit der Ökonomisierung der Migrationspolitik und dem aktuellen Diskurs um innere Sicherheit eine starke linke politische Entsprechung zu geben: eine Reökonomisierung und Internationalisierung antirassistischer Politik.

Silke Veth

Zum Weiterlesen

cross the border (Hrsg.) (1999): kein mensch ist illegal. Ein Handbuch zu einer Kampagne.

Homann, Ralf: Immerwährender Neustart. Zur hybriden Praxis von kein mensch ist illegal, www.republicart.net

›Subtropen‹ Beilage zur Jungle World 15/02: www.nadir.org/nadir/periodika/jungle_world/_2002/15/sub04a.htm

Keynesianismus

Keynesianismus ist ein Sammelbegriff für wirtschaftstheoretische und -politische Konzepte, die sich auf die Arbeiten von John Maynard Keynes (1983-1946) stützen. Hintergrund waren die Erfahrungen der Weltwirtschaftskrise sowie des Versagens der damals vorherrschenden Wirtschaftstheorie und -politik, sie zu erklären und wirksam zu bekämpfen. Die beiden wesentlichen Botschaften lauten: Kapitalistische Marktwirtschaften sind instabil und sie können durch staatlich-politische Intervention stabilisiert werden.

Wesentliche neue Erkenntnisse der Keynesschen Theorie betreffen erstens die zentrale Rolle der *gesamtwirtschaftlichen Nachfrage*: im Gegensatz zur neoklassischen Theorie ging Keynes davon aus, dass eine kapitalistische Wirtschaft nicht aus sich aus zu Vollbeschäftigung tendiert, die über Lohnanpassungen am Arbeitsmarkt hergestellt werde. Entscheidend für die Höhe der Beschäftigung ist vielmehr die Nachfrage nach Gütern und Dienstleistungen. Statt in einer Rezession die Löhne zu senken, ist es daher wichtig, die Nachfragelücke durch höhere private und öffentliche Nachfrage zu schließen. Zweitens die zentrale Rolle der *Unsicherheit und unsicherer Erwartungen*, unter denen Unternehmen und Haushalte ihre wirtschaftlichen Entscheidungen über Investitionen bzw. Konsum oder Sparen (Bildung von Finanzvermögen) treffen. Diese Unsicherheit fördert die Spekulation auf den Finanzmärkten und kann die Wirtschaft destabilisieren. Drittens die *langfristigen Stagnationstendenzen* kapitalistischer Systeme. Keynes hat schon 1941 drei Phasen der langfristigen Entwicklung der Industrieländer nach dem Zweiten Weltkrieg prognostiziert. Die erste sei durch Kapitalmangel, die zweite durch ein ungefähres Gleichgewicht zwischen Angebot an und Nachfrage nach Kapital und die dritte dadurch gekennzeichnet, dass auf der einen Seite wegen steigender Einkommen das Sparen zunehme, während auf der anderen Seite die rentablen Investitionsmöglichkeiten abnehmen. Um diesen Stagnationstendenzen entgegenzuwirken, bedürfe es eines höheren privaten Konsums, einer »Sozialisierung der Investitionen« und einer Verkürzung der individuellen Arbeitszeiten. Keine ökonomische Langfristprognose für die zweite Hälfte des vergangenen Jahrhunderts ist von derartiger Treffgenauigkeit gewesen. Und schließlich viertens die *Notwendigkeit internationaler währungspolitischer Kooperation* zur Vermeidung globaler (Finanz-)Krisen und daraus eskalierender zwischenstaatlicher Konflikte. Keynes schlug auf der Konferenz von Bretton Woods (1944) ein System vor, das feste Wechselkurse sowie politische Interventionen zur Herstellung ausgeglichener Leistungsbilanzen – unter anderem durch die Besteuerung langfristiger Überschüsse! – vorsah. Die seit Mitte der 1970er Jahre zunehmende Polarisierung in der Weltwirtschaft demonstriert die unverminderte Aktualität des Grundgedankens dieser Vorschläge gegen die entfesselte Weltmarktkonkurrenz.

Keynesianische, nachfrageorientierte Wirtschaftspolitik wurde nach dem Zweiten Weltkrieg in vielen Ländern erfolgreich praktiziert. In der Bundesrepublik hat sie dazu beigetragen, die Rezession von 1966/67 schnell zu überwinden. Ab Ende der 1960er Jahre verdrängte neoklassische theoretische Konterrevolution die Keynessche Revolution des ökonomischen Denkens. Mit dem Staatsstreich in Chile sowie der Demontage des Systems von Bretton Woods im Jahre 1973 begann der Siegeszug neoliberaler Wirtschaftspolitik. Linke Kritik bezieht sich in der Regel auf die ökologische Blindheit sowie auf die Fixierung auf Wirtschaftswachstum. Die erste Kritik ist durch eine mehr auf stoffliche und regionale Strukturen achtende Politik heilbar. Die zweite ist für die Langfristperspektive unzutreffend: Keynes hat mehr öffentliche Investitionen und Arbeitszeitverkürzung ausdrücklich als notwendige und wünschenswerte Zukunftsperspektiven des Kapitalismus angesehen.

Das Potenzial Keynesscher Theorie für die Kritik am Neoliberalismus und die Entwicklung von Alternativen hierzu ist nach wie vor groß. Zentrale Aspekte eines modernen Keynesianismus betreffen neben der Konjunktursteuerung die Stabilisierung und Kontrolle der Finanzmärkte, präzise Vorstellungen über eine Sozialisierung der Investitionen und neue internationale Kooperation (Global Governance). Entscheidend für eine solche Weiterentwicklung ist die Betonung wirtschaftsdemokratischer und sozialstaatlicher Strukturen, die einer möglichen Fehlentwicklung des Keynesianismus in autoritäre Staatsstrukturen und -tätigkeiten entgegentritt. In diesem Zusammenhang müsste dann auch ein gravierender Mangel der Theorie überwunden werden: die fehlende Auseinandersetzung mit den Macht-, Klassen- und Kräfteverhältnissen kapitalistischer Gesellschaften.

Jörg Huffschmid

Zum Weiterlesen

Keynes, John Maynard (1936): Allgemeine Theorie der Beschäftigung, des Zinses und des Geldes, 6. Auflage, Berlin 1983.

Ders. (1928): Wirtschaftliche Möglichkeiten für unsere Enkelkinder, in: Norbert Reuter (2007), S. 135-147.

Ders. (1941): Das Langzeitproblem der Vollbeschäftigung, in: Norbert Reuter (2007), S. 159-164.

Reuter, Norbert (2007): Wachstumseuphorie und Verteilungsrealität, Marburg.

Kirche von unten

Kirche von unten ist ein junger Begriff. Seine Wurzeln reichen jedoch, nach dem Zeugnis der Bibel im 13. Jh. v.u.Z., bis zur Entstehung des Volkes Israel. In einer Schwächezeit der ägyptischen und hethitischen Großreiche und ihrer Satelliten, der Stadtkönigtümer in Kanaan, schlossen sich aus Ägypten befreite hebräische Zwangsarbeiterfamilien, Kleinviehnomaden, aus Fronarbeit befreite Bauern und aramäische MigrantInnen zusammen und besiedelten das Hochland des heutigen Palästina. Sie organisierten sich weitgehend egalitär und in Familiensolidarität in bewusstem Gegensatz zu den vorherrschenden hierarchischen politisch-ökonomischen Systemen der Zeit.

Diese Erinnerung hält sich auch durch gegen Tendenzen des entstehenden Königtums (ab ca. 1000 v.u.Z.) und der Einführung einer neuen Ökonomie, die auf Eigentum, Zins und Geld aufbaut (seit dem 8. Jh. v.u.Z.) und die Gesellschaft in Reiche und Arme spaltet. Träger des Widerspruchs sind Propheten und Bauernbewegungen, die Rechtsreformen erwirken. Auch gegen neue Großreiche (Assyrien, Babylonien, Persien und die Hellenistisch-römischen Imperien) wird die Kontrastgesellschaft so weit wie möglich verteidigt. Die Alternativperspektive heißt seit dem Buch Daniel »Reich Gottes«, von Jesus von Nazareth ins Zentrum gerückt als »Gottes herrschaftsfreie Ordnung mit menschlichem Gesicht«. Paulus nimmt sie auf als »ekklesia«, als neue Gemeinschaft, in der es keine Hierarchie unter den Völkern, keine Herren und Sklaven und keine Herrschaft der Männer über die Frauen gibt: »Da ist nicht jüdisch noch griechisch, da ist nicht versklavt noch frei, da ist nicht männlich und weiblich: den alle seid ihr einzig-einig im Messias Jesus« (Gal 3,28). Biblisch gesehen ist also christliche Kirche nur Kirche, wenn sie Kirche »von unten« und in → Solidarität mit denen »unten« ist. Diese Alternativperspektive wird seit den Kaisern Konstantin und Theodosius (4. Jh. u.Z.) mit der Anpassung der Kirche an das römische Reich weitgehend aufgegeben. Auch die Mehrheit der reformatorischen Kirchen, ursprünglich ein Impuls »von unten«, passten sich zunehmend an die Obrigkeiten an.

Erst im 20. Jahrhundert werden verschiedene Versuche sichtbar, den biblischen Ansatz wiederzuentdecken und das »konstantinische Zeitalter« zu überwinden. Zentral dafür ist die entstehende ökumenische Bewegung. In Deutschland führt der Kampf gegen die Anpassung der Kirche an den Nationalsozialismus zu Ansätzen einer »Kirche von unten«. Vor allem Dietrich Bonhoeffer kritisiert scharf die Ansiedlung der Kirchen an den »privilegierten Orten« und fordert dazu auf, in der Nachfolge Jesu an dem Mit-Leiden

Gottes in dieser Welt teilzunehmen und die Geschichte »von unten« zu betrachten und mitzugestalten.

Diese Impulse werden u.a. in den → Befreiungstheologien aufgenommen – vor allem in Lateinamerika. Dabei spielt auch das 2. Vatikanische Konzil eine wichtige Rolle für die Wiedergewinnung biblischer Perspektiven. Konkreter Ausdruck dafür sind die besonders in Brasilien entstehenden Basisgemeinden. Aber auch in Deutschland gelingt es unter dem Eindruck der Studentenbewegung zwischen 1969 und 1973 u.a. den Deutschen Evangelischen Kirchentag zu einem »Kirchentag von unten« umzugestalten. Weil die Römisch-Katholische Kirche Ähnliches nicht zulässt, spaltet sich vom Katholikentag ein sich selbst organisierender »Katholikentag von unten« ab. Es entstehen die »Initiative Kirche von unten«, die Zeitschrift »Publik-Forum« und auf europäischer Ebene »Wir sind Kirche«.

Im Ökumenischen Rat der Kirchen (ÖRK) werden in den 1970er Jahren das Konzept der »just, participatory, sustainable society« (JPSS) und in den 1980er Jahren der »konziliare Prozess gegenseitiger Verpflichtung für → Gerechtigkeit, → Frieden und Bewahrung der Schöpfung» (JPIC) entwickelt. In diesem Zusammenhang entstehen in Deutschland die »Ökumenischen Netze«, die sich 2006 zu dem »Ökumenischen Netz in Deutschland« (ÖNiD) zusammenschließen.

Aus den verschiedenen ökumenischen Basisgruppen auf europäischer Ebene bildet sich 1990 »Kairos Europa – unterwegs zu einem Europa für Gerechtigkeit», das zusammen mit WEED 2000 das »Netzwerk zur demokratischen Kontrolle der Finanzmärkte«, später umbenannt in Attac Deutschland, gründet. Die ökumenischen Initiativen zielen darauf, die Kirchen in ihren verschiedenen Sozialgestalten von unten zu durchsäuern und zu → Widerstand und Alternativen in Bündnissen mit → sozialen Bewegungen zu ermutigen und zu befähigen – damit eine andere Welt, wie schon in der Bibel verheißen, möglich und wirklich wird.

Ulrich Duchrow

Zum Weiterlesen

Duchrow, Ulrich (1997): Alternativen zur kapitalistischen Weltwirtschaft – Biblische Erinnerung und politische Ansätze zur Überwindung einer lebensbedrohenden Ökonomie, Gütersloh.

Duchrow, Ulrich/Bianchi, Reinhold/Krüger, Rene/Petracca, Vincenzo (2006): Solidarisch Mensch werden. Psychische und soziale Destruktion im Neoliberalismus – Wege zu ihrer Überwindung, Hamburg.

Kairos Europa (1997): Europäisches Kairos-Dokument.

Klassenkämpfe

Klassenkämpfe stehen im Zentrum jeder kapitalistischen Gesellschaft und damit auch jeder kritisch-materialistischen Gesellschaftstheorie. Sie bilden den Motor der Geschichte: »Die Geschichte aller bisherigen Gesellschaft ist die Geschichte von Klassenkämpfen.« (Marx/Engels). Klassenkämpfe entstehen aus den Macht- und Herrschaftsbeziehungen der Ökonomie. Im Kapitalismus bildet der antagonistische Interessengegensatz von Kapital und Arbeit eine beständige Quelle von Konflikten, die gesellschaftliche und politische Veränderungen erzwingen. Das markiert ihren grundsätzlich politischen Charakter. Sie sind die Praxis, in der alternative Konzepte von einer Idee zu »wirklicher Bewegung« (Marx) werden können. Ihr Ausgang ist unbestimmt: Sie können mit der Niederlage der emanzipatorischen Klassen oder ihrer Unterdrückung durch den Staat (»Klassenkämpfe von oben«) genauso enden wie mit dem »Untergang in der Barbarei«. Letztlich aber würde im Kapitalismus der Sieg der unterdrückten Klasse(n) nicht die alte Herrschaftsordnung durch eine neue ersetzen, sondern eine Gesellschaft jenseits von Herrschaft entstehen lassen: »der Klassenkampf als Schluss, worin sich die Bewegung und Auflösung der ganzen Scheiße auflöst« (Marx).

Klassenkämpfe sind das entscheidende Medium, mit dem die kapitalistische Ordnung zu Grabe getragen wird. Diese intermediäre Stellung kommt auch darin zum Ausdruck, dass sich die unterdrückten Klassen im Kampf selbst schulen. Sie bilden »Organe des Widerstands« – Gewerkschaften und Räte –, in denen neue kulturelle Formen bereits im Schoße der antisolidarischen Gesellschaft entfaltet werden. Die subalternen Klassen erwerben die Fähigkeit, ihre Geschichte selbst zu machen. Antonio Gramsci sah in den Turiner Fabrikräten der 1920er Jahre erste Formen, »die zur Selbstregierung im Arbeiterstaat« streben. Rosa Luxemburg sprach in ihren Untersuchungen des Verhältnisses von Spontaneität und Organisation im Klassenkampf davon, dass sich eigenständige Aufstände der unterdrückten Klassen »nicht schulmeistern lassen« und → Revolutionen nicht »gemacht« werden, sondern sich aus den Widersprüchen der Ökonomie entfalten.

In der Geschichte des Kapitalismus erlangten die Klassenkämpfe jedoch nicht immer diesen revolutionären Aufschwung. Mit der Verfestigung einer gespaltenen Interessenvertretung (Betriebsräte, Gewerkschaften) wurden sie in korporatistische Reformstrategien des bürgerlichen Staates kanalisiert. In der Nachkriegsordnung gelangte der temporär befriedete Klassenkampf zu seiner vollen Entfaltung. Gewerkschaften wurden an die Spielregeln eines institutionalisierten Klassenkampfes gefesselt. Die Ziele beschränkten sich auf Verbesserungen im Lohnverhältnis, wurden also auf systemimmanente Alternativen verpflichtet: die Kopplung von Lohn– und Produktivitätsfortschritten sowie den Ausbau des Sozial- und Wohlfahrtsstaates.

Ab 1968 kam es in Westeuropa zu einem scheinbar letzten Aufflackern von autonomen Klassenkämpfen. Mit der Weltwirtschaftskrise 1974/75 wurden die Kämpfe sukzessive entpolitisiert und konzentrierten sich auf Ziele der sozialen Krisenabfederung und »intelligenten Krisenregulierung«; Gewerkschaften wurden zu »Expertinnen für sozialvertraglichen Beschäftigungsabbau«. In der neoliberalen Hegemonie erscheinen Klassenkämpfe als Relikte einer überwundenen Vergangenheit, die von betrieblichen Wettbewerbspartnerschaften, gemeinsamen Anstrengungen von Kapital und Arbeit zur Verbesserung der Weltmarktkonkurrenzfähigkeit, abgelöst sind. Tatsächlich hat die Restrukturierung der kapitalistischen Weltökonomie die Bedingungen der Klassenkämpfe nachhaltig verändert: Mit der globalen Ausdehnung der Industrie entstehen sie in den Semizentren des Weltmarktes neu; aber auch in den entwickelten kapitalistischen Gesellschaften kann kein Verschwinden der Klassenkämpfe konstatiert werden. In betrieblichen Tarifbewegungen bilden sich neue, aktivierende Beziehungen zwischen Belegschaften, betrieblichen Interessenvertretungen und Gewerkschaften aus. Sie verbinden eine konfliktorientierte Betriebspolitik mit neuen Bündnisstrategien in lokalen → Zivilgesellschaften und autonomen Kämpfen im bürgerlichen Staat.

Unter den Bedingungen scheinbarer sozialer Ruhe sind Klassenkämpfe nicht verschwunden. Die jüngere Geschichte lehrt, dass Klassenkämpfe nicht »gemacht« werden, durch Dekrete verordnet oder unterdrückt werden können, sondern Bestandteil der »wirklichen Ökonomie« (Marx) des Kapitalismus geblieben sind. Die Form, in der sie ausgetragen werden, spiegelt den jeweiligen Entwicklungsstand kapitalistischer Widersprüche. Das bedeutet, dass Klassenkämpfe unverzichtbar bleiben, wenn der Tendenz des Kapitals, sich alle Sphären des gesellschaftlichen Lebens zu unterjochen, eine wirkungsvolle Alternative entgegengesetzt werden soll.

Bernd Röttger

Zum Weiterlesen

Candeias, Mario/Röttger, Bernd (2007): Sozialtarifverträge und lokale Arbeiterbewegungen, in: Heinrich Geiselberger (Hrsg.), Und jetzt? Politik, Protest, Propaganda, Frankfurt/M.
Gramsci, Antonio (1980): Zu Politik, Geschichte und Kultur, Leipzig.
Luxemburg, Rosa: Gesammelte Werke, Berlin/DDR.
Marx-Engels-Werke (1956ff.), Berlin/DDR.

Klimagerechtigkeit

Die Atmosphäre ist ein globales öffentliches Gut, das allen Menschen gehört und folglich von allen Menschen gleichermaßen als »Deponie« für klimaschädliche Emissionen genutzt werden kann. Soweit die Theorie. Alleine die G8-Staaten haben mit ihrem Anteil von ca. 13% an der Weltbevölkerung den satten Anteil von 50% an den weltweiten CO_2-Emissionen. Grundsätzlich gilt, je ärmer das Land, desto weniger CO_2 wird ausgestoßen. Noch deutlicher wird die ungleiche Nutzung der Atmosphäre, wenn die Pro-Kopf-Emissionen betrachtet werden. Die ärmsten Länder emittieren nur rund 0,9 Tonnen pro Kopf und Jahr, während etwa Deutschland 10 und die USA rund 20 Tonnen emittieren. Doch wenn über Fragen globaler Gerechtigkeit beim Klimaschutz geredet werden soll, sind vor allem die Luxusemissionen der Reichen und die Überlebensemissionen der Armen zu betrachten sowie in diesem Zusammenhang die unterschiedlichen Fähigkeiten, sich an die Auswirkungen des Klimawandels anzupassen. Wie müsste eine Klimapolitik gestaltet sein, die eine globale Klimagerechtigkeit zum Ziel hat?

Mit dem Konzept der »Klimagerechtigkeit« wird ganz allgemein die Lösung der Klimakrise verstanden, bei der die Lasten und Kosten dieser Politik gerecht verteilt werden. Gemäß Art. 3 der UN-Klimarahmenkonvention von 1994 soll die internationale Staatengemeinschaft Maßnahmen zum Klimaschutz »auf der Grundlage der *Gerechtigkeit* und entsprechend ihren gemeinsamen, aber unterschiedlichen Verantwortlichkeiten und ihren jeweiligen Fähigkeiten« (Art. 3.1) ergreifen. Schließlich wurde mit dem Kyoto-Protokoll, das 2005 in Kraft trat, die Reduktion der Emissionen der Industrieländer von 5,2% zwischen 1990 und 2012 beschlossen. Doch das globale Abkommen ist blind gegenüber Fragen der Klimagerechtigkeit. Dies zeigt sich nicht nur auf Grund der viel zu geringen Reduktionsverpflichtungen der Industrieländer, auch die Anpassungsmaßnahmen für Entwicklungsländer sind bisher völlig unzureichend.

Die zentrale Frage lautet: Wie kann die Bürde der Emissionsreduktionen und der erforderlichen Anpassungsmaßnahmen an den Klimawandel »gerecht« verteilt werden? Klimapolitik ist dann gerecht, wenn sie das Ziel verfolgt, dass sich die Pro-Kopf-Emissionen angleichen. Die Gleichheit aller Menschen unabhängig von Herkunft, Geschlecht, Einkommen und sozialem Status wird zum Ausgangspunkt jeder Klimapolitik. Voraussetzung dafür ist die drastische Reduktion der Emissionen derjenigen Länder- und Bevölkerungsgruppen, die auf Grund ihres Produktions-, Mobilitäts- oder Konsumverhaltens einen emissionsintensiven Lebensstil führen. Viele andere Länder- und Bevölkerungsgruppen müssen jedoch erst die Möglichkeit erhalten bzw. in die Lage versetzt werden, ihre Emissionen steigern zu können.

Auch wenn in diesem erweiterten Verständnis bereits eine Reihe von Grundsätzen liberaler → sozialer Gerechtigkeit verankert ist, so greift es noch zu kurz. Denn mit der Forderung nach einer individuell gleichen und gerechten Lasten- sowie Nutzenverteilung des → Gemeinschaftsgutes Atmosphäre wird einem Denkmuster gefolgt, in dem Ansätze der *Nicht*-Verschmutzung und der nicht-marktförmigen Bearbeitung der Klimakrise unberücksichtigt bleiben. Stattdessen wird die hegemonial gewordene Prämisse der Moderne gefestigt, dass gesellschaftliche Entwicklung in Entwicklungs- wie Industrieländern mit der effizienteren Nutzung fossiler Energieträger – also der Verschmutzung der Atmosphäre –, mit globalem Standortwettbewerb und weltwirtschaftlichem Wachstum einhergehen muss. Die globale Definition von Klimagerechtigkeit, die sich alleine an den Pro-Kopf-Emissionen orientiert, vernachlässigt zugleich die verschiedenen, sozial-räumlichen und kontextspezifischen Herausforderungen im Umgang mit dem Klimawandel.

Für arme und sozial benachteiligte Bevölkerungsgruppen ist Klimagerechtigkeit mit der Forderung nach umfassender menschlicher Sicherheit verbunden. Die Erhöhung der individuellen wie kollektiven Anpassungsfähigkeiten an die Folgen des Klimawandels kann nur auf der Grundlage der Ermächtigung und Emanzipation derjenigen gesellschaftlichen Gruppen erfolgen, die sozial, ökonomisch oder politisch marginalisiert sind. Klimapolitik ist dann aber nicht nur eine staatliche Aufgabe zum Schutz des globalen Guts Atmosphäre oder treffender: zur internationalen Bewirtschaftung der Deponie für Treibhausgase. Sie muss in einem umfassenderen Sinne die Verwirklichung der politischen, sozialen und physischen Menschenrechte zum Ziel haben. Diese einzulösen muss eine das kapitalistische System transformierende Bedeutung erlangen. Klimagerecht ist die Beendigung des fossilen Energiezeitalters, die Etablierung dezentraler und erneuerbarer Energiesysteme (→ Energiepolitik), die emanzipatorische Gestaltung von Reduktions- und Anpassungsmaßnahmen sowie die umfassende Beseitigung globaler Ungleichheit.

Achim Brunnengräber/Kristina Dietz

Zum Weiterlesen

Brouns, Bernd (2004): Was ist gerecht? Nutzungsrechte an natürlichen Ressourcen in der Klima- und Biodiversitätspolitik. Wuppertal Paper 146.

Santarius, Tilman (2007): Klimawandel und globale Gerechtigkeit. In: APuZ 14/2007, S. 18-24.

Kommunikationsguerilla

Kommunikationsguerilla ist eine Theorie und Praxis → subversiver Kommunikation, die sich von klassischen Konzepten der → Gegenöffentlichkeit, aber auch von den »eigenen« Medien der Binnenkommunikation → sozialer Bewegungen unterscheidet – nicht nur im Hinblick auf die Formen politischer Artikulation, sondern auch in der ihnen immanenten Weltsicht. Während traditionelle, an der Aufklärung orientierte »Gegeninformation« nach wie vor auf eine Expertisenstrategie und auf die Kraft des besseren Arguments vertraut, stellt sich die Kommunikationsguerilla in radikaler Weise der Frage: »Warum hört mir keine/r zu?« Wo Netzwerke wie Attac mit wissenschaftlichem Beirat auf akademisch begründete Kritik als politisches Projekt vertrauen, insistieren Kommunikationsguerillas auf eine simple Erkenntnis: Nur weil ich die Wahrheit sage, brauchen mir die Leute noch lange nicht zu glauben. Einer der Stichwortgeber hierfür war Umberto Eco mit seiner Kritik an einem verkürzten aufklärerischen Sender-Empfänger-Kommunikationsmodell und seiner Erkenntnis, dass es nicht genüge, Sendestationen zu besetzen, sondern ebenso darauf ankomme, mit in der ersten Reihe im Publikum zu sitzen, um den Modus der Rezeption zu beeinflussen. Sein Vorschlag für eine »semiologische Guerilla« beeinflusste das Konzept der Kommunikationsguerilla entscheidend. Neben Ansätzen der 1968er Spaßguerilla und den italienischen *Indiani Metropolitani* (Stadtindianern) der 1970er Jahre sind auch die zahlreichen Praktiken des *Culture Jamming* (USA), Situationismus, Dadaismus oder die Spontis in die Ausarbeitung des Konzeptes eingeflossen.

Kommunikationsguerilla geht davon aus, dass die gesellschaftlichen Verhältnisse zwar sozial konstruiert sind, in der alltäglichen Kommunikation wie im Alltagsbewusstsein der Individuen aber als quasi naturgegeben erscheinen. Es geht darum, diese Selbstverständlichkeit von Machtverhältnissen, sozialer Ungleichheit oder gesellschaftlicher Ausgrenzung anzugreifen und ihre vermeintliche Normalität in Frage zu stellen. Hierzu analysiert Kommunikationsguerilla die kulturelle Grammatik der Machtbeziehungen, die Art und Weise, wie sie in alltägliche Handlungsmuster, Sprechweisen und Kommunikationsformen eingeschrieben sind. Dieses Wissen macht Kommunikationsguerilla in einem subversiven Sinne produktiv, indem sie Repräsentationen erzeugt, die im Sinne der hegemonialen kulturellen Grammatik dysfunktional wirken, also Irritationen und Unbehagen erzeugen. Wo der Schleier der Selbstverständlichkeit zerrissen ist, so die Grundidee, werden die Absurditäten und Widersprüche der kapitalistischen Gesellschaftsformationen sichtbar und damit angreifbar.

Hierbei bedient sich die Kommunikationsguerilla der Camouflage und des Fakes. Sie operiert nicht offen als Propaganda- oder Agitationseinheit oder versucht gar eine letzte Schlacht zu gewinnen. Vielmehr bewegen sich die Kommunikationsguerilleras wie »semiotische Heckenschützen« im Dschungel der Zeichen, verbreiten im Namen und mit der Stimme ihrer Gegner verfremdete und ins Absurde verzerrte Botschaften. Ihre Überzeugung ist, dass die »beste Subversion« darin liegt, die »Codes zu entstellen, statt sie zu zerstören« (Roland Barthes). Im Unterschied zu Satire und Parodie agieren die Kommunikationsguerillas dabei nicht im geschützten Raum einer Kleinkunstbühne, Comedyshow oder Satirezeitschrift, sondern tragen die Auseinandersetzung in den gesellschaftlichen Alltag.

In diesem Sinne ist Kommunikationsguerilla keine »große Politik«, keine »Frühjahrsoffensive« und auch keine Kampagne. Sie funktioniert oft am besten in einzelnen oder als Abfolge mehrerer kleiner Aktionen. Sie ist Mikropolitik, angebunden an den Alltag ihrer Akteurinnen, und ihre Aktionen speisen sich aus dem Blick auf alltägliche Ohnmachtsituationen, in denen gesellschaftliche Machtverhältnisse lokal zum Ausdruck kommen. Durch diesen kritischen Blick entfaltet sie eine politische Praxis, die Handlungsmöglichkeiten eröffnen und zum Handeln ermächtigen möchte.

Kommunikationsguerilla ist in gewisser Hinsicht ein Frontalangriff auf die herrschenden Verhältnisse – auch wenn dieser Angriff eher einer Folge von Nadelstichen gleichen mag. Im postfordistischen kognitiven Kapitalismus ist die Fähigkeit zur Analyse und zum Gebrauch von Zeichen bzw. Symbolen und die Technologie zu deren Verbreitung nicht nur Teil des Arbeitsalltags immer größerer Teile der Bevölkerung (durch ihre immaterielle oder mentale Arbeit), sondern sie prägt zunehmend auch die Freizeitpraktiken. Imageproduktion, symbolische Repräsentation, Affekterzeugung rücken in das Zentrum der Wertschöpfung. Images, also Zeichen und Symbole, sind nicht mehr nur variables, sondern avancieren zugleich ins fixe Kapital. Wer eine verkürzte → Kapitalismuskritik vermeiden will, muss genau hier ins Kapitalverhältnis eingreifen. Kommunikationsguerilla ist in diesem Sinne auf der Höhe der Zeit.

autonome a.f.r.i.k.a.-gruppe

Zum Weiterlesen

autonome a.f.r.i.k.a.-gruppe/Blissett, Luther/Brünzels, Sonja (2002): Handbuch der Kommunikationsguerilla. Hamburg/Berlin/Göttingen.

Kommunismus

Zum Kommunismus (lat. *communis*, gemeinsam) kursieren drei Gemeinplätze: Er sei neben dem Faschismus das zweite »totalitäre System« des 20. Jahrhunderts, seine Zeit sei abgelaufen und seine Wirkungsmacht habe sich nur einem säkularisierten »messianischen Heilsversprechen« verdankt. Der erste Gemeinplatz ist so wahr, wie er falsch ist, den zweiten werden die sozialen Kämpfe als Irrtum erweisen, und der dritte birgt eine Wahrheit, die zu entfalten bleibt. Gemeinplatz eins und drei werden oft zusammen vorgetragen und verbinden einen vulgären Atheismus mit einer letztendlichen Zustimmung zu den herrschenden Zuständen.

Richtig ist, dass sich der Kommunismus messianisch mit der Erwartung einer völligen Umwälzung (lat. *revolutio*) der Geschichte und des Beginns einer ganz anderen Geschichte verbindet. Deshalb verwundert auch nicht, dass er jüdisch-christliche Quellen hat und sich mit der Französischen Revolution als *utopischer* Kommunismus herausbildet. Richtig ist aber auch, dass der Kommunismus im Denken Karl Marx' eine radikale Wendung nimmt. Marx hat den Kommunismus zwar auch messianisch, doch nicht als Utopie gedacht. So heißt es in der *Deutschen Ideologie* (1846): »Der Kommunismus ist für uns nicht ein Zustand, der hergestellt werden soll, ein Ideal, wonach die Wirklichkeit sich zu richten haben wird. Wir nennen Kommunismus die wirkliche Bewegung, welche den jetzigen Zustand aufhebt. Die Bedingungen dieser Bewegung ergeben sich aus der jetzt bestehenden Voraussetzung.«

Der Kommunismus ist also die hier und heute stattfindende Bewegung der Umwälzung selbst, die das *Manifest der kommunistischen Partei* (1848) deshalb auch »eine unter unseren Augen vor sich gehende Bewegung« nennt. Dem entspricht, dass die »theoretischen Sätze der Kommunisten« nicht von »Weltverbesserern« erfunden werden, sondern »allgemeine Ausdrücke tatsächlicher Verhältnisse eines existierenden Klassenkampfs« sind: eben der »wirklichen Bewegung«, als die der Kommunismus das Bestehende »aufhebt«. Dabei verbindet der Kommunismus die in sozialen Kämpfen praktisch vollzogene Umwälzung aller Verhältnisse mit der theoretischen Anstrengung, diesen Kämpfen »allgemein«, das heißt in richtiger, wahrer und wahrhaftiger Weise Ausdruck zu verleihen. Das in dieser Verbindung geborgene messianische Versprechen liegt darin, dass das Proletariat, das heißt die Menge der vom Privatbesitz an Produktionsmitteln Ausgeschlossenen, im Vollzug der kommunistischen Bewegung die herrschenden Produktionsverhältnisse beseitigt und an die Stelle »der alten bürgerlichen Gesellschaft mit ihren Klassen und Klassengegensätzen eine Assoziation« tritt, »worin die freie Entwicklung eines jeden die Bedingung für die freie Entwicklung aller ist« – in dieser Folge, nicht umgekehrt!

Die Voraussetzung der Bewährung dieses Versprechens wird im Weltweit-Werden der Klassengesellschaft selbst hervorgebracht und besteht darin, dass die Menge der vom Privatbesitz an Produktionsmitteln Ausgeschlossenen zur weltgesellschaftlichen Mehrheit wird. Damit die Menge als diese Mehrheit dann auch in die weltweiten Kämpfe gegen diese Gesellschaft eintritt, wird ihr im *Manifest* abverlangt, ihren »nationalen Charakter abgestreift« zu haben, sich von den Bindungen ihrer familiären, ethnischen, religiösen und Klassenherkünfte, von der »gesellschaftlichen Geltung« der »Geschlechts- und Altersunterschiede« und allen anderen bürgerlichen Ideologien zu lösen und in dieser radikalen *Eigentumslosigkeit* zur »vereinigten Aktion« zusammenzufinden.

Bezieht man die theoretischen Sätze des *Manifests* auf die Gegenwart, kann gesagt werden, dass die Möglichkeitsbedingung des Kommunismus, das Weltweit-Werden der vom Privateigentum an Produktionsmitteln ausgeschlossenen und aus allen Bindungen frei gesetzten Menge, tatsächlich die konstante Tendenz der globalisierten Klassengesellschaft darstellt. Nur wird sie machtvoller von Gegentendenzen gekreuzt, als viele KommunistInnen angenommen haben. In diesem Missverhältnis, wenn auch nicht nur dort, wurzelt auch der ungeheuerliche Terror, der von KommunistInnen im Namen des Kommunismus verübt wurde. Ihm haben sie seither immer und unverstellt eingedenk zu sein. Ihre praktische und theoretische Aufgabe ist aber auch deshalb *im Prinzip* noch immer die im *Manifest* entworfene: in den sich gegenseitig brechenden wie sich verstärkenden Tendenzen der sozialen Kämpfe die zu bestimmen und zu verstärken, in denen der Kommunismus, d.h. »die selbständige Bewegung der ungeheuren Mehrzahl im Interesse der ungeheuren Mehrzahl«, also die kommunistische Menge, radikal *bindungslos* wird, um sich dem messianischen Versprechen ihrer eigenen Möglichkeit zu öffnen, also messianisch zu werden.

Thomas Seibert

Zum Weiterlesen

Balibar, Étienne (2006): Der Schauplatz des Anderen. Formen der Gewalt und Grenzen der Zivilität, Hamburg.

Derrida, Jacques (1995): Marx' Gespenster. Der Staat der Schuld, die Trauerarbeit und die neue Internationale, Frankfurt/M.

Hardt, Michael/Negri, Antonio (2000): Empire. Die neue Weltordnung, Frankfurt/M.

Dies. (2004): Multitude. Krieg und Demokratie im Empire, Frankfurt/M.

Kooperation

Das menschliche Tun, das allen gesellschaftlichen Bereichen zugrunde liegt und das Menschen in – wie auch immer – vermittelte (re-)produktive Beziehungen zueinander setzt, nennt man Kooperation. Sie bezeichnet zunächst die fundamentale Ebene des tatsächlichen materiellen Lebensprozesses der Naturaneignung, in dem Menschen gemeinsam arbeiten, kommunizieren und in direkter oder indirekter Weise die Arbeit und Erfahrungen anderer aufgreifen. Für Klaus Türk ist Kooperation nicht als Austauschprozess einzelner und etwa an Nutzenmaximierung orientierter Individuen zu denken. Als vorexistente Sozialität übersteige Kooperation das produktive Arbeiten jedes Einzelnen, sei immer schon da und als solche erst Bedingung der Möglichkeit von Individualität. Kooperativ sind Menschen unter anderem im Haushalt, bei der Kindererziehung, im kapitalistischen Unternehmen, beim Denken, Schreiben, ja sogar in kriegerischen Auseinandersetzungen.

Kooperation ist stets vermittelt über historisch unterschiedliche gesellschaftliche Formationen und als solche nicht machtfrei. »Die sporadische Anwendung der Kooperation auf großem Maßstab in der antiken Welt, dem Mittelalter und den modernen Kolonien beruht auf unmittelbaren Herrschafts- und Knechtschaftsverhältnissen, zumeist auf der Sklaverei. Die kapitalistische Form setzt dagegen von vornherein den freien Lohnarbeiter voraus, der seine Arbeitskraft dem Kapital verkauft.« (Marx) Karl Marx verwendet den Begriff der Kooperation zunächst zur Bestimmung der Produktivkraft und der Produktion des relativen Mehrwerts im unmittelbaren Produktionsprozess. Auch wenn dadurch andere gesellschaftliche Bereiche tendenziell vernachlässigt werden, so verweist Marx doch auf ein entscheidendes Problem: In der kapitalistischen Produktion *erscheint* das Kapital und nicht die Kooperation (neben der Teilung der Arbeit und der Maschinerie) als Produktivkraft, da die Einheit der kooperierenden ArbeiterInnen als »Gesamtarbeiter« im Kapital begründet liegt. Es reduziert die einzelne Arbeitskraft auf die Verrichtung von Teilfunktionen, die außerhalb des Fabrikregimes meist nutzlos sind. Dass ArbeiterInnen hier produktiv zusammenwirken, erscheint folglich als Resultat des Kapitals, nicht aber des eigenständig entwickelten »Gattungsvermögens«.

Bei der Analyse der »erzwungenen« Kooperation in kapitalistischen Unternehmen und allen anderen hierarchischen Organisationen gilt es jedoch nicht nur die Verschleierung der Produktivkraft zu erkennen, sondern auch ihren Stellenwert im Rahmen der Widersetzlichkeit der ArbeiterInnen. Kaum ein brauchbares Arbeitsergebnis kommt zustande, gelingt es den ArbeiterInnen nicht, das Regelwerk und die Normen der formalen Organisation zu verletzen und eigensinnig auf informell-kooperative Weise zu handeln. Verweigern sie diese widersetzliche Kooperation, wie etwa bei der Widerstandsform »Dienst nach Vorschrift«, treten Irrationalität und Despotismus der kapitalistischen Produktion offen zutage. Diese autonomen kooperativen »Experimente« sind demnach beides zugleich: Grundlage der Erfüllung des vom Kapital vorgegebenen Plans *und* Basis von immer wieder aufkeimenden Arbeitskämpfen. Wilde Streiks oder Fabrikbesetzungen sind aber nicht als Resultat spontaner oder anarchistischer Arbeiterunruhen zu betrachten, sondern vielmehr als planvoll-egalitäre Koordinierung kooperativer Akteure. Hier wird auch das Moment der basisdemokratischen Entscheidungsfindung deutlich. Cornelius Castoriadis geht sogar soweit zu sagen, dass sich über die Anordnung der kapitalistisch-bürokratischen Organisation eine spezifische Form der selbstbestimmten Kooperation einstellt, die an sich Keimform einer alternativen Kooperationsweise darstellt oder, um mit Marx zu sprechen, eine Durchgangsstation der revolutionären Vereinigung durch Assoziation.

In Anschluss an Christoph Spehr, der zwischen »erzwungener« und »freier« Kooperation unterscheidet, wäre zu fragen, wie viel »freie« oder selbstbestimmte Kooperation in den Bereichen der erzwungenen Kooperation immer schon präsent ist. Welche politischen Möglichkeiten gibt es, die in den Bereichen der »erzwungenen« Kooperation keimhaft anwesende »freie« Kooperation weiter zu entfalten? Denn es zeigt sich, dass die Versuche, »freie« Kooperation weitgreifend zu realisieren, wie etwa historisch in der Rätebewegung, aber auch aktuell bei den Zapatistas oder den weltweiten Fabrikbesetzungen, häufig zum Ausgangpunkt konkrete Arbeitskämpfe hatten und gerade dadurch einen enormen gesellschaftlichen Ausstrahlungseffekt.

Peter Scheiffele

Zum Weiterlesen

Castoriadis, Cornelius (1988): On the Content of Socialism, III: The Workers' Struggle against the Organization of the Capitalist Enterprise, in: ders., Political and Social Writings, Volume 2, S. 155-192.

Marx, Karl (1962): Das Kapital, MEW 23, Berlin, S. 341-355.

Spehr, Christoph (2005): Freie Kooperation, in: Kurswechsel, Heft 1/2005, S. 58-63.

Türk, Klaus (1995): Organisation und Ko-Operation, in: ders., Die Organisation der Welt. Herrschaft durch Organisation in der modernen Gesellschaft, Opladen, S. 93-112.

Kritik der politischen Ökonomie

Mit diesem Ausdruck bezeichnete Marx sein Vorhaben, durch eine Analyse der kapitalistischen Produktionsweise deren Funktionieren zu enthüllen und zugleich die ökonomische Wissenschaft, die für die Rechtfertigung diese Produktionsweise von entscheidender Bedeutung ist, grundsätzlich zu kritisieren. Die Gestalt einer sozialistischen oder kommunistischen Gesellschaft sollte nicht aufgrund abstrakter Prinzipien bloß behauptet werden, vielmehr sollte die Kritik des Bestehenden und der Nachweis bereits existierender Potenziale die Umrisse einer nach-kapitalistischen Gesellschaft liefern.

Bereits der junge, von der Philosophie Feuerbachs beeinflusste Marx beabsichtigte eine »Kritik der Nationalökonomie und Politik«. In den »Pariser Manuskripten« entwickelte er 1844 seine »Entfremdungstheorie«: der Mensch ist im Kapitalismus von seinem eigenen, menschlichen Wesen entfremdet. Mit den »Thesen über Feuerbach« und der »Deutschen Ideologie« von 1845 kritisierte Marx jedoch solche Vorstellungen grundsätzlich. Abstrakte philosophische Konstruktionen sollten durch die empirische Untersuchung der tatsächlichen gesellschaftlichen Verhältnisse ersetzt werden. Dabei stützte sich Marx zunächst noch auf die bürgerliche politische Ökonomie. Eine wirkliche »Kritik der politischen Ökonomie« entwickelt Marx erst später, sie ist der Inhalt von »Das Kapital« (1867). Dort zeigt er die dem Kapital immanenten zerstörerischen und krisenhaften Tendenzen auf: Kapitalistische Entwicklung erfolgt notwendigerweise auf Kosten von Mensch und Natur.

Der destruktive Charakter der kapitalistischen Ökonomie resultiert nicht aus der »Gier« der Kapitalisten, er verdankt sich vielmehr den im Kapitalismus herrschenden Sachzwängen. Daher geht es Marx auch nicht um eine Kritik der Kapitalisten, sondern des Kapitalismus. Im Unterschied zu vorkapitalistischen Gesellschaftsformen dominieren im Kapitalismus nicht persönliche Herrschafts- und Abhängigkeitsverhältnisse (auch wenn es sie noch immer gibt), sondern sachliche: Marktpreise, Profitraten, Zinssätze, Aktienkurse erzwingen eine bestimmte Art des Handelns, sofern die Einzelnen ökonomisch überleben wollen. Diese »Versachlichung« der gesellschaftlichen Beziehungen bezeichnete Marx als »Fetischismus«. Die Menschen stehen unter der Herrschaft der von ihnen selbst geschaffenen Sachen.

Im kapitalistischen Alltagsbewusstsein, wie auch in der ökonomischen Theorie erscheint dieser Zustand als »natürlich« und im Grunde unveränderlich. Dass kapitalistische Verhältnisse eine historisch spezifische und somit veränderliche Form menschlicher Vergesellschaftung sind, wird dabei mehr oder weniger unkenntlich. Mit seiner Kritik der ökonomischen Kategorien zerstört Marx diesen Schein der Natürlichkeit, sodass eine grundsätzliche gesellschaftliche Alternative denkbar (und nicht nur wünschbar) wird. In seiner frühen Phase, auf der Grundlage einer unzureichenden Kritik der Ökonomie, sah Marx diese Alternative vor allem in der Aufhebung des Privateigentums (so im »Kommunistischen Manifest« von 1848). Ausgehend von der danach entwickelten Kritik der politischen Ökonomie ist allerdings klar, dass die Veränderung von Eigentumsverhältnissen allein noch keine Alternative zum Kapitalismus bietet. Deshalb betonte Marx später, dass mit der sachlichen Logik von Ware, Geld und Kapital gebrochen werden muss. Der im Markt verselbständigte gesellschaftliche Zusammenhang müsse wieder unter die Kontrolle der Produzenten gebracht werden. Der »Verein freier Menschen«, von dem Marx im »Kapital« spricht (MEW 23, 92f.) arbeitet daher nicht nur mit gemeinschaftlichen Produktionsmitteln, vor allem verausgaben die Mitglieder dieses Vereins ihre Arbeitskräfte als eine gemeinsame gesellschaftliche Arbeitskraft. Es ist weder die Sachgesetzlichkeit des Marktes noch eine zentrale Planbehörde, es sind die Menschen selbst, die – nachdem sie sich die Zumutungen des Kapitalismus nicht mehr gefallen lassen – ihre Arbeitskräfte koordinieren und sich über die Ziele und Methoden der Produktion verständigen müssen. Diese gesamtgesellschaftliche Koordination ist nicht nur die Antwort auf den krisenhaften und zerstörerischen Verlauf der kapitalistischen Produktionsweise. Auch die innerhalb des Kapitalismus entwickelten Produktivkräfte, vor allem die Verbindung von Wissenschaft und Produktion erfordern immer stärker eine solche Koordination. Damit wird eine Produktionsweise möglich, die einer neuen gesellschaftlichen Logik wie auch anderen Zielen folgt. An die Stelle der anonymen Herrschaft der Sachzwänge tritt die bewusste Auseinandersetzung über die Methoden und Ziele der Produktion und deren gesellschaftliche Koordination; an die Stelle der Jagd nach immer höheren Profiten, bei der Mensch und Natur immer weiter zerstört werden, tritt die Orientierung an den Bedürfnissen und Wünschen der Menschen, die jetzt als KonsumentInnen und ProduzentInnen entscheiden können, was sie anstreben wollen.

Michael Heinrich

Zum Weiterlesen

Becker, Jens/Brakemeier, Heinz (Hrsg.) (2004): Vereinigung freier Individuen, Hamburg.
Heinrich, Michael (2007): Kritik der politischen Ökonomie. Eine Einführung. Stuttgart.
Marx, Karl (1962ff.): Das Kapital. Kritik der politischen Ökonomie, 3 Bände, Marx Engels Werke (MEW), Bd. 23-25, Berlin.

Kritische Not- und Entwicklungshilfe

Der Begriff beschreibt ein Konzept, das Helfen als Teil eines politischen Handelns zur nachhaltigen Überwindung von Not und Unmündigkeit betrachtet. Mit einem auf Ursachen bezogenen Ansatz grenzt sich die Kritische Not- und Entwicklungshilfe von anderen Hilfskonzepten ab, die Notlagen von Menschen mit zumeist von außen übergestülpten Mitteln abmildern, ohne die langfristige Wirkung dieser Eingriffe in den jeweiligen gesellschaftlichen Kontext zu berücksichtigen. Gewollt oder ungewollt trägt diese »schnelle Hilfe« vielfach zur Stabilisierung von (welt)-gesellschaftlichen Verhältnissen bei, die Not und Abhängigkeit systematisch produzieren.

Grundlegend für Kritische Hilfe ist die beständige Reflexion sowohl der Beziehungen, die zwischen Hilfsbedürftigen und Hilfsbereiten bestehen, als auch der politischen, sozialen und kulturellen Umstände, in denen Hilfe geleistet wird. Bekanntlich gehört zu den Eigentümlichkeiten von Hilfe auch deren Doppelcharakter. Einerseits ist Hilfe in Not ein Gebot von Menschlichkeit, von dem das existentielle Überleben abhängen kann, andererseits trägt Hilfe zum Erhalt jener Umstände bei, die Not erst entstehen lassen. Indem Hilfe für die »Reparatur« von Systemfehlern sorgt, hilft sie auch bei der Überwindung politischer Legitimationsdefizite. Auf solche Ambivalenzen reagiert Kritische Nothilfe mit dem Versuch, bestehende Hilfsangebote zugleich zu verteidigen, zu kritisieren und zu überwinden. So notwendig es beispielsweise ist, die weitere Aushöhlung von Sozialhilfe zu verhindern, so sehr gilt es, den autoritären Charakter von Sozialhilfe zurückzuweisen und auf ihre Umwandlung in ein ausreichend bemessenes Existenzgeld zu drängen.

Einigkeit herrscht über die moralisch-ethischen Grundlagen des Helfens. Auch die Kritische Hilfe fußt auf individueller Hilfsbereitschaft, doch ist sie zugleich um die Schaffung von gesellschaftlichen Übereinkünften bemüht, die einen Rechtsanspruch auf Beistand in Not sichern. Ein solches Hilfsverständnis gründet u.a. auf der »Internationalen Konvention über wirtschaftliche, soziale und kulturelle Rechte der Menschen« aus dem Jahr 1966. Darin verpflichten sich die Vertragstaaten zur Verwirklichung u.a. des Rechts auf soziale Sicherung und auf ein Leben frei von Hunger. Im geltenden Völkerrecht ist das Bemühen um Überwindung von Not somit ein Rechtsanspruch, der allerdings immer weniger gewährleistet wird. Als Konsequenz neoliberaler Globalisierungsstrategien und der damit einhergehenden Krise nationalstaatlicher Politik steht die bürgerrechtliche Absicherung der → Menschenrechte, das »Recht, Rechte zu haben« (Hannah Arendt), überall, nicht nur im globalen Süden, unter Druck. Deutlich wird, dass unter globalen Verhältnissen die Verwirklichung der sozialen Rechte nur noch gelingt, wenn sie global ausgedehnt werden. Ausdehnung meint dabei die Schaffung und Umsetzung eines Bündels von internationalen Verträgen, die für sozialen Ausgleich und damit auch für die Befreiung aus Not und Abhängigkeit sorgen.

So ist zur Bekämpfung der globalen Gesundheitskatastrophe ein System von völkerrechtlich geregelten Ausgleichsfinanzierungen denkbar, mit dem die wohlhabenden Länder für die Gesundheitsbedürfnisse der ärmeren aufkommen. Ein solches System würde das Prinzip gemeinsamer Risikoteilung, das den Kern von solidarischen (→ Solidarität) Krankenversicherungen bildet, aufgreifen und internationalisieren. Beistand in Notlagen wäre weder vom Wohlverhalten der Hilfsbedürftigen, noch von eigennützigen Überlegungen der Helfenden und auch nicht von medialen Konjunkturen abhängig. Kritische Hilfe pocht auf die Idee einer anderen, einer besseren Welt. Sie wendet sich gegen die neoliberale Tendenz der Entpolitisierung des Politischen (→ Politisierung), in deren Folge heute auch das Helfen auf ein technisch-pragmatisches Zupacken reduzieren werden soll. Mit der Vorstellung einer unpolitischen, rein humanitären Hilfe aber wird das Paradox der Hilfe nur größer. Je unkritischer Hilfe ist, desto größer wird die Gefahr ihrer Instrumentalisierung für Zwecke, die nicht mehr auf Überwindung von Not und Abhängigkeit zielen. »Die Trennung zwischen Humanitärem und Politischem, die wir heute erleben, ist die extremste Phase der Entfernung zwischen den Menschenrechten und den Bürgerrechten. Letztlich können die humanitären Organisationen, die heute mehr und mehr zu den übernationalen Organen aufrücken, das menschliche Leben nur noch in der Figur des nackten Lebens erfassen und unterhalten deshalb gegen ihre Absicht eine geheime Solidarität mit den Kräften, die sie bekämpfen sollten.« (Giorgio Agamben) Kritische Not- und Entwicklungshilfe dagegen interveniert auf Seiten Not leidender Menschen und bezieht Stellung gegenüber jener strukturellen Gewalt, die für die Bedürftigkeit von Menschen verantwortlich ist.

Thomas Gebauer

Zum Weiterlesen

Agamben, Giorgio (2002): »Homo Sacer«, Frankfurt/M.

Arendt, Hannah (1949): »Es gibt nur ein einziges Menschenrecht«, in: Dolf Sternberger (Hrsg.), Die Wandlung IV, Heidelberg, S. 754-770.

medico international (Hrsg.) (2003): Macht und Ohnmacht von Hilfe, Konferenzdokumentation in medico-report 25, Frankfurt/M.

Kritische Wissenschaft

Kritische Theorie lassen wir üblicherweise mit Karl Marx beginnen. Sie ist damit auch die Fortsetzung von bürgerlichem Wissen über Staat und Gesellschaft. Die Philosophie der Aufklärung wird hier fortgeschrieben, zugleich aber vom Kopf auf die Füße gestellt. Kritik heißt seit Kant, Hegel und Marx die selbstreflexive Analyse der Bedingung der Möglichkeit einer Erscheinung. Die Erscheinungen, um die es geht, sind herrschaftlich geprägt. Das Zentrum von kritischer Wissenschaft ist die Analyse von Herrschaft. Wissenschaft findet wie alle intellektuelle Produktion unter den Bedingungen von Kulturindustrie statt – das ist die Form, in der Herrschaft als Waren- und Verwaltungsförmigkeit über die Produktion, Anwendung und Verbreitung von gesellschaftlichem Wissen ausgeübt wird. Kritische Wissenschaft weist sich dadurch aus, dass sie diese kulturindustrielle Herrschaft reflektiert. Auch Kritik als Widerständigkeit gegen diese Herrschaft entsteht gesellschaftlich, kann also aus den Herrschafts-Zusammenhängen nicht austreten – macht sie aber reflexiv mit zum Gegenstand der Analyse in allen inhaltlichen Bereichen.

Die materielle Voraussetzung für eine solche Position des Widerstands war historisch die bürgerliche Autonomie der Denker. Später wurde intellektueller Widerstand von der Arbeiterbewegung, der proletarischen Frauenbewegung und von den bürgerlichen Renegaten getragen, deren sozialer Ort die Bohème war. Mäzenatentum, Journalismus, Schriftstellerei und unternehmerische Tätigkeit (ihrer Väter) haben den bürgerlichen Dissidenten, den Töchtern und Söhnen finanzielle Unabhängigkeit gegeben. In Deutschland war die Aufklärung eine Professoren-Aufklärung, und auch später hat zu verschiedenen Zeiten, darunter seit den 1970er Jahren, die Universität kritische Wissenschaft ermöglicht.

In der gegenwärtigen »Wissensgesellschaft« werden diese Bereiche, in denen sich bisher Widerstand, Kritik und Reflexivität organisieren konnten, zu instrumentalisieren gesucht. »Wissensgesellschaft« heißt, dass die Produktion von Wissen bewusst und gezielt nach Imperativen der Verkäuflichkeit geschehen soll. Kritische Wissenschaft verliert also etwas von ihrer materiellen Basis. Schon bei Horkheimer und Adorno war ein unproblematischer Bezug auf die Arbeiterbewegung nicht mehr möglich – das gilt heute umso mehr. Andererseits hat der Niedergang der Arbeiterbewegung eine Vielzahl von → sozialen Bewegungen freigesetzt, die damit nicht mehr dieser Orthodoxie in Politik und Denken unterworfen sind. Auch kulturindustriell sind neue Möglichkeiten der Koordination und → Kooperation, der Veröffentlichung und Diskussion entstanden, die auch für widerständiges Denken genützt werden können. Kritik an der »Wissensökonomie« wird sich gegen die Rationalisierung von Intellektualität wenden: So wie schon im Fordismus die Wissenskomponente von Handarbeit wegrationalisiert und in die Maschinen und die Arbeitsorganisation verlegt wurde, so geschieht das jetzt der Wissensarbeit. Der PC ist das Medium dafür. Positiv gewendet geht es darum, für einzelne Bereiche, etwa für Sozialpolitik, auszubuchstabieren, welche der gegenwärtigen Produktionsweise entsprechenden Organisationsformen denkbar sind und sinnvoll wären. »Intellektuellenpolitik« ist das Stichwort dafür.

Kritische Wissenschaft kann die gesellschaftlichen Widersprüche aufzeigen und die uneingelösten Versprechen explizieren. Auch wenn kritische Wissenschaft keine »Blaupausen« für Realpolitik liefern wird und kann, auch nicht für die Politik der ihr nahestehenden Bewegungen, so kann sie doch ihre Erkenntnisse und ihre Ideen zum Weiterdenken anbieten, gerade weil sie selbst keine Interessen durchsetzen will. Kritische Wissenschaft verstanden als Intellektuellenpolitik kann sich der »allgemeinen« Interessen annehmen. Die »GegenexpertInnen« der Öko-Bewegung, die Überläufer aus den Naturwissenschaften, die Anti-AKW-Bewegung, die Hausarbeitsdebatte in der Frauenbewegung sind einige wenige Beispiele dafür. Es versteht sich, dass Universitäten nicht die einzigen Orte von kritischer Wissenschaft sind. Daran wird auch die letzte Universitätsreform nichts ändern. Diese mag »kritischen WissenschaftlerInnen«, die von ihrer Arbeit leben wollen, das Leben erschweren. Als Reflexion der Bedingungen, unter denen wir unser Leben betreiben, als Analyse der Erfahrungen, die wir in verschiedenen sozialen Positionen machen, als Beitrag zum gesellschaftlichen Fortschritt, lässt sie sich auch anders organisieren. Kritische Wissenschaft heißt die selbstreflexive Beobachtung von Gesellschaft – nicht mehr und nicht weniger, und die kann und wird auch außerhalb der Universitäten stattfinden.

Christine Resch

Zum Weiterlesen

Demirović, Alex (Hrsg.) (2003): Modelle kritischer Gesellschaftstheorie. Traditionen und Perspektiven der Kritischen Theorie, Stuttgart/Weimar.

Resch, Christine (2005): Berater-Kapitalismus oder Wissensgesellschaft? Zur Kritik der neoliberalen Produktionsweise, Münster.

Steinert, Heinz (2007): Das Verhängnis der Gesellschaft und das Glück der Erkenntnis: Dialektik der Aufklärung als Forschungsprogramm, Münster.

Lebensformen

Wer den Begriff Lebensformen heute benutzt, spricht meist darüber, wie Menschen ihre (Liebes-)Beziehungen gestalten, wie sie wohnen und wie Kinder aufwachsen. Diese alltäglichen Reproduktionsverhältnisse als politisches Terrain zu artikulieren, widerspricht einem linken Politikverständnis, wie es bis in die 1960er Jahre vorherrschte – und auch heute teilweise noch prägend für → soziale Bewegungen ist. Zugleich reproduzieren heutige Kämpfe um die Anerkennung aller Lebensweisen bisweilen die bürgerliche Vorstellung, es würde sich hierbei um rein private Angelegenheiten handeln, in denen – unabhängig von sonstigen gesellschaftlichen Herrschaftsverhältnissen – individuelle → Freiheit herrschen könne.

Bis in die 1960er Jahre war sichtbare Gesellschaftskritik stark von einer marxistisch-leninistischen Weltauffassung geprägt. Herrschaftsanalysen bezogen sich vor allem auf das Verhältnis zwischen Kapital und Arbeit innerhalb von Produktionsprozessen. Zugleich ging man von der zentralen Bedeutung der Partei aus, der man sich zugunsten des entfernten Ziels einer besseren Gesellschaft unterzuordnen hatte. Die Suche nach neuen kollektiven Lebensformen war hierzu im doppelten Sinne alternativ: Sie thematisierte Herrschaft als Disziplinierung und Vereinzelung des Menschen, die dieser durch patriarchale Kleinfamilie, durch Sexualnormen und sinnentleerten Konsum erlebte. Und sie beinhaltete die Idee, dass Widerstand auch bedeutet, Möglichkeiten eines nicht-entfremdeten, lustbetonten gemeinschaftlichen Lebens innerhalb der jetzigen Gesellschaft konkret erfahrbar zu machen. Praktisch führte dies zu sehr unterschiedlichen Praxen, die vom Marihuana-Rauchen als politischem Programm bis zu Selbstversorgungs-Kommunen, städtischen Gemeinschaftshäusern und vielem anderen mehr reichten. Das Verhältnis zwischen Alternativbewegungen und umfassender Herrschafts- und → Kapitalismuskritik war dabei immer umstritten.

Wesentliches Moment der Erneuerung des Verhältnisses von Alltagspraxen (→ Alltagskultur) und Gesellschaftskritik war die Entwicklung der zweiten Frauenbewegung. Ein Ausgangspunkt war hier die Kritik, dass weibliche Persönlichkeit auf ihre Rolle als Hausfrau reduziert wurde. Der Ausschluss von Frauen aus fast allen gesellschaftlichen Prozessen, der damit einherging, galt als konstituierend für kapitalistische Verhältnisse. Alternative Lebensformen beinhalteten vor diesem Hintergrund nicht nur Versuche, enthierarchisierte Liebes- und Sexualitätsformen und Geschlechter- und Generationenbeziehungen zu entwickeln. Vielmehr waren auch Frauenzentren,

Frauenmusikfestivals und -demonstrationen, ja überhaupt alle Formen, in denen Frauen sich öffentlich kollektiv artikulierten, gleichzeitig Protest gegen gesellschaftliche Herrschaftsverhältnisse und massenhafte individuelle Entdeckung neuer Lebensformen.

Vom heutigen Standpunkt aus ist festzustellen, dass die Normen und Disziplinierungstechniken, zu denen Bewegungen der 1960er und 1970er Jahre Alternativen suchten, einer fordistischen Gesellschaftsformation entsprangen. Sie waren Teil der Regulierung einer Gesellschaft, die auf Massenproduktion und -konsum setzte und den Arbeitenden (in Fabrik und Zuhause) einen stark rationalisierten und vereinheitlichten Alltag aufpresste. In der gegenwärtigen Form des Kapitalismus beruht Profitproduktion im Unterschied hierzu stark auf kleinräumiger, sich ständig verändernder Produktion von Gütern und vor allem Dienstleistungen. Die Erschließung immer neuer Absatzmärkte und eine entsprechende Produktion von Bedürfnissen ist konstitutives Moment dieser Produktionsweise.

In diesem Kontext erweist es sich als ein Einfallstor für die Hegemonie neoliberaler Regulierungsweisen, wenn sich Vorstellungen von Freiheit und Selbstverwirklichung auf die individuelle Ausgestaltung der Lebensweise konzentrieren und diese von einer umfassenden Gesellschaftskritik abtrennen. Die flexible Produktionsweise setzt voraus, dass sich die Arbeitenden schnell und motiviert in neue Zusammenhänge einarbeiten können. Zugleich wird die Absicherung der Reproduktion immer weiter individualisiert. Die partielle Anerkennung von Lebensweisen fern der heterosexuellen Kleinfamilie steht hierzu nicht grundsätzlich im Widerspruch. Sofern sie die marktorientierte Handlungsfähigkeit der Einzelnen fördern und selbstorganisierte Alternativen zur gesellschaftlichen Verantwortung für Hilfebedürftige (Kinder, Kranke, Alte, Gestresste) entwickeln, können sie erwünscht sein. Gleichzeitig beruht auch diese Produktionsweise auf der Abwertung aller Tätigkeiten, die nicht effizient gestaltbar sind. Dies wird durch geschlechtsspezifische und rassistische Zuschreibungen und Ausgrenzungen legitimiert. In diesem Widerspruch wird sich jede künftige Politik der Lebensformen entfalten.

Iris Nowak

Zum Weiterlesen

Dalla Costa, Mariarosa (1973): Die Frauen und der Umsturz der Gesellschaft, in: Selma James (Hrsg.): Die Macht der Frauen und der Umsturz der Gesellschaft, Berlin.

Groß, Melanie/Winker, Gabriele (Hrsg.) (2007): Queer-/Feministische Kritiken neoliberaler Verhältnisse, Münster.

Kraushaar, Wolfgang (Hrsg.) (1978): Autonomie oder Getto? Kontroversen über die Alternativbewegung, Frankfurt/M.

Marxismus

»Je ne suis pas marxiste« – »ich bin kein Marxist«, fuhr Karl Marx (1818-1883) seinen Schwiegersohn Paul Lafargue an, als der ihm von den Umtrieben französischer »Marxisten« berichtete. Geholfen hat es nichts. Bereits Ende des 19. Jahrhunderts etablierte sich ein sozialdemokratischer »Marxismus«, der sich auf die Spätschriften von Friedrich Engels (1820-1895) stützte, vor allem auf den »Anti-Dühring«, eine Kritik an dem Berliner Dozenten Eugen Dühring, dessen philosophische Auffassungen in den 1870er Jahren in weiten Teilen der Sozialdemokratie Zuspruch fanden. Engels legte mit dieser Dühring-Kritik unbeabsichtigt die Grundlage einer »marxistischen Weltanschauung«, die an die Stelle der von Marx begonnenen » → Kritik der politischen Ökonomie« trat. Diese Weltanschauung befriedigte das Bedürfnis der sozialdemokratischen Arbeiter nach geistiger Orientierung und lieferte der Partei ein passables Propagandainstrument. Karl Kautsky (1854-1938) wurde zum wichtigsten Vertreter dieses frühen »Marxismus«. Mit seiner Betonung der unausweichlichen »historischen Gesetze« rechtfertigte dieser Marxismus die abwartende Politik der SPD vor dem Ersten Weltkrieg – »Bloß keine revolutionäre Ungeduld, die geschichtliche Entwicklung ist sowieso auf unserer Seite«. Allerdings blieb diese Haltung nicht unwidersprochen. Rosa Luxemburg (1871-1919) kam zu aktivistischen Konsequenzen: Nur aufgrund der Lernprozesse, die das Proletariat in seinen Kämpfen durchmacht, könne es fähig werden, seine Emanzipation zu erreichen.

Nach dem Ersten Weltkrieg, der die Spaltung der Arbeiterbewegung in einen sozialistisch-sozialdemokratischen und einen kommunistischen Flügel brachte, integrierten sich die sozialdemokratischen Parteien immer stärker in das kapitalistische System. Das frühere Ziel einer revolutionären Überwindung des Kapitalismus wurde zunächst zugunsten seiner schrittweisen reformistischen Umgestaltung aufgegeben. Nach dem Zweiten Weltkrieg wurde der Kapitalismus dann nicht mehr grundsätzlich in Frage gestellt, er sollte lediglich sozialstaatlich abgefedert und staatlich reguliert werden. Im Zuge dieser Entwicklung verlor der Marxismus seine tragende Rolle. Nur noch die kapitalismuskritischen linken Flügel hielten an einzelnen Elementen fest. In den 1990er Jahren wurde von den meisten sozialdemokratischen Parteien selbst dieser sozialstaatliche Klassenkompromiss zugunsten eines neoliberalen Umbaus des Sozialstaats (»mehr Eigenverantwortung«) aufgegeben.

Die kommunistischen Parteien hielten an der Überwindung des Kapitalismus fest und orientierten sich dabei am politischen und ökonomischen

System der Sowjetunion. In Russland hatten die von Lenin (1870-1924) geführten »Bolschewiki« die Staatsmacht erobert und sie mit Hilfe eines zunehmend autoritärer werdenden Herrschaftssystems verteidigt. Nach einer kurzen marktwirtschaftlichen Phase in den 1920er Jahren wurde eine zentrale Planwirtschaft eingeführt. Die politische und ökonomische Macht war jetzt in den Händen einer autoritär regierenden Partei konzentriert, die während der Herrschaft Stalins extrem repressiv und mörderisch agierte. Nach Lenins Tod wurde der Marxismus zum »Marxismus-Leninismus« erweitert: einer allumfassenden Weltanschauung, die auf alle philosophischen, historischen und ökonomischen Fragen die Antwort liefern sollte. Dieser diente in erster Linie als Rechtfertigungsideologie der Politik der kommunistischen Parteien: Er sollte die wissenschaftliche Grundlage aller Entscheidungen der Staats- und Parteiführung bilden, zugleich beanspruchte die Partei das Interpretationsmonopol in allen Fragen des »Marxismus-Leninismus«. Im Namen dieses Marxismus wurde in der Sowjetunion ein planwirtschaftliches System aufgebaut, wobei der Plan nicht der Selbsttätigkeit der Bevölkerung entsprang, sondern einer nach den Vorgaben der Staats- und Parteiführung arbeitenden Plankommission. Für die ArbeiterInnen war diese autoritäre Planökonomie eine ähnlich fremde, sie beherrschende Macht wie die kapitalistische Marktökonomie. Zur Emanzipation taugen beide nicht.

Der zur Rechtfertigung der Parteiherrschaft benutzte Marxismus entwickelte sich zu einer Sammlung steriler Formeln. Allerdings gab es auch immer wieder kritische »marxistische« Stimmen gegen diese Vulgarisierung der Marxschen Theorie. Seit den 1920er Jahren wurde von unterschiedlichen Seiten immer wieder ein »kritischer«, »offener«, »undogmatischer« Marxismus propagiert. Zum Teil war mit »Marxismus« jetzt nur noch ein positiver Bezug auf Marx gemeint. Sofern dieser kritische Marxismus aber auch als »System« (als -ismus) verstanden wurde, war auch er mit dem Problem des Übergangs von Wissenschaft in dogmatische Weltanschauung konfrontiert. Marx jedenfalls wehrte sich vehement gegen die Unterstellung, ein »sozialistisches System« aufgestellt zu haben, ihm ging es um eine »Kritik der politischen Ökonomie«.

Michael Heinrich

Zum Weiterlesen

Elbe, Ingo (2006): Zwischen Marx, Marxismus und Marxismen – Lesarten der marxschen Theorie, in: Jan Hoff u.a. (Hrsg.), Das Kapital neu lesen, Münster, S. 52-71.

Fetscher, Iring (1967): Karl Marx und der Marxismus, München.

Vranicki, Predrag (1961/1971): Geschichte des Marxismus, Frankfurt/M.

Menschenrechte

Anzeichen dafür gibt es, seitdem Menschen auf Erden hausen. Menschenrechte, die für Menschen unabhängig von sonstigen Besonderheiten gelten sollen, sind erst Ende des 18. Jahrhunderts erklärt worden. Bevor die USA revolutionär gegründet worden sind, stand in der Virginia Bill of Rights (1776): »Alle Menschen sind gleich geboren...«. Beim Auftakt der Französischen Revolution (1789) wurde die Trikolore gehisst: »Freiheit, Gleichheit, Brüderlichkeit.« Das war die Zeit, da prinzipiell die Legitimität der Sklaverei bestritten wurde. Die Menschenrechte wurden vorstaatlich begründet. Sie sollten allen Menschen zu eigen und unabhängig davon sein, ob bestehende Herrschaften oder die Menschen sie wahrnehmen, denen sie gelten. Im Geist der Aufklärung wurde jedes Individuum zuerst als eine Person vorgestellt, die sich selbst bestimmt. So lautet der erste Satz des Gesellschaftsvertrages bei Jean-Jacques Rousseau: »Der Mensch ist frei geboren.« Der Ausdruck »Recht« im Wort »Menschen-Recht« darf nicht mit staatlich gesetztem Recht verwechselt werden. Menschenrechte bezeichnen alle den Menschen nötige Bedürfnisse, Entwicklungschancen, Notwendigkeiten. Im Bild menschenrechtlicher Verwirklichung: »Die Ekstase des aufrechten Gangs« (Ernst Bloch). Menschenrechte können jedoch fehlen, verweigert oder unterdrückt werden. Der zweite Satz Rousseaus hebt darum den Stachel hervor. Er steckt herrschaftskritisch im Kern der Menschenrechte: »Aber er lebt in Ketten.«

Zusammen mit den ersten Verfassungen wurden die Menschenrechte im Laufe des 19. Jahrhunderts, insbesondere nach den Erfahrungen der beiden Weltkriege und terroristischer Regime wie des deutschen Nationalsozialismus und der stalinistischen Sowjetunion, zum Kernwert. Das gilt vor allem für die Menschen und ihre Bewegungen, die die eigene und die allgemeine → Emanzipation von fremd verschuldeter Unmündigkeit und Hunger betreiben. Darum war es in der kurzen Atempause nach dem Zweiten Weltkrieg möglich, die Vereinten Nationen zu gründen (1945). Ihr Kernauftrag: Allen Kriegen ihre staatliche Legitimation zu nehmen sowie Formen verbindlicher Friedensstiftung zu schaffen. Die »Allgemeine Erklärung der Menschenrechte« der UN vom 10.12.1948 ist bis heute das Fundament aller weiteren Erklärungen. Wie alle allgemeinen Ansprüche sind die Menschenrechte umstritten. Was Menschenrechte sind und wie man sie gebrauchen soll, versteht sich nie von selbst. Jede und jeder ist darum gehalten, einen eigenen Begriff zu bilden und eine eigene Praxis zu finden – in der Auseinandersetzung mit der Tradition und mit gegenwärtigen Praktiken. Ist man sich dessen bewusst, dann gibt es kein politisches Engagement, das freier machte, als für die Freiheit und Gleichheit der anderen als die eigene einzutreten. Nach Rosa Luxemburgs großem Wort: »Freiheit ist immer die Freiheit des anders Denkenden« und der anders Lebenden.

Ende des 18. Jahrhunderts wurden die Menschenrechte mit allgemeinem Anspruch für alle Menschen verkündet. Sie wurden jedoch eng als »individuelle Abwehrrechte« verstanden. Vorausgesetzt wurde, dass die Menschen ihre »Rechte« samt den nötigen materiell-sozialen Bedingungen schon besitzen. Als komme es nur darauf an, staatliche Eingriffe abzuwehren. Damit sind eine Reihe von Beschränkungen der Menschenrechte etabliert worden, die sich bis heute »rächen«. Menschenrechte galten nur im politisch organisierten Gemeinwesen, dem verfassten Staat, nicht in gleicher Weise in der privat und selbstregulativ qua Markt verstandenen Ökonomie. Ihre ersten Verkünder und (neo-)liberalen Nachfolger kümmerte es nicht, dass die Realisierung von Menschenrechten materieller und politisch organisatorischer Voraussetzungen bedarf. Was nützt es, emphatisch Selbstbestimmung zu verkünden, wenn ich in den Institutionen, die mein Leben bestimmen, nicht mitwirken kann? Die Menschenrechte als Schlagworte besaßen lange Zeit eine Klassenbasis (sie haben sie vielfach bis heute global). Wie selbstverständlich waren die Frauen nicht manngleich vorgesehen. Darum bedarf es fortgesetzter Kämpfe bis heute, Frauen nicht abstrakt allgemein, sondern konkret zu ihren gleichrangigen Rechten zu verhelfen. Noch länger bedurfte es – und hier besteht der umfangreichste Veränderungsbedarf –, zu begreifen, dass Menschenrechte nicht allein »westlich« bestimmt werden können und dürfen. Dass sie mit kollektiven Rechten verbunden werden müssen; dass afrikanische, asiatische und indigene Kulturen zu berücksichtigen sind; dass an erster Stelle Minderheiten ihrer Rechte bedürfen. Die Universalität der Menschenrechte wird nur wahrgenommen, wenn die Rechte jeder Person in ihrem historisch eigenen Kontext beachtet werden. Sonst besteht die vielfach realisierte Gefahr: Menschenrechte werden zur (kapital-)herrschaftlich interessierten »humanitären Intervention«, sprich Krieg missbraucht. Darum heißt Menschenrechte Ernst nehmen, dauernd für ihren Begriff und ihre Praxis zu kämpfen.

Wolf Dieter Narr

Zum Weiterlesen

Narr, Wolf Dieter (2002): Weltmarkt und Menschenrechte. Die menschenrechtliche Illusion des (westlichen) Kapitalismus, In: UTOPIE kreativ, H. 141/142, S. 593-603

Militanz

»In London kommt es 1910 erneut zu Ausschreitungen militanter Frauenrechtlerinnen. Sie fordern das Wahlrecht für Frauen.« – »Militant Music Group & Entertainment supports good quality music, from Hip-hop to Alternative Rock along with acting and comedy.« – »30.000 Hyundai-Arbeiter ... setzen neben Gabelstaplern und Bulldozern auch Sandstrahlgeräte ein ... Bei den militanten Auseinandersetzungen werden die Konzernzentrale und das Rathaus verwüstet.« – »Die Sit-ins in nach Rassen getrennten Institutionen führten zur militant-gewaltlosen Konfrontation mit Rassisten. ... Diese gewaltlosen Feinde der Hierarchie prägten einen Stil gewaltloser Militanz.« – »Massenschlachtungen wegen Maul- und Klauenseuche 2001: Bauer Vellacott hört längst nicht mehr hin: Wir müssen militanter werden und selbst für unsere Rechte kämpfen.« – »Die Hafenarbeiter weigerten sich, Kriegsgüter für Indochina zu verladen, und eine Militante stoppte einen Zug mit Waffen, indem sie sich auf die Eisenbahngleise legte.« – »Die militante gruppe war ... durch die von ihr mitinitiierte Militanzdebatte bekannt geworden. ... Allerdings wird der Gruppe nicht nur das Abfassen von militanten Texten angelastet.«

Diese zufälligen und beliebig erweiterbaren Fundstellen im Netz zu militanten Frauen, militanten Stahlarbeitern, militanten Bauern, militanten Schienenblockaden, militant-gewaltlosen Konfrontationen, militanten Sit-ins, militanter »good quality music«, militanter Gruppe sowie militanten Texten zeigen, dass der Versuch, die Verwendung von »Militanz« und »militant« inhaltlich einzugrenzen, keinen Erfolg haben wird.

Militanz ist einer jener auf- und anregend klingenden Begriffe, die gerade wegen ihrer ungenauen Definition in politischen Auseinandersetzungen propagandistisch und interessengeleitet verwendet werden. In deutschsprachigen Mainstream-Medien ist Militanz ein Synonym für möglicherweise (»gewaltbereit«) oder tatsächlich gegen Polizeieinsätze und Bankenfassaden vorgehende DemonstrantInnen, konkreter: für Steine werfende Vermummte des »Schwarzen Blocks«. Da schwingt der Begriff »Terrorismus« mit. Hinter dieser Lesart steht das Interesse, staatliche Maßnahmen und ein »härteres Vorgehen« zu fordern und zu legitimieren – denn diese Militanz verstoße gegen das staatliche Gewaltmonopol und bedrohe den Inneren Frieden. Dass Militanz tatsächlich über diese zugeschriebene Wirkung verfügt, wird von den gemeinten Linken auch so gesehen und unter Hinweis auf politische Ziele und eine mit entsprechenden Demonstrationsbildern erzielbare Öffentlichkeitswirkung praktiziert und verteidigt. Dieses Verständnis von (Straßen-)Militanz verlässt die enge Konnotierung von Militanz mit Gewalt allerdings kaum.

Militanz stammt von militare (lat.: als Soldat dienen), eine Bedeutung, die heute keine Rolle mehr spielt. Im romanischen und angelsächsischen Sprachraum ist »militant« viel weniger unbestimmt als im Deutschen, dort steht es für politisch Aktive bzw. für AktivistInnen von Organisationen und auch Parteien. Das Verhältnis zur Gewalt ist kein Kriterium für diese Zuschreibung von »militant«. Da der Begriff hierzulande so »offen« ist, könnte »militant« gerade deswegen aus der massenmedialen Schmuddelecke gezogen und positiv besetzt werden. Begriffe wie »linksradikal«, »radikal« und »autonom« haben ihren Sinn. Angesichts der individuellen und gesellschaftlichen Herausforderungen der neoliberalen Angriffe wirken sie jedoch etwas angestaubt und sind zu »besetzt«, um noch wirklich verbindend wirken zu können.

Was wäre eine »militante Linke«? Ist es sinnvoll, diese Bezeichnung zu propagieren? »Militant« hat das Potenzial, Individuen und Gruppen, Einstellungen und Praxen zu bezeichnen und zu einem mobilisierenden Schlüsselbegriff zu werden. Im hier vorgeschlagenen Sinn beschriebe Militanz eine persönliche Einstellung, bei der die/der Einzelne trotz des Risikos persönlicher Konsequenzen eine Folgerichtigkeit von politischer Überzeugung und Handeln anstrebt. Militante sind so verstanden das selbstbewusste Gegenteil von Opportunisten, Funktionären, Karrieristen und Wendehälsen. Militante Organisationen wären freiwillige Kollektive, die ihre Politik selbstverantwortlich, reflektiert, entschieden und offensiv betreiben, da ihre Militanten sich als »ganze Person« einbringen und ihre Gruppe nicht als eine hierarchische, von Funktionären gesteuerte akzeptieren würden. Generell würde die Praxis von Militanten und militanten Organisationen auf der Einsicht beruhen, dass zur Veränderung der Welt verbindlicher und hartnäckiger Einsatz nötig ist. Bei Militanten bestimmt die Politik die Mittel und korrigiert sie ständig. Militanz wäre weder ein auf Gewalt noch auf Gewaltlosigkeit, sondern auf politische Effizienz und Zielgerichtetheit ausgelegter Weg. Im Gegensatz zu unreflektierter und struktureller Gewalt könnte Militanz, verstanden als Resultat eines militanten Lebens und militanten Denkens, das Versprechen auf individuelle und gesellschaftliche Emanzipation enthalten.

Klaus Viehmann

Zum Weiterlesen

Fritz, Thomas: Militanz als Strategie, in: http://www.sopos.org/aufsaetze/3b9919a8ac56b/1.phtml#fritz

Mindestlöhne

Hinter der Kontroverse um die Einführung existenzsichernder Mindestlöhne verbirgt sich eine strategische Grundfrage. Das neoliberale Credo fordert die Ausweitung des Niedriglohnbereichs, größere Einkommensspreizung am Arbeitsmarkt und mehr soziale Ungleichheit. Dies ist eine zerstörerische Strategie, weil über Lohn- und Sozialdumping reguläre und sozial abgesicherte Arbeitsplätze durch schlecht bezahlte, oft prekäre Beschäftigungsverhältnisse ersetzt werden. Aktuelle Zahlen der Arbeitsmarktforschung belegen, dass sich der Niedriglohnsektor in Deutschland seit Jahren ausgebreitet hat. Durch die anhaltend hohe Arbeitslosigkeit und die Einführung der Hartz-Gesetze geriet das Lohnniveau extrem unter Druck. So müssen Arbeitslose jeden Job bis zur Grenze der Sittenwidrigkeit annehmen, also eine Entlohnung akzeptieren, die bis zu 30% unter dem Tarifniveau liegen kann. Rund 2,5 Millionen Vollzeitbeschäftigte arbeiten mittlerweile in Deutschland zu Löhnen, die weniger als 50% des Durchschnittslohns betragen, die meisten davon Frauen. Die Folgen dieser Arbeitsmarktflexibilisierung werden inzwischen unter dem Begriff Prekariat zusammengefasst. So gibt es derzeit rund 1,3 Mio. Menschen, die wegen niedriger Löhne auf ergänzende Sozialtransfers angewiesen sind. Von diesen so genannten Hartz IV-Aufstockern arbeiten rund 500.000 Menschen sogar Vollzeit.

Um Armutslöhne zu bekämpfen, sind – wenn möglich – tarifvertragliche Lösungen vorzuziehen und durch gesetzliche Maßnahmen abzusichern. In manchen Branchen lässt sich ein tariflicher Mindeststandard erheblich besser durchsetzen als die reine Existenzsicherung. Entscheidend ist, dass tarifvertraglich vereinbarte Mindestlöhne für alle Arbeitgeber und Beschäftigte verbindlich gelten. Arbeitgeber dürfen sich Mindestlöhnen beispielsweise nicht durch den Austritt aus dem Arbeitgeberverband entziehen können. Deshalb müssen solche Tarifverträge allgemeinverbindlich erklärt werden. Der schnellste und einfachste Weg hierzu wäre die Ausweitung des Arbeitnehmer-Entsendegesetzes auf alle Branchen. Bis jetzt gilt dieses Gesetz nur für wenige Branchen, am längsten, seit 1996, in der Baubranche. Es hat erheblich dazu beigetragen, Lohn- und Sozialdumping einzudämmen. Unter diesen Tarifvertrag fallen 520.000 Baubeschäftigte; sie erhalten derzeit zwischen 8,90 Euro/Stunde (Helfer in Ostdeutschland) und 12,40 Euro (gelernte Fachkräfte in Westdeutschland). Auch für die Maler und Lackierer sowie das Abbruchgewerbe konnte die Gewerkschaft bereits Mindestlöhne tarifieren. Und vor kurzem wurde der Gebäudereinigertarifvertrag durch die Ausweitung des Entsendegesetzes für rund 850.000 Beschäftigte umgesetzt (7,87 Euro in Westdeutschland, 6,36 Euro in Ostdeutschland).

Tarifvertragliche Lösungen haben jedoch ihre Grenzen und können einen gesetzlichen Mindestlohn nicht ersetzen. Die Gewerkschaften haben nicht in allen Bereichen die Gestaltungsmacht, Tarife über eine armutsfeste Lohnhöhe abzuschließen, auch weil die weißen Flecken in der Tariflandschaft rasant zunehmen. Durch die Verbandsflucht der Arbeitgeber fielen im Jahr 2005 in Westdeutschland nur noch rund 63% der Betriebe unter die Tarifbindung, in Ostdeutschland waren es rund 52%. Immer mehr ArbeitnehmerInnen sind also »tariflos« und damit meist zu schlechteren Bedingungen beschäftigt als Beschäftigte in tarifgebundenen Unternehmen.

Deshalb ist die Bundesregierung dringend gefordert, als Schutz vor Armutslöhnen einen gesetzlichen Mindestlohn einzuführen, der – so die gewerkschaftliche Forderung – nicht unter 7,50 Euro/Stunde liegen darf. Spätestens wenn der EU-Binnenmarkt weiter liberalisiert wird – etwa über die EU-Dienstleistungsrichtlinie oder die volle Arbeitnehmerfreizügigkeit der neuen Beitrittsländer Ost- und Mitteleuropas ab 2009 –, sind verbindliche Mindeststandards unabdingbar, damit die ArbeitnehmerInnen in Europa sich nicht gegenseitig als Billigkonkurrenz erleben müssen. In Europa haben 20 von 27 Mitgliedsländern einen gesetzlichen Mindestlohn, ohne dass sich daraus Hinweise auf eine negative Beschäftigungswirkung ableiten ließen. Ein Blick über die deutschen Grenzen in vergleichbare europäische Nachbarländer zeigt, dass Mindestlöhne dort nicht nur gängige Praxis sind, sondern sogar oberhalb des vom DGB geforderten Einstiegs-Niveaus von 7,50 Euro liegen – und der Ökonomie offenbar nicht »die Luft zum Atmen« nehmen. Sie betragen in Luxemburg 9,08 Euro, in Irland 8,30 Euro, in Frankreich 8,27 Euro, in den Niederlanden 8,13 Euro, in Großbritannien 8,11 Euro und in Belgien 7,93 Euro pro Stunde (Januar 2007).

Die Mindestlohn-Debatte bleibt eine gesellschaftspolitische Grundfrage. Für Gewerkschaften steht im Mittelpunkt, dass die Menschen sowohl von ihrer Arbeit als auch von ihrer späteren Rente würdevoll leben können. Letztlich geht es aber auch darum, dass prekäre Arbeits- und Lebensverhältnisse, Armut und Perspektivlosigkeit die Grundlagen der Demokratie destabilisieren und diese dauerhaft gefährden.

Annelie Buntenbach/Claus Matecki

Zum Weiterlesen

Schulten, Thorsten/Bispinck, Reinhard/Schäfer, Claus (Hrsg.) (2006): Mindestlöhne in Europa, Hamburg.

Multilateralismus

Der Begriff (lat.: multi = viel, latus = die Seite) kommt aus der Theorie der internationalen Beziehungen. Als deskriptives Konzept bezeichnet er zunächst einfach nur die Zusammenarbeit zwischen mehr als zwei Staaten. Dabei wird zumindest von einer formalen Gleichberechtigung der Partner und der Freiwilligkeit der Teilnahme ausgegangen. Insofern unterscheidet er sich von traditionellen Militär- und Sicherheitsbündnissen, wie es sie schon in der Antike (z.B. Attischer Bund) gab. Der Gegenbegriff ist Unilateralismus (Einseitigkeit), der die einseitige Bearbeitung internationaler Probleme durch einen einzelnen Staat bezeichnet. Ein verwandter Begriff ist Bilateralismus (Zweiseitigkeit), d.h. die Zusammenarbeit zwischen zwei Staaten. In seiner ursprünglichen Form ist Multilateralismus nicht neu. So wird der Wiener Kongress (1814/1815), bei dem die europäischen Großmächte die Neugestaltung Europas aushandelten, als frühes Beispiel angeführt. Auch die Hanse kann als Multilateralismus betrachtet werden – hier bezogen auf eine Dimension internationaler Beziehungen: den Handel.

Wissenschaftlich etabliert hat sich der Begriff in der Politikwissenschaft des 20. Jahrhunderts. Hier hat er eine deskriptive und eine normative Dimension. Bei letzterer wird er als positives Leitbild gesetzt. Neben formaler Gleichberechtigung und Freiwilligkeit soll die → Kooperation möglichst universal, kontinuierlich und formalisiert/verrechtlicht stattfinden. Sie kann in Institutionen verfasst sein oder in Form formeller und/oder informeller Verfahren, Regeln und Regimes verlaufen. Bekannte Beispiele für formelle Institutionalisierung sind der Völkerbund, später die UNO, IWF, Weltbank und die WTO. Eine informelle Variante ist die G8. Eine eng spezialisierte multilaterale Organisation ist z.B. die IATA (Luftfahrtorganisation). Multilateralismus ohne feste Institution findet sich z.B. beim Kyoto-Protokoll.

Historisch hat der Multilateralismus mehrere Konjunkturen erlebt. So nach dem Zweiten Weltkrieg, als mit der UNO und den Bretton-Woods-Institutionen eine Weltordnung geschaffen werden sollte, die allen Menschen Frieden, Demokratie und Wohlstand ermöglichen sollte. Der Kalte Krieg mit seiner extrem bipolaren Struktur des internationalen Systems hat dem jedoch enge Grenzen gesetzt. Nach dem Kalten Krieg und im Zuge der Globalisierung erlebte der Multilateralismus einen Aufschwung. Mit der »Neuen Weltordnung« von Bush senior und dem Konzept der Global Governance wurde er als Leitbild der neuen Ära propagiert. Da sich mit der Transnationalisierung von Kommunikation und Wirtschaft neue Problemlagen ergeben, die sich der Steuerungs- und Problemlösungsfähigkeit durch einzelne oder kleine Gruppen von Nationalstaaten entziehen, wird der Multilateralismus als zentraler Ansatz zur Gestaltung der Globalisierung angesehen.

Dabei wird jedoch meist ausgeblendet, dass die existierenden multilateralen Institutionen und Abkommen de facto herrschaftsförmig, hierarchisch und hegemonial – also undemokratisch – strukturiert sind. Bei IWF und Weltbank ist das an den ungleichen Stimmverhältnissen (»ein Dollar – eine Stimme«) offen sichtbar, bei anderen, wie der WTO, sind es informelle Mechanismen der Macht, die die Asymmetrien im internationalen System in multilateralen Institutionen und Abkommen reproduzieren. Insofern bekommt der Multilateralismus-Diskurs eine ideologische, d.h. herrschaftsverschleiernde Funktion, wenn der normative Anspruch auf Gleichberechtigung und Freiwilligkeit für Realität gehalten wird.

Allerdings wuchs ihm durch den wachsenden Unilateralismus der USA auch ein kritisches Potenzial zu. Nachdem seit Amtsantritt von Bush junior und vor allem nach dem 11. September 2001 im Krieg gegen den Terror der Unilateralismus zu offen imperialem Dominanzstreben wurde, profilierte sich der Multilateralismus als Gegenspieler des globalen Herrschaftsanspruches der USA, er fungiert quasi als anti-imperiale Strategie. Rivalen der USA, wie die EU, China und Russland, favorisieren daher multilaterale Optionen. Damit ist der Multilateralismus allerdings noch nicht automatisch ein emanzipatorisches Projekt, sondern ein typisches Instrument zweitrangiger Mächte. Während die imperiale Macht sowohl über die Option auf Unilateralismus als auch auf Multilateralismus – sowie deren Kombination – verfügt, sind die Zweitrangigen auf den Multilateralismus beschränkt. Wenn sich die Kräfteverhältnisse verschieben, droht jedoch die Gefahr, dass die Aufsteiger ihrerseits zum Unilateralismus greifen. Demgegenüber müsste ein emanzipatorisches Konzept von Multilateralismus einen Beitrag zur Demokratisierung des internationalen Systems leisten. Dazu müsste ein solcher demokratischer Multilateralismus Instrumente zur rechtlich und materiell abgesicherten Kompensation der bestehenden Asymmetrien enthalten.

Peter Wahl

Zum Weiterlesen

Dembinski, Matthias (2002): Unilateralismus versus Multilaterismus. Die USA und das spannungsreiche Verhältnis zwischen Demokratie und Internationaler Organisation. HSFK-Report 4/2002.

Brand, Ulrich et al. (2000): Global Governance – Alternative zur neoliberalen Globalisierung? Münster.

Multitude

Die in ihrem tragenden Sinn erstmals bei Hobbes und dann vor allem bei Spinoza gebrauchte Rede von der »multitudo« (lat.) ist widerständig. Spinoza hatte einst in der Multitude ein radikal-demokratisches, pluralistisches Konzept von der *Gleichheit aller noch so Verschiedenen* gesehen. Derlei Rede verschwindet nach dem 17. Jahrhundert, sie wird dann als »Masse« oder »Menge« zu Beginn des letzten Jahrhunderts immer wieder sichtbar, findet seit den 1970er Jahren in Antonio Negri einen kongenialen Theoretiker und hat seit den 1990ern eine große Resonanz in den vielfältigen Bewegungen in Europa und Lateinamerika gefunden, die ihn oftmals als Selbstbeschreibung eines neuartigen, widerständigen Subjekts, dem sie sich zuordneten, annahmen. Zuvor hatte das Aufkommen → feministischer, postkolonialer und dann der → Queer-Bewegungen in den postfordistischen Umbrüchen der 1980er und 1990er Jahre die Idee einer universellen politisch-sozialen Identität hinterfragt und die → Differenz stark gemacht. In den globalisierungskritischen Bewegungen war und ist diese eine unübersehbare Wirklichkeit. Sie macht den zentralen Gehalt der Multitude im Unterschied zu den Identitätsbehauptungen von Begriffen wie Volk, Nation, Mob oder Arbeiterklasse aus, die allesamt eine imaginäre, fiktive Einheit anrufen. Der Begriff Multitude ist ein Versuch, die neue, globale Umwälzung des Gesellschaftskörpers und seines globalen emanzipatorischen Subjekts durch den nun weltweit situierten Kapitalismus zu fassen.

Was also ist die »Multitude«? Die Multitude ist unten – nirgendwo sonst. Sie braucht weder Repräsentanz noch Souverän. Sie ist kein fester, identifizierbarer Zusammenschluss von Subjekten, sondern ein Gewimmel von sozialen Handlungen, Haltungen und Bewegungen. Sie stellt ein ungeordnetes Zusammenspiel unterschiedlicher und teils konfligierender Praktiken dar. Die Multitude wird konstituiert in der Entstehungszeit eines globalen Empire nicht (nur) durch das sozialökonomische Verhältnis der Ausbeutung, sondern durch Kapitalherrschaftsunterworfenheit und Entgrenzung. »Multitude bezeichnet all jene, die unter der Herrschaft des Kapitals arbeiten und produzieren« (Hardt/Negri). Die Multitude ist plural, hybrid, heterogen und multipel, eine Vielheit, also aus und mit Unterschieden gemacht – und sie bringt diese hervor. Das, was so geschieden wird voneinander, ist singulär. »Die Multitude ist ein Unterschiede aufweisendes, vielfältiges soziales Subjekt, dessen Konstitution und Handeln nicht auf Identität oder Einheit« beruht, »sondern darauf, was ihm gemeinsam ist« (Hardt/Negri). Die

Multitude ist Bewegung der Vielen. Sie ist ein Versuch, die neue politische Gemeinsamkeit der »Bewegung(en) der Bewegungen« zu fassen, ohne dadurch die Momente der Differenz der vielen Singularitäten (etwa der vielen »neuen sozialen Bewegungen«, die sich seit über drei Jahrzehnten entwickelt haben) aufzuheben. Es geht um das gemeinsame Befreiungshandeln von Singularitäten, in dem Differenzen einen freien Ausdruck finden. Die Multitude ist also auch »die Potenz der Vielen« (Negri) zu Dissens, Verweigerung, Entzug, Desertion, Exodus – → Widerstand.

Wie aber nun kann freie Vielheit in der Gemeinsamkeit (»Einheit«) oder im »Gemeinsamen« (dem »Communen«), das geteilt wird, gesichert werden und was ist das handlungsbegründende Gemeinsame der differenten Singularitäten? In der politischen Praxis der Bewegung der → Sozialforen (→ Weltsozialforum) zeigt sich eine gemeinsam geteilte, starke Betonung einiger komplexer politischer Werte und kultureller Praktiken: Hochschätzung von Diversität (→ Pluralität) und Differenz, Akzeptanz von Dissens, Praxis weitgespannter Toleranz und Bemühung um Inklusion, Pflege des Diskurses und seiner Räume statt alleiniger Bildung eines politischen Willens und politischer Entscheidung, damit auch: Gleichheit.

Die Debatte um die Multitude als theoretische und analytische Kategorie hingegen hat erst neu begonnen. Sie wird sich an den Mythen der eigenen Geschichte abarbeiten müssen. Multitude zu sehen und praktisch zu leben, ohne Widersprüche, Spaltungen, Ambivalenzen und Differenzen zu thematisieren und zu bearbeiten (also auch Ungleichheit und Herrschaft der und in der Multitude zu sehen), läuft darauf hinaus, zum Mythos der imaginären Einheit zurückzukehren – nun als »plurale Nation«, »vielfältige Zivilgesellschaft« oder »Bewegung der Bewegungen«. Auf den radikalen Optimismus der widerständigen Idee aber, »dass wir einen Weg finden können, uns selbst zu regieren, ohne die Unterschiede zwischen uns zu reduzieren« (Hardt), kann nicht mehr verzichtet werden.

Rainer Rilling

Zum Weiterlesen

Hardt, Michael/Negri, Antonio (2004): Multitude. Krieg und Demokratie im Empire, Frankfurt/New York.

Lauermann, Manfred (2005): Empire und Multitude. Wer oder was ist multitudo? Einführung in das Denken von Michael Hardt und Antonio Negri. Rosa Luxemburg Bildungswerk Niedersachsen.

Putnam, Robert D. (2007): E. Pluribus Unum: Diversity and Community in the Twenty-first Century, in: Scandinavian Political Studies 2, S. 137-174.

Rilling, Rainer (2004): Multitude. Zehn Zettel zum Buch, in: www.linkslog.de v. 22.12.

Nachhaltigkeit

Nachhaltigkeit ist ein sperriger Begriff, um den gerungen und gestritten wird. In der deutschen Sprache ist er allenfalls als Adjektiv zu Hause und bezeichnet etwas von langer Auswirkung, beispielsweise einen nachhaltigen Eindruck. Nachhaltigkeit ist als praktische Antwort auf historische Krisensituationen wirksam geworden. Ihre Ursprünge liegen in der Waldwirtschaft und der Holzkrise im 17. Jahrhundert. Aufgrund des maßlosen Abholzens der Wälder waren die Verfügung über den Rohstoff Holz und die Funktionsfähigkeit der Produktionsstätte Wald gefährdet. Nachhaltigkeit birgt damit eine quantitative und eine qualitative Dimension. Quantitativ soll nicht mehr Holz geschlagen werden als nachwachsen kann. Qualitativ geht es um Bodenqualität (Humusbildung), um die Qualität von Wasser (Saurer Regen) und von Luft (CO_2-Gehalt).

Die neuere Ausformulierung von Nachhaltigkeit geschah 1987 im so genannten Brundtland-Bericht der »Weltkommission für Umwelt und Entwicklung«, der im Kontext der Armutskrise in den Ländern des Globalen Südens und der globalen ökologischen Krise im Auftrag der UNO entstand. Nachhaltigkeit wird nicht als Zustand, sondern als Prozess gefasst – als Nachhaltige Entwicklung bzw. Sustainable Development. Nachhaltig oder zukunftsfähig ist eine Entwicklung dann, wenn die Bedürfnisse der heutigen Generation befriedigt werden, ohne die Bedürfnisbefriedigung der künftigen Generationen sowie deren Wahl ihres eigenen Lebensstiles zu gefährden. Diese Maxime verträgt sich nicht mit rücksichtslosem Ressourcenverbrauch und irreversibler Umweltbelastung. Hier werden Grenzen formuliert, die kapitalistischen Gesellschaften per se fremd sind. Hier wird zugleich Rücksicht auf den Status quo genommen, indem versucht wird, Nachhaltigkeit und Entwicklung zu einem wachstumskonformen Konzept zu kombinieren.

Das Süd-Frauennetzwerk Development Alternatives with Women for a New Era (DAWN) plädiert stattdessen für »Sustained Livelihood«. Damit ist zum einen die nachhaltige Sicherung der Lebensgrundlagen und zum anderen die nachhaltige Erwirtschaftung des Lebensunterhalts oder des zum Leben Notwendigen gemeint. Während Entwicklung als Makrostrategie mit ressourcenintensivem Wachstum vereinbar erscheint, setzt livelihood an den lokalen Lebensbedingungen und Alltagserfahrungen (→ Alltagskultur) an, insbesondere an jenen von Frauen.

Nachhaltigkeit wird aus dieser Perspektive nicht von oben verordnet, sondern von unten ausgehandelt. Sustained livelihood verweist auf sichere Lebensgrundlagen anstelle von effizienterer Naturbeherrschung (→ Naturverhältnisse).

Nachhaltigkeit steht also einerseits für die Ökologisierung des Vorhandenen: wachstumsbasierte ökologische Modernisierung durch technische Innovationen, Effizienzsteigerung, Recycling. Andererseits geht es um grundlegende Veränderungen als Voraussetzung für das Erreichen von Nachhaltigkeit: ökologischer Strukturwandel, tief greifende strukturelle Veränderungen von Wirtschaft und Gesellschaft v.a. in den Industrieländern. Einen stets wachen Blick auf Nachhaltigkeitsprozesse hat die Wirtschaftswissenschaftlerin Christiane Busch-Lüty. Sie bezeichnet Nachhaltigkeit als komplexes Lebensprinzip und besteht darauf, dass Nachhaltigkeit sich in keinerlei statischer Zielsetzung erschöpft, sondern in Bewegung bleibt und zum Widerspruch einlädt.

So fordert Nachhaltigkeit das ökonomische Denken heraus. Sie gemahnt an die nicht-marktlich erbrachten Leistungen (wie die Produktivität der Natur und die reproduktiven Arbeiten von Frauen), die von der Wirtschaft zwar implizit vorausgesetzt, aber nicht bewertet werden. Nachhaltigkeit widerspricht der herrschenden Einteilung von produktiv und reproduktiv und erfordert, diese beiden in ein nicht-hierarchisches Verhältnis zu setzen. Nachhaltigkeit fordert auch das politische Denken heraus. Sie wirft die Frage nach einem neuen Politiktypus auf (etwa lokale Aushandlungsdemokratie) und verweist auf die Steuerungsproblematik moderner Demokratien wie beispielsweise die Herausforderung dezentraler Steuerung. Sie gemahnt daran, dass die Befreiung aus dem Naturzusammenhang einen herrschaftlichen Schatten hat: Die Kolonialisierung und Ausbeutung dessen, was zum anderen der Gesellschaft (Natur, andere Völker) und zum anderen der Politik (die »privaten« Sorgearbeiten, insbesondere von Frauen) erklärt wird. Nachhaltigkeit ist nicht die Alternative an sich. Aber sie weist über das Vorhandene hinaus auf ein zu Erreichendes.

Uta von Winterfeld

Zum Weiterlesen

Biesecker, Adelheid/Hofmeister, Sabine (2006): Die Neuerfindung des Ökonomischen, München.

Brand, Karl-Werner (Hrsg.) (2002): Politik der Nachhaltigkeit. Voraussetzungen, Probleme, Chancen – eine kritische Diskussion, Berlin.

Wichterich, Christa (2002): Sichere Lebensgrundlagen statt effizienterer Naturbeherrschung – Das Konzept nachhaltiger Entwicklung aus feministischer Sicht, in: Görg, Christoph/Brand Ulrich (Hrsg.): Mythen globalen Umweltmanagements. Rio + 10 und die Sackgassen »nachhaltiger Entwicklung«, Münster.

Naturverhältnisse

Walter Benjamin machte im Angesicht des heraufziehenden Faschismus auf ein Manko im Verständnis menschlicher → Emanzipation aufmerksam. Demnach würden allein die »Fortschritte der Naturbeherrschung«, nicht aber deren destruktive Konsequenzen gesehen und damit die fundamentale Rolle der Naturverhältnisse in der gesellschaftlichen Entwicklung unterschätzt. Die »Dialektik der Aufklärung« von Max Horkheimer und Theodor W. Adorno schließt an diese Diagnose an. Ihr zufolge ist es die »falsche Alternative« zwischen einer Unterwerfung unter oder der Beherrschung von Natur, die eine wirkliche Emanzipation bislang verhindert habe. Eine Perspektive auf eine vernünftige Einrichtung der Gesellschaft, menschliche Emanzipation im emphatischen Sinne, eröffne sich jedoch erst jenseits dieser fatalen Logik, nämlich in der bewussten Gestaltung der Naturverhältnisse.

Diese Diagnose hat heute nichts von ihrer Aktualität eingebüßt, ja sie offenbart erst in den Zeiten des »Globalen Umweltwandels« ihre volle Brisanz. Dabei hat die Idee einer Unterordnung der Gesellschaft unter die »Gesetze der Natur« inzwischen an Boden verloren: Ein »Zurück zur Natur« vermag angesichts des Ausmaßes, in dem Natur inzwischen durch gesellschaftliche Praktiken umgestaltet wurde, keine rechte Orientierung mehr zu liefern. Aber auch die Perfektionierung der Naturbeherrschung hat auf den ersten Blick viel von ihrer Überzeugungskraft eingebüßt. Und trotzdem ist sie, wenn auch umkämpft, immer noch vorherrschend. Hinter den vielfältigen sozial-ökologischen Konfliktfronten steht die Frage nach Alternativen in der Gestaltung der Naturverhältnisse, nach Alternativen jenseits der Naturbeherrschung.

Die Zweifel an der Perfektionierung der Naturbeherrschung sind vielfältig, und nicht alle haben eine systemkritische Stoßrichtung. Gleichwohl eröffnen sie Denkräume, um Alternativen zu entwickeln. So hat inzwischen der Glaube an eine vollständige Berechenbarkeit der Natur erheblich an Plausibilität verloren. Heute geht man eher davon aus, dass mit jedem neuen Fortschritt der Wissenschaft auch das Nicht-Wissen steigt, eine vollständige Kontrolle der biophysikalischen Umwelt also niemals zu erreichen sein wird. Doch selbst dieser Zweifel kann für immer bessere Prognoseverfahren und für eine Strategie reflexiver Naturbeherrschung nutzbar gemacht werden, die auch die negativen Nebenfolgen einzuplanen versucht. Für Alternativen jenseits der Naturbeherrschung ist es vielmehr entscheidend, die gesellschaftlichen Machtverhältnisse zu thematisieren. Können Alternativen zur herrschenden Vergesellschaftung der Natur gedacht und umgesetzt werden oder wird die ökologische Krise nur auf eine neue Stufe gehoben?

Dies zeigt sich heute z.B. bei den Strategien zur Bewältigung des globalen Klimawandels. Längst ist klar, dass dieser schon Realität ist und nur noch sein Ausmaß begrenzt werden kann. Mehr noch: Seine Folgen sind höchst unterschiedlich für verschiedene Regionen und soziale Gruppen (→ Klimagerechtigkeit). Ökologische Verwundbarkeiten potenzieren vielfach soziale Ungleichheiten, in den Überschwemmungsgebieten Bangladeshs wie in den Trockengebieten Afrikas. Manche Gegenstrategien verstärken diese gefährlichen Tendenzen sogar noch. So hat die Strategie, fossile Kraftstoffe durch Kraftstoffe aus nachwachsenden Rohstoffen zu ersetzen, fatale Konsequenzen. Weil dadurch einerseits Nahrungsmittel wie Mais, Soja oder Zuckerrohr verfeuert werden, steigen die Preise für Grundnahrungsmittel in einigen Ländern schon heute dramatisch an. Andererseits werden für manche Ausgangsstoffe wie Palmöl und Zuckerrohr in Indonesien, Malaysia und Brasilien wertvolle Regenwälder abgeholzt. Dies trägt nicht nur zur Erosion der biologischen Vielfalt bei, sondern ist auch im Hinblick auf die Abschwächung des Klimawandels völlig kontraproduktiv.

Kritische NGOs und Basisbewegungen fordern daher vehement einen Bann dieser Biokraftstoffe und ein Öko-Label für nachwachsende Rohstoffe. Doch ob sich diese Kritik zu einer alternativen Gestaltung der Naturverhältnisse weiterentwickeln wird, die Biomasse im vernünftigen Rahmen nutzt, hängt letztlich von den globalen Interessenlagen und Machtverhältnissen ab. Der Hype um die Energie aus Biomasse hat seinen Grund in den Verwertungsstrategien einiger Konzerne und sie unterstützender Regierungen. Damit verbunden ist die Weigerung, die global dominante Form gesellschaftlicher Naturverhältnisse, den westlichen Lebens- und Konsumstil einschließlich seiner energetischen und stofflichen Grundlagen, zur Disposition zu stellen. Übrig bleiben daher nur technische Optionen wie die Produktion von Biokraftstoffen, und die laufen auf eine Steigerung der Naturbeherrschung hinaus. Die Suche nach Alternativen in der Gestaltung der Naturverhältnisse führt dagegen auf die Frage, in welcher Natur wir leben wollen – und in die Konfrontation mit globalen Machtverhältnissen.

Christoph Görg

Zum Weiterlesen

Horkheimer, Max/Adorno, Theodor W. (1987): Dialektik der Aufklärung. Philosophische Fragmente, in: M. Horkheimer: Gesammelte Schriften, Bd. 5, Frankfurt/M.

Görg, Christoph (2003). Regulation der Naturverhältnisse, Münster.

Neo-Desarrollismo

Neo-Desarrollismo (abgeleitet von Desarrollo = Entwicklung) ist die Aktualisierung lateinamerikanischen Entwicklungsdenkens der Nachkriegsjahrzehnte. Im traditionellen Desarrollismo der 1940er bis 1970er Jahre lag der Schwerpunkt beim Außenhandel, um so die Wirtschaft weniger abhängig zu machen und den Übergang von einer auf den Agro-Export orientierten Ökonomie zu einer industrialisierten Ökonomie zu erleichtern. Der Neo-Desarrollismo hingegen setzt den Akzent auf die Kontrolle des Kapitalverkehrs. Hierüber soll eine Stabilisierung des Wachstumsweges erreicht und »autonome Politiken für Vollbeschäftigung und soziale Gerechtigkeit« ermöglicht werden. So fassen die brasilianischen Ökonomen João Siscú, Luiz Fernando de Paula und Renaut Michel ihr Konzept des Neo-Desarrollismo knapp zusammen.

Die Notwendigkeit von Kapitalverkehrskontrollen wird von allen Neo-DesarrollistInnen betont. Kurzfristige Zu- und Abflüsse von Kapital haben zu starken Schwankungen der Wechselkurse, Finanzkrisen und makroökonomischer Instabilität geführt. Freier Kapitalverkehr eröffnet dem Kapital eine Exit-Option gegenüber aus seiner Sicht unerwünschter Wirtschaftspolitik. Kapitalflucht kann progressive Wirtschaftspolitik unterminieren. Daher sind Kapitalverkehrskontrollen von strategischer Bedeutung für eine alternative Wirtschaftspolitik. Äußere Verwundbarkeit hängt aber auch mit Warenhandel zusammen. In diesem Punkt ist die Sichtweise weniger einheitlich. So betonen die brasilianischen ÖkonomInnen um João Siscú die Notwendigkeit, die externe Konkurrenzfähigkeit der Industrie zu stärken und den industriellen Export zu fördern. Ein Teil der DesarrollistInnen hält äußeren Konkurrenzdruck für erforderlich und plädiert für einen graduellen und kontrollierten Zollabbau. Andere lateinamerikanische ÖkonomInnen und SozialwissenschaftlerInnen wie Alberto Acosta, Rafael Correa oder Eduardo Gudynas verweisen hingegen auf die zentrale Rolle des Zollschutzes bei erfolgreicher Industrialisierung sowohl in den Ländern des Zentrums als auch der Peripherie.

Auf jeden Fall soll der Entwicklungsschwerpunkt in der Binnenökonomie liegen. Wachstum und Umverteilung sollen Hand in Hand gehen. Teils wird explizit ein Wachstum durch Umverteilung angestrebt. Das heißt, der Schwerpunkt soll auf der Stärkung der Massennachfrage und der Schaffung grundlegender Infrastruktur liegen. Während ein Großteil der Neo-DesarrollistInnen in Kategorien eines Wachstumsimperativs (mit sozialen Implikationen) und der Wettbewerbsfähigkeit denkt, ist für eine Minderheit der Industrialisierungsprozess sozial und ökologisch zu konditionieren. So soll sich, laut Gudynas, die Industrialisierung primär auf Güter des Grundbedarfs beziehen und sich im Rahmen strikt definierter Parameter der ökologischen Tragfähigkeit bewegen.

Den Neo-DesarrollistInnen geht es um die Formulierung eines autonomen und demokratischen Entwicklungsprojektes, damit stehen sie in enger Verbindung mit der Konzeption der → De-Globalisierung. Der Staat hat eine zentrale initiierende und regulierende Rolle in ihrer Konzeption. Ihr Politikverständnis ist jedoch deutlich weniger technokratisch als jenes der DesarrollistInnen der Nachkriegsjahrzehnte. Ihre Vorstellungen von einer Demokratisierung der Wirtschaftspolitik und der Bildung gesellschaftlicher Allianzen sind allerdings deutlich weniger ausgearbeitet als die allgemeine Stoßrichtung der Wirtschaftspolitik. Während es den BrasilianerInnen um Siscú um die Formulierung eines nationalen Entwicklungsprojektes geht, hält der Uruguayer Gudynas aus der Sicht eines kleinen Landes autonome Entwicklung nur im Rahmen eines regionalen Integrationsprojektes für möglich. Ein solches Integrationsprojekt sollte dann nicht handelszentriert und weltmarktorientiert sein, sondern kohärente regionale Wirtschaftsstrukturen herausbilden.

Bei den Neo-DesarrollistInnen handelt es sich um Intellektuelle aus dem Umfeld von → sozialen Bewegungen, Gewerkschaften und Linksparteien. Nach der schweren Krise, die aus der ultra-liberalen Politik der 1970er bis 1990er Jahre resultierte, haben sie an Resonanz gewonnen. Elemente aus dem Diskurs des Neo-Desarrollismo haben ansatzweise Eingang in Programmatik und Praxis der Wirtschaftspolitik von (Mitte-)Links-Regierungen gefunden. Dies gilt allerdings weniger für die verstärkte Kontrolle über das Kapital und seine Bewegungen, obwohl auch hier vereinzelte Initiativen in Venezuela oder Bolivien erkennbar sind. Der Neo-Desarrollismo setzt an der kapitalistischen Ordnung an, will aber die gesellschaftlichen Kräfteverhältnisse (vor allem über Kapitalverkehrskontrollen) verändern und kann so Räume für weitergehende Transformationen schaffen.

Joachim Becker

Zum Weiterlesen

Acosta, Alberto/Gudynas, Eduardo (Hrsg.) (2004): Libre comercio, mitos y realidades. Nuevos desafíos para la economía política de la integración latinoamericana. Quito/Montevideo.

Siscú, João/Paula, Luiz Fernando de/Michel, Renaut (Hrsg.) (2005): Novo-Desenvolvimentismo. Um projeto nacional de crescimento como eqüiedade social, Barueri/Rio de Janeiro.

Öffentliche Beschäftigung

Den Begriff öffentliche Beschäftigung konkret zu fassen, ist nicht ganz einfach. Theoretisch müssten zur öffentlichen Beschäftigung alle Tätigkeiten zählen, die staatliche Institutionen im Auftrag und zum Nutzen der gesamten Gesellschaft ausüben lassen und bezahlen, also etwa LehrerInnen, PolizistInnen, SozialarbeiterInnen, Beschäftigte in Arbeitsmarktprojekten etc. In Deutschland werden unter öffentlicher Beschäftigung oder dem öffentlich geförderten Beschäftigungssektor aber lediglich diejenigen Tätigkeiten verstanden, die zwar öffentlich – sei es durch den Staat oder die Sozialversicherungen – finanziert werden, die jedoch keine regulären Beschäftigungen des Öffentlichen Dienstes sind, wie sie etwa ErzieherInnen, Verwaltungskräfte oder GefängniswärterInnen ausüben. Das Hauptmotiv für diese Art öffentlicher Beschäftigung ist ein arbeitsmarktpolitisches.

In der öffentlichen Beschäftigung finden sich also Tätigkeitsfelder, die weder vom öffentlichen Dienst noch von Privaten – seien es gewinnorientierte Firmen oder gemeinnützige Vereine – in ausreichendem Maße angeboten werden, die aber dennoch sinnvoll erscheinen, etwa in Stadtteilinitiativen, Jugendklubs oder Sportvereinen. Diese Felder werden dann durch verschiedene arbeitsmarktpolitische Maßnahmen – vom Ein-Euro-Job bis zur Arbeitsbeschaffungsmaßnahme (ABM) – abgedeckt und finanziert. Die öffentliche Beschäftigung verfolgt in der Regel drei Ziele: Erstens soll sie arbeitslosen Menschen eine Tätigkeit bieten; zweitens soll sie privaten Firmen keine Konkurrenz machen, damit öffentlich geförderte Beschäftigung nicht neue Arbeitslosigkeit schafft; und drittens soll sie Dienstleistungen für die Gesellschaft erbringen, die diese als nötig erachtet.

Der letzte Punkt zeigt ein Grunddilemma der öffentlichen Beschäftigung: Wenn die Gesellschaft (soziale) Dienstleistungen erbracht sehen will, warum schafft sie dann nicht die dafür notwendige reguläre Beschäftigung? Ein Beispiel: Statt einen Jugendklub mit kurzfristig engagierten ABM-Kräften zu betreiben, könnte die Kommune SozialarbeiterInnen einstellen. Alle arbeitsmarktpolitischen Maßnahmen haben nämlich eines gemeinsam: Sie sind für die Betroffenen schlechter entlohnt als eine entsprechende Beschäftigung im öffentlichen Dienst. Trotz dieses Grundwiderspruchs ist die Diskussion über öffentliche Beschäftigung als Alternative gerade deshalb politisch sinnvoll. Denn sie zeigt, wie viele Tätigkeiten etwa im Bildungs-, Umwelt- und Kulturbereich brachliegen, weil kein Kapitalist damit Profit erzielen kann und der Staat dafür wenig Geld ausgeben will, da er andere Prioritätten setzt und zu Gunsten von Unternehmern und Wohlhabenden auf Einnahmen verzichtet. Dabei taucht in solchen Diskussionen immer wieder die naive Frage auf, warum so viele Menschen erwerbslos seien, obwohl doch so viel Arbeit da sei.

Allerdings muss man beachten, dass die Frage, welche Dienstleistungen überhaupt gebraucht und durch wen sie wie erbracht werden, völlig unterschiedlich beantwortet werden kann – die Antwort also von Mehrheiten und Machtverhältnissen abhängt. Ein banales Beispiel: Fast jeder dürfte heutzutage der Forderung zustimmen, dass mehr Geld zielgerichtet für Schulen ausgegeben werden sollte. Den Spitzenverdienenden, die ihren Nachwuchs auf eine teure Privatschule schicken, dürfte dies aber egal sein, oder sie haben sogar etwas dagegen, weil höhere Staatsausgaben auch höhere Steuerpflichten bedeuten könnten. Der öffentliche Dienst und die öffentliche Beschäftigung stehen und fallen also mit den politischen Entscheidungen, wohin wie viel Geld des Staates fließen soll. Entscheidungen, die auch davon abhängig sind, von wem sich der Staat wie viel Geld holt. Auch dies ist letztlich eine Machtfrage (→ Umverteilung).

Öffentliche Beschäftigung kann progressiv sein, wenn sie mehrere Bedingungen erfüllt: Sie muss gesellschaftlich sinnvoll und langfristig angelegt sein, sie muss angemessen und wie vergleichbare Tätigkeiten entlohnt werden, und sie muss freiwillig sein. Die aktuellen Formen der öffentlichen Beschäftigung in Deutschland – insbesondere die unsäglichen Ein-Euro-Jobs – erfüllen diese Minimalbedingungen oft nicht. Dies trifft auch dann zu, wenn manch Betroffene/r diese Jobs begrüßt, weil sie ein kleines Zubrot zum Arbeitslosengeld II und auch Anerkennung bringen. Die Abschaffung der entwürdigenden Ein-Euro-Jobs – die rechtlich keine Arbeit darstellen, sondern Arbeitsgelegenheiten mit Mehraufwandentschädigung (MAE) – ist eine Voraussetzung, um die Debatte um öffentliche Beschäftigung in Deutschland überhaupt sinnvoll führen zu können (→ Gute Arbeit). Ein-Euro-Jobs sollten sofort in sozialversicherungspflichtige Beschäftigungsverhältnisse umgewandelt werden, die ein Leben in Würde ermöglichen. Aber auch noch so gute und freiwillige öffentlich geförderte Tätigkeiten bergen stets die Gefahr, dass latent Druck auf Betroffene ausgeübt wird, diese anzunehmen.

Richard Rother

Zum Weiterlesen

Arbeitsgruppe Alternative Wirtschaftspolitik (1979ff.): Memoranden, www.memo.uni-bremen.de.

Werner, Harald (Hrsg.) (1999): Zwischen Staat und Markt. Der öffentlich geförderte Beschäftigungssektor, Hamburg.

Öffentliche Dienstleistungen

Unter Öffentlichen Dienstleistungen versteht man soziale Absicherungs- und Grundversorgungsbereiche wie Kranken- und Rentenversicherung, Bildung, öffentlicher Verkehr, Wasserversorgung, Gas, Strom, Telefon und Post. Häufig wird für diese Leistungen auch der Begriff Daseinsvorsorge verwendet. Hinter diesen Begriffen verbirgt sich jedoch ein unterschiedliches politisches Verständnis. Daseinsvorsorge entspringt der paternalistischen Tradition des wilhelminischen Wohlfahrtsstaates. Daher wird der Begriff häufig mit sozialer Kontrolle und Disziplinierung assoziiert. Im Gegensatz dazu steht der Begriff »service public« in der französischen Tradition der Aufklärung. Demgemäß sind Öffentliche Dienstleistungen ein Grundrecht aller BürgerInnen und eine Verpflichtung des Staates, diese zu erbringen, wenn das Volk es will. Der Begriff Öffentliche Dienstleistungen ist stärker mit gesellschaftlicher → Emanzipation und Teilhabe verbunden als jener der Daseinsvorsorge.

Wenig überraschend kommt der Begriff Öffentliche Dienstleistungen nicht im Vokabular neoliberaler Institutionen und Diskurse vor. In ihrer Logik sollen der Markt und das Gewinnstreben zum dominierenden Organisationsprinzip von Wirtschaft und Gesellschaft werden. Daher stehen die seit Ende des Zweiten Weltkriegs im Wesentlichen öffentlich erbrachten Leistungen auf allen Ebenen – vom Nationalstaat über die EU bis zur internationalen Ebene und hier vor allem durch die WTO (Welthandelsorganisation) – unter Liberalisierungs-, Privatisierungs- und Deregulierungsdruck. Dies bringt weitgehende Veränderungen bei der Bereitstellung dieser Dienstleistungen mit sich, durch die die Rolle des Staates und die Beziehung zwischen Wirtschaft und Politik grundsätzlich umdefiniert werden. Die EU etwa prägte den Begriff »Dienste von allgemeinem Interesse« und suggeriert damit, es sei nachrangig, ob die Dienstleistungen öffentlich oder privat erbracht werden. Durch scheinbar neutrale Regulierungen wird versucht, demokratische Aushandlungsprozesse, welche gesellschaftlichen Bereiche solidarisch organisiert werden sollen, zu unterbinden. Es geht also neben sozial- auch um zentrale demokratiepolitische Fragen.

Auch wenn die Bereitstellung von Dienstleistungen durch öffentliche Träger nicht immer reibungslos erfolgt – etwa bezüglich der Qualität der Dienstleistungen oder der fehlenden Mitsprachemöglichkeiten – ist das Konzept Öffentlicher Dienstleistungen ein zentraler Bestandteil emanzipatorischer Politik, denn sie sind ein Fundament demokratischer Teilhabe an gesellschaftlichen Prozessen. Es ist aber nicht damit getan, Liberalisierungen und

Privatisierungen rückgängig zu machen. Auch die konkrete Erbringung Öffentlicher Dienstleistungen muss verändert werden, damit sie ihr emanzipatorisches Potenzial entfalten können. Es geht darum, organisatorische Defizite zu überwinden, universellen Zugang und Versorgungssicherheit, sozialen Ausgleich, Verteilungsgerechtigkeit und gesellschaftliche Teilhabe zu stärken und demokratische Kontrolle und Mitbestimmung zu verbessern. Drei Aspekte sollten besondere Beachtung finden: Erstens muss in einem breiten gesellschaftlich-politischen Aushandlungsprozess festgelegt werden, welche Leistungen öffentlich erbracht werden sollen. Diese Bereiche sollen nicht als Ausnahme vom Markt definiert werden, sondern als eigene Bereiche mit spezifischen Zielen, wo Konkurrenzdenken und Profitstreben keine Referenzpunkte sind und gemeinnützige und gesamtgesellschaftliche Ziele im Vordergrund stehen. Die Gesellschaft soll entscheiden, welche Rolle Märkte in einer Gesellschaft einnehmen sollen und nicht umgekehrt. Zweitens müssen öffentliche Dienstleistungen demokratisiert werden. Zentral ist, dass NutzerInnen und Beschäftigte bei der Gestaltung Öffentlicher Dienstleistungen mitentscheiden. Drittens benötigen Öffentliche Dienstleistungen Ressourcen und dürfen nicht finanziell ausgetrocknet werden. Gerade in ständig reicher werdenden Volkswirtschaften bestehen entsprechende Handlungsspielräume, beispielsweise über ein gerechtes Steuersystem.

Für emanzipatorische Politik ist es zentral, über den nationalen wirtschaftspolitischen und sozialstaatlichen Rahmen hinauszudenken. Perspektivisch sollte an die Stelle des GATS (General Agreement on Trade in Services) ein zwischenstaatliches Abkommen GAPS (General Agreement on Public Services) treten, das transparent und demokratisch verfasst wäre. Während mit ersterem versucht wird, die Ökonomisierung der Öffentlichen Dienstleistungen im Rahmen der WTO voranzutreiben, könnte letzteres mit dem Ziel, alle Menschen mit Öffentlichen Dienstleistungen zu versorgen, in der UNO verankert werden.

Cornelia Staritz

Zum Weiterlesen

Attac Österreich (2004): Privatisierung und Liberalisierung, http://www.attac.at/positionspapiere.html

Huffschmid, Jörg/Eißel, Dieter u.a. (2004): Öffentliche Finanzen: gerecht gestalten!, AttacBasisTexte 10, Hamburg.

Felber, Christian (2006): 50 Vorschläge für eine gerechtere Welt, Deuticke.

Öffentlicher Raum

Die Trennung zwischen privatem und öffentlichem Raum gilt als ein Wesensmerkmal der bürgerlichen europäischen Stadt. Insofern der öffentliche Raum ein vorbehaltloses Aufeinandertreffen einander Fremder ermöglicht und – nicht zuletzt als politische Bühne – allen sozialen Gruppen einer Stadt gleichermaßen zugänglich ist, bildet er den Kern einer → demokratischen Kultur städtischen Lebens. Als sich hiesige Städte seit dem Ende des wohlfahrtsstaatlichen Kompromisses in den 1990er Jahren sozialräumlich polarisierten und soziale Krisen verstärkt ordnungspolitisch bearbeitet wurden, begannen Debatten über einen Verfall des öffentlichen Raumes durch Kriminalität und Ghettobildung zu dominieren. Diese zogen Sicherheits- und Ordnungsmaßnahmen nach sich. Zudem schreitet – infolge neoliberaler Politikansätze, die das ›Unternehmen Stadt‹ unter Verwertungsgesichtspunkten betrachten – deren Privatisierung voran. Unter private Hoheit gestellte Einkaufs- oder Freizeitzonen selektieren mit Hilfe von Überwachungsanlagen und Sicherheitspersonal den Zugang nach sozialen Gruppen.

Die Kritik einer solchen Politik beschränkt sich überwiegend auf Forderungen, öffentliche Räume zu erhalten und ihre Wesensmerkmale nicht durch Repressions- und Kontrollmaßnahmen – wie die einer panoptischen Logik folgenden Videoüberwachung – zu zerstören. Dies greift jedoch zu kurz: Der öffentliche Raum der europäischen Stadt war historisch nie für alle sozialen Gruppen gleich zugänglich. Gerade die als beispielhaft geltende Konstruktion des bürgerlichen Paris im 19. Jahrhundert ermöglichte es dem Bürgertum, untere Klassen räumlich auf Distanz zu bringen und in die Vorstädte zu verbannen. Obwohl Frauenbewegungen schon damals gegen diesen Ausschluss zu kämpfen begannen, ist der öffentliche Raum bis heute geschlechtsspezifisch hierarchisiert. Auch die positiv konnotierte ›Begegnung mit dem Fremden‹ ist keine Begegnung unter Gleichen, sondern reproduziert bestehende Machtverhältnisse. Ob ein Stadtteil als Aushängeschild bürgerlicher Metropolenkultur oder als Nische marginalisierter Milieus definiert wird, entscheidet letztlich darüber, welche Nutzungen und Gruppen dort als »normal« oder als deplatziert erscheinen. Da sich in der Definitionsmacht über solche Funktionen städtischer Orte gesellschaftliche Herrschaftsverhältnisse spiegeln, greift es zu kurz, deren Privatisierung und Kontrolle zu kritisieren. Vielmehr sind vor allem die Herstellungsprozesse solcher Bedeutungen zu problematisieren. Der öffentliche Raum hält also seine de jure definierten Versprechen de facto nicht ein und die Polarität zwischen öffentlich und privat löst sich zunehmend auf. Dies basiert auch auf veränderten sozialen Praxen. So richten sich immer mehr Hybridräume im Schnittfeld zwischen Wohnen, Arbeiten, Kultur und politischem Handeln lediglich an selektive Öffentlichkeiten oder machen Events wie der *Christopher Street Day* vormals der Privatsphäre zugeordnete Handlungen öffentlich sichtbar. Bei einer Verständigung über die idealtypischen Qualitäten beider Raumtypen ginge es um Fragen wie Teilhabe, Zugang (zu Räumen oder Ressourcen) und Anerkennung (von → Differenz), die im Bild des öffentlichen Raumes aufgehoben sind, sowie um Schutz und Selbstbestimmung, die dem privaten Raum zugeordnet werden: Gedeiht etwa eine politische Teilhabe marginalisierter Gruppen zunächst eher im Schutz ›privater‹ Räume, müssen dafür geeignete Orte verfügbar sein. Stehen öffentlich zugängliche Räume zunehmend unter privater Hoheit, sind allgemeine Aufenthalts- und Versammlungsrechte auch für Shopping Malls einzufordern.

Noch wichtiger sind Strategien, die eine politisch-technische Herrschaft über den öffentlichen Raum zurückdrängen und neue Raumtypen schaffen. Auf temporäre Weise gelang dies der Initiative Reclaim the Streets, die sich in den späten 1990ern von London weltweit ausbreitete: Aus Anlass eines Weltwährungsgipfels attackierte sie die Bankenviertel von 30 Metropolen mit einem »globalen Karneval gegen das Kapital« und eroberte mit einer politischen Straßenparty die lückenlos videogesicherte City of London. In Hamburg wiederum gelang es dem Kunstprojekt Park Fiction als Teil einer Initiative, eine millionenschwere Bebauung zu verhindern, Wünsche für einen neuen öffentlichen Raum kollektiv zu produzieren und sie in einen selbst organisierten Planungsprozess zu übersetzen. Durch Protest und Selbstorganisation in St. Pauli konnten die AktivistInnen die besetzte Brachfläche zehn Jahre lang gegen behördliche Zermürbungspraxen verteidigen. Schließlich entstand im Jahr 2003 daraus ein Park. Indem sich AnwohnerInnen selbst ermächtigten, anstelle des Staates oder der Wirtschaft einen städtischen Raum zu definieren, verwandelten sie sich von KonsumentInnen zu ProduzentInnen ihrer Stadt. Park Fiction steht so mit dem Philosophen Henri Lefèbvre für jene ästhetischen Praxen, die eine politisch-technische Herrschaft über den Raum zurückdrängen und die Spielräume für die beherrschten Räume des Imaginären zu erweitern vermögen.

Stephan Lanz

Zum Weiterlesen

Becker, Jochen (Hrsg.) (2001): Bignes? Berlin.
Lefèbvre, Henri (1972): Die Revolution der Städte, München.

Öffentliches Eigentum

Eigentumsverhältnisse legen fest, wer über was im Rahmen der rechtlichen, ökonomischen und gegebenenfalls religiösen Regeln eines Sozialsystems verfügen kann bzw. darf. Gegenstand der Staats-, Rechts- und Sozialphilosophie sind Besitz und Eigentum aber auch, weil Verfügungsgewalt soziale Beziehungen stiftet, verhindert, hierarchisiert oder beeinflusst. Um die Eigentumsverhältnisse so auszugestalten, dass privatwirtschaftlichen Gewinninteressen Einhalt geboten wird, muss der Staat nicht nur als Dompteur auftreten, sondern auch eigene Angebote schaffen: in Gestalt öffentlicher Güter und Dienstleistungen, mit denen der gesamtgesellschaftlich erwirtschaftete Reichtum (zeitlich verzögert) *allen* Bevölkerungsschichten zugute kommt.

Die Beantwortung der Frage, in welcher Relation öffentliches und privates Eigentum zueinander stehen (sollen), ist von herausragender Bedeutung, da Eigentum sowohl aus- als auch einschließend wirken kann. Während Privateigentum nach der geltenden Zivilrechtsordnung (§ 903 Satz 1 BGB) eine Ausschlussbefugnis gegenüber Dritten beinhaltet und damit zugleich Schutz vor staatlicher Willkür bietet, unterliegen öffentliche Güter und Dienstleistungen einem politisch zu bestimmenden Zugriff und erlauben in der Regel die Teilhabe *aller* BürgerInnen. Sie wirken »integrativ« und egalisierend, weil Menschen sie nicht wie private Güter in Abhängigkeit von ihrer Kaufkraft als KonsumentInnen erwerben, sondern in Ausübung ihres politischen Rechts als StaatsbürgerInnen nutzen. Öffentliches Eigentum ist ein zentraler Ansatzpunkt, um das Verlangen nach mehr sozialer Gerechtigkeit zu stillen. Die wachsende Kluft zwischen Arm und Reich zeigt, dass die Akkumulation von Privateigentum nur für wenige die ersehnte Freiheit bringt. Wenn öffentliches Eigentum dem Markt mitsamt seinen Ausgrenzungsmechanismen unterworfen wird, wächst die Gruppe derjenigen, die »auf der Strecke bleiben«. Jedes Jahr könnten Millionen AfrikanerInnen vor dem Tod bewahrt werden, wenn die privaten Patente für (über)lebenswichtige Arzneimittel gelockert und als öffentliche Güter für die Produktion von Nachahmermedikamenten, so genannte Generika, zur Verfügung stünden.

Ein bedeutender öffentlicher Sektor wird aber auch dann gebraucht, wenn die Kapitalrentabilität die Renditeerwartungen der Privatinvestoren unterschreitet. Betrifft die »privatwirtschaftliche Abstinenz« Sektoren der öffentlichen Daseinsvorsorge wie das Gesundheits-, Verkehrs- oder Bildungswesen, muss der Staat im Interesse seiner BürgerInnen tätig werden – entweder indem strikte Auflagen ausgesprochen werden (was sich oft als wenig wirkungsvoll erweist) oder indem Unternehmen in öffentlichem Eigentum diese Aufgaben wahrnehmen. Wie die verfehlten Geschäftspolitiken der Sparkassen und Landesbanken zeigen, bedarf es dazu aber nicht nur einer (Wieder-)Herstellung staatlicher Verfügungsrechte, sondern vor allem einer eindeutig definierten und demokratisch legitimierten Zielsetzung im Sinne der → Gemeinwirtschaftlichkeit.

Aus diesem Grund haben zahlreiche Städte und Gemeinden begonnen, ihre an Private veräußerten Dienstleistungen zu rekommunalisieren. So beschloss der Potsdamer Stadtrat den Rückkauf der Anteilsscheine an den örtlichen Wasserwerken, nachdem die Abnahmepreise binnen drei Jahren um 80% gestiegen waren. Auch die Rückverstaatlichung der Müllentsorgung – »orangene Revolution« – erweist sich überwiegend als Erfolgsgeschichte: So konnten mehr als 100 Städte und Landkreise bei einer konstanten, teilweise sogar aufgestockten Beschäftigtenzahl die Servicequalität verbessern, Einsparungen von bis zu einem Drittel erzielen und die Müllgebühren senken. Da Eigentumsverhältnisse das Ergebnis politischer Entscheidungen darstellen, sollte stärker als bislang auf die Positivbeispiele staatlicher (Wirtschafts-) Tätigkeit Bezug und die gesellschaftlichen Aushandlungsprozesse Einfluss genommen werden. Allzu häufig wird die Debatte noch von konditionierten Reflexen (»Weg zur Knechtschaft«, »Staatssozialismus«, »Kommandowirtschaft«) dominiert. (Links)alternative Konzepte müssen den grundgesetzlich verbrieften Anspruch aus Art. 14 Abs. 2 GG – »Eigentum verpflichtet. Sein Gebrauch soll zugleich dem Wohle der Allgemeinheit dienen.« – öffentlichkeitswirksamer herausstellen als bislang, damit sich ein Bewusstsein dafür entwickelt, dass öffentliche Güter und → (öffentliche) Dienstleistungen zentrale Ziele der Wirtschafts- und Sozialpolitik umfassen: die vergleichsweise preiswerte Gewährleistung der Versorgungssicherheit, die Sicherung von Beschäftigung und die Begrenzung sozialer Ungleichheiten auf personeller und räumlicher Ebene.

Tim Engartner

Zum Weiterlesen

Altvater, Elmar (2003): Was passiert, wenn öffentliche Güter privatisiert werden?, in: Peripherie, 23. Jg., 90/91, S. 171-201.

Engartner, Tim (2007): Privatisierung und Liberalisierung – Strategien zur Selbstentmachtung des öffentlichen Sektors, in: Butterwegge, Christoph/Lösch, Bettina/Ptak, Ralf: Kritik des Neoliberalismus, Wiesbaden, S. 87-133.

Ökologische Gerechtigkeit

Der Begriff »ökologische Gerechtigkeit« geht auf → soziale Bewegungen zurück, besonders Graswurzelbewegungen in den USA Anfang der 1980er Jahre. Dort wurde er als »Environmental Justice« ein Kampfbegriff, drückt zugleich das Ziel politischer Aktivitäten aus und steht vor allem in der Tradition der US-amerikanischen Bürgerrechtsbewegung. Demnach sind Umweltveränderungen und -probleme wie Bodenerosion, Klimawandel und Sondermülldeponien keine sozial neutralen Fakten, die rein technisch lösbar wären, sondern untrennbar mit sozialen, politischen und ökonomischen Faktoren verbunden. Gleichzeitig sind sozio-politische Entscheidungen niemals ökologisch neutral. Denn meistens sind Umweltbelastungen höchst ungleich auf die Menschen verteilt. Environmental Justice umfasst daher neben ökologischen auch → feministische, anti-rassistische und anti-kapitalistische Praktiken und Forderungen. Die ungleiche Verteilung der Auswirkungen von Umweltveränderungen verstärkt die bereits existierenden Ungleichheiten innerhalb einer Gesellschaft und zwischen Gesellschaften verschiedener Staaten. Die unterschiedlichen sozialen und ökonomischen Auswirkungen der Umweltveränderungen auf die verschiedenen Schichten einer Gesellschaft beeinflussen auch deren Machtstellungen zueinander. Das bedeutet nicht nur Armut für die einen und Reichtum für die anderen, sondern auch die Kontrolle der einen über die andere Seite.

Im Gegensatz zum Begriff der »ökologischen Gleichheit« beinhaltet Environmental Justice nicht nur die Forderung nach der gleichen Verteilung von Umweltproblemen. Vielmehr bezeichnet der Begriff bereits den Prozess der »Verteilung« als herrschaftsförmig, benennt Konflikte und Fragen betreffend den Zugang zu und die Aufteilung von Ressourcen und die politischen Rahmenbedingungen von Umweltveränderungen. Konflikte beispielsweise um genetische Ressourcen entstehen demnach nicht durch eine »natürliche« Ressourcenknappheit, sondern durch gesellschaftliche Regelungssysteme. Environmental Justice bedeutet daher auch die Forderung nach Selbstbestimmung, nach radikal demokratischer Partizipation sowie nach einer fairen Verteilung der globalen Ressourcen.

Ein radikales Verständnis von ökologischer Gerechtigkeit zielt also auf Systemtransformation. Dabei gibt es zwei Probleme. Einerseits wird von Parteien und staatlichen Stellen versucht, den Begriff zu besetzen, indem alle Menschen gleichermaßen verantwortlich für Umweltprobleme und deren soziale Folgen gemacht werden, und behauptet wird, deren Lösung sei allein durch ökologische (→ nachhaltige) Modernisierung und ökologische Industriepolitik möglich. Solch einer verkürzten Interpretation, wie sie beispielsweise in Deutschland von Teilen des Umweltbundesamtes und des Bundesumweltministeriums vertreten wird, muss widersprochen werden.

Andererseits wird der Begriff der Environmental Justice innerhalb → sozialer Bewegungen als anthropozentrisch kritisiert, weil anderen Lebewesen keine Rechtspositionen eingeräumt werden. Problematisch ist weiterhin der relativ unreflektierte Bezug auf den Gerechtigkeitsbegriff. Denn Gerechtigkeit ist niemals objektiv gegeben. Gerechtigkeitsvorstellungen sind vielmehr Resultat von gesellschaftlichen Auseinandersetzungen (→ soziale Gerechtigkeit). Als gerecht gilt das, was sich innerhalb einer Gesellschaft als hegemoniales Verständnis von Gerechtigkeit durchsetzen konnte. Zudem gibt es in verschiedenen Kulturkreisen durchaus unterschiedliche Vorstellungen von ökologischer Gerechtigkeit. Das Verständnis sozialer Bewegungen von ökologischer Gerechtigkeit stellt vor allem dann die globalen Macht- und Herrschaftsverhältnisse in Frage, wenn die partikulare Forderung nach einem Leben in einer nicht gesundheitsgefährdenden Umwelt mit Forderungen nach → Anerkennung, Selbstbestimmung, Zugang zu Ressourcen, → Ernährungssouveränität und → Partizipation verbunden wird. Das Bemühen um Basisarbeit und → Basisdemokratie sowie um die Schaffung transparenter demokratischer Strukturen kennzeichnet die Bewegungen für ökologische Gerechtigkeit. Es wird gefragt, in wessen Interesse Umweltveränderungen toleriert oder verboten werden, zu wessen Vorteil, mit welchen sozialen und ökologischen Folgen. Vorherrschende gesellschaftliche → Naturverhältnisse und Gerechtigkeitsvorstellungen werden systematisch auf ihre weißen, kolonialen, patriarchalen, rassistischen und das (kapitalistische) System stärkenden Anteile untersucht und kritisiert. Die Herausforderung besteht heute darin, die lokal entstandenen Bewegungen, ihre Zusammenarbeit und Themenvielfalt, zu globalisieren und einen ökologischen Gerechtigkeitsbegriff zu entwickeln, der die vorhandene Globalität von Umweltveränderungen mit den lokalen Naturverhältnissen zusammenbringt.

Gregor Kaiser/Joscha Wullweber

Zum Weiterlesen

Bryant, Raymond L./Bailey, Sinéad (1997): Third World Political Ecology, London/ New York.

Bundeszentrale für politische Bildung (2007): Ökologische Gerechtigkeit, Aus Politik und Zeitgeschichte, Beilage zur Wochenzeitung das Parlament, 24/2007, 11. Juni.

Peet, Richard/Watts, Michael (Hrsg.) (2004): Liberation Ecologies. Environment, development, social movements, London/New York, 2. Aufl.

Open Source

Freie Software bezeichnet Computerprogramme, deren Quellcode (der für Menschen lesbare Code) offenliegt. Im Gegensatz dazu wird bei proprietärer Software dieser Quellcode unter Verschluss gehalten. Während die Geheimhaltung des Quellcodes den Verwertungsinteressen von Unternehmen dient, soll Freie Software eine gemeinsame, offene Nutzung und Weiterentwicklung des Quellcodes ermöglichen.

Die Freie-Software-Bewegung entstand etwa Mitte der 1980er Jahre. Einer der Protagonisten, Richard Stallman, begann mit der Entwicklung eines freien Betriebssystems mit offenem Quellcode und entwarf die GPL (General Public License). Die GPL verhindert die private, ausschließende Aneignung von Quellcodes und schützt das Recht, ein Programm zweckungebunden zu nutzen, zu studieren, zu kopieren, zu verändern und zu verbreiten. Der Begriff »Free Software« und gerade seine deutsche Übersetzung mit »Freie Software« führte später häufig zur Annahme, Freie Software sei kostenlose Software. Zwar war (und ist) dieser Aspekt tatsächlich ein wichtiges Momen. Stallman definierte die Freiheit von Software aber eher im Sinne der Freiheit des Geistes und der Wissenschaft.

Mit der Verbreitung des Internet wurden offene, kooperative Modelle der Software-Entwicklung populär und erlebten vor allem nach dem Erfolg des »freien« Betriebssystems Linux einen Boom. Dies lockte auch private Unternehmen an. In diesem Zusammenhang wurde schließlich beschlossen, anstelle des bisher üblichen Begriffs »Freie Software« den Begriff »Open Source« zu benutzen. »Open Source« sollte den gemeinsamen Nenner für all das bilden, was Freie Software charakterisiert, gleichzeitig aber »pragmatische« Ziele formulieren, die auch und gerade für die Industrie erstrebenswert wären. Argument für offene Quellcodes war nun nicht mehr in erster Linie die Freiheit des Geistes, sondern vor allem die größere Effizienz der Entwicklung und die bessere Qualität der Programme. Die Verwendung von »Open« statt »Frei« sollte zudem signalisieren, dass man keineswegs gegen eine Kommerzialisierung von auf diesem Weg entwickelter Software sei, sondern vielmehr »offen für alles«. Open Source Software wird produziert von EntwicklerInnen, die freiwillig und zu großen Teilen auch unentgeltlich daran arbeiten; die Produktion findet zumeist selbstorganisiert über das Internet statt, qualitativ hochwertige Produkte werden zum allgemeinen Gebrauch freigegeben und stehen quasi ubiquitär zur Verfügung. Ihre freie Zugänglichkeit scheint Open Source Software zunächst der kapitalistischen Verwertungslogik zu entziehen. Schließlich ist im Kapitalismus das private, also ausschließende Eigentum an Produktionsmitteln und Arbeitsprodukten die Voraussetzung dafür, eine Ware verkaufen zu können. Soll Software als eigenständiges, einzelnes Produkt verkauft werden, so muss sie also künstlich verknappt werden, zentral mittels juristischer (z.B. Urheberrecht) und technologischer (z.B. Kopierschutz) Instrumente.

Doch auch wenn sich Open Source Software nicht so einfach verknappen lässt, fällt sie nicht automatisch aus der kapitalistischen Verwertungslogik. Genauso wenig bedrohlich waren (bislang) öffentliche Bibliotheken oder allgemein die Weitergabe von Wissen. Denn Open Source schafft leistungsfähige, hochwertige Software, und diese Produktivkraft kann anschließend von Unternehmen zur Produktion proprietärer Produkte – und Mehrwert – genutzt werden. Zudem mag die Offenlegung von Wissen zwar Einzelkapitalen schaden, sie befördert aber die allgemeinen Produktionsbedingungen. Wenn VerfechterInnen von geistigen Eigentumsrechten das innovationsfördernde Potenzial privater Eigentumsrechte rühmen und BefürworterInnen von Open Source dagegen argumentieren, dass Offenheit und darauf gründende Kooperation Fortschritt und Entwicklung generieren, dann haben beide recht. Open Source Software ist ein aktuelles Beispiel für eine den Marktgesellschaften inhärente, permanente Spannung zwischen dem privaten Einschluss von Wissen und dem gesamtgesellschaftlichen Zugang dazu.

Die Produktionsweise von Open Source Software zeigt also, dass effiziente und effektive Produktion außerhalb der Marktzwänge möglich ist. Sie widerlegt damit die These der bürgerlichen ökonomischen Theorie, dass nur Privateigentum Anreiz für Produktivität, Effizienz und Innovation schaffen würde. Open Source ist jedoch nicht per se eine Alternative zur kapitalistischen Produktionsweise. Sie bildet nicht bereits den »Keim« einer künftigen kommunistischen Gesellschaft. Das emanzipative Potenzial von Open Source oder Freier Software liegt vielmehr in ihrer Funktion als Türöffner für Debatten über nicht-marktförmige Produktionsweisen, sie macht alternative Gesellschaftsformen sicht- und denkbar.

Sabine Nuss

Zum Weiterlesen

Nuss, Sabine (2006): Copyright & Copyriot. Aneignungskonflikte um geistiges Eigentum im informationellen Kapitalismus, Münster. Weitere Texte unter: http://nuss.in-berlin.de

Oekonux Mailingliste: www.oekonux.de

Open Source Jahrbücher 2004-2007, herausgegeben am Fachbereich Informatik & Gesellschaft der Technischen Universität Berlin, www.opensourcejahrbuch.de

Operaismus

Zwei Faktoren haben zur Entstehung des Operaismus beigetragen: Erstens die weitgehende Umstellung der industriellen Produktion auf Massenfertigung in den 1950/60er Jahren des »italienischen Wirtschaftswunders«, durch die die traditionellen ArbeiterInnenvertretungen beträchtlich an politischem Einfluss in den Betrieben verloren. Vermehrt wurden junge, ungelernte und meist aus dem Süden Italiens kommende Arbeitskräfte eingestellt, die so gut wie nicht gewerkschaftlich organisiert waren. In der Nachkriegszeit hatten zweitens die traditionelle ArbeiterInnenbewegung und die Parteien der Linken aufgrund ihres Widerstands gegen den Faschismus weit über ihre Klientel hinaus politisches Vertrauen und Einfluss genossen. Ihre dadurch gewonnenen Machtpositionen wurden jedoch mit dem Ende des Stalin-Mythos und der Niederschlagung des Ungarnaufstandes in Frage gestellt. Nicht nur in Italien kam es zu einer tiefen politischen Krise der traditionellen ArbeiterInnenbewegung und der kommunistischen Parteien. Der Operaismus lässt sich als eine Antwort auf die damalige Krise der ArbeiterInnenbewegung verstehen.

Während die traditionellen → Marxisten in der Entwicklung der Produktivkräfte – also den technologischen Innovationen – grundsätzlich etwas Positives sahen, und die Auffassung vertraten, dass diese auf der materiellen Ebene den → Sozialismus vorbereiteten und deshalb die kapitalistische Herrschaftsform politisch nur überwunden werden müsste, kamen die OperaistInnen zu gänzlich anderen Einsichten. Mario Tronti postulierte, man müsse bei der Analyse des Kapitalismus zuerst die ArbeiterInnen und ihr Verhalten in den Blick nehmen und dürfe nicht vom Kapital als Movens ausgehen. Raniero Panzieri thematisierte die Technologie, Technik und Arbeitsorganisation als Ausdruck der sozialen (Macht)-Verhältnisse zwischen den ArbeiterInnen und Unternehmern auf betrieblicher wie gesellschaftlicher Ebene. Für Empirie statt Ideologie steht die Methode der Mit-Untersuchung (*conricerca*): Die theoretischen Reflexionen über die Rolle der technologischen Innovationen, der Arbeitsorganisation und der Arbeitsbedingungen bildeten die Hypothesen für zahlreiche empirische Untersuchungen z.B. bei Fiat in Turin oder Olivetti in Ivrea. So hoffte man mehr über die veränderten Arbeitsbedingungen und das Verhalten der ArbeiterInnen herauszufinden. Deshalb sammelte man Selbstzeugnisse von ArbeiterInnen und interessierte sich auch für ihr soziales Leben außerhalb der Fabrik. In diesen Untersuchungsmethoden sah man ein Mittel zur Annäherung an die »wirkliche Arbeiterklasse«.

Was ist aber unter Klassenzusammensetzung zu verstehen? In den operaistischen Debatten wurde zwischen der ›technischen‹ und der ›politischen Zusammensetzung‹ der ArbeiterInnenklasse unterschieden, wobei unter ersterem die Gesamtheit der sozio-professionellen Kenntnisse und die dazugehörige Kultur der Arbeit, und unter zweitem die Gesamtheit der autonomen und klassenbewussten Verhaltensweisen sowie die dazu gehörige Kultur der Arbeiterrebellion verstanden wurde. In empirischen Untersuchungen wurde in einigen Branchen die Figur des hochqualifizierten Facharbeiters als Produkt der zweiten industriellen Revolution konturiert, der sich mit seiner Arbeit identifizierte und aufgrund seiner Qualifikationen den Produktionsprozess kontrollierte. Die Veränderungen des Produktionsprozesses, die sich mit den Begriffen Taylorismus und Fordismus am besten charakterisieren lassen, haben die Position des berufsstolzen Facharbeiters unterminiert. Der Arbeitertypus des (männlichen) Massenarbeiters war entstanden.

Es gab aber Impulse für die Geschichtsschreibung: Die Septemberstreiks von 1969 und die Streikbewegungen bis 1973 forderten in der Bundesrepublik eine gründliche Beschäftigung mit der Geschichte der ArbeiterInnenkämpfe außerhalb der traditionellen Organisationen heraus. Offene Fragen wie die nach dem Zusammenhang von Produktionsstruktur und Bewusstsein verlangten nach einer Beantwortung. Die Forderung, eine Geschichte der Kämpfe vom Standpunkt der ArbeiterInnen aus zu schreiben, war geboren. Die Art und Weise, wie die OperaistInnen das Thema Klassenzusammensetzung und die Methode der Mit-Untersuchung auffassten, schlug sich auch darin nieder, wie Intellektuelle und ArbeiterInnen – zumindest dem Anspruch nach – zusammenarbeiten wollten. Die italienischen OperaistInnen wollten nicht die ›Führer‹ der Klasse sein, kein politischer Stand und auch keine ›kleine Partei‹. Sie versuchten den Widerspruch auszuhalten, zwar einer Theorie anzuhängen, aber gleichzeitig die traditionellen organisatorischen Modelle der ArbeiterInnenbewegung abzulehnen. Sich auf die handelnden AkteurInnen einzulassen, verlangt von den politischen, sozialen und intellektuellen Eliten, ihre Rolle zu reflektieren sowie Macht und Einfluss abzugeben.

Angelika Ebbinghaus

Zum Weiterlesen

Panzieri, Raniero (1961): Über die kapitalistische Anwendung der Maschinerie im Spätkapitalismus, Quaderni Rossi, Nr. 1

Tronti, Mario (1962): Fabrik und Gesellschaft, Quaderni Rossi, Nr. 2

Wright, Steve (2005): Den Himmel stürmen. Eine Theoriegeschichte des Operaismus, Hamburg.

Parecon

Hinter dem Begriff »Parecon« (Participatory economics) oder »partizipative Wirtschaft« verbirgt sich ein elaborierter Vorschlag für ein anarchistisches Wirtschaftssystem der beiden US-Amerikaner Michael Albert, Aktivist und Herausgeber (ZMagazine, South End Press), und des kritischen Ökonomen Robert Hahnel. Beide publizieren seit Anfang der 1990er Jahre diesen Vorschlag. Praktische Erfahrungen mit Parecon gibt es in Nordamerika.

Michael Albert will mit Parecon eine konkrete Alternative zum Kapitalismus vorlegen, ohne dabei die Fehler zentralstaatlicher Planwirtschaft im «real-existierenden → Sozialismus« zu wiederholen. Er will utopische Hoffnung und neue Vorstellungsräume ermöglichen. Parecon wird im Rahmen des → Weltsozialforums diskutiert und geht weiter als der bekanntere Vorschlag »Alternatives to Economic Globalization«. Albert überwindet die Dichotomie von Wettbewerbsmarkt und Zentralverwaltung. Der kapitalistische Markt ist nicht die beste Alternative, da er Natur und Gesellschaft zerstört (→ Naturverhältnisse). Er produziert Ungleichheiten und Widersprüchlichkeiten. Oligopole und Monopole dominieren. Zentralistische Planwirtschaften konzentrieren ebenso Macht in den Händen der Wirtschaftskoordinatoren. Beides ist daher defizitär. Parecon hingegen ist ein Wirtschaftssystem, in dem partizipativ und nicht-hierarchisch in Genossenschaften und Versammlungen von KonsumentInnen entschieden wird. Die fünf wesentlichen Elemente dieses Wirtschaftssystems sind partizipatorische Entscheidung, ausgeglichene Arbeitsfelder, lastenorientierte Entlohnung, ProduzentInnen- und KonsumentInnenversammlungen und das iterative Entscheidungsgremium.

Die Märkte werden partizipatorischer Planung untergeordnet. An Entscheidungen sollen alle davon Betroffenen partizipieren und demokratisch, am besten im Konsens, entscheiden. Zu den wichtigsten Gremien gehören die Produzenten- und KonsumentInnenversammlungen, die jeweils ihre Produktionsziele bzw. Konsumwünsche festlegen. Die Pläne werden aber nicht von einem zentralen Planungsbüros festgelegt, sondern ein »Iteratives Entscheidungsgremium« (Iteration Facilitation Board) stimmt in einem mehrstufigen Verfahren die Produzenten- und Konsumentenpläne aufeinander ab und gibt Angebotsmangel und Nachfrageüberschüsse an die Versammlungen zurück, bis ein realistischer Konsens iterativ und dezentral gefunden ist. Der Arbeitsmarkt ist kein Wettbewerbsmarkt. JedeR soll vergleichbare gute und schlechte Arbeitsinhalte nach Entscheidungskompetenz, Selbstentfaltung und körperlich-psychischer Belastung in »ausgeglichenen Arbeitsfeldern« (»balanced job complex«) erhalten. Wo dies nicht möglich ist, soll die Arbeitsstelle rotieren. Die Entlohnung erfolgt nur bedingt leistungsabhängig. Wer mehr Stunden arbeitet oder unangenehmere Arbeitsfelder übernimmt, erhält einen höheren Lohn. Die Ungleichheit bleibt gering, da Grundgüter an alle gleich verteilt werden. Parecon hat Ähnlichkeiten mit anderen sozialistischen Wirtschaftsmodellen. Das elaborierteste Modell ist eine Verbindung aus Genossenschaften, keynesianischer Makrosteuerung und begrenzter Zentralplanung im »Dritten Weg« von Ota Šik. Im Ökofeminismus gibt es die Idee der »Subsistenzwirtschaft«. Realisierte Alternativen gibt es in der Kommune- und Genossenschaftsbewegung. Die Diskussionen und Praxen → Solidarischer Ökonomie setzen hier neue Impulse. Das damalige sozialistische Jugoslawien war auch eine Alternative.

Parecon ist durchaus umstritten. Planumsetzung und Kontrolle ohne Wettbewerbsmärkte erfordert eine hohe soziale Kontrolle der Akteure. Die schwachen Leistungsanreize durch fehlende Gewinne reduzieren nach bisherigem Erkenntnisstand und vielfacher Erfahrung den wirtschaftlichen Wohlstand. Die Anforderungen an den einzelnen wie Eigeninitiative, Bildung oder → Solidarität sind sehr hoch. Arbeitsteilung und Berufsspezialisierung wird oft abgelehnt. Die politischen und kulturellen Dimensionen alternativer Wirtschaftsmodelle fehlen, die Vorschläge sind daher zu ökonomistisch. Die Erfolgschancen einer realistischen Alternative und der schrittweisen politischen Umsetzung sind kaum bekannt. Eine breite Diskussion über das emanzipatorische Wirtschaftsmodell der partizipatorischen Ökonomie wäre in der globalisierungskritischen Bewegung wünschenswert, insbesondere in Verbindung mit anderen theoretischen Arbeiten und praktischen Erfahrungen.

Thomas Dürmeier

Zum Weiterlesen

Albert, Michael (2006): Parecon – Leben nach dem Kapitalismus, Frankfurt/M.
Albert, Michael/Hahnel, Robin (1991): Looking Forward: Participatory Economics for the Twenty First Century, Boston, MA.
Mander, Jerry/Cavanough, John (2003): Eine andere Welt ist möglich: Alternativen zur Globalisierung, München.
Scheunemann, Egbert (1995): Ökologisch-humane Wirtschaftsdemokratie. Teil C: Ökologische Kritik am Industrialismus und sozialökologische Alternativen, Münster.
Šik, Ota (1979): Humane Wirtschaftsdemokratie: ein dritter Weg, Hamburg.
Publikationen bei Fredericton/New Brunswick, Verlag South End Press, ZMagazine.

Partizipation

Funktionierende demokratische Systeme bedürfen der aktiven und emanzipativen Gestaltung der gesellschaftlichen Kräfte. Der Begriff Partizipation umreißt diesen Anspruch an die Gesellschaft und gleichzeitig auch an das politische System. Allerdings wird der Begriff sehr unterschiedlich interpretiert und kann sich in vielerlei Formen ausdrücken: In politischer Einflussnahme in Parteien und politischen Organisationen, im Aufbau selbst verwalteter Bereiche, als Alternative zu privatkapitalistisch oder staatlich organisierten Unternehmen oder aber im politischen Protest. Neben den rechtlich fixierten, formal definierten Beteiligungsinstrumenten gibt es eine Reihe von Partizipationsmöglichkeiten vor allem in den Kommunen – von Zukunftswerkstätten über Runde Tische bis hin zu Bürgerinitiativen. Bei der Auseinandersetzung mit dem Begriff ist es sinnvoll, sowohl die Intensität und Ziele als auch die Funktion der Partizipation in den Blick zu nehmen.

Hinsichtlich der Intensität von Beteiligung gibt es sehr unterschiedliche Aussagen: Neben repräsentativen Bevölkerungsumfragen, die vor allem auf die organisierte Partizipation in Vereinen und Verbänden abzielen und Angaben über Mitgliederzahlen liefern, gibt es noch vereinzelte Studien zu Protestereignissen und sozialen Bewegungen. Insgesamt weisen die Ergebnisse vieler aktueller Studien auf ein wachsendes, aber auch auf ein sich veränderndes politisches Partizipationsverhalten hin: Traditionelle und langfristige Formen der politischen Beteiligung (Parteien, Gewerkschaft, etc.) werden zunehmend abgelehnt. Stattdessen findet eine Verlagerung zu projektorientierter und zeitlich befristeter Beteiligung statt. Außerdem wird Beteiligung zunehmend mit beschäftigungsrelevanten bzw. mit Arbeitsplatzoptionen verbunden.

Auch die Ziele der Beteiligung können sehr unterschiedlich sein: In Planung und Verwaltung kann die Partizipation dazu dienen, die inhaltliche Qualität einer Entscheidung zu verbessern, Akzeptanz zu schaffen oder auch die gesellschaftlichen, privaten und wirtschaftlichen Akteure zu eigenverantwortlichem Handeln zu motivieren. Andererseits gehören Protest und ziviler Ungehorsam zu wichtigen Ausdrucksformen, um spezifische Anliegen öffentlich zu machen und den politischen Entscheidungsprozess zu beeinflussen.

Eng verbunden mit den Zielen sind die Funktionen, die der Partizipation von den gesellschaftlichen Kräften und dem politischen System zugesprochen werden. Diese können ebenso vielfältig sein und stehen im Zusammenhang mit den übergeordneten ideologischen Werthaltungen. Folgende

Funktionen können unterschieden werden: Problemerkennungsfunktion: Gesellschaftliche Gruppen bzw. gesellschaftlicher Protest kann Probleme frühzeitig erkennen und diese öffentlich machen; Legitimationsfunktion: Die Mitarbeit der gesellschaftlichen Gruppen kann die Legitimation einer Entscheidung erhöhen; Effizienzfunktion: Widerstände in der Bevölkerung können frühzeitig erkannt und eingehegt werden; Feigenblattfunktion: Die Beteiligung wird als Absicherung dessen herangezogen, was aus ganz anderen Motiven angestrebt wird; Konfliktschlichtungsfunktion: Spezifische Partizipationsverfahren können helfen, verhärtete Fronten in einem Entscheidungsprozess aufzubrechen; Kontrollfunktion: Gesellschaftliche Gruppen können die Durchsetzung von Maßnahmen sowie das Verhalten von politischen Institutionen überwachen; Emanzipationsfunktion: Teilhabe und Mitgestaltung des politischen Prozesses können die Handlungskompetenz und das Selbstbewusstsein der Menschen steigern. Außerdem werden in der Gesellschaft Lernprozesse in Gang gesetzt, die für eine demokratische Gesellschaft unerlässlich sind.

Allerdings wird mit der zunehmenden Verlagerung politischer Entscheidungen auf internationale und supranationale Institutionen die Möglichkeit einer breiten gesellschaftlichen Partizipation und der Einflussnahme von gesellschaftlichen Gruppen auf politische Entscheidungen immer geringer. Denn für die Arbeit auf transnationaler Ebene bedarf es weitaus größerer Ressourcen (sowohl hinsichtlich finanzieller Ausstattung, als auch hinsichtlich fachspezifischer und Sprachkenntnisse). So zeigt sich, dass auf europäischer und auf internationaler Ebene eher ressourcenstarke gesellschaftliche Gruppen an den Entscheidungsprozessen partizipieren. Zwar gibt es einige Versuche, diese Schieflage durch gezielte Förderung partizipativer Verfahren zu überwinden (beispielsweise wurden europaweit so genannte Citizen Juries durchgeführt). Diese sind aber als Tropfen auf dem heißen Stein anzusehen und haben darüber hinaus selten längerfristig angelegte gesellschaftliche Emanzipationsprozesse zur Folge.

Heike Walk

Zum Weiterlesen

Rucht, Dieter (2001): Protest in der Bundesrepublik Deutschland. Strukturen und Entwicklungen. Frankfurt/M.

Walk, Heike (2007): Partizipative Governance. Beteiligungsrechte und -formen im Mehrebenensystem der Klimapolitik, Wiesbaden.

Zimmer, Annette/Priller, Eckhard (2004): Gemeinnützige Organisationen im gesellschaftlichen Wandel, Wiesbaden.

Partizipativer Haushalt

Der Begriff beschreibt eine bestimmte Qualität von Haushaltspolitik sowie ein eigenes Verfahren bei der Aufstellung, Durchführung und Abrechnung eines (bisher meist kommunalen) Haushaltes, der dann auch als BürgerInnenhaushalt oder Beteiligungshaushalt bezeichnet wird.

Die Idee eines partizipativen Haushaltes wurde erstmals in der südbrasilianischen Stadt Porto Alegre in eine praktische Alternative zu einer von Klientelismus und Korruption geprägten Kommunalpolitik umgesetzt. Ziel ist eine radikale → Demokratisierung von politischen Entscheidungsprozessen. Partizipativer Haushalt bedeutet die direkte Einflussnahme von BürgerInnen auf die Aufstellung und Durchführung des Haushaltes. Die eigenständige Bewertung seiner Wirkungen durch die BürgerInnen ist Bestandteil des Prozesses. Dies schließt eine umfassende Information (»lesbarer Haushalt«), eine weitestgehende Transparenz in Bezug auf alle mit dem Haushalt verbundenen Entscheidungsprozesse ein. BürgerInnen sollen dabei jedoch nicht das Zahlenwerk des Haushalts problemlos lesen können oder einen eigenen Haushalt nach den Normen des Verwaltungsrechts schreiben. Ausgehend von einer selbstorganisierten Diskussion über das Leben im Stadtteil, in der Kommune oder Region werden in einem solchen Beteiligungsprozess Anforderungen an die Haushaltspolitik formuliert, die durch die Verwaltung in einen Haushalt übersetzt werden und zu denen PolitikerInnen eine Position beziehen müssen. Ein partizipativer Haushalt beruht so auf der Verbindung direktdemokratischer Verfahren mit Formen der repräsentativen → Demokratie.

Der partizipative Haushalt richtet sich ausdrücklich an die »Massen«, d.h. an die Bevölkerung und nicht an die in Parteien, Vereinen oder Initiativen bereits organisierten InteressenvertreterInnen. Daran orientieren sich die Art und Weise seiner Organisation, seine Sprache sowie Orte und Zeiten der Aktivitäten. Als Verfahren soll er der »Weisheit der Massen« Raum zur Entfaltung geben, soll im Prinzip keine Grenzen setzen, keine Richtungen vorherbestimmen. Hierin liegt auch ein wesentlicher Unterschied zu anderen Beteiligungsverfahren, die in der Regel einen begrenzten Gegenstand haben, sich an eine Auswahl von BürgerInnen wenden, von der Verwaltung unmittelbar gesteuert werden und zeitlich begrenzt angelegt sind. Kein anderes Beteiligungsverfahren hat zudem den Haushalt als zentrales Moment politischer Steuerung und Umverteilung zum Gegenstand. Partizipativer Haushalt bedeutet Beteiligung von Politik und Verwaltung an der Lösung der Probleme der EinwohnerInnen, nicht Beteiligung der EinwohnerInnen an der Lösung der Probleme von Politik und Verwaltung! Die zentrale Form des Prozesses ist die EinwohnerInnenversammlung. Sie soll allen EinwohnerInnen zugänglich, das heißt barrierefrei in jeglichem Sinne sein. Entscheidend ist nicht der Status als Wahlberechtigte/r. Auf den Versammlungen in den einzelnen Stadtteilen werden Vorschläge zur Aufstellung eines Haushaltes vorgebracht und diskutiert, dort informiert die Verwaltung über den Haushalt sowie über die durch die Kommune angebotenen Leistungen und legt gemeinsam mit PolitikerInnen Rechenschaft über die Realisierung von früheren Vorschlägen der EinwohnerInnen ab. Durch Befragungen, Broschüren, Internetportale usw. kann dieser Prozess unterstützt werden. Wichtig ist dabei aber vor allem das Gespräch unter den EinwohnerInnen selbst, in dem gemeinsame Vorstellungen über die Entwicklung des Stadtteils und der Kommune entstehen. So entstehen Listen von Aufgaben, die in den Haushalt aufgenommen werden sollen. Diese Aufgaben werden durch die TeilnehmerInnen in einem Abstimmungsverfahren bewertet. Schließlich wählen die TeilnehmerInnen ihre VertreterInnen, die den Beteiligungsprozess gemeinsam mit den in anderen Stadtteilen gewählten VertreterInnen leiten, die erforderlichen Konsultationen mit der Verwaltung führen und schließlich eine Prioritätenliste als Votum der EinwohnerInnen der Kommune an das Kommunalparlament übergeben.

Somit bietet sich der partizipative Haushalt als Ort des Lernens, als Ort der Politisierung und Ort der Solidarisierung (→ Solidarität) an. Inwieweit diese Möglichkeiten tatsächlich in politische Wirkungen umschlagen, hängt aber davon ab, wie Mitglieder der verschiedenen Parteien und Organisationen in diesem Rahmen aktiv werden. Mit Verweis darauf, dass die Bertelsmann Stiftung die erste Einrichtung in Deutschland war, die BürgerInnenhaushalte unterstützte, wird das emanzipatorische Potenzial des partizipativen Haushaltes mitunter bestritten – allerdings könnte man dann jegliche politische Aktivität, die auf die Politisierung der breiten nichtorganisierten Massen gerichtet ist, mit den gleichen Argumenten in Frage stellen.

Lutz Brangsch

Zum Weiterlesen

www.partizipativerhaushalt.de

Herzberg, Carsten: Der Bürgerhaushalt – ein Transformationsprojekt der Linken?, in: Utopie kreativ, Heft 193, November 2006.

Leubolt, Bernhard (2006): Staat als Gemeinwesen: Das Partizipative Budget in Rio Grande do Sul und Porto Alegre, Münster.

Zimmermann, Clovis (2006): Politische Partizipation in Brasilien. Ein Vergleich der Stadtplanungsmodelle von Porto Alegre und Curitiba, Frankfurt/London.

Pluralismus

Diversität anders als Pluralität bedeutet zunächst nichts anderes als Unterschiedenheit, Vielfalt. Eine breite Wirkung und positive Bewertung erfuhr dieser Begriff mit dem Aufkommen und Erstarken der weltweiten Umweltbewegung im letzten Viertel des 20. Jahrhunderts. Bedroht wird die Biodiversität, die Vielfalt der Arten von Pflanzen und Tieren, vor allem durch Raubbau, Brandrodung, Massenproduktion, Umweltverschmutzung jeglicher Art und Flächenversiegelung. Andererseits existiert ein großes wirtschaftliches Interesse daran, die existierende Biodiversität als Reservoir möglicher Wirkstoffe für die Medizin und als Lieferant von Genen für die Züchtung alternativer Sorten für die Landwirtschaft zu betrachten und entsprechend auszubeuten. Das traditionelle Naturwissen der indigenen Bevölkerung von Gebieten mit hoher Artenvielfalt wird in der Regel unterschätzt.

Ein weiteres Konzept von Diversität setzt sich gegenwärtig in der Unternehmensführung durch, nun allerdings in der neudeutschen Form »Diversity«. Unternehmen, die vor nicht langer Zeit noch vor allem den jungen, männlichen, dynamischen Mitarbeiter gesucht haben, setzen nun auf Vielfalt. So schreibt Hewlett Packard: »Wir bei HP sind der Überzeugung, dass Diversity – also Vielfalt in unserer Mitarbeiterstruktur – die Hauptantriebskraft für Kreativität, Innovation und Erfindungsgeist darstellt ... Diversity ist ein wesentlicher Bestandteil unserer Unternehmenskultur. Sie ist für uns nicht nur ein Muss in Bezug auf eine attraktive Arbeitsumgebung, sondern sie hilft uns auch, am Markt erfolgreich zu sein.« Es ist dann auch kein Wunder, dass in einigen neuen Master-Studiengängen für Ökonomen oder zukünftige »Leader« an Hochschulen in Deutschland und Österreich Diversity Management eine zentrale Rolle im Lehrplan einnimmt. Organisationsdemographische Studien haben allerdings inzwischen schon ergeben, dass die Vorteile von »Diversity« so eindeutig nicht sind: »Zum einen führt Diversität in Organisationen durch die wechselseitige Ergänzung von Fähigkeiten und Fertigkeiten zur Schaffung neuer wettbewerbsrelevanter Ressourcen in Form von Kreativitäts-, Innovations- und Flexibilitätspotentialen und zum anderen zur Belastung oder Verminderung vorhandener Human- und Organisationsressourcen.« (Jans)

Auch Pluralismus setzt auf Vielfalt. Während es aber bei Diversität um den Schutz vorhandener natürlicher Vielfalt oder um die Schaffung nützlicher Vielfalt bei Techniken oder Belegschaften geht, zielt der Pluralismus auf die gewollte und bewusste Koexistenz verschiedener Interessen, Ansichten und

Lebensstile. Erst mit der seit der Aufklärung in Europa allmählich erreichten Emanzipation des Bürgertums von der autoritären Herrschaft in Staat und Kirche erfuhr der Pluralismus wachsende Anerkennung als Grundlage gesellschaftlichen Miteinanders. Die totalitären Diktaturen des 20. Jahrhunderts jedoch setzten dem ein Ende und verhöhnten ihn als »unvölkisch« oder »klassenfeindlich«. Noch heute beschimpfen marxistisch-leninistische Sekten den in linken Parteien in Europa akzeptierten ideologischen Pluralismus als »kleinbürgerlich« (so etwa Steigerwald 2003).

In den linken, vorwiegend studentischen Bewegungen der 1960er Jahre fand diese Denkweise zeitweilig noch Anklang, auch weil Pluralismus im Westen damals zu einem ideologisch gewendeten und entsprechend trockenen, antitotalitären Kampfbegriff geworden war, für den der Inhalt der gegen- und nebeneinander stehenden Meinungen unerheblich war. Die neuen → sozialen Bewegungen, die in der Folgezeit entstanden (Frauenbewegung, Anti-Atombewegung, Umweltbewegung, Lesben- und Schwulenbewegung, Friedensbewegung, Dritte-Welt-Bewegung), waren hingegen in ihrem eigenen Interesse von Anfang an darauf aus, im Sinne eines echten Pluralismus, der den solidarischen Meinungsstreit geradezu voraussetzt, für die Legitimität unterschiedlicher Lebensentwürfe und politischer Ziele und ihre Verwirklichung einzutreten. Das Projekt Attac beispielsweise verdankt einen guten Teil seiner Stärke und Wirksamkeit der Tatsache, dass seine Mitglieder von sehr verschiedenen Denkansätzen und Interessen her dazu gekommen sind, die neoliberale Gestaltung der Globalisierung als antidemokratisch, sozial ungerecht und ökologisch unvertretbar zu begreifen, und ihnen nicht abverlangt wird, sich auf eine verbindliche Lehrmeinung einzulassen oder zu einigen. Eine dogmatische Festlegung dieser Bewegung auf bestimmte theoretische Positionen oder praktische Aktionsformen wäre ihr genau so wenig förderlich wie die Beliebigkeit der Meinungen nach Art des bürgerlichen Pluralismus (vgl. Wahl 2005).

Urs Müller-Plantenberg

Zum Weiterlesen

Jans, Manuel (2003): Diversität als Ressource? Ergebnisse und Erkenntnisse der Organisationsdemografieforschung, in: Albert Martin (Hrsg.), Personal als Ressource, München/Mering 2003, S. 53-78.

Steigerwald, Robert (2003): Drei Illusionen. Über Erfahrungen mit Marxismus & Pluralismus in der PDS und Spalter-Vorwürfen gegenüber Kommunisten, in: unsere zeit – Zeitung der DKP, 1. August 2003.

Wahl, Peter (2005): Zur Konzeption von Attac, in: Informationsstelle Lateinamerika, Geld ¿Gerechtigkeit? Geld, Bonn.

Politics of Scale

Der Begriff *scale*, also geographische Maßstäblichkeit oder Skalierung, war ursprünglich verankert im Bereich der Geographie und Kartographie und verwies dort unter anderem auf Fragen der Abstimmung von Prozess- und Beobachtungsmaßstäben. Ausgehend von den gesellschaftlichen Restrukturierungen seit den 1970er Jahren und der damit einhergehenden räumlichen Reorganisation von Politik und Ökonomie wurde die Frage der geographischen Maßstäblichkeit *sozialer Prozesse* von der angloamerikanischen *Radical Geography* aufgegriffen. Globalisierung wird in dieser Perspektive als Prozess der ungleichen und herrschaftsförmigen räumlich-maßstäblichen Reorganisation von kapitalistischen Gesellschaften verstanden.

Ausgegangen wird von der zentralen Annahme, dass geographische Maßstabsebenen wie die Stadt, die Region, der Nationalstaat oder der Weltmarkt keine vorgegebenen statischen Einheiten sind, sondern temporäre räumliche Verankerungen sozialer Prozesse, die jedoch permanent gesellschaftlich hergestellt bzw. transformiert werden und deren Bedeutung erst im Verhältnis zu jeweils anderen Maßstabsebenen erwächst. Die Produktion, Reorganisation oder auch Abschaffung von Maßstabsebenen ist ein umkämpfter Prozess, über den sich gesellschaftliche Kräfteverhältnisse verschieben. Als es etwa der konservativen britischen Regierung unter Margaret Thatcher in den 1980er Jahren gelang, das von der Labour Party dominierte *Greater London Council* abzuschaffen, wurde damit eine wichtige Maßstabsebene der Organisation oppositioneller Politik beseitigt. Die Linke wurde erheblich geschwächt, während die Zentralregierung ihren Einfluss auf die Entwicklung der Metropolregion London stärkte. Jüngere Beispiele für solche herrschaftsförmigen *politics of scale* sind die Schaffung der Welthandelsorganisation (WTO) oder der Europäischen Währungsunion, mit der auf globaler bzw. supranationaler Ebene ökonomische »Sachzwänge« festgeschrieben wurden, die fortan die sozialen Auseinandersetzungen auf anderen Maßstabsebenen (wie der nationalstaatlichen) prägten. Die heftigen Auseinandersetzungen um die EU-Verfassung können ebenfalls als *politics of scale* interpretiert werden, wobei unterschiedliche Kräfte um die (skalare) Festschreibung und Absicherung von politischen Einflusssphären rangen.

Die gesellschaftliche Bedeutung räumlicher Ebenen (wie etwa »des Globalen« oder »des Lokalen«) ergibt sich nicht aus sich selbst heraus, sondern aus politischen Auseinandersetzungen und dem konkreten Agieren von AkteurInnen im Kontext historisch-spezifischer sozialer Kräfteverhältnisse. Insofern können *politics of scale* Herrschaftsverhältnisse nicht nur stabilisieren, sondern auch in Frage stellen und transformieren. Dies zeigt sich spätestens seit dem Aufstand der Zapatistas in Mexiko und dem Aufkommen der globalen → sozialen Bewegungen.

Die Strategien und Konstellationen sind dabei vielfältig. Eine wichtige Rolle spielen institutionelle Kristallisationspunkte sozialen Protests auf globaler Ebene. Hier sind vor allem die → Weltsozialforen zu nennen, aber auch zahlreiche thematische Vernetzungen, wie etwa alternative Weltwasserforen oder internationale Netzwerke für das Recht auf Wohnen (→ Recht auf Stadt), in denen auf globaler Ebene konkrete alternative Agenden entwickelt werden. Auch viele lokale Kämpfe, z.B. gegen die Privatisierung öffentlicher Daseinsvorsorge, gewinnen ihre Dynamik aus der Verständigung über globale Entwicklungen und Auseinandersetzungen darum. Ferner wäre die (symbolische) Internationalisierung lokaler oder regionaler Konflikte zu nennen. Dazu zählen z.B. internationale Kampagnen zur Unterstützung lokaler Arbeitskämpfe etwa in der mexikanischen Maquiladora-Industrie sowie bestimmte Elemente in der Strategie der mexikanischen Zapatistas, wie die »Erklärungen aus dem Lakandonischen Urwald« an die Weltöffentlichkeit und die Einladung von sozialen Bewegungen aus allen Teilen der Welt zu Treffen nach Chiapas.

Entscheidendes Merkmal dieser veränderten räumlichen Maßstäblichkeit emanzipatorischer Politik ist, dass politische Artikulation nicht einfach auf die globale Ebene verlagert wird, sondern sich »multiskalar« oder »glokal« gestaltet und aus dieser Gleichzeitigkeit von globalem und lokalem Handeln seine Stärke zieht: Die Globalisierung von Protest kann nicht nur dazu beitragen, Kräfteverhältnisse auf der lokalen und nationalen Ebene zu verschieben und die Repression von sozialen Bewegungen durch die Schaffung einer globalen Öffentlichkeit zu erschweren. Durch globale Organisierung entstehen auch, wie im Fall der Weltsozialforen, Möglichkeiten des Erfahrungsaustausches, die wichtige Impulse für die lokale Praxis geben können.

Bettina Köhler/Markus Wissen

Zum Weiterlesen

Keil, Roger/Mahon, Rianne (Hrsg.) (2008): Leviathan Undone? The Political Economy of Scale. Vancouver (i.E.).

Köhler, Bettina/Wissen, Markus (2003): Glocalizing protest. Urban conflicts and the global social movements. In: International Journal of Urban and Regional Research, Vol. 27, No. 4, S. 942-951.

Wissen, Markus/Röttger, Bernd/Heeg, Susanne (Hrsg.) (2008): Politics of Scale. Räume der Globalisierung und Perspektiven emanzipatorischer Politik. Münster (i.E.).

Politische Bildung

Gesellschafts- und theoriegeschichtlich gehört die Frage nach den emanzipatorischen Potenzialen von politischer Bildung in den Zusammenhang der epochalen Umstellung gesellschaftlicher und individueller Selbstverständnisse in der Herausbildung der Moderne. In dem Maß, wie die Überzeugungskraft der Welt- und Gesellschaftsordnung aus Herkunft und Jenseits nachließ, mussten selbst tragende Welt- und Selbstverständnisse gefunden werden, die Gesellschaftlichkeit im Diesseits statt im Jenseits verankern. Diese Aufgabe ist im Wesentlichen auf drei Wegen angegangen worden. Auf ihnen entstehen deutlich unterschiedene Grundeinstellungen zur Politik. Sie lassen sich als Bürgerrollenkonzepte fassen, die typologisch als Selbstverständnisse von Untertanen (im Sicherheit verbürgenden Staat), von Wirtschaftsbürgern (die an der Sicherung privater Handlungsfreiheit interessierten liberalen Bourgeois) oder von teilhabeinteressierten Citoyens (im republikanischen Verständnis selbstgestalteter Politik) bezeichnet werden können.

Eine an ihren emanzipatorischen Potenzialen interessierte politische Bildung wird aus gewichtigen Gründen ihre Arbeitsperspektiven aus einem republikanischen Verständnis selbstgestalteter Politik und dessen demokratietheoretischen Weiterentwicklungen gewinnen. Weil darin Politik als Form der Selbststeuerung von Gesellschaften begriffen wird, kann Politik vorwiegend »von unten«, aus der Perspektive partizipationsinteressierter Individuen, wahrgenommen werden. Daher nimmt eine so begründete politische Bildung schon von ihrem Denkansatz her die Subjekte des Lernens als (künftige) AutorInnen der Volkssouveränität ernst. Sie zielt nicht auf Institutionenvertrauen, sondern auf → Partizipations- und Gestaltungsinteresse. Als zentrales Feld politischen Lernens sieht sie deshalb die Öffentlichkeiten gesellschaftlicher Selbstverständigung.

Wesentlich für eine an → Emanzipation interessierte politische Bildung bleibt auch heute eine Denkfigur, die das republikanische Politikverständnis mit der Grundregel einer universalistischen Vernunftmoral zusammenschließt. Nach ihr gesteht der einzelne sich selbst nur zu, was er prinzipiell allen anderen zugesteht. In diesem universalistischen Denkansatz hat eine so begründete politische Bildung ein unvergleichlich starkes Fundament der Kritik solcher ökonomischer, gesellschaftlicher und politischer Verhältnisse und Denkweisen, die Exklusionen oder Ungleichheiten bewirken. Zugleich bezieht sich dieses Politik- und Bildungsverständnis damit auf eine Theorie von Autonomie und Mündigkeit, für die Mündigkeit und Mündigwerden der

Individuen nur als soziale Praxis (nicht als individuelles Fitmachen) denkbar sind. Unter den Herausforderungen der Globalisierung zeigen sich weitere Stärken eines derart begründeten Verständnisses von politischer Bildung. Für das sich verändernde Aufgabenfeld der politischen Bildung ergeben sich folgende Chancen und Gestaltungsaufgaben einer emanzipatorisch interessierten Zugangsweise: Eine Hauptaufgabe (und Chance) politischer Bildung liegt in der notwendigen Umstellung der Perspektiven der Weltwahrnehmung von nationalstaatlich vermittelten auf transnationale und kosmopolitische Horizonte. Globalisierung als epochale Transformation lässt sich als ein konflikthaft verlaufender gesellschaftlicher Lernprozess deuten, in welchem sich die Perspektiven der Welt- und Selbstwahrnehmung neu organisieren müssen. In normativen Fragen, die sich dabei stellen, kann dieses Verständnis von Politik sich auf Orientierungen eines vernunftgeleiteten Universalismus (wie Gleichheit, Wechselseitigkeit der Anerkennung, Gerechtigkeit und kommunikative Rationalität) beziehen. Transformation als gesellschaftlicher Lernprozess kann dann gelingen, wenn sich die Horizonte gesellschaftlicher Selbstverständigung um neue, inklusive Formen verständigungsorientierter Sozialmoral erweitern.

Unter dem Gesichtspunkt partizipativer Demokratie treten die Defizite hervor, die sich aus einer Globalisierung der Entscheidungshorizonte ergeben, denen die Partizipations- und Diskurshorizonte noch nicht entsprechen. Ebenso zeigen sich die neuen Gestaltungs- und Lernchancen transnationaler → zivilgesellschaftlicher Akteure. Unter dem Gesichtspunkt von »Glokalisierung« lässt sich die Eigentümlichkeit von Globalisierung, Fernes im Nahen präsent zu machen, als besondere didaktische Chance ergreifen. Relevante und exemplarische Züge des komplexen und fernen Ganzen »Globalisierung« können im lokal Präsenten erkannt und in fallorientierten Arbeitsprozessen verfolgt werden.

Gerd Steffens

Zum Weiterlesen

Habermas, Jürgen (1997): Drei normative Modelle der Demokratie, in: Ders.: Die Einbeziehung des Anderen, Frankfurt/M., S. 277-292.

Heger, Bardo/Hufer, Klaus-Peter (2002): Autonomie und Kritikfähigkeit. Gesellschaftliche Veränderungen durch Aufklärung, Schwalbach/Taunus.

Lösch, Bettina (2005): Deliberative Politik. Moderne Konzeptionen von Öffentlichkeit, Demokratie und politischer Partizipation, Münster.

Negt, Oskar (2003): Kant und Marx. Ein Epochengespräch, Göttingen.

Steffens, Gerd (Hrsg.) (2007): Politische und ökonomische Bildung in Zeiten der Globalisierung, Münster.

Politisierung

Im Begriff der Politisierung verbinden sich programmatisch drei Operationen, die speziell Intellektuellen eine radikale Kritik der bestehenden Herrschaftsverhältnisse ermöglichen sollen: *Erstens* die performative Operation, das bis dahin Normale oder Selbstverständliche zu etwas Hinterfragbarem, Umkämpftem und damit auch Veränderbarem zu machen, sowie der Vorgang, durch den etwas in den öffentlichen Raum gebracht wird (vgl. schon Marxens »No admittance, except on business!«). Das reichte vom Rückgriff auf Walter Benjamins an Bert Brecht angelehnte Devise einer der von den Nazis betriebenen »Ästhetisierung der Politik« entgegenzusetzenden »Politisierung der Kunst« über die 1960er-Jahre-Slogans »Das Persönliche ist politisch!« bzw. »Das Private ist politisch!« bis zur Praxis des erzwungenen coming out. *Zweitens* kann darüber an die Stelle der herrschenden Passivität der Betroffenen sich deren »Aktivierung« entfalten. Insbesondere in Konzepten der autonomen Jugendbildung ist dieser Ansatz breit entfaltet worden. *Drittens* der mit den ersten beiden eng zusammenhängende Vorgang, eigene Identitäten, die bis dahin für wertlos oder sogar nicht-existent galten, auf eine Weise zu besetzen, dass ihre Träger eigenständig handlungsfähig werden konnten. Black is beautiful! oder → »Queer nation!« können als Slogans beide Anliegen exemplarisch in Erinnerung rufen. Damit wird ein kritischer Begriff der politischen Bildung radikalisiert, wie ihn Theodor W. Adorno und Ludwig von Friedeburg auf den Punkt gebracht hatten: »Politische Bildung vermag die Kruste der Gleichgültigkeit und Desinteresse zu durchbrechen, wenn es ihr gelingt, politische Vorgänge auf die Struktur der sie tragenden Interessen zu beziehen und einen einsichtigen Zusammenhang herzustellen zwischen dem Zustand des Gemeinwesens und den persönlichen Belangen des Einzelnen.«

Die Artikulation des Begriffs innerhalb der deutschsprachigen Debatte findet sich in einem Band von Peter Brückner und Alfred Krovoza u.a., in dem das subjektive Moment der Politisierung, die »Gegen-Identitäten« und die »subversive Phantasie«, im Vordergrund stand. Das wäre heute zu ergänzen durch Louis Althussers Diagnose der »Krise des Marxismus« – als deren zentrales Problem er das Fehlen einer Theorie des Politischen im traditionellen → Marxismus identifizierte – bzw. durch Étienne Balibars daran anschließende Ausarbeitung einer Theorie des Politischen für die kapitalistische Moderne. Denn das studentenbewegte Konzept der Politisierung arbeitete an einem allgemeineren Problem, wie es in allen Gesellschaften vorliegt, »in welchen die kapitalistische Produktionsweise herrscht« (Marx) – dass sich nämlich den handelnden Menschen ihre eigenen gesellschaftlichen Verhältnisse als »Naturbedingungen« menschlicher Vergesellschaftung darstellen, die ihrer Gestaltungsfähigkeit entzogen sind. Gemäß dem Konzept der Politisierung sollte eine an den eigenen Interessen der Betroffenen ansetzende politische Thematisierung als solche genügen, um diese »Verdinglichung« aufzulösen. Dabei wurde historisch zunächst übersehen, dass die real damals in der Tat derart politisierten Sachverhalte der Technologieentwicklung (oder auch der Veränderungen der Geschlechterverhältnisse) nur die besondere historische Gestalt des Fordismus betrafen – und nicht die grundlegendere Struktur der Herrschaft der kapitalistischen Produktionsweise als solche in Frage stellten.

Eine Aktualisierung der Kategorie der Politisierung für die Gegenwart muss daher beachten, dass zwischen den technokratischen Sachzwängen der 1960er Jahre und den heutzutage ins Feld geführten Marktgesetzen ein gravierender Unterschied besteht: Während die ersteren ganz offensichtlich herrschaftlich geronnene politische Positionen gewesen sind, die es zu hinterfragen genügte, um die Frage nach politischen Alternativen aufzuwerfen, geben sich die letzteren als rein sachliche Gesetzmäßigkeiten, denen gegenüber das bloße In-Frage-Stellen nicht genügt. Dabei kann die Auseinandersetzung mit der von neoliberaler Seite propagierten Unmöglichkeit und Gefährlichkeit jeder bewussten Gestaltung gesellschaftlicher Verhältnisse von den kritischen Resultaten der neuen Marx-Lektüre profitieren. Sie wird aber darüber hinausgehen müssen: Denn erst durch die Begründung von realitätstüchtigen Positionen einer bewussten → Vergesellschaftung wird sich der öffentliche Raum wieder für politische Auseinandersetzungen um die Überwindung der bestehenden Herrschaftsverhältnisse öffnen lassen.

Frieder Otto Wolf

Zum Weiterlesen

Althusser, Louis (1977): Ideologie und ideologische Staatsapparate. Aufsätze zur marxistischen Theorie; Berlin/Hamburg.

Balibar, Étienne (2006): Der Schauplatz des Anderen, Hamburg.

Brückner, Peter/Krovoza, Alfred u.a. (1972): Was heißt Politisierung der Wissenschaft und was kann sie für die Sozialwissenschaften heißen?, Frankfurt/M.

Friedeburg, Ludwig von/Adorno, Theodor W. (1968): Einleitung, in: Manfred Teschner, Politik und Gesellschaft im Unterricht, Frankfurt/M., S. 9.

Schulze, Detlef Georgia/Berghahn, Sabine/Wolf, Frieder Otto (Hrsg.) (2006): Politisierung und Ent-Politisierung als performative Praxis, Münster.

Postautonomie

Der Begriff der Postautonomie beinhaltet Kontinuitäten und Brüche innerhalb der jüngsten Geschichte der radikalen Linken. Post-autonome Politik grenzt sich in gewissen Punkten von klassisch autonomer Praxis ab, wie sie in den 1970er Jahren in Italien entwickelt wurde und in veränderter Form, nämlich ohne den Bezug auf den »Massenarbeiter«, sondern unter Betonung der Gestaltung des eigenen Lebensumfeldes in der Bundesrepublik in den 1980ern ihren Höhepunkt erreichte.

Zur klassischen Autonomie, dem italienischen → Operaismus und der 1977er-Bewegung, besteht kein direktes Nachfolge-Verhältnis, jedoch wird sich an wesentlichen Hauptcharakteristika orientiert. Der Begriff der Autonomie bezieht sich im Operaismus auf die Selbsttätigkeit der ArbeiterInnen: Als »Autonomie der Klasse« gegenüber dem Kapital und als Autonomie gegenüber den »StellvertreterInnen«, nämlich Partei und Gewerkschaft. Theorie und Praxis des Operaismus orientierte sich am Subjekt des Massenarbeiters, d.h. dem männlichen Fabrikarbeiter am Fließband. Auch wenn folglich die Fabrik zentraler Ort der Kämpfe war, wurden Mietstreiks und Hausbesetzungen in den ArbeiterInnenvierteln organisiert.

Auch in der BRD kam es Anfang der 1970er Jahre zu wilden Streiks, an denen operaistische Gruppen beteiligt waren. Ähnlich wie in Italien verlagerten sich die Kämpfe in die Stadtteile. Hier entwickelte sich eine andere Vorstellung von Autonomie: Selbstbestimmtes Leben im Hier und Jetzt. Dem Kampf gegen die Fabrikarbeit wurde der Rückzug aus der Lohnarbeit entgegengestellt und die »Politik der ersten Person« kam auf. Damit ist gemeint, dass die AktivistInnen vor allem von sich selbst ausgingen, ihr Umfeld nach den eigenen Utopien zu gestalten versuchten und sich gesellschaftlichen und kapitalistischen Zwängen entziehen wollten, beispielsweise, indem sie Kollektive eröffneten. Mit den operaistischen Betriebsgruppen hatte diese Bewegung nur noch wenig gemeinsam. Teile der Autonomen stellten den jeweiligen militanten Flügel verschiedener sozialer Bewegungen und zogen sich mit deren Niedergang immer stärker in subkulturelle Räume zurück. Die zunehmende Prekarisierung der Arbeitswelt, der Wegfall vieler gesellschaftlicher Nischen, Kriminalisierung und nicht zuletzt die Einbindung in das neoliberale Projekt verstärkten den Bedeutungsverlust der autonomen Bewegung.

Das Schlagwort »postautonom« wird zur Kennzeichnung von einem Teil der radikalen Linken genutzt, der versucht, aktiv aus der gesellschaftlichen

Marginalisierung herauszukommen und gesellschaftliche Kämpfe zuzuspitzen. Dieser zeichnet sich durch die Kritik an der »Politik der ersten Person« und einem wieder stärkeren Bezug auf → (post-)operaistische Theoriebildung aus.

Unter anderem in der noch jungen Interventionistischen Linken (IL) sowie in migrationspolitischen Gruppen findet sich dieser Teil der Linken wieder. Beide beziehen sich auf die vielfältige globalisierungskritische Bewegung und ihre Proteste, in denen die »andere Welt« bereits aufscheint. Inspiriert durch die zapatistische Bewegung sowie das Buch »Empire« von Michael Hardt und Antonio Negri wird nicht auf die Übernahme der Staatsmacht zu einem bestimmten Zeitpunkt, sondern auf das Aufbauen von lokaler und internationaler Gegenmacht gesetzt, die die Überwindung aller Herrschaftsverhältnisse zum Ziel hat – an diesem Punkt wird an klassisch autonome Politik angeknüpft. Post-Autonomie unterscheidet sich jedoch darin, mehr auf pragmatische Zusammenarbeit mit anderen Akteuren wie Parteien, Gewerkschaften und NGOs zu setzen. Die Proteste gegen den G8-Gipfel im Juli 2007 in Heiligendamm zeigen, dass eine solche Orientierung an Bündnispolitik und gemeinsamer Mobilisierung zur vermehrten Wahrnehmbarkeit der radikalen Linken führen kann – auch wenn sie innerhalb der radikalen Linken nach wie vor umstritten ist. Bereits Anfang der 1990er Jahre kam es innerhalb der Autonomen zu einer Debatte über mangelnde Verbindlichkeit und interne, informelle (Macht-)Strukturen. Um beides zu mindern und thematisieren zu können, wird seither auf feste, von außen ansprechbare Gruppen, Netzwerke und Organisierungsprozesse gesetzt.

Darüber hinaus zeichnet sich post-autonome Politik dadurch aus, neue subversive Aktionsformen zu entwickeln, ohne die die Autonomen kennzeichnende militante und konfrontative Praxis zu verwerfen. Die Tutte Bianche, Pink Silver, Paraden der Prekarisierten (Euromayday), Aktionen der »Überflüssigen«, aber auch kollektiver → ziviler Ungehorsam wie »Block G8« stellen eine kreative Weiterentwicklung autonomer Praxis dar, die nicht dem klassischen Schema von teilweise patriarchal geprägter → Militanz entspricht.

Fabian Rehm/Anne Tittor

Zum Weiterlesen

Balestrini, Nanni (2002): Die goldene Horde. Arbeiterautonomie, Jugendrevolte und bewaffneter Kampf in Italien, Berlin/Hamburg/Göttingen.

Geronimo (1994): Feuer und Flamme, Zur Geschichte der Autonomen, 4. Aufl., Berlin/Amsterdam.

Hardt, Michael/Negri, Antonio (2002): Empire. Die neue Weltordnung, Frankfurt/M.

Post-Development

Nach dem Ende des Zweiten Weltkriegs und in der Phase der Dekolonisation war der koloniale Rassismus, der die Weltbevölkerung in »zivilisierte Herrenmenschen« und »unzivilisierte Wilde« aufteilte, weitgehend diskreditiert. An dessen Stelle trat die Rede von »entwickelten« und »unterentwickelten« Gesellschaften. Damit wurde zwar eine »Gleichheit der Völker« propagiert, dennoch waren einige gleicher als andere, nämlich ökonomisch weiter fortgeschritten. Das Leitbild der »Entwicklung« implizierte, dass alle menschlichen Gesellschaften auf einer evolutionären Skala voranschreiten und dass die Industriegesellschaften an deren Spitze stünden. Die auf dieser Skala »zurückgebliebenen« Gesellschaften könnten durch Modernisierung, Industrialisierung, Investitionen, Wirtschaftswachstum und Entwicklungshilfe ebenfalls zu »entwickelten« Gesellschaften werden. In den 1990er Jahren postulierten die so genannten Post-Development Ansätze in der Entwicklungstheorie, dass diese Vorstellung nicht nur durch und durch eurozentrisch, sondern auch obsolet sei: die Ära der »Entwicklung« sei vorüber, es sei an der Zeit, nach Alternativen zu suchen.

Begründet wurde diese These mit vier Argumenten: Erstens hat die ökologische Problematik deutlich gemacht, dass die Industrieländer keinesfalls als einzuholende Vorbilder zu betrachten sind, sondern eher als nicht verallgemeinerbare Irrwege. Zweitens ist die Idee der »Entwicklung« ein ideologisches Versprechen im Ost-West-Konflikt gewesen, das nach Ende des Kalten Krieges überflüssig wurde: Der Westen braucht keine Versprechungen mehr zu machen, um ehemalige Kolonien vom Überlaufen ins sozialistische Lager abzuhalten. Drittens hat sich die Vorstellung des Aufholens als illusorisch erwiesen: Die materielle Kluft zwischen »entwickelten« und »weniger entwickelten« Ländern wurde nicht kleiner, sondern ist kontinuierlich größer geworden. Auch deswegen ist das »Projekt der Entwicklung« gescheitert. Viertens missachtet das Leitbild die kulturelle Vielfalt der Formen menschlichen Zusammenlebens (→ Pluralität) und zielt auf eine Verwestlichung der Welt ab. Das Scheitern von Ideen und Praxen von »Entwicklung« sind deshalb zu begrüßen.

Nach dem Scheitern des Entwicklungsprojekts entstehen in der Praxis von → sozialen Bewegungen und Gemeinschaften vor allem in Lateinamerika und Asien neue gesellschaftliche Strukturen, die traditionelle und moderne Elemente miteinander verbinden. Diese Alternativen zur Entwicklung sind geprägt durch die Wiederaneignung des Wissens gegenüber der modernen Wissenschaft (z.B. traditionelle Heilmethoden), die Wiederaneignung der Politik gegenüber dem Staat (z.B. direktdemokratische Entscheidungsprozesse, → Partizipativer Haushalt) und die Wiederaneignung der Ökonomie gegenüber der formellen freien Marktwirtschaft (im informellen Sektor, der Subsistenzökonomie oder → solidarischen Praktiken). Autonomie und kulturelle Identität spielen eine wichtige Rolle, die Überlegenheit der westlichen Industriegesellschaft (und demnach auch der Versuch, ihr nachzueifern) werden in Frage gestellt. Dabei lassen sich neo-populistische und skeptische Post-Development-Ansätze unterscheiden: Während erstere oftmals traditionelle Gemeinschaften idealisieren und bisweilen eine Rückkehr zur Subsistenzökonomie propagieren, sind letztere kritischer gegenüber kulturellen Traditionen (die oft reaktionäre und patriarchale Elemente beinhalten) und verzichten auf den Entwurf universeller Gesellschaftsmodelle, die ja letztlich doch eine Unterordnung anderer Modelle implizieren.

Post-Development macht auf die Kontingenz des Leitbilds »Entwicklung« aufmerksam, ebenso wie auf seine historische Verortung. Er ermöglicht, die damit verwobenen Machtverhältnisse zu thematisieren und nach alternativen Leitbildern zu suchen – der mexikanische Aktivist Gustavo Esteva schlägt z.B. »Gastlichkeit« vor. Post-Development hinterfragt nicht nur die gängige Praxis, die Menge an produzierten und konsumierten Waren als Indikator einer guten Gesellschaft anzusehen und potenzielle Indikatoren wie Selbstbestimmung oder die Abwesenheit von Rassismus auszublenden. In der skeptischen Variante wird generell die Vergleichbarkeit von Gesellschaften anhand von universellen Maßstäben problematisiert. Zwar werden die Nord-Süd-Beziehungen zunehmend als »Krisenprävention«, »Weltmarktintegration« und »Global Governance« gestaltet, viele eurozentrische Annahmen von der Überlegenheit westlicher Gesellschaften sind jedoch immer noch präsent. Deshalb ist Post-Development ein sinnvolles Werkzeug auf der Suche nach Alternativen zum Industriekapitalismus – im Süden wie im Norden.

Aram Ziai

Zum Weiterlesen

Esteva, Gustavo (1995): Fiesta – jenseits von Entwicklung, Hilfe und Politik. Frankfurt/M.
Rahnema, Majid (Hrsg.) (1997): The Post-Development Reader, London.
Sachs, Wolfgang (Hrsg.) (1993): Wie im Westen so auf Erden. Ein polemisches Handbuch zur Entwicklungspolitik, Reinbek.
Ziai, Aram (2003): Entwicklung als Ideologie? Das klassische Entwicklungsparadigma und die Post-Development Kritik, Hamburg.

Postneoliberalismus

Der Begriff Postneoliberalismus entstand im lateinamerikanischen Kontext angesichts immer sichtbarer werdender → Widerstände gegen das dort umgesetzte neoliberale Modell. Insbesondere im Zuge des Amtsantritts von Lula da Silva in Brasilien im Januar 2001 verkörperte er die Hoffnung auf eine Politik, die deutlich mit dem neoliberalen Kurs der 1990er Jahre brechen und zentrale Probleme wie wirtschaftliche Instabilität, ungleiche Landverteilung oder soziale Polarisierung und Armut *post*neoliberal lösen würde. Dass nicht nur in Brasilien, sondern etwa auch in Argentinien auf eine anti-neoliberale Rhetorik eine Politik folgte, die in wesentlichen Aspekten diese Wende eben nicht vollzog, zog eine Bedeutungserweiterung nach sich. Postneoliberalismus dient heute einerseits als Analyseperspektive zur Beschreibung der – unterschiedlich starken und multiskalar stattfindenden – Brüche mit *dem* Neoliberalismus im Sinne von Projekten, Strategien und Praxen sowie andererseits als normative Ausrichtung und Zielorientierung. Das kritische Potenzial des Begriffs Postneoliberalismus liegt nicht direkt auf der Hand, denn er findet auch Verwendung für Restrukturierungsprozesse des Neoliberalismus bzw. einen Neoliberalismus mit sozialem Gesicht wie im Falle der Weltbank oder des UN-Entwicklungsprogramms. Neben Brüchen nimmt der Begriff also auch Kontinuitäten in den Blick.

Emanzipatorisch gewendet könnte er allerdings als »perspektivierender« Sammelbegriff den Blick auf vielfältige Suchprozesse öffnen. In diesem Sinne formen postneoliberale Praktiken, Strategien und deren Verdichtung zu (kleinräumigen) Projekten in ihrer Summe einen »Postneoliberalismus«. All diese Ansätze – von einzelnen Regierungsprogrammen bis zu lokalen Initiativen, von einer (verbesserten) Alltagsbewältigung bis hin zu umfassenderen Ansätzen etwa eines → Sozialismus des 21. Jahrhunderts – verbindet der Bruch mit Aspekten des Neoliberalismus und die Entwicklung konkreter Alternativen. So facettenreich allerdings »der« Neoliberalismus sowohl konzeptionell als auch in seinen jeweils empfundenen Auswirkungen ist, so unterschiedlich sind die Anknüpfungspunkte, Zielsetzungen und Reichweiten der Postneoliberalis*men*. Post*neoliberalismus* als Perspektive und Kategorie bedeutet dabei nicht, sich per se auf Neoliberalismus als Ursache der Widersprüche zu beschränken, sondern schließt auch weitreichendere, etwa antikapitalistische Positionen mit ein.

Postneoliberale Praxen, Strategien und Projekte können in ihrer Intention radikal und systemtransformierend angelegt sein, sich letztendlich aber, weil sie etwa nur kleine Ausschnitte des Neoliberalismus oder Kapitalismus als Problem aufgreifen, räumlich eingeschränkt umgesetzt werden oder ein zu starkes Gegenüber haben, kurzfristig in das neoliberale Modell einfügen und systemstabilisierend wirken. Häufig ein wichtiges Element der Postneoliberalismen bilden alternative, sich den Zwängen kapitalistischer Verwertung entziehende Formen materieller Reproduktion. Ein bestimmendes Moment ist ferner das Verhältnis zu und der Umgang mit dem Staat, institutioneller Politik und traditionellen Formen der Repräsentation. Hier bewegen sich die Positionen im Spannungsfeld zwischen einer vollständigen Ablehnung traditioneller und dem Aufbau alternativer und autonomer Politik- und Organisationsformen einerseits und einem positiven Bezug auf Parteien sowie den Staat als wesentlichem Konflikt- und Kompromissterrain für gesellschaftliche Umstrukturierung andererseits.

Die Vielfältig- und Vielschichtigkeit des Begriffes Postneoliberalismus verkörpert gleichzeitig seine Stärken und Schwächen. Als perspektivierender Begriff sucht er nicht das große, einheitliche Alternativprojekt zum Neoliberalismus, sondern begreift sozialen Wandel als offenen und widersprüchlichen Dekonstruktionsprozess, der je spezifisch an unterschiedlichen Punkten und Orten ansetzen muss: Bewegungen gegen Privatisierung oder die Zerstörung natürlicher Lebensgrundlagen; Kämpfe für Autonomie oder politische und soziale Rechte; der Aufbau von Formen → solidarischer Ökonomie weltweit. Gewinnbringend ist, dass im Sinne eines »Postneoliberalismus im Aufbau« sowohl Abwehrkämpfe gegen ein weiteres Voranschreiten *des* Neoliberalismus und eine Vereinnahmung in Restrukturierungsmaßnahmen in den Blick geraten als auch konstruktive Aspekte wie konkrete, häufig molekulare postneoliberale Praktiken. Gerade oft bemühte Beispiele wie die Zapatistas in Chiapas (Mexiko), die Landlosenbewegung in Brasilien oder die Arbeitslosenbewegung (Piqueteros) in Argentinien zeigen, wie wichtig dieses Zusammenspiel und insbesondere die Schaffung von autonomen, politischen und sozialen Räumen ist.

Nicola Sekler

Zum Weiterlesen

Borón, Atilio A. (2003): El posneoliberalismo: un proyecto en construcción. In: Sader, Emir & Pablo Gentili (Hrsg.): La trama del neoliberalismo, Buenos Aires.

Brand, Ulrich/Sekler, Nicola (2008): Struggling between Autonomy and Institutional Transformations. Social Movements in Latin America and the Move towards Post-Neoliberalism. In: Macdonald, Laura & Arne Ruckert (Hrsg.): Post-Neoliberalism in the Americas: Beyond the Washington Consensus? (im Erscheinen).

Postoperaismus

Wie die etwas hilflose Vorsilbe »Post« bereits andeutet, steht der Begriff Postoperaismus in einer ambivalenten Beziehung zu seinem Vorgänger, dem → Operaismus. Einerseits beerbt er diesen in seiner Grundintention, nämlich soziale Verhältnisse ausgehend von den Kämpfen und Bewegungen der Vielen zu begreifen, andererseits sind die Begriffe durch historische Einschnitte getrennt, allen voran durch die staatliche Zerschlagung der autonomen sozialen Bewegungen in Italien Ende der 1970er Jahre.

Postoperaismus beerbt den → Marxismus, ist aber keiner (mehr): Von großer Bedeutung für die Eigenständigkeit postoperaistischer Theoriebildung ist die Reflexion über das Ende der Zentralität der großen Fabrik. Die Prozesse der Globalisierung der Ökonomie, der Dezentralisierung der Produktion und der Auflösung nationalstaatlicher Souveränität verlangen nach einem veränderten Blick auf gesellschaftliche Verhältnisse und nach einem anderen Denken von Befreiung: Nicht mehr der operaistische »Massenarbeiter« (nicht zufällig in seiner männlichen Form), sondern die auch jenseits der Lohnarbeit produktive → Multitude ist die Figur des (möglichen) postmodernen → Kommunismus. Vielfalt und Kommunikation, nicht Einheit und Disziplin sind ihre Stärke. Seine Aktualität erwächst eben genau aus seinem Vermögen der Anpassung an aktuelle gesellschaftliche Tendenzen, nämlich Veränderungen aus der Perspektive aktueller → sozialer Bewegungen und Kämpfe heraus zu analysieren. Auch und nicht zuletzt das Kapitalverhältnis wird von den Menschen reproduziert und nur diese können es überwinden bzw. »aufhören, den Kapitalismus zu produzieren« (John Holloway). Dies unterscheidet ihn von den hegemonialen Spielarten des objektivistischen Marxismus, in denen das Kapital immer schon »fertig« auf uns wartet.

Postoperaismus ist politisch, aber keine politische Bewegung, vielmehr eine Sichtweise auf die Entwicklung gesellschaftlicher Verhältnisse aus der Perspektive sozialer Kämpfe. In der Selbstorganisation dieser Kämpfe wird dabei der Schlüssel zur Überwindung kapitalistischer Verhältnisse ausgemacht. Nicht die Transformation der Gesellschaft über die Machtübernahme im Staat, sondern die »Konstituierende Republik« (Toni Negri) der Multitude ist der Horizont eines möglichen → Kommunismus. Postoperaismus ist kein Klassenkonzept, hat aber seinen Ausgangspunkt in der sich in sozialen und → Klassenkämpfen herstellenden »Klassenzusammensetzung«. Die Multitude entsteht in und aus den Kämpfen und Widerständen in allen Bereichen gesellschaftlichen Lebens, sie existiert niemals in reiner Form.

Die »technische Klassenzusammensetzung«, ihre Umgruppierung durch die kapitalistische Organisation von Arbeit und Leben und durch die Anwendung neuer Technologien fügt sich der Veränderung der gesellschaftlichen Arbeitsteilung im postfordistischen Kapitalismus. Sie wird von der »(bio-) politischen Klassenzusammensetzung« von unten beantwortet, die in den sozialen Bewegungen und in den Experimenten nicht-kapitalistischer Vergesellschaftung entsteht.

Postoperaismus ist keine Bewegung, aber in Bewegung: Der Bestseller »Empire« erschien nicht zufällig mit dem Sichtbarwerden der globalen Protestbewegung. In dieser beerbt der Postoperaismus sowohl linkskommunistische als auch anarchistische Strömungen (→ Anarchismus). Besonderes Augenmerk gilt dabei dem Prozess der Prekarisierung. In den Bewegungen der Prekären, aber auch in Theorie und Praxis der → Autonomie der Migration oder in den Kämpfen von KulturarbeiterInnen spielen postoperaistische Ansätze eine wichtige Rolle. Postoperaismus ist optimistisch, aber nicht blauäugig: Obwohl im postfordistischen Kapitalismus die Produktivkräfte ein Niveau erreicht haben, das eine Vergesellschaftung jenseits kapitalistischer Ausbeutung und ökonomischer Knappheit hier und jetzt ermöglicht, kann erst die Entscheidung der Menge (Multitude), diese Zustände »nicht länger zu tragen«, den Kapitalismus ein für alle Mal der »Vorgeschichte« (Marx) der Menschheit anheimfallen lassen.

»Wir sehen, wohin wir gehen wollen. Es schimmert im Morgendunst wie eine Insel auf der anderen Seite des Meeres. Aber wir können nicht dorthin gelangen, indem wir Trittsteine verlegen und von einem Stein zum anderen springen, die Partei aufbauen, die Kontrolle über den Staat erlangen, Sozialreformen durchsetzen. Das wird nicht funktionieren, denn die Insel, die wir im Dunst schimmern sehen, befindet sich nicht im Meer, sondern im Himmel und die einzige Möglichkeit dorthin zu gelangen, ist zu fliegen. Es scheint unmöglich, bis wir merken, dass wir bereits fliegen.« (John Holloway)

Martin (pyrx) Birkner/Robert (Fuzi) Foltin

Zum Weiterlesen

Birkner, Martin/Foltin, Robert (2006): (Post-)Operaismus. Von der Arbeiterautonomie zur Multitude. Geschichte & Gegenwart, Theorie & Praxis. Eine Einführung, Stuttgart.

Hardt, Michael/Negri, Antonio (2003): Empire. Die neue Weltordnung, Frankfurt a.M./New York.

Holloway, John (2002): Die Welt verändern ohne die Macht zu übernehmen, Münster.

Protest

Die Begriffe Protest, → Widerstand und → soziale Bewegungen sind eng miteinander verbunden. Unter Protest werden kollektive und öffentliche direkte Aktionsformen verstanden, die Präsenz und symbolische Expressivität aufweisen und die Identität bestimmter sozialer Gruppen ausdrücken. Die Aktionsformen sind breit gefächert und können sowohl Jugendproteste (Kleidung, Graffiti, Schnoddrigkeit etc.) als auch Aufrufe, Demonstrationen, Unterschriftensammlungen, → zivilen Ungehorsam und konkrete Formen des Widerstandes inklusive Gewaltanwendung einschließen.

»Protest ist, wenn ich sage, das und das passt mir nicht. Widerstand ist, wenn ich dafür sorge, dass das, was mir nicht passt, nicht mehr geschieht. Protest ist, wenn ich sage, ich mache nicht mehr mit. Widerstand ist, wenn ich dafür sorge, dass alle anderen auch nicht mehr mitmachen.« (Ulrike Meinhof) Durch Proteste wird eine Gegenmeinung ausgedrückt, ein Nicht-Einverstanden-Sein mit einer bestimmten Situation oder einem Zustand. Proteste können Veränderungen verlangen oder sich dagegen stellen und damit zum Widerstand überleiten. Diese Veränderungen werden in den meisten Fällen von einer aktiven Minderheit eingefordert, die möglicherweise mit ihrer Meinung oder Forderung gegen die Mehrheit steht. Es ist für jeden Protest eine wichtige Frage, wie viel passive Zustimmung in einer Gesellschaft hinter dem aktiven Protest vorhanden ist und eventuell aktiviert werden kann. Unkonventionelle Kanäle des Ausdrucks werden beim Protest benutzt und kombiniert, sowohl organisierte als auch nicht organisierte Formen der Partizipation angewendet. Das Ziel ist einerseits, Konfliktthemen bekannt zu machen, um SympathisantInnen zu gewinnen, andererseits, Einfluss auf konkrete politische Entscheidungen auszuüben oder ökonomische Entscheidungen wie etwa bestimmte Investitionen zu verhindern.

Protest bricht zumeist Normen und zeichnet sich durch mehr oder weniger stark ausgeprägtes abweichendes Verhalten aus. Er stört den gewöhnlichen Lauf der Dinge und zwingt andere absichtlich und bewusst zur Aufmerksamkeit. Wer protestiert, stellt sich unmissverständlich dar und »haftet« für die Sache. Häufig wird eine Delegitimation bestimmter Regeln, der bestehenden Ordnung oder des politischen Systems angestrebt, die mit Ehrgeiz und Leidenschaft betrieben wird. Der Protest kann an Glaubwürdigkeit verlieren, wenn dies nicht der Fall ist. Allerdings müssen die Protestierenden auch in der Lage sein, ihrer im weitesten Sinne moralischen Motivation rationale Begründungen zu geben.

Die stark nach außen gerichtete Wirkung des Protestes gilt vermehrt auch den Medien, bei denen mehr Wahrnehmung erreicht werden soll. Im Falle einer wachsenden alternativen Medienlandschaft sind Proteste nicht mehr allein auf die Massenmedien gerichtet. Der Zuwachs an alternativer Medienberichterstattung bringt eine breitere Präsenz der Aktionen mit sich und führt zu einer früheren Anerkennung einer Problematik. Schließlich beziehen sich Proteste zunächst auf punktuelle Themen und Probleme, aber sie müssen früher oder später zu Organisationen führen, wenn sie eine dauerhafte Wirkung erzeugen wollen. Am Anfang sind Proteste diskontinuierlich, auch wenn sich z.B. die globalisierungskritische Bewegung in den letzten Jahren in einem Rahmen für einen breiteren Kampf befindet. Hier muss zwischen spontanem und kontinuierlichem Protest unterschieden werden: Wenn die Protestaktionen zeitlich, räumlich und sozial aneinander anschließen und Kontinuität aufweisen, kann von sozialen Bewegungen gesprochen werden.

Erwähnenswert ist die Möglichkeit der Transnationalität von Protesten. Diese gab es zwar schon früher, aber in den letzten Jahren sind nicht nur zunehmende Aktionen zu verzeichnen, sondern auch eine besser sichtbare Transnationalität der Proteste, die den gemeinsamen Problemen besser begegnet und im historischen Vergleich zuzunehmen scheint. Ein Beispiel für ein gemeinsames Ziel der Proteste über Länder hinweg ist die relativ neue Erscheinung der G8-Proteste, mit der konkret ausgesprochenen Parole »Antikapitalista«. Proteste hatten in der Geschichte häufig einen Stellvertreter-Charakter und setzten sich z.B. für ein umfassenderes Problem wie das Nord-Süd-Gefälle ein. Die Folgen des neoliberalen Regimes in Ländern des globalen Südens und die dortigen Proteste zeigen Zusammenhänge, in denen die Länder des globalen Nordens als Verursacher, aber auch als Mitbetroffene beteiligt sind. Daraus kann besser organisierter Protest und gegenseitiges Lernen entstehen. »Wir sollen wissen, dass ein neues Zeitalter begonnen hat … wenn die gewöhnlichen Menschen anfangen, neue Formen zu nutzen, um für ihre Interessen zu kämpfen.« (Tilly)

Viviana Uriona

Zum Weiterlesen

Balistier, Thomas (1996): Straßenprotest. Formen oppositioneller Politik in der Bundesrepublik Deutschland, Münster.

Paris, Rainer (2000): Schwacher Dissens. Kultureller und politischer Protest, in: Roth, Roland/Rucht, Dieter (Hrsg.): Jugendkulturen, Politik und Protest. Vom Widerstand zum Kommerz?, Opladen, S. 49-62.

Tilly, Charles (1990): Modelos y realidades de acción colectiva popular. Zona abierta, N° 54-55.

Queer

Queer bedeutet soviel wie schräg, schwul, abweichend; ursprünglich ein abwertendes Wort aus dem Kontext von Homosexuellenfeindlichkeit. Als Selbstbezeichnung wurde es in schwul-lesbischen Subkulturen in den USA Anfang der 1990er Jahre ein strategisches Moment subversiver Politiken. Queer zielt auf eine politisch und sozial reflektierte Kritik an den Folgen von → Anerkennung für Schwule und Lesben: Sie würden letztlich die herrschenden Geschlechternormen in Form einer Entweder-oder-Struktur von Zweigeschlechtlichkeit in der subversiven Norm bestärken. Dies begründete die Suche nach Praktiken und theoretischen Alternativen zur strikt binär organisierten Heteronormativität. Gemeint ist damit die hegemoniale Orientierung an einem heterosexuell gedachten Modell von Zweigeschlechtlichkeit, das in allen gesellschaftlichen Bereichen dominant ist. Eine queere Kritik geht davon aus, dass Geschlechteridentität und Sexualität bzw. sexuelle Orientierungen nicht zwangsläufig gekoppelt und auch nicht vom biologischen Geschlecht ableitbar sind und es vielfältige Möglichkeiten gibt, Geschlechtsidentität, sexuelle Orientierung und Begehren zu leben.

Dieser Grundgedanke prägt frühe queertheoretische Kritik (Teresa de Lauretis; Judith Butler; Sabine Hark; Antke Engel/Corinna Genschel im deutschen Kontext Mitte der 1990er Jahre) sowie aktuelle queer-politische Debatten. Vielfach an dekonstruktivistische Konzepte sowie den Diskursbegriff Foucaults anschließend, verfolgt queere Kritik die Herrschaftsförmigkeit jeglicher Form von Identitätskategorien, die homogenisieren, was sie bezeichnen. Wichtig sind aber auch Perspektiven auf »Ökonomien des Begehrens«, die (hetero-)sexuelles Begehren und kapitalistische Vergesellschaftung sowie auch ethnisierte Differenzen als verflochtene Dimensionen analysieren.

Zentral ist in queer-feministischen Diskursen die Frage, welche sozialen und kulturellen Ausschlüsse immer wieder – unvermeidlich? – performativ, also durch Benennung, hergestellt werden. Mittlerweile wird dies im Kontext von L(esbian)G(ay)B(isexual)T(ransgender) weitergehend diskutiert: Wo liegen die Grenzen von queer? Geht queer im neueren Begriff von Transgender erweiternd auf? Sind intersexuelle Menschen hier mitgemeint, während etwa Transsexualität als pathologisierende Beschreibung noch immer im Schema von (letztlich heteronormativ gedachter) Zweigeschlechtlichkeit verbleibt? Wie lässt sich schließlich feministische Gesellschaftskritik queer zuspitzen? Dabei gilt es, → Differenzen in einem Feld von Kritikpositionen auszuhalten (Post-/queer-/linksradikaler Feminismus).

Gegenstände queerer Gesellschafts- und Kulturanalysen sind neben den Subjekt- und Identitätskonstruktionen Repräsentationen in Medien, Film und Literatur. Aber auch Recht und Rechtsprechung sind von geschlechtertypisierenden, oft heteronormativen Setzungen durchzogen – wie etwa die rechtliche Institutionalisierung der eingetragenen gleichgeschlechtlichen Lebensgemeinschaft. Sie kopiert, wenn auch nachordnend und unvollständig, die rechtlichen Privilegien der staatlich anerkannten Ehe, unterbindet aber die Möglichkeit entsprechender Familienstrukturen (z.B. kein Adoptionsrecht für Schwule und Lesben), im Steuerrecht (sog. Ehegattensplitting) u.a.m. Damit werden die herrschaftsförmigen heteronormativen Strukturen der Geschlechterverhältnisse in Form des »Privilegs« der (heteronormativ gefassten) Ehe als Fundament kapitalistisch-bürgerlicher Organisation von Gesellschaft und Staat in ihrer Grundstruktur gestützt. Gemeinsam ist der Ausarbeitung eines queeren Kritikprojekts mit durchaus unterschiedlichen Positionen die Motivation, begriffliche, analytische und politische Alternativen für Lebens- und Liebesformen (z.B. Wahlverwandtschaften oder Freundschaften als grundlegendem Modus der Selbstvergesellschaftung) und Arbeitsweisen zu entwickeln, die auf andere Gesellschaftsformen und Politikentwürfe hinwirken wollen. Das Potenzial dieser Kritik erstreckt sich damit letztlich auf alle Menschen, die von Normierungen, Einschränkungen und Paradoxien betroffen sind. Konkrete Anliegen gesellschaftlicher Veränderung äußern sich in Form politischer Koalitionen, neuer politischer Praxen (z.B. queer cheerleading, pink & silver) oder auch Lobbyarbeit für die Berücksichtigung sexueller Diskriminierungen und Orientierungen im Verfassungsentwurf der EU im Sinne erweiterter → Menschenrechte. Mit Strategien der Entnormalisierung und De-Privilegierung hegemonialer Geschlechter- und sexueller Ordnungen zielt queere Kritik zunächst radikal auf Systemalternativen, ohne dabei die gegenwärtigen Möglichkeiten politischer Eingriffe aus den Augen zu verlieren.

Katharina Pühl

Zum Weiterlesen

Engel, Antke (2002): Wider die Eindeutigkeit. Sexualität und Geschlecht im Fokus queerer Politik der Repräsentation, Frankfurt/M., New York.

Groß, Melanie/Winker, Gabriele (Hrsg.) (2007): Queer-/Feministische Kritiken neoliberaler Verhältnisse, Münster.

Jagose, Annemarie (2001): Queer Theory. Eine Einführung. Hrsg. von Genschel, Corinna/Ley, Caren/Wagenknecht, Nancy/Woltersdorff, Volker, Berlin.

Radikale Demokratie

Grundmerkmale der in den westlichen Verfassungen festgeschriebenen Demokratie sind u.a. die Volkssouveränität, freie, gleiche und allgemeine Wahlen, das Parlament als Legislative und Kontrollorgan der Exekutive, Parteien als Organe der Willensbildung, die Mehrheitsentscheidung. Um diese Prinzipien durchzusetzen, hat es vieler Kämpfe der ArbeiterInnen-, der Frauen- und Bürgerrechtsbewegung bedurft. Die Beteiligung der Bevölkerung am Rechtsstaat war abhängig von → sozialen Bewegungen. Diese waren insofern radikal demokratisch, als sie außerhalb der staatlichen Institutionen Freiheitsrechte in Anspruch genommen haben, um Prinzipien demokratischer Beteiligung durchzusetzen.

Seit zweihundert Jahren gehört es zu den Grundfragen der Demokratie, ob, wenn die Freiheit einmal erreicht ist, die nachfolgenden Generationen auch ihrerseits ein Recht darauf haben, sich ihre Verfassung selbst zu geben oder ob sie sich in den Bahnen der bestehenden Verfassungsinstitutionen bewegen sollen. Radikale Demokratie bezweifelt das vorherrschende liberale Demokratieverständnis. Der Volkssouverän ist kein einheitliches Volk mit einem idealisierten Gesamtwillen, sondern besteht aus einer Vielzahl von sozialen Gruppen, Interessenlagen und Lebensformen. Die Verfassung erweist sich allein dadurch als legitimiert, dass sie einen Raum für diese Vielgestaltigkeit und Veränderlichkeit des Volkssouveräns gibt. Das, was als allgemein verbindlich gilt, steht nicht von vornherein fest. Keine Instanz und keine Gruppe können für sich beanspruchen, im Namen aller zu sprechen. Für eine Berücksichtigung der ständig sich verändernden Interessen, Lebensformen und des daraus entstehenden Informations-, Entscheidungs- und Revisionsbedarfs sind die eingespielten Verfahren der Willensbildung zu eng, zu langsam und zu ineffizient. Radikale Demokratie beinhaltet deswegen eine Vielzahl von Vorschlägen, um bestehende demokratische Mechanismen zu erweitern und einzubetten. Das betrifft etwa die Definition der Zugehörigkeit zum Volkssouverän. Gefordert wird, den MigrantInnen und »Sans Papiers« staatsbürgerliche Rechte einzuräumen. Die Entscheidungsprozesse werden erweitert: durch soziale Bewegungen, Bürgerinitiativen, NGOs. Die → Zivilgesellschaft erhält Mitspracherechte, es kommt zu Runden Tischen oder Mediationsverfahren. Mittels des → partizipativen Haushalts werden BürgerInnen an Entscheidungen direkt beteiligt.

Das liberale Demokratieverständnis beschränkt sich auf die formalen politischen Verfahren. Doch faktisch muss auch die formale Demokratie bestimmte substantielle Lebensformen unterstellen: die des unpolitischen, die »Politik« delegierenden und seine Einkommens- und Konsuminteressen verfolgenden Privatsubjekts. Demgegenüber betont die radikale Demokratie, dass Demokratie auf einer entgegenkommenden demokratischen Kultur beruht und eine Lebensweise darstellt. In diesem Sinn meint Demokratie die Bereitschaft und Fähigkeit zur Anerkennung der Anderen als Gleiche, zur wechselseitigen Übernahme des Standpunkts der Anderen, zur Aushandlung von Interessen im Alltag, zur Revision eigener Positionen im Lichte besserer Argumente oder zu einer Haltung, die sich den kooperativen Suchprozessen zur Lösung von Problemen überlässt. Radikale Demokratie schließt also ein, dass Demokratie von der Familie über die Schule bis zum Militär in allen Lebensbereichen gelten soll. Deswegen wird von manchen VertreterInnen der radikalen Demokratie auch die Überwindung kapitalistischer Produktionsverhältnisse als ein Element der Demokratie betrachtet.

Die Grenzen der radikalen Demokratie liegen in ihrer Uneindeutigkeit und demokratiepolitischen Fortschrittsgläubigkeit. Radikale Demokratie zielt auf die Inklusion all derer, deren Beteiligung behindert wird: Schwule, Frauen, rassistisch Diskriminierte, Kinder. Die Unterstellung ist, dass eine solche → Partizipation irgendwann einen Schwellenwert erreicht, an dem sie unumkehrbar wird. Doch es gibt weiterhin die Interessengruppen, die ihrerseits – und mit dem gleichen Partizipationsrecht und dem Argument, dass sie ihrerseits ausgegrenzt oder marginalisiert werden – gegen weitere Inklusion kämpfen. Radikale Demokratie bleibt dabei stehen, die Offenheit von Verfahren und Institutionen für solche Konflikte zu fordern. Doch ein positives Projekt hätte auch darauf zu zielen, dass bestimmte Mechanismen wie Sexismus, private Verfügung über Produktionsmittel, staatliche oder private Lern- und Kompetenzmonopole nicht weiterhin existieren und systematische Ausgrenzung, Marginalisierung, Nicht-Beteiligung, Enteignung produzieren und Menschen dazu zwingen, um ihre Mitspracherechte immer noch kämpfen zu müssen.

Alex Demirović

Zum Weiterlesen

Demirović, Alex (1997): Demokratie und Herrschaft. Aspekte kritischer Theorie, Münster.

Habermas, Jürgen (1992): Faktizität und Geltung. Beiträge zur Diskurstheorie des Rechts und des demokratischen Rechtsstaats, Frankfurt/M.

Laclau, Ernesto/Mouffe, Chantal (1991): Hegemonie und radikale Demokratie. Zur Dekonstruktion des Marxismus, Wien.

Rödel, Ulrich/Frankenberg, Günter/Dubiel, Helmut (1989): Die demokratische Frage, Frankfurt/M.

Radikale Transformation

Mit diesem Begriff versucht Nicos Poulantzas seine staatstheoretischen Erkenntnisse für emanzipatorisches Handeln nutzbar zu machen. Im Zentrum steht dabei seine Kritik an den staatszentrierten Freiheitsvorstellungen, sowohl der Sozialdemokratie als auch des Stalinismus. Bei allen Differenzen »zeigen beide eine grundlegende Verwandtschaft, nämlich den Etatismus und das tiefe Misstrauen gegenüber der Initiative der Volksmassen, also den Argwohn gegenüber demokratischen Forderungen« (Poulantzas). Die Ursache hierfür liegt in einem ähnlichen Staatsverständnis. Der Staat wird entweder als Instrument begriffen und/oder als Subjekt missverstanden und nicht als komplexes, mit inneren Widersprüchen versehenes soziales Verhältnis. Für beide Bewegungen stand der Staat im Zentrum ihrer → Freiheitskonzepte. Die stalinistische Variante führte zum Despotismus, die sozialdemokratische zu einem Etatismus der Experten.

»Das Grundproblem eines demokratischen Wegs zum Sozialismus und eines demokratischen Sozialismus ist die Frage, wie man eine radikale Transformation des Staates in Gang setzen kann, wenn man die Ausweitung und Vertiefung der Freiheiten und der Institutionen der repräsentativen Demokratie (die auch eine Errungenschaft der Volksmassen waren) mit der Entfaltung von Formen der direkten Demokratie und von Selbstverwaltungszentren verbindet?« (Poulantzas) Poulantzas entwickelte den Begriff der radikalen Transformation, um zu verdeutlichen, dass es im Übergang zum demokratischen → Sozialismus nicht um reformistische Eingriffe des Staates in die Gesellschaft geht, sondern umgekehrt um eine radikale Transformation der Staatsapparate durch die gesellschaftlichen Kämpfe, die immer, sowohl innerlich als auch äußerlich, mit dem Staat verbunden sind.

Der Begriff der Diktatur des Proletariates, der bei Marx nur hinweisenden Charakter hatte, habe den Blick auf das Problem, eine Verbindung von einer transformierten repräsentativen Demokratie mit direkter Basisdemokratie, eher verstellt. Das trifft nicht nur seine stalinistische Variante, sondern auch Lenin und Gramsci. Dessen Unterscheidung von Bewegungskrieg und Stellungskrieg gehe immer noch von der Vorstellung einer Einkreisung eines »Staates-als-Burg« aus und sei daher zu simpel. In einem demokratischen Weg zum Sozialismus gehe es aber darum, »die innerhalb der staatlichen Netzwerke verstreuten Widerstandszentren der Massen zu entfalten, verstärken, koordinieren und zu leiten sowie neue Zentren zu schaffen und zu entwickeln. Dadurch können diese auf dem strategischen Terrain des Staates zu effektiven Zentren der realen Macht« werden. Macht ist keine quantifizierbare Substanz, die man dem Staat entreißen könnte. Vielmehr besteht die Macht »aus einer Serie von Verhältnissen zwischen den gesellschaftlichen Klassen, die sich par excellence im Staat konzentrieren, der die Verdichtung eines Kräfteverhältnisses zwischen den Klassen konstituiert«. Poulantzas' Konzept der radikalen Transformation müsste hier, um dem Klassenreduktionismus zu entkommen, um andere gesellschaftliche Kämpfe, etwa gegen patriarchale und ethnische Unterdrückungsmechanismen, sowie um gesellschaftliche → Naturverhältnisse erweitert werden.

Die Strategien müssen sich immer den bestimmten Situationen der verschiedenen Länder anpassen. Es lassen sich aber gleichwohl aus der Vergangenheit Lehren ziehen, die jeden Übergang zum demokratischen Sozialismus betreffen. Die zentrale Erkenntnis aus den gescheiterten Versuchen, eine sozialistische Gesellschaft zu schaffen, besteht zweifellos darin, dass es den »Sozialismus ... nur als demokratischen Sozialismus« geben wird (Poulantzas). Nur die Verbindung der Kämpfe um Basisdemokratie mit einer radikalen Transformation der repräsentativen Demokratie kann einen autoritären Etatismus vermeiden. Im demokratischen Weg zum Sozialismus muss ein politisch-ideologischer → Pluralismus gewährleistet sein und es muss zu einer Ausweitung der politischen Freiheiten (einschließlich der des Gegners) kommen. Die hieraus resultierende Kontinuität der Institutionen der repräsentativen Demokratie ist kein bedauerliches Überbleibsel, »sondern eine notwendige Bedingung des demokratischen Sozialismus«. Die radikale Transformation der Staatsapparate kann keine etatistische sein, vielmehr muss sie zu tief greifenden Brüchen führen, die nicht bei einer einfachen Demokratisierung und Dezentralisierung stehen bleiben.

Die Frage, wie die Internationalisierung und die Transnationalisierung von Staaten und Herrschaftsverhältnissen einen Übergang zum demokratischen Sozialismus verändert, wird von zukünftigen Bewegungen zu beantworten sein. Dabei sind globale Interdependenzen und staatsapparative Institutionen mit nahezu globaler Reichweite stärker zu berücksichtigen.

Jens Wissel

Zum Weiterlesen

Brand, Ulrich/Heigl, Miriam (2007): Innen und Außen. Zu Staat, Bewegung und radikaler Transformation bei Poulantzas, in: Bretthauer et al.: Poulantzas lesen, Hamburg.

Genetti, Evi (2007): Geschlechterverhältnisse im bürgerlichen Staat, in: Hirsch/Kannankulam/Wissel. Der Staat der Bürgerlichen Gesellschaft, Baden-Baden, i.E.

Poulantzas, Nicos (2002): Staatstheorie, Hamburg.

Radikaler Reformismus

In der politischen Diskussion wurden Reform und → Revolution oft als gegensätzliche Wege zu einer emanzipativen Gesellschaftsveränderung betrachtet. Es verbanden sich damit sehr unterschiedliche politische Strategien. Sowohl theoretische Einsichten als auch historische Erfahrungen legen es nahe, das Verhältnis beider neu und anders zu denken.

Spätestens seit 1989 ist offensichtlich, dass die beiden großen, auf Gesellschaftsveränderung zielenden Projekte des 20. Jahrhunderts, nämlich die kommunistische Revolution ebenso wie der sozialdemokratische Versuch einer allmählichen »Zivilisierung« oder gar Überwindung des Kapitalismus durch staatliche Reformpolitik gescheitert sind. Ein entscheidender Grund dafür ist, dass der moderne Staat kein neutrales Instrument ist, das für beliebige Zwecke und von allen gesellschaftlichen Kräften gleichermaßen benutzt werden könnte. Er ist vielmehr in seiner organisatorischen Form und in seiner Funktionsweise die institutionelle Verfestigung grundlegender gesellschaftlicher Machtbeziehungen, d.h. von spezifischen, nicht zuletzt klassen- und geschlechterförmigen Ausbeutungs- und Herrschaftsverhältnissen. Den kapitalistischen Produktionsverhältnissen und den sozialen Beziehungen, die ihre Grundlage sind, steht er nicht äußerlich gegenüber. Seine Struktur und Entwicklung wird wesentlich von der Dynamik der Kapitalakkumulation angetrieben und stabilisiert diese zugleich.

Die historische Erfahrung hat gezeigt, dass etwa die Abschaffung des Privateigentums an Produktionsmitteln nicht ausreicht, um strukturelle Macht- und Unterdrückungsverhältnisse zu überwinden. Die komplexen gesellschaftlichen Strukturen müssen umgewälzt werden, aus denen die Herrschafts- und Unterdrückungsverhältnisse hervorgehen. Das sind die Formen der Arbeitsteilung, die Produktionsbeziehungen, die Familien-, Natur- und Geschlechterverhältnisse, Bewusstseinsinhalte und Wertvorstellungen bis hin zu den Konsumstilen, d.h. die Lebensweise insgesamt. Ihre Veränderung ist eine Angelegenheit der Menschen selbst, von konkreter Praxis, die im unmittelbaren Lebenszusammenhang ansetzen muss. Eine auf → Emanzipation abzielende Politik kann sich nur aus der bestehenden Gesellschaft und ihren Widersprüchen heraus entwickeln und bleibt deren Strukturen, Handlungsorientierungen und Subjektprägungen verhaftet. Es bedarf dazu politisch-sozialer Bewegungen, die neue gesellschaftliche Orientierungen und Praktiken durchsetzen und kollektive Erfahrungs-, Aufklärungs- und Lernprozesse in Gang setzen. Statt die staatliche Macht zu ergreifen, kommt es zuallererst darauf an, die Gesellschaft, wie Marx es formuliert hat, »praktisch zu revolutionieren«. Der so umrissene Begriff von emanzipatorischer gesellschaftlicher Veränderung wird als »radikaler Reformismus« bezeichnet. »Reformismus« deshalb, weil es nicht um revolutionäre Machtergreifung geht, »radikal«, weil auf die gesellschaftlichen Beziehungen gezielt wird, die die dominanten Macht- und Herrschaftsverhältnisse hervorbringen.

Die Selbstveränderung der Menschen, ihrer Verhaltens- und Bewusstseinsformen, ist ein komplizierter und schwieriger Prozess mit offenem Ausgang. Möglich ist er nur, wenn es gelingt, Formen der politisch-sozialen Selbstorganisation jenseits und unabhängig von den bestehenden Herrschaftsapparaten, von Staat und Parteien, zu schaffen und einen Politikbegriff zu praktizieren, der das »Politische« am »Privaten« zu seinem Gegenstand macht. Auf den Staat bezogene Politik ist dabei nicht unwichtig, weil auf dieser Ebene nicht nur Bedingungen gesetzt, sondern auch erkämpfte soziale Rechte und Kompromisse verbindlich festgeschrieben werden können. Sie ist aber nicht der Kern und der Hauptansatzpunkt emanzipatorischen Handelns.

Es gibt viele historische Beispiele. Ebenso wie die studentische Protestbewegung haben sich die Ökologie- und Frauenbewegung der 1970er und 1980er Jahre zunächst unabhängig und gegen die staatliche Herrschaftsapparatur entwickelt, und ihr Erfolg hat dazu geführt, dass sich Bewusstseins- und Verhaltensweisen stark verändert haben. Als Folge davon hat sich schließlich auch die staatliche Politik bis zu einem gewissen Grade verändert. Die mit diesen Ansätzen verbundenen Schwierigkeiten und Rückschläge haben allerdings dazu geführt, dass die Bewegungen schwächer, die Staatsorientierung stärker und ihre Themen herrschaftlich eingebunden und zurechtgeschnitten wurden. Sie haben dadurch viel von ihrer emanzipatorischen Wirkung eingebüßt. Ob und inwieweit im Kontext der neueren globalisierungskritischen Bewegung der Falle der Staatsfixierung entgangen werden wird und sich stattdessen Praxis- und Erfahrungszusammenhänge für eine unmittelbare Veränderung der gesellschaftlichen Verhältnisse entwickeln, ist vorerst noch offen.

Joachim Hirsch

Zum Weiterlesen

Esser, Josef/Görg, Christoph/Hirsch, Joachim (1994): Von den »Krisen der Regulation« zum »radikalen Reformismus«, in: Dies. (Hrsg.), Politik, Institutionen und Staat, Hamburg, S. 213-228.
Hirsch, Joachim (2005): Materialistische Staatstheorie, Hamburg.
Holloway, John (2002): Die Welt verändern ohne die Macht zu übernehmen, Münster.
Poulantzas, Nicos (2002): Staatstheorie, Hamburg.

Räte

»Alle Macht den Räten«. Seit Lenin im Jahre 1917 diese Losung verkündete, um den folgenreichsten politischen Umsturz des 20. Jahrhunderts vorzubereiten und zu rechtfertigen, bezeichnet das Wort »Räte« (russisch Sowjets) zunächst einmal Kampforganisationen der Unterdrückten, die in Zeiten → revolutionärer Erschütterungen spontan entstehen und sich dem existierenden Staat entgegenstellen, um ihn nach einer vorübergehenden »Doppelherrschaft« beiseite zu schieben und selbst zum Kern einer neuen politischen und wirtschaftlichen Ordnung zu werden – einer Rätedemokratie. Die Kommune von Paris 1871 war das Vorbild: Marx hielt sie für die endlich entdeckte politische Form der Überwindung des bürgerlichen Staats. Zu ihren Prinzipien gehörten die Abschaffung des stehenden Heeres und des Beamtenapparats, die jederzeitige Abberufbarkeit aller Abgeordneten und deren Besoldung zum durchschnittlichen Arbeiterlohn.

Später wurden Ansätze zur Überwindung des überkommenen Staates als »Räte« bezeichnet – zuerst tauchte das Wort in der Russischen Revolution von 1905 auf, als überbetriebliche Streikkomitees politische Forderungen aufstellten und als »Räte der Arbeiterdeputierten« firmierten. An diese Tradition knüpften nach der Februarrevolution 1917 abermals die russischen Sowjets an, denen Lenin die ganze Macht übertragen wollte. Obwohl nach dem von Lenin und Trotzki geführten Oktoberumsturz auf dem Papier eine russische Räterepublik geschaffen wurde, entglitt den real existierenden Räten bald die Macht. Bürgerkrieg und Kriegskommunismus begünstigten autoritäre Praktiken einer zentralistischen Partei, die alle Formen von »Rätedemokratie« zunehmend außer Kraft setzte. Der Aufstand der Matrosen der Festung Kronstadt, die sich 1921 mit der Losung »Sowjets ohne Bolschewiki« diese Entwicklung entgegenstellten, wurde blutig niedergeschlagen.

Auch in Deutschland entstanden Räte in einer Zeit revolutionären Umbruchs. Soldatenräte rebellierten 1918 gegen die Fortsetzung des Weltkriegs, und in vielen Betrieben entstanden Arbeiterräte, die sich zu einem allgemeinen Rätekongress zusammenfanden. Obwohl linke Kräfte die Entwicklung weitertreiben wollten, entschied sich selbst in den Räte-Gremien eine Mehrheit für allgemeine Wahlen zur Nationalversammlung und damit für die repräsentative Demokratie. Es blieben nur wirtschaftliche Räte (→ Wirtschaftsdemokratie) auf der Basis der Räteorganisation in den Betrieben, die aber nicht zum Vehikel einer umfassenden Sozialisierung werden konnten. Erst nach der Niederlage der Räte Anfang 1919 entwickelte sich eine theoretische Diskussion über ihren Charakter und ihr Potenzial: den AnhängerInnen einer Neugestaltung der gesamten Gesellschaft durch Räte (»reines Rätesystem«) standen diejenigen gegenüber, die Räte im Wirtschaftsbereich mit parlamentarischer Demokratie zu verbinden suchten.

Auch nach der Niederlage der Rätebewegung zu Beginn der 1920er Jahre existierten »Räte« nicht nur im Reich der Ideen: Es waren wie zuvor immer Ausnahmesituationen in Bürgerkriegen oder tiefgreifende Erschütterungen der herrschenden Ordnung, in denen Räte wieder Gestalt gewannen, so im Spanischen Bürgerkrieg in vielfältigen Formen der Selbstorganisation, so bei den Erhebungen von ArbeiterInnen gegen die Parteidiktatur in Ungarn und Polen 1956. Eine bis in die Einzelheiten ausgearbeitete Räteverfassung wurde in Jugoslawien als Arbeiterselbstverwaltung teilweise verwirklicht, mit allen Widersprüchen, die durch das fortbestehende Machtmonopol einer Kommunistischen Partei bedingt waren. Im Westen wurden Rätegedanken immer dann wieder lebendig, wenn der undemokratische Charakter des real existierenden parlamentarischen Systems besonders klar zutage trat, beispielsweise während der ersten bundesdeutschen Großen Koalition 1966-69. Die Beschwörung der Formel »Alle Macht den Räten« war damals aber eher Ausdruck einer kompromisslosen Kritik am diagnostizierten Abbau der Demokratie als ein Anzeichen für eine neu erstarkende Rätebewegung.

Einige Elemente von Rätedemokratie bestimmten für längere Zeit die Praxis der Außerparlamentarischen Opposition: etwa die Ablehnung des Berufspolitikerunwesens, dem das Rotationsprinzip entgegenwirken sollte, ständige Rechenschaftspflicht, Abberufbarkeit und gebundenes Mandat der Gewählten, Verzicht auf materielle Privilegien der Abgeordneten.

Ernsthafte Diskussionen über antikapitalistische Strategien machen die Frage nach einer von Räten getragenen wirtschaftlichen Neuordnung fast unausweichlich. Gegenwärtig verzichten KapitalismuskritikerInnen aber meist darauf, an die Rätetheorien und Rätedebatten der 1920er Jahre anzuknüpfen, vielleicht aus Furcht, in einen utopischen Sozialismus zurückzufallen. Eine Ausnahme ist der US-Amerikaner Michael Albert: In seinem Entwurf einer »partizipativen Ökonomie« (→ Parecon) ohne Markt spielen Räte der ProduzentInnen und der VerbraucherInnen eine zentrale Rolle.

Klaus Meschkat

Zum Weiterlesen

Anweiler, Oskar (1958): Rätebewegung in Russland, Leiden.
Oertzen, Peter von (1976): Betriebsräte in der Novemberrevolution, Berlin/Bonn.
Korsch, Karl (1980): Gesamtausgabe, Bd.2, Rätebewegung und Klassenkampf, Frankfurt a.M.

Rebellion

Rebellion ist heute Normalität: Eine repressive Gesellschaft bringt notwendigerweise eine rebellische Gesellschaft hervor. Wir rebellieren ständig. Manchmal tun wir dies offen: Jemand sagt uns, wir sollten etwas tun, und wir sagen nein. Oft findet Rebellion auch nicht offen statt: Wir sollen etwas tun, sagen ja und tun dann etwas anderes. Wenn der Arbeitsstress steigt, streiken wir vielleicht oder bleiben der Arbeit fern, um mit den Kindern zu spielen, oder wir gehen in den Park und lesen ein Buch. Sogar wenn wir alles uns Mögliche tun, um zu gehorchen, rebelliert manchmal unser Körper oder unser Geist: Wir werden krank oder zunehmend neurotisch oder einfach verrückt.

Rebellion ist überall um uns herum. Manchmal ist sie einfach zu erkennen, vor allem, wenn sie ein großes Ausmaß hat, wie der Aufstand der Zapatistas in Chiapas zu Beginn des Jahres 1994, der *argentinazo* (in Argentinien) am 19. und 20. Dezember 2001 oder die Aufstände in Bolivien zwischen 2000 und 2005. In anderen Fällen sehen wir sie nicht oder nehmen sie nicht ernst: Ein Mädchen geht ins Kino anstatt zur Schule, eine Mutter weigert sich, das Abendessen zuzubereiten. Es mag seltsam anmuten, dieses Mädchen neben den großen Zapatista-Aufstand zu stellen. Das eine stellt einen bedeutenden revolutionären Akt dar, das andere einen individuellen, apolitischen, bestenfalls kleinbürgerlichen Wutanfall. Aber wenn wir nicht versuchen, Kontinuitätslinien nachzuvollziehen, dann machen wir Rebellion zu einem besonderen Ereignis und schneiden sie vom Alltag ab. Dann scheitern wir an der Herausforderung, die in der tiefgründigsten und schwierigsten Erklärung der Zapatistas steckt: »Wir sind völlig normale Frauen und Männer, Kinder und alte Menschen, das heißt Rebellen, Nonkonformisten, Plagen und Träumer.« (La Jornada, 4. August 1999). Wenn gewöhnliche Menschen Rebellen sind, dann ist Rebellion Teil des Alltags. (→ Alltagskultur)

Wenn Rebellion Teil des Alltags ist, dann deshalb, weil sie von Repression nicht zu trennen ist. Repression führt unweigerlich zu Rebellion. In der Linken gibt es eine lange Tradition der Trennung von beiden. Der Großteil der Aufmerksamkeit wird auf die kapitalistische Vorherrschaft gerichtet. Wenn Rebellion überhaupt erwähnt wird – und das geschieht nicht häufig –, wird sie als etwas betrachtet, das außerhalb von Herrschaft steht. (In der marxistischen Analyse ist es beispielsweise üblich, Kapital und Klassenkampf als etwas Separates zu betrachten – eine seltsame Auffassung.) Aber das Problem liegt genau darin: Wenn wir Rebellion nicht als schlichten Teil der alltäglichen Erfahrung von Repression sehen, dann wird ein/e RebellIn zu sein zu etwas Außergewöhnlichem. Und wenn es etwas Besonderes ist, RebellIn zu sein, liegt es nahe, dass wir RebellInnen eine Führungsrolle einnehmen, uns als eine Art Avantgarde betrachten sollten. Sogar unter denjenigen, die das Leninsche Organisationsmodell ablehnen, werden häufig die elitistischen Prämissen des Leninismus reproduziert.

Die Betrachtung von Rebellion als von Repression untrennbar ist gleichbedeutend mit der Aussage, dass Repression niemals allumfassend ist. Die Unterdrückten werden nie vollständig gebrochen: Irgendetwas, irgendeine Reaktion auf die Unterdrückung überlebt immer. Unsere Aktionen sind niemals gänzlich in abstrakte Arbeit, Nutzwert nie völlig in Wert subsumiert. Wir gehen niemals vollständig in den Rollen auf, die die kapitalistische Gesellschaft uns zuweist. Es gibt immer einen Überschuss, eine Nicht-Identität, die nicht durch Identität eingedämmt werden kann. Stets existiert ein ekstatischer Raum oder Moment, eine Projektion außerhalb und jenseits der eigenen Unterdrückung. Das ist es, was die Zapatistas Würde nennen. Das ist die Rebellion, die von Unterdrückung nicht zu trennen ist, die in jeden Lebensmoment eingewebte Rebellion.

Rebellion als mit jedem Lebensaspekt verflochten zu sehen, führt uns zu einer anderen Politikform. Antikapitalistischer Politik geht es demnach nicht darum, den Menschen Bewusstsein zu bringen oder Menschen zum Rebellieren zu ermutigen. Sie rebellieren bereits. Unser Problem besteht darin, diese Rebellionen, diese Würde zu erkennen, Wege zu finden, sie ernstzunehmen und mit unseren eigenen Rebellionen zu verknüpfen. Daraus folgt eine Politik des Zuhörens, des Versuchs, das Unhörbare zu hören – eben keine Politik des Redens. Vielleicht bedeutet das eine Politik der Resonanz, die Wege findet, mit der uns umgebenden Würde und Rebellion mitzuschwingen.

Die bürgerliche Theorie, die Rebellion als ein ungewöhnliches Ereignis begreift, führt zu beträchtlicher Verwirrung. Das stimmt mit ihrer allgemeinen Tendenz überein, die Welt umzukehren und das Normale als abnormal, das Abnormale als normal darzustellen. Man kann hier eine Analogie zu bürgerlichen Wirtschaftstheorien herstellen, die Krisen weniger als der kapitalistischen Gesellschaft endemisch sehen als sie vielmehr als außergewöhnlichen Bruch mit dem normalen Gleichgewicht zu behandeln.

John Holloway (Übersetzung: Anne Löwisch)

Zum Weiterlesen

Holloway, John (2006): Die Welt verändern, ohne die Macht zu übernehmen, Münster.
Holloway, John/Stubbe, Lars (2006): Anti-Macht und Revolution, Münster.

Recht auf Faulheit

Der Slogan geht auf Paul Lafargue zurück, einem mit Karl Marx auch familiär verbundenen Vorkämpfer des → Marxismus in der französischen ArbeiterInnenbewegung. In einer 1883 veröffentlichten Schrift mit dem Titel »Le droit à la paresse«, die auf deutsch unter dem Titel »Das Recht auf Faulheit« 1891 von Eduard Bernstein herausgegeben wurde, ging er polemisch-satirisch gegen den Ruf »Recht auf Arbeit« und ein extremes Arbeitsethos vor. Lafargue verweist auf vorkapitalistische Gesellschaftsformationen, in denen Arbeit (außer in der Landwirtschaft und im »Kriegshandwerk«) verpönt, und eines freien Bürgers unwürdig war. Übertragen wird dies dann auf die Lohnarbeit, und es wird auf eine Befreiung durch Maschinen, »als Erlöser der Menschheit« gesetzt. Beschworen wird »der Gott, der den Menschen von … der Lohnarbeit loskaufen, der Gott, der Muße und Freiheit bringen wird«. Zwar wurde die Argumentation selbst kritisiert, denn mit einem Rückgriff auf geschichtliche Gesellschaftsformationen und dem Verweis auf glückliche Menschen, die, statt zu arbeiten, »zigaretterauchend in der Sonne liegen«, wurden hier Klassenvorurteile einer privilegierten Oberschicht reproduziert. Dennoch hat der Slogan auch heute (oder heute wieder verstärkt) seine Aktualität, rufen doch allerorts politische AkteurInnen nach einem »Recht auf Arbeit«, nach mehr Arbeitsplätzen oder mehr Disziplin innerhalb des Systems der Lohnarbeit.

Damit stellt sich die Frage nach der Alternative. Marx hatte ja bereits die Vision von der Abschaffung der Arbeit entworfen, in dem Sinne, dass die menschliche Tätigkeit aus einer Last in eine freiwillige, Vergnügen machende, die Fähigkeiten entfaltende Lust zu verwandeln sei, und zwar auf der Basis einer hochentwickelten Industrie und der Automatisierung der Produktion. Hier setzt nun die Reinterpretation von Iring Fetscher anlässlich einer Neuherausgabe der Lafargueschen Schrift an. Er fragt nämlich, was mehr Freizeit – die ja bereits auch mit der Verkürzung des Arbeitstages einherging – an Chancen eröffnet: etwa selbstbewusste und kritisch-wache BürgerInnen hervorzubringen. Denn dies, so sein Hinweis, wird nicht automatisch bewirkt. Auch Freizeit kann extrem leistungsorientiert oder total passiv verbracht werden; man denke nur an die Entwicklung diverser TV-Angebote in den letzten Jahren.

Nach Fetscher ist heutzutage weniger ein »Recht auf Faulheit« gefragt, sondern ein »Recht auf Entfaltung der Fähigkeit zu befriedigender Betätigung«. Denn eine Umgestaltung der Arbeitswelt mit entsprechenden »Freisetzungen« (→ Arbeitszeitverkürzung) kann nur dann als sinnvoll angesehen werden, wenn Menschen fähig bleiben, die gewonnene → Freiheit befriedigend zu nutzen. Und das muss auf entsprechenden Fähigkeiten und Kenntnissen beruhen. In Zeiten hoher Arbeitslosigkeit hieße dies auch, dass diese eben nicht nur als Übel, sondern eben gerade als Chance gesehen werden könnte, wobei dann andere perspektivierende Begriffe Beachtung finden müssen, wie → Grundeinkommen etc. Auch das Konzept der »Neuen Arbeit«, mit dem neben der reinen Erwerbsarbeit andere Betätigungsweisen gefördert werden sollen, wäre an dieser Stelle zu nennen, auch wenn dieser Ansatz in Alternativkreisen nicht überall auf Zustimmung stößt.

Auch Alternativprojekte und alternative Lebensweisen (→ Lebensformen) können unter dem Blickwinkel der oben genannten Forderungen betrachtet werden. Angesichts einer großen Vielfalt solcher Projekte folgen allerdings nur allgemeine Hinweise: Selbst wenn in der Regel auch alternative Projekte Geld verdienen müssen und in normale Wirtschaftskreisläufe eingebunden sind, so steht doch die Forderung im Raum, diesen ökonomischen Zwängen wenigstens teilweise auszuweichen und auch kulturelle, künstlerische und soziale Belange ebenbürtig zu behandeln. Oftmals wird in der Binnenorganisation auch auf Entlohnung im herkömmlichen Sinne, meist auf Arbeitszeitkonten und ähnliche Abrechnungsmodi verzichtet. Auch bestimmte Grundsätze, wie alle Beteiligten wirken an Entscheidungen mit und es wird nach Konsens-(nicht Mehrheits-)Prinzip entschieden, sind eine wesentliche Grundlage für die Überwindung lohnarbeitsähnlicher Beschäftigungsverhältnisse. Das läuft sicherlich nicht auf Nichtstun hinaus – im Gegenteil sind die Projekte oftmals nur zu halten, wenn mit hohem Engagement und Zeitaufwand an der gemeinsamen Sache gearbeitet wird. Aber im Sinne der oben genannten Forderung sind Sinnhaftigkeit der Betätigung und Entfaltung von Fähigkeiten unzweifelhaft Qualitätsmerkmale solcher Projekte.

Karl-Heinz Simon

Zum Weiterlesen

Bergmann, Frithjof (2004): Neue Arbeit, Neue Kultur, Freiburg.

Gruppe Krisis (1999): Manifest gegen die Arbeit, Erlangen.

Kurz, Robert/Lohoff, Ernst/Trenkle, Norbert (1999): Feierabend – Elf Attacken gegen die Arbeit, Hamburg.

Lafargue, Paul (1966): Das Recht auf Faulheit. Herausgegeben und eingeleitet von I. Fetscher, Frankfurt/M.

Recht auf Stadt

Ursprünglich von Henri Lefebvre geprägt, ist das Konzept des Rechts auf Stadt höchst abstrakt, seine Bedeutung gleichzeitig vielschichtig und unbestimmt: Weder *Stadt* noch *Recht* werden hier in den gängigen Definitionen angemahnt, sondern sind eher metaphorisch gemeint.

Lefebvres Recht auf Stadt beinhaltet gleichzeitig den »schöpferischen Überschuss« der Stadt, der über die Rationalität von Ökonomie und staatlicher Planung hinausweist, die Stadt als Entfaltungs- und Möglichkeitsraum, und das Recht auf Teilhabe an städtischer Zentralität, nicht abgeschoben zu werden in diskriminierende Randzonen, und damit auch das Recht auf → Differenz, das Recht, sich den Vorgaben homogenisierender Mächte nicht zu unterwerfen. Die Stadt bzw. Urbanisierung stellt für Lefebvre sowohl Realität als auch Möglichkeit dar: Einerseits ist Urbanität die inzwischen vorherrschende, das gesellschaftliche Leben vermittelnde, räumliche Form; andererseits ist die Stadt Ort utopischer Visionen einer anderen, besseren Gesellschaft und kollektiven → Widerstands gegen die technokratische Kolonisierung des Alltagslebens.

Entstanden ist dieses Konzept des Rechts auf Stadt im Kontext des Pariser Mai 1968, den Lefebvre als Versuch der Studierenden, ArbeiterInnen und MigrantInnen deutete, das historische Zentrum von Paris von ihren jeweiligen Peripherien aus (zurück) zu erobern: Von den Universitäten in den Außenbezirken, den Fabriken und Grands Ensembles der Vorstädte aus strömten sie ins Zentrum der Stadt zurück und eigneten sich (das Recht auf) die Stadt an. Während diese Ansprüche auf und Kämpfe um die Stadt im Gefolge der 1968er-Bewegungen häufig dazu beitrugen, Stadtentwicklung in nachhaltigere postfordistische Bahnen zu lenken, bewirkten sie gleichzeitig eine Radikalisierung der einschlägigen Disziplinen (besonders der Stadtsoziologie und Geographie) und setzten die Frage »Wem gehört die Stadt?« in breiten Kreisen auf die Tagesordnung.

Seit einigen Jahren taucht das Konzept sowohl im akademischen Diskurs als auch bei (internationalen) NGOs und → sozialen Bewegungen mit neuen Konnotationen auf. Poststrukturelle Debatten, in denen Lefebvre als Vorreiter der kulturellen Wende firmiert, benutzen das Recht auf Stadt meist deskriptiv, um partikulare Kämpfe in komplexen Städten zu bezeichnen (Rechte auf Stadt). Gern wird es auch für die Analyse von Auseinandersetzungen um den → öffentlichen Raum herangezogen, z.B. bei Don Mitchell, der das (verweigerte) Recht der Obdachlosen, den öffentlichen Raum zu nutzen, thematisiert, oder bei Setha Low und Neil Smith, die das Recht auf Stadt als Anspruch auf politische Nutzung stadt-öffentlicher Räume diskutieren.

In den »städtischen Agenden« inter- und transnationaler Politiknetzwerke und den vielfältigen Initiativen der → Sozialforen und internationaler NGOs wird das Recht auf Stadt breiter spezifiziert. 2003 legten internationale Menschenrechtsgruppen zusammen mit der UNESCO eine World Charter for the Human Right to the City vor; 2004 präsentierte die Habitat International Coalition (HIC) u.a den Entwurf einer World Charter on the Right to the City; um die verschiedenen Bemühungen und Erklärungen zu vereinheitlichen, bemühen sich UN-HABITAT und UNESCO seit 2005 mit dem International Social Science Council (ISSC) und NGOs um die Herstellung von Konsens bei zentralen Akteuren, besonders Kommunalverwaltungen, über eine Politik, die auf lokaler Ebene nachhaltige, gerechte und demokratische Entwicklung für städtische BewohnerInnen sichern soll. In diesen Kampagnen und Erklärungen umfasst das Recht auf Stadt → Menschenrechte auf Wohnung und Arbeit, Nahrung und sauberes Wasser, Gesundheit, Sicherheit, Zugang zu öffentlicher Infrastruktur, Teilhabe an Entscheidungsprozessen u.v.a.m. Bewegungsgruppen und Sozialforen sind mehr oder weniger an den entsprechenden tool kits zur Entwicklung von partizipatorischen Kommunalhaushalten interessiert. In USA bspw. schlossen sich Anfang 2007 lokale MigrantInnen-, Stadtteil- und ArbeiterInnengruppen in einer Right to the City Alliance (RTTC) zusammen, um ihre lokalen Kämpfe gegen Gentrifizierung, Verdrängung und Ausgrenzung national zu vernetzen. Für sie bedeutet Recht auf Stadt Widerstand gegen die neoliberale städtische Umstrukturierung und die »Vision einer den Bedürfnissen der Arbeiterklassen gerechten Stadt«. Angesichts der schärferen sozialen Polarisierung und der vielfältigen Zumutungen, die die neoliberale Zurichtung der Stadt für immer mehr Bewohner bedeutet, praktizieren Bewegungsgruppen wie RTTC eher das ursprüngliche Lefebvresche Konzept des Rechts auf Stadt – auch ohne sich auf ihn zu beziehen.

Margit Mayer

Zum Weiterlesen

Harvey, David (2003): »The Right to the City«, in: International Journal of Urban and Regional Research, 27/4, S. 939-41.
Lefebvre, Henri (1968): Le Droit à la Ville, Paris.
Lefebvre, Henri (1996): »The Right to the City«, in: Writings on Cities, selected, translated and introduced by Eleonore Kofman & Elizabeth Lebas, Oxford, S. 63-181.
Low, Setha/Smith, Neil (2006): The Politics of Public Space, New York.
Mitchell, Don (2003): The Right to the City: Social Justice and the Fight for Public Space, New York.

Regionalisierung

Regionalisierung ist nicht einfach eine Alternative. Zunächst ist eine Politik der Regionalisierung durchaus als Element einer neuen, an flexiblen Akkumulationsweisen orientierten Staatlichkeit zu verstehen. Eine Politik für und in einem Raum oberhalb von Städten und Gemeinden sowie unterhalb der Länder wird im Zuge einer vertikalen Ausdifferenzierung von Regulierungsebenen (z.B. Kommune-Region-Land-Nationalstaat-Europa-Welt) sowie einer horizontalen Dekonzentration verfolgt. Private Akteure, z.B. Kammern, Verbände, Unternehmen werden in Politikformulierung und -realisierung einbezogen. Regionalisierung durch Entwicklungsagenturen, Regionalkonferenzen, Regionalmanagement und unterschiedliche Formen von Public Private Partnerships heißt dann, dass unternehmensorientierte Politik verfolgt wird, die in der Region Flächenmanagement, Planungsmaßnahmen, Infrastrukturaufbau, Bildungspolitik und weiteres mehr daran ausrichtet, dass die Stellung der Region gegenüber anderen gestärkt wird. Regionalisierung meint insoweit vor allem die Schaffung einer »Wettbewerbsregion«.

Das Thema Regionalisierung erweist sich noch aus einem anderen Grund als sperrig: Der Begriff der Region imaginiert einen überschaubaren Nahbereich gegenüber einer komplexen globalisierten Welt. Dieser Imagination wohnt eine »small is beautiful«-Vorstellung inne. Die Region erlaubt demzufolge nicht nur die Überschaubarkeit von Zusammenhängen, sondern eine soziale Vergemeinschaftung, die gleichsam einen Gegenpol zur Globalisierung bildet. Nicht allein der Verweis auf rechtspopulistische, sezessionistische Bewegungen, etwa in Norditalien, verdeutlicht die mögliche Problematik ausgrenzender Vergemeinschaftung. Auch aus einer geschlechtersensiblen Perspektive lässt sich argumentieren, dass »Nah-Räume« von Herrschaftsstrukturen und Gewaltverhältnissen durchwirkt sind und in ihnen nicht »automatisch« emanzipative Gehalte zum Tragen kommen.

Auf welche Weise ist Regionalisierung dagegen als ein Prozess der Schaffung eines neuen Bezugs- und Regulierungsraumes und somit als eine emanzipatorische Alternative zu denken? Hier sind zwei Perspektiven ersichtlich: In einer im weitesten Sinne neo-keynesianischen Sichtweise, die im linken Parteienspektrum und in den entsprechenden Foren diskutiert wird, gilt »regionales Wirtschaften als linke Reformperspektive« (etwa die Gruppe Crossover). Ausgehend von der Annahme, dass sich eine exportorientierte Akkumulation von der Binnennachfrage weitgehend entkoppelt habe, wird angeregt, durch einen gesamtwirtschaftlichen Transfermechanismus, konkret durch höhere Steuern, Fonds für eine nachhaltige Regionalentwicklung aufzulegen. Diese sollen eine an regionalen Kreisläufen orientierte, damit ökologisch nachhaltige Binnenwirtschaft unterstützen. Lokale Kleinunternehmen, Organisationen des Dritten Sektors und die Kommunalwirtschaft sind zugleich Träger wie Nutznießer einer solchen Form der Regionalisierung. Flankiert wird diese Politik durch Maßnahmen zur Förderung lokaler Unternehmen, zur (Weiter-) Bildungspolitik für im Arbeitsmarkt Marginalisierte und zur Schaffung eines regionalen öffentlichen Beschäftigungssektors sowie eine an sozialen Bedürfnissen und ökologischer → Nachhaltigkeit ausgerichtete, partizipative Regionalplanung.

Regionalisierung erscheint jedoch auch aus einer genossenschaftlichen Perspektive als Alternative. Die Region und regionale Kreisläufe sind der Bezugsraum für unterschiedliche Formen einer → solidarischen Ökonomie, die zuvorderst bedürfnisorientiert produziert. Kommunen, Tauschringe und Zeitbörsen sind einige Beispiele für solche genossenschaftlichen Formen. Mitunter wird in der Debatte jedoch auch auf das zunehmend verbreitete Regionalgeld verwiesen, d.h. Geldnoten mit regionalen Motiven, die beim lokalen Markt als Zahlungsmittel gelten. Da diese zumeist an die »offizielle« Währung gebunden sind, kommt diesem Regionalgeld bestenfalls symbolischer, meistens jedoch schlichtweg Marketingcharakter zu. Davon abgesehen soll eine regionale → Vergesellschaftung genossenschaftliche Organisierung fördern; das Wirtschaften in regionalen Kreisläufen erscheint als ökologisch nachhaltig und beschäftigungswirksam.

Zwischen Regionalisierung als Wettbewerbsregion im flexiblen Kapitalismus, Region als regressivem Gemeinschaftsprojekt, regionalem Wirtschaften in neo-keynesianischer Perspektive und genossenschaftlichen Formen der Regionalisierung kommt es zu Überschneidungen und Vermischungen. Dieser Tatbestand und die Uneindeutigkeit von Regionalisierung als neuem Bezugsraum erfordert für jeden Fall, in dem Regionalisierung als Alternative diskutiert wird, eine strategische Kalkulation: Wie alle anderen politisch-gesellschaftlichen Bezugsräume sind auch Regionen ein umkämpftes Terrain und damit nur dann ein Rahmen für gesellschaftspolitische Alternativen, wenn dort emanzipatorische Kräfte maßgeblich und durchsetzungsstark sind.

Detlef Sack

Zum Weiterlesen

Crossover (Hrsg.) (2000): Regionales Wirtschaften als linke Reformperspektive, Münster.

Revolution

Es gibt kaum einen zweiten Begriff, der so stark diskreditiert erscheint wie »Revolution«. In den 1930er Jahren vermarkteten die keynesianischen Ökonomen ihre Reformkonzepte als »Einkommensrevolution«. Zeitgleich verliehen Ideologen des Faschismus ihren volksgemeinschaftlichen Einfriedungsstrategien die Weihen einer »sozialen Revolution«, von einer »konservativen Revolution« war schon seit dem Ende der 1920er Jahre die Rede. Zu dieser Zeit wurden auch die Ausläufer der ersten Arbeiterrevolution von 1916 bis 1921 als Versatzstücke eines »Sozialismus in einem Land« in Anspruch genommen und wenige Jahre später dem stalinistischen Terror überantwortet. Angesichts dieser Bilanz konnte auch die 30 Jahre später proklamierte »Revolution in der Revolution« den Begriff nicht rehabilitieren, erst recht nicht der zur »Kulturrevolution« stilisierte Machtkampf innerhalb der chinesischen Partei-Oligarchie. Den Schlusspunkt setzte der Bankrott der poststalinistischen Übergangsgesellschaften Osteuropas, der ebenfalls die Attribute einer »Revolution« erhielt.

Revolution ist eine begriffliche Schöpfung der Aufklärung und der Französischen Revolution von 1789-1793. Sie fasste verschiedene Facetten der gesellschaftlichen Entwicklung zu einer komplexen Einheit zusammen: den sich bis zum Bürgerkrieg steigernden politischen Aufstand als Phänomen und Zielstellung eines kurzfristigen Verfassungs- oder Dynastiewechsels und den auf längere Zeitdauern fixierten Revolutionsbegriff der Astronomie und Astrologie. Die Synthese war die Antwort auf jene gewaltigen Umbrüche, die das kapitalistische Weltsystem bei seiner Globalisierung hervorbrachte (die unblutige englische *Glorious Revolution* von 1688, den blutigen Amerikanischen Unabhängigkeitskrieg von 1775-1783 und die Französische Revolution mit ihrer Verknüpfung von republikanischen Selbstbestimmungsrechten und dem Gleichheitsanspruch der plebejischen Unterschichten). Im Gefolge der europäischen Revolution von 1848/49 erlangten für die weitere Ausgestaltung des Begriffs Karl Marx und Friedrich Engels besondere Bedeutung. Als »Lokomotive« langfristiger revolutionärer Umgestaltung reklamierten sie die *industrielle Revolution,* die mit ihren Innovationen *(Wissenschaftlich-technische Revolution)* im Verein mit den übrigen *Produktivkräften* die *Produktionsverhältnisse* immer wieder in Frage stellen, mittelfristig *soziale und politische Revolutionen* hervorrufen und den Übergang in die klassenlose Gesellschaft des → *Sozialismus* ermöglichen würden. Dieses Transformationsmodell unterschied sich von den bisherigen Revolutionskonzepten durch seine starke Zukunftsorientierung. Das Revolutionskonzept der Bolschewiki und Lenins war auf die russischen Verhältnisse zugeschnitten und fokussierte die zum Substitut der Arbeiterklasse verselbständigte Avantgarde auf den politischen Machtwechsel *(Diktatur des Proletariats),* ohne die komplexen Handlungsbedingungen und die selbstbestimmten Strukturen *(Rätebewegung)* der internationalen Arbeiterrevolution in Rechnung zu stellen. Es gab zudem Ansätze einer neuen sozialen Fundierung des Revolutionsbegriffs, so etwa bei einigen Theoretikern der → Rätebewegung und des revolutionären Syndikalismus, den Kritikern des Involutionsprozesses in der Sowjetunion (Trotzki) und dem italienischen Kommunisten Antonio Gramsci, der die Folgen des fordistischen Umbruchs für die Arbeiterklasse problematisierte. Parallel dazu bemühten sich die chinesischen Kommunisten um neue Antworten, Mao Tse-tung erarbeitete die Doktrinen eines auf die Bauern und die Dörfer gestützten Partisanenkriegs. Danach überwinterte der Revolutionsbegriff in Randströmungen der Arbeiterlinken, der revolutionären Intelligenz und in einer vielstimmigen *New Left*, die die Semantik der Sozialrevolten der 1960er und 1970er Jahre herausbildete.

Was können wir vom Revolutionsbegriff noch erwarten? Er stellt keine übergeschichtliche Größe dar, sondern wird immer in seinen historischen Kontexten neu zu fassen sein – als Streben nach sozialer, ökonomischer, politischer, ethnischer, geschlechtsbezogener und kultureller → Gleichheit und Gerechtigkeit für alle Menschen. Es wird sich dabei um ein Modell handeln, das auf die Lösung der globalen Menschheitsprobleme ausgelegt ist, ohne die lokalen Besonderheiten und die Überwindung der vielschichtigen Klassenfragmentierungen aus den Augen zu verlieren. Entscheidend wird bleiben, ob es gelingt, glaubwürdige Alternativen zu entwickeln, die die Risiken eines revolutionären Systembruchs rechtfertigen. Es könnte sich dabei als notwendig erweisen, die »Lokomotive der Geschichte« abzuwracken und durch neue Instrumente zu ersetzen, die die Perspektiven einer sozialen → Emanzipation der Menschheit mit ihren begrenzten Ressourcen und den prekär gewordenen ökologischen Überlebensbedingungen verknüpfen.

Karl Heinz Roth

Zum Weiterlesen

Bloch, Ernst (1972): Marx und die Revolution, Frankfurt/M.
Hobsbawm, Eric J. (1962): Europäische Revolutionen: 1789-1848, Zürich.
Markov, Walter (1979): Weltgeschichte im Revolutionsquadrat, hrsg. und eingeleitet von Manfred Kossok, Vaduz.
Roth, Karl Heinz (2007): Revolutionärer Systembruch? (ausführliche Fassung dieses Stichworts), in: Sozialismus, Heft 10.

Rhizom

1970 spricht sich Michel Foucault für eine Abkehr von dualistischen, dichotomischen und dialektischen Denkmodellen aus – also von jenen auch für den → Marxismus charakteristischen Konzepten, denen das Denken in Gegensätzen zugrunde liegt. Foucault war die Ordnung der dualen Einheiten nicht nur deshalb zuwider, weil sie grobe Vereinfachungen nach sich zieht. Die Frage hatte auch praktische Relevanz: Als identisch Erkanntes und Zusammengefasstes kann repräsentiert werden, und in dieser Repräsentation konstituieren sich Machtbeziehungen. Foucault plädierte in diesem Sinne für »ein Denken der gestreuten und nomadischen Vielfältigkeit, die von keinem der Zwänge des Selben begrenzt und zusammengefasst wird«.

Eine ähnliche Strategie verfolgten Gilles Deleuze und Felix Guattari, als sie über das Rhizom zu schreiben begannen. Der aus der Botanik stammende Begriff bezeichnet dort Wurzelstöcke wie den Ingwer. Sie griffen auf ihn zurück, um sich von einem anderen botanischen Bild, dem der Baummetapher, abzugrenzen. Tatsächlich spielt der *Baum des Wissens* in der Geistesgeschichte eine zentrale Rolle. Mit seinem Bild werden Verwandtschaften und Entwicklungszusammenhänge dargestellt. Dabei legt das Konzept klare Herleitungen, evolutionäre Linien und duale Spaltungen nahe: Theorien lassen sich von einer Ursprungstheorie ableiten, Geschichte wird als Evolution begriffen, Übersprünge oder Querverbindungen zwischen getrennten Bereichen sind nicht vorgesehen. Ganz anders der Wurzelstock, für den sich Deleuze/Guattari begeisterten. Das Rhizom wächst unübersichtlich und unhierarchisch, bildet Knoten und Netze, »kann an jeder beliebigen Stelle gebrochen und zerstört werden, es wuchert entlang seiner eigenen oder anderen Linien weiter.« Anders ausgedrückt: Der Wurzelstock ist permanent assoziativ.

Das strategische Interesse an diesem Konzept erklärt sich auch daraus, dass Deleuze und Guattari als Mitdenker der radikalen Bewegungen der 1960er und 1970er Jahre mit einem evolutionistischen Marxismus konfrontiert waren, in dem die Entwicklungsstadien festgeschrieben waren. Anders als die Mehrheit der Neuen Linken gaben sich Deleuze und Guattari jedoch nicht damit zufrieden, das schematische Befreiungsverständnis des Parteikommunismus zu kritisieren. Sie stellten die Grundlagen dieses Denkens in Frage. Ausgehend vom Rhizom bemühten sie sich um eine Philosophie der Beweglichkeiten. Bei ihnen werden die Einhegungen, Segmentierungen, die für Ordnungsverhältnisse charakteristisch sind, durch Deterritorialisierungen, nomadisierende Absetzbewegungen und Fluchten immer wieder unterbrochen. Charakteristisch für das assoziative, rhizomatische Denken ist zudem, dass es kein zentrales Subjekt gibt, keine führende Instanz, aus der sich geschichtliche Veränderung oder gar Befreiung ableiten ließe.

Mit scheinbar unzusammenhängenden Begriffen aus Maschinentheorie, Kunst, Botanik und Kriegsgeschichte begannen Deleuze und Guattari, Gesellschaft als Produktion zu beschreiben. Die Verweigerungs- und Protestprozesse, der in den 1970er Jahren zu beobachtende Ausbruch des Begehrens waren für sie nicht das Ergebnis einer politischen Linie oder des Klassenkampfs, sondern eine komplexe Verkettung. Unterschiedliche soziale und künstlerische Praxen, organisatorisches Wissen, herrschaftliche und/oder subversive Diskurse, ökonomische Bedingungen usw. setzten sich zusammen. Deleuze und Guattari griffen immer wieder auf zwei Konzepte zurück: das der Maschine, in der unterschiedliche Elemente ineinandergreifen, um etwas Neues hervorzubringen, und das der Karte. Tatsächlich ermöglicht es die kartografische Perspektive, völlig unterschiedliche Elemente – Akteure und Wissensarten, Taktiken und Werkzeuge, kulturelle Erinnerungen und staatliche Strukturen, Ökonomien und Sprechakte – als nicht voneinander gesondert zu betrachten, sondern gemeinsam auf Ebenen anzuordnen. Es ist häufig kritisiert worden, dass das Deleuzesche Denken einer postmodernen Beliebigkeit den Weg geebnet habe. Auch die Idealisierung der nomadischen Bewegung bei Deleuze und Guattari hat vielfach Widerspruch provoziert. Eine Absetzbewegung ist schließlich nicht an sich positiv, es kann in alle erdenklichen Richtungen geflohen werden – auch in höchst fatale. Trotzdem gibt es etwas Faszinierendes am Denken von Deleuze und Guattari: Ihre Texte senden ständig Impulse aus. Die von ihnen vorgeschlagenen Begriffe sind nicht darauf angelegt, Zustände exakt zu beschreiben, sondern Denkbewegungen über die Zustände auszulösen und damit selbst assoziative Verkettungen in Gang zu setzen. Die Dinge immer wieder anders zu denken, Möglichkeiten neu zu betrachten, überraschende Verknüpfungen zwischen scheinbar abgegrenzten Phänomen herzustellen, sich auf den Reichtum des Lebendigen einzulassen – das ist vielleicht der wichtigste Beitrag der Deleuzeschen Rhizomatik für eine politische Praxis.

Raul Zelik

Zum Weiterlesen

Balke, Friedrich (1998): Deleuze, Frankfurt/M.
Deleuze, Gilles/Foucault, Michel (1977): Der Faden ist gerissen, Berlin.
Deleuze, Gilles/Guattari, Felix (1977a): Rhizom, Berlin.
Deleuze, Gilles/Guattari, Felix (1992): Tausend Plateaus, Berlin.

Schlaraffenland

Der Mythos vom Schlaraffenland ist verbunden mit seinem Gegenmythos: dem »Geist des Kapitalismus« und der protestantischen (Arbeits-)Ethik (Max Weber). Seine Geistesblüte hatte das Schlaraffenland in der Übergangszeit des späten Mittelalters zur Frühen Neuzeit. Ein Dominantwerden von Ware-Geld-Beziehungen und das Entstehen des städtischen Handelskapitals wird überschrieben durch Bilder eines gelungenen → Naturverhältnisses: Statt Produktion waltet eine Ökonomie des Schenkens, der Verausgabung. »Wunschräume und Wunschzeiten« beschäftigen die Phantasie der Menschen seit jeher; die Vertreibung aus dem Paradies bringt die Mühsal der Arbeit in die Welt; immer wieder hoffen die Menschen auf ein Ende dieses laut Bibel »selbst verschuldeten« Arbeitselends. Nach fortwährenden Enttäuschungen veränderte sich das Phantasiebild: Nicht in fernen *Zeiten,* sondern in anderen *Räumen* wurde das Schlaraffenland gedanklich verortet. Der Mythos wird immer augenzwinkernd erzählt. Der Ausgangspunkt ist stets derselbe: »Ich kam neulich in ein Land / Das fremd war und mir unbekannt. / Jetzt sollt ihr hören Wunder groß, / Was Gott den Menschen dort gebot: / In jenem Leben zu leben, zu sein, / Ohne Arbeit und ohne Pein!« (Pleij)

Der Besucher/die Besucherin aus der Normalismus-Welt gelangt ins Unbekannte, sieht, wie die in seinem Auge verkehrte Welt durchaus funktioniert. Er/sie kehrt zurück, an Erfahrung alternativer Lebensformen reicher, und berichtet den ZuhörerInnen aus dem einfachen Volk davon, einige werden neugierig und geraten in die Versuchung der → Rebellion. Zudem: Der Schlaraffenland-Diskurs rekurriert auf im Volk vertraute Bibelstellen (wie Jesaja; vgl. Bloch und Doren) – umfunktionierbare Munition gegen die Obrigkeit. Worin besteht der Skandal des verdrängten Mythos? Bloch schrieb: »Alle Menschen sind dort gleich, nämlich gut dran, es gibt weder Mühe noch Arbeit. Gebratene Tauben fliegen ins Maul, ... alle Dinge und Träume sind als Gebrauchsgüter zur Hand. So leben die Schlaraffen angenehm, lassen sich von den Reichen nicht mehr vorsagen, wie wenig beneidenswert Reichtum sei. Wie ungesund der lange Schlaf, wie tödlich die Muße, wie sehr es der Not bedürfe, damit nicht alles Leben stillsteht.« Was geschieht im Schlaraffenland? Die Waren werden von ihrem Warencharakter befreit, sie werden als Gebrauchswerte genossen. Sie stehen jederzeit allen kostenlos bereit. Schweine laufen mit dem Messer im Rücken umher, gebratenes Federvieh findet den Weg in die Münder, Wein und Bier sind Bäche; Tische, Bänke, Schüsseln, Häuser – alles aus Eierkuchen, Fleischpasteten, Kuchen. Vorbild sind die Fressorgien des Adels und der Kirchenfürsten mit der subversiven Absicht, nicht die Oberen zu disziplinieren, sondern deren Lebensstil für alle zu erreichen. Natur wird daher positiv verfremdet: »Ob Fisch, ob Fleisch, ob fette Kapaune / Sie kochen sich selber, voll Lust und voll Laune.« (Pleij).

Die Schlaraffen haben einen ironischen Zugang zu Gold und Geld: Beides liegt einfach so herum, bedeutet nichts. Um aber den Missbrauch in der anderen, der Welt des Warenfetisches zu demonstrieren, wird Geld zum Maßstab der körperlichen Höchstleistungen: Wer am lautesten rülpst, wer am meisten säuft, wessen Fäkalienproduktion am ähnlichsten der »grotesken Körperkonzeption« (Bachtin) von Rabelais' Pantagruel ist, der bekommt am meisten Geld als Lohn. Wer Schulden macht, bekommt das Doppelte zur Rückzahlung hinzu, kurz: »Wer am längsten dort schläft, verdient das meist« (Pleij). Jede Darstellung vom Schlaraffenland kennt Strafen für Arbeitssüchtige: Prügel, Pranger, schließlich Gefängnis für die Arbeitswütigen. Die Rache der »Arbeitsmythologie« (Adorno) folgt. Das Schlaraffenland wird denunziert als Konsumerismus, die »dialektische Qualität der verkehrten Welt« (Hegel), die um 1700 Caspar Gottschling als Grundstruktur vom Schlaraffenland herausschält, wird unterschlagen: Übrig bleiben notorische Faulpelze, die bis heute auch Lafargues → *Recht auf Faulheit* nicht retten kann. Noch geschickter: der Mythos wird de-potenziert, zum Kindermärchen verniedlicht. Blochs Fahrplan der Utopien führt hingegen vom Schlaraffenland über Fouriers »Zwei Stunden Arbeit am Tag sind genug!« zu einer strategischen Überlegung alternativer Bewegung(en). Wenn man ein Detailziel verwirklichen will – wie viele Kritiker des Bedingungslosen Grundeinkommens behaupten – muss man einen utopischen Mehrwert ins Feld führen, ein *»Pathos des Gesamtziels«* (Bloch): Ohne dieses funktioniert keine Mobilisierung – auch nicht für Teilziele. Schlaraffenland, das verlockende Modell für das Bedingungslose Grundeinkommen – und jetzt seinerseits Gegenmythos gegen den Neoliberalismus als »Utopie grenzenloser Ausbeutung« (Bourdieu).

Manfred Lauermann

Zum Weiterlesen

Bloch, Ernst (1985): Freiheit und Ordnung, [New York 1946]. Leipzig.

Doren, Alfred (1927): Wunschräume und Wunschzeiten, in: Vorträge der Bibliothek Warburg 1924-1925. Leipzig/Berlin, S. 158-205.

Gottschling, Caspar (2007): Der Staat Von Schlaraffen-Land, Herausgegeben von Nikola Roßbach. Hannover.

Müller, Martin (1984): Das Schlaraffenland, Wien.

Pleij, Herman (2000): Der Traum vom Schlaraffenland, Frankfurt/M.

Richter, Dieter (1984): Schlaraffenland, Köln.

Schule für alle

Politisch zielt »Eine Schule für alle« auf die Abschaffung des mehrgliedrigen Schulsystems, pädagogisch auf die Realisierung einer → emanzipatorischen und demokratischen Schule. Die Abhängigkeit des Bildungserfolges von der sozialen Herkunft, die durch die hierarchische Gliederung der Schultypen (Hauptschule, Realschule und Gymnasium) verstärkt wird, soll in einer Schule des gemeinsamen Lernens einen egalitären Ausgleich finden. Die neue Schulstruktur basiert auf einer zehnjährigen gemeinsamen Lernzeit in einer öffentlichen Schule, welche die selektive Trennung innerhalb der Sekundarstufe I sowie die Bildung von Sonderschulen überwindet. Zudem sind pädagogische Reformkonzepte bestimmend: An die Stelle der Praxis des Nichtversetzens und des Abschulens treten Maßnahmen der individuellen Förderung. Heterogen zusammengesetzte Klassen werden als Lernanreiz angesehen sowie als Chance, wechselseitige Lehr- und Lernverhältnisse zu etablieren. Die autoritäre Schule soll einer demokratischen Schulkultur weichen, daher ist die weit reichende Mitbestimmung von SchülerInnen, Eltern und PädagogInnen integraler Bestandteil. Grundsätzlich wird von einer allgemeinen Bildungsfähigkeit ausgegangen, die allen Kindern eigen ist, statt von natürlich gegebenen Begabungen, welche heute als ideologische Rechtfertigung für die Differenzierung nach Schultypen dienen.

Historisch steht das Ringen um »Eine Schule für alle« in der Tradition der Arbeiterbewegung und ihrer schulpolitischen Forderung nach Errichtung einer »Einheitsschule«; aber auch der reformpädagogischen Bewegung mit ihrem Einsatz für partizipative Lernumwelten. In der Bundesrepublik scheiterte das Ansinnen, eine Schule für alle zu etablieren, stets an dem erbitterten Widerstand des bürgerlichen Lagers, das mit dem Gymnasium den Garanten ihres humanistischen Bildungsprivilegs verteidigte und bis heute verteidigt. Zwar gelang es in den 1970er Jahren in einigen Bundesländern mit der Gesamtschule einen alternativen Schultypus zu installieren, dieser hatte jedoch als bloße Erweiterung der mehrgliedrigen Schulstruktur keine Chance, sich als Regelschule durchzusetzen. Das Einheitsschulmodell der DDR wurde nach Eingliederung des ostdeutschen Staates abgewickelt.

In jüngster Zeit wird die Forderung nach einer Schule für alle von divergierenden gesellschaftlichen Interessengruppen erneut aufgegriffen. Ausgang sind zum einen die für Deutschland negativen Ergebnisse der OECD-Schulvergleichsstudie PISA von 2001 sowie die im Zuge der Transformation zu einer postfordistischen »Wissensgesellschaft« vorgebrachten Anforderungen an international wettbewerbsfähige Bildungssysteme. Im Bericht der internationalen Bildungsforscher wurde das deutsche System scharf kritisiert. Es scheitert nicht nur daran, die Benachteiligung durch sozial und kulturell unterschiedliche Ausgangslagen auszugleichen, es wirkt in seiner bestehenden Struktur sogar in hohem Maße verstärkend auf gesellschaftliche Ungleichheiten. Angesichts dieser nachhaltigen Diskriminierung von Kindern, insbesondere mit Migrationshintergrund und aus so genannten sozial schwachen Familien, gerät die im OECD-Vergleich auffällige, sehr frühe Aufteilung der SchülerInnen auf vertikale Schultypen (nur Österreich separiert die Schüler ebenfalls im Alter von zehn Jahren) zunehmend unter Druck. Vertreter von Wirtschaftsverbänden machen in der bestehenden Schulstruktur weniger einen Demokratie- als einen Standortnachteil aus. Sie kritisieren, dass die Mehrgliedrigkeit das Modell einer überkommenen Industriegesellschaft ist, die noch auf klarer Trennung von Kopf- und Handarbeit basierte, während die Arbeitsprozesse der Gegenwart zunehmend durch wissensbasierte Tätigkeiten angeleitet sind, die intellektuell qualifizierte ArbeitnehmerInnen voraussetzen. »Eine Schule für alle«, die sozial kompensatorisch wirkt, verspricht dagegen dem steigenden Bedarf an modernen WissensarbeiterInnen zu entsprechen.

Als gesellschaftliche Institution erfüllt Schule die Funktion der pädagogischen Verallgemeinerung von Qualifikations- und Bildungsanforderungen, welche unter kapitalistischen Verhältnissen auf das Verwertungsinteresse warenförmiger Ökonomie ausgerichtet sind. Zugleich ist jedes Schulsystem aber auch als ein umkämpftes Kräfteverhältnis anzusehen, wo der unmittelbare ökonomische Zugriff von dem Ringen um emanzipatorische Bildungsinhalte und -praxen widersprüchlich durchkreuzt wird. Auch die Politik um »Eine Schule für alle« steht in diesem Spannungsfeld: Demokratisch-humanistische Zielvorgaben sind ebenso wie das neoliberale Wettbewerbspostulat vom »Schulstandort« Antriebsfedern der aktuellen Schulstrukturdebatte. Eine Ausgangssituation, die zweifelsohne ein kritisch-reflexives, mitunter auch subversives, Handeln erfordert, soll der Einsatz für eine egalitäre und pädagogisch progressive Schulstruktur nicht hinterrücks zum Rückschritt im Fortschritt werden.

Andreas Merkens

Zum Weiterlesen

Heydorn, Heinz-J. (1970): Über den Widerspruch von Bildung und Herrschaft, Frankfurt/M.
Negt, Oskar (2002): Kindheit und Schule in einer Welt der Umbrüche, Göttingen.

Selbstermächtigung

Im emanzipatorischen (meist links-politischen) Sinne meint Selbstermächtigung (Wieder-)→Aneignung von Entscheidungs- und/oder Handlungsbefugnissen und kollektive Regelverletzungen durch autonomes Handeln, das über bloßen Protest hinaus geht. So definiert, kann Selbstermächtigung auf allen Ebenen des regulierten gesellschaftlichen Lebens stattfinden, wenn Menschen sich gegen eben diese Regulierungen politischer wie ökonomischer Art, z.B. Gesetze oder Arbeitgeberpläne, wehren. In der Praxis finden wir sie daher nicht zufälligerweise in den am meisten regulierten Bereichen des Lohnarbeitsverhältnisses und der sozialen Kämpfe/→ Proteste. Sowohl als Selbstorganisierung der ArbeiterInnen als auch in sozialen Kämpfen kann Selbstermächtigung als Revolte gegen herkömmliche Regularien sowie auch als Abkehr vom Stellvertretermodell verstanden werden. Sie hat jedoch unterschiedliche Hintergründe.

Unter Selbstermächtigung der ArbeiterInnen wird eine Selbstorganisierung verstanden, die sich meist in wilden, nicht genehmigten Streiks äußert und damit nicht nur gegen den Arbeitgeber, sondern auch gegen die eigene Interessenvertretung richtet. Bis in die 1970er Jahre gab es auch in Deutschland eine lebendige Tradition von Arbeitskämpfen ohne die Gewerkschaften, seitdem hat eine enorme Professionalisierung der betrieblichen und gewerkschaftlichen Interessenvertretung für eine Stärkung des Stellvertretermodells gesorgt, was mitunter kritisch als Ordnungsfunktion der Gewerkschaften beschrieben wird. Allerdings gab es in den letzten Jahren wiederholt Anlass zur Annahme, dass das Vertrauen der Belegschaften in ihre VertreterInnen bröckelt, so z.B. beim wilden Streik bei Opel Bochum, wie er im Oktober 2004 stattfand. Mit vereinten Kräften arbeiteten damals GewerkschaftsfunktionärInnen, PolitikerInnen und Medien daran, die »Opelaner« wieder »zur Vernunft zu bringen«. Trotz reger Debatten innerhalb der Gewerkschaftslinken ist es aber bislang noch keiner Belegschaft gelungen, den Vertretungsanspruch durch die Gewerkschaftsapparate auch praktisch zu kritisieren und z.B. eine unabhängige Streikleitung zu gründen. Daher konnten die GewerkschaftsfunktionärInnen immer wieder Ansätze zu wilden Streiks und Fabrikbesetzungen auf dem Verhandlungswege in »sozialverträgliche Lösungen« umbiegen.

Im Falle des sozialen Widerstandes richten sich die Aktionen gegen den Staat und dessen Institutionen. Selbstermächtigung bedeutet hier, Verteilungs- und Zuteilungsregelungen in Frage zu stellen. Die daraus folgenden

Aktionsformen sind Aneignung, Verweigerung der Leistung oder der Erniedrigung und Besetzung als Behinderung oder Bemächtigung. Zu den bekanntesten Beispielen der letzten Jahre zählen die Aktion Agenturschluss, »prekäre Superhelden« im Supermarkt oder »die Überflüssigen« mit ihren Besuchen in Gourmet-Restaurants. Bisherige Aktionen der Selbstermächtigung und Aneignung hatten bisher nur symbolischen Charakter, weil es ihnen nicht gelungen ist, das Gros der Betroffenen einzubeziehen. Dieser noch fehlende Alltagswiderstand der Betroffenen führt dazu, dass z.B. alle Hartz-Gesetze, allen verbalen Protesten zum Trotz, tagtäglich reibungslos umgesetzt werden. Selbstermächtigung als Akt der Widerspenstigkeit und des Ungehorsams (→ Ziviler Ungehorsam) setzt zumindest in Ansätzen ein rebellisches (→ Rebellion), emanzipatorisches Subjekt voraus und bildet es heraus, ist also als ein kollektiver Lern- und Selbstschulungsprozess zu verstehen, abhängig von der Eigendynamik und Qualität der Selbstorganisierung. Als Selbstorganisation unmittelbar Betroffener stellt der bloße Akt der Selbstermächtigung einen symbolischen Erfolg dar und birgt die Potenziale, aus der Defensive des bloßen Abwehrkampfes hinauszukommen. Ob die Selbstermächtigung den Charakter einer → emanzipatorischen, die Gesellschaft verändernden Praxis erreicht, hängt von den im Prozess gewählten Formen der Organisation und der Proteste sowie den Reaktionen der Gegenseite ab.

Werden Akte der Selbstermächtigung als Unverschämtheit betrachtet, spricht es für ihren zumindest kurzfristigen Erfolg. Sie verletzen zwar in den wenigsten Fällen bestehende Gesetze, gehen aber meist an deren Grenzen und weisen über diese hinaus. Grenzen, die ansonsten – im vorauseilenden Gehorsam – nie ausgelotet werden. Ein über die Grenzen des aktuellen, kapitalistischen Systems hinausreichendes Bewusstsein setzt aber voraus, dass dieses System als zu eng, einengend empfunden wird, dass »unverschämte« Ansprüche entwickelt werden. Erst aus der Reibung am Bestehenden durch Grenzüberschreitung kann ausgelotet und geübt werden, was anders und was weiter gehen sollte.

Mag Wompel

Zum Weiterlesen

Gester, Jochen/Hajek, Willi (Hrsg.) (2005): Sechs Tage der Selbstermächtigung – Der Streik bei Opel in Bochum Oktober 2004, Berlin.

Wompel, Mag (2007): Unterwürfigkeit bekämpfen ... statt ausleben, in: Graswurzelrevolution 317 vom März 2007, www.graswurzel.net/317/soziales.shtml.

Social Movement Unionism

In der Diskussion über die Erneuerung gewerkschaftlicher Ansätze wird Social Movement Unionism (SMU) als ein Begriff verwendet, der sich auf unterschiedliche Konzepte bezieht (u.a. Community unionism, Trade Union Organizing, Strategic Unionism, comprehensive campaigns, workplace unionism). Der traditionelle Ansatz fokussiert oft ausschließlich auf die Verbesserung der Arbeitsbedingungen der Kernbelegschaft eines Betriebes. Mit der Neuorientierung des US-amerikanischen Gewerkschaftsdachverband AFL/CIO unter John Sweeney seit 1995 wurden verstärkt SMU-Kampagnen initiiert und die Abkehr vom traditionellen Business Unionism (BU) eingeläutet. Begrifflich wurde SMU 1997 von Kim Moody, Gründer der unabhängigen Gewerkschaftszeitung LaborNotes in Detroit, eingeführt. Für Moody ist der SMU durch fünf Kriterien charakterisiert: gewerkschaftliche Demokratie und extensives Mitwirken aktiver Ehrenamtlicher; die Selbstverpflichtung, die Unorganisierten zu organisieren; sich für Themen in einem Stadtteil einsetzen, die Beschäftigte angehen, und Allianzen aufbauen mit dem Gemeinwesen vor Ort; gewerkschaftlicher → Internationalismus und Selbstverpflichtung auf unabhängige politische Aktionen.

Erfolgreiche Prototypen dieser speziellen Praxis sind Kampagnen wie *Jobs with Justice* (JwJ), die 1987 in Leben gerufen wurde und Menschen gegen ausbeuterische Arbeitsplätze und für soziale Gerechtigkeit mobilisierte. 2005 gab es in 40 Städten in 29 Staaten der USA JwJ-Aktionsbündnisse. Ein anderes Beispiel ist die populäre »Justice for Janitors« (JfJ)-Kampagne der US-amerikanischen Gewerkschaft des Dienstleistungssektors SEIU. Dass damit auch die Durchsetzungsfähigkeit und die Mitgliederzahlen steigen, zeigen 200.000 Neueintritte bei der SEIU im Reinigungsbereich seit Beginn der 1990er Jahre. Ein jüngeres erfolgreiches JfJ-Beispiel war 2006 die Organisierung von Reinigungskräften in Houston. In einem breiten Bündnis aus Community Organizers, Personen des öffentlichen Lebens sowie AktivistInnen, ist es – auch mit Mitteln → militanten → zivilen Ungehorsams – gelungen, erstmals einen Tarifvertrag für Reinigungskräfte abzuschließen. Der sieht eine Steigerung des Stundenlohns von mehr als drei Dollar in zwei Jahren sowie Kranken- und Rentenversicherungen auch für undokumentiert arbeitende Menschen vor. Im Zentrum dieses erfolgreichen SMU-Ansatzes stehen nicht die Arbeitsbedingungen, sondern die Frage nach sozialer Gerechtigkeit.

SMU wird in vielen Ländern praktiziert. In Australien und Neuseeland heißt die JfJ-Kampagne »Cleanstart«. In Großbritannien wird SMU in der Kampagne Justice for Cleaners erfolgreich umgesetzt. In der Bundesrepublik fließen einige SMU-Ideen im Reinigungssektor bei der IG Bau in die Kampagne »Ich putze Deutschland« ein. Die HBV-Kampagne gegen menschenverachtende Arbeitsbedingungen bei Schlecker in den 1980ern war der Durchbruch für SMU-Konzepte im Einzelhandel. Die Lidl-Kampagne für die Gründung von Betriebsräten setzt explizit auf die von Kim Moody eingeforderten fünf Bestandteile von SMU. ver.di testete sie erstmals im Rahmen der Kampagne »Respekt und bessere Jobs« im Bewachungsgewerbe in Hamburg. Auch die 2000 in Mailand aus der Taufe gehobene Bewegung zur Organisierung und Skandalisierung prekärer Arbeitsverhältnisse von Selbstständigen und Jobbern »Euromayday« steht im engen Zusammenhang mit SMU.

Mit dem Aufkommen global agierender Unternehmen, der Notwendigkeit, auch gewerkschaftlich vernetzt zu handeln, und der zunehmenden Bedeutung der globalisierungskritischen Bewegungen ist auch eine Diskussion über Global Social Movement Unionism (GSMU) entstanden. Hierbei wird die Erreichung sozialpolitischer, menschenrechtlicher, ökologischer und gewerkschaftlicher Forderungen vor Ort an die Kombination der Durchsetzungsfähigkeit von gewerkschaftlichen und sozialen Bewegungshebeln auf globalem Niveau geknüpft. Jüngstes Beispiel ist eine Kampagne des Union Network International (UNI), die die → Menschenrechte verachtende Praxis des weltweit führenden Sicherheitsunternehmens G4S dadurch verändern will, dass das Unternehmen weltweit von Großaufträgen ausgeschlossen bleibt. Bündnisse in Johannesburg und London arbeiten daran, eine Vertragsschließung mit G4S für die Fußballweltmeisterschaft 2010 in Südafrika bzw. die Olympiade in Großbritannien 2012 zu verhindern. Anhand der Beispiele wird deutlich, dass der SMU-Ansatz einerseits die Handlungsmöglichkeiten im Rahmen der bestehenden gesellschaftlichen Ordnung enorm erweitert. Andererseits weisen häufig die Forderungen über die bestehende Ordnung hinaus. Somit ist ein systemtransformierendes Potenzial in diesem Ansatz angelegt. Die Entschlossenheit in der Zielsetzung und Zielerreichung beider AkteurInnen des Konzepts – der Gewerkschaft und der → sozialen Bewegungen – entscheidet in der Dynamik der jeweiligen Auseinandersetzung über die Nachhaltigkeit der Transformation.

Peter Bremme

Zum Weiterlesen

Bremme, Peter/Fürniß, Ulrike/Meinecke, Ulrich (Hrsg.) (2007): Never work alone, Organizing – ein Zukunftsmodell für Gewerkschaften, Hamburg.

Moody, Kim (1997): Workers in a Lean World, London.

Solidarische Ökonomie

Solidarische Ökonomie bezeichnet Formen des Wirtschaftens, die menschliche Bedürfnisse auf der Basis freiwilliger → Kooperation, Selbstorganisation und gegenseitiger Hilfe befriedigen. Das Prinzip der → Solidarität steht dabei im Gegensatz zur Orientierung an Konkurrenz, falsch verstandener, da unsolidarischer Eigenverantwortung und Gewinnmaximierung in kapitalistischen Marktwirtschaften. Solidarität in der Wirtschaft bedeutet, sich an den Bedürfnissen der KooperationspartnerInnen zu orientieren. Damit emanzipieren sich die AkteurInnen von der durch den Markt vorgegebenen Handlungslogik. Solidarität kann dabei sowohl auf dem Prinzip der Gegenseitigkeit (z.B. gemeinschaftliche Selbsthilfe) als auch auf → Umverteilung beruhen. Der Begriff der Solidarität verweist ferner auf die Freiwilligkeit von → Kooperation und gegenseitiger Hilfe. Damit beinhaltet die Idee der Solidarischen Ökonomie den Anspruch von Selbstorganisation und Demokratie. Eine solche Ökonomie auf solidarischer Basis ist aus der Sicht des Neoliberalismus eine Fehlallokation von Ressourcen und widerspricht der angestrebten Maximierung von Innovation und Konkurrenz. Es handelt sich also um solidarische ökonomische »Alternativen, die es eigentlich gar nicht geben dürfte« (Elmar Altvater).

Trotzdem existiert Solidarische Ökonomie in einer Vielzahl von Projekten und Unternehmen. Manche Ansätze haben eine lange Geschichte, andere sind erst vor kurzem entstanden. Dazu gehören z.B. Gemeinschaftliche Eigentumsformen wie Wohnungs- und Produktionsgenossenschaften, Agrarkooperativen, Gemeinwesenbetriebe, Belegschaftsübernahmen, Nutzungsgemeinschaften; Gemeinschaftliche Lebensformen wie Gemeinschaftssiedlungen, Kommunen, Ökodörfer; Direktvermarktung, Erzeuger-Verbraucher-Gemeinschaften, Lebensmittelkooperativen, neue Dorfläden; Teilen und gemeinschaftliche Produktion von Wissen z.B. bei Freier Software oder Wikipedia; Fairer Handel; Alternative Geldsysteme wie Tauschringe und Regionalwährungen; Lokale Banken und ethisches Investment.

Die Solidarische Ökonomie kann verschiedene Reichweiten haben: Sie kann eine humanere Ergänzung kapitalistischer Marktwirtschaften sein oder das Ziel der Überwindung des Kapitalismus verfolgen. Sie kann sich in unterschiedlicher räumlicher Entfernung der solidarisch Handelnden abspielen. Sie existiert meist auf lokaler Ebene, kann aber auch über große räumliche Entfernungen praktiziert werden, z.B. beim Fairen Handel. Solidarische Ökonomie kann verschieden große ökonomische Einheiten umfassen. Es gibt sowohl solidarische Einzelunternehmen als auch Projekte eines ganz anderen Wirtschaftssystems (z.B. ALBA). Sie kann auf freiwilligen Vereinbarungen zwischen KooperationspartnerInnen beruhen oder in verbindlichen Regeln münden, die für alle Wirtschaftsakteure gelten (z.B. »Solidarische Weltwirtschaftsordnung«). Solidarische Ökonomie funktioniert damit nicht notwendigerweise ohne Beteiligung des Staates.

Ihre Entwicklung kann durch gesellschaftliche und politische Unterstützung entscheidend voran gebracht werden, so fördert z.B. die brasilianische Regierung die Solidarische, Ökonomie und in südeuropäischen Ländern hat die Förderung von Genossenschaften Verfassungsrang.

Gleichzeitig zeigen sich die Begrenzungen des Konzepts Solidarischer Ökonomie. Viele Projekte bleiben klein und sind davon bedroht, im Strudel der dominanten kapitalistischen Ökonomie unterzugehen. Sie scheitern ökonomisch oder passen sich unter Aufgabe ihrer solidarischen Prinzipien an. Gerade die demokratische Selbstorganisation führt immer wieder zu Problemen in den Projekten, etwa durch zwischenmenschliche Konflikte oder Selbstüberforderung. Häufig wird Solidarische Ökonomie kritisiert, weil sie über die Idee gemeinschaftlicher Selbsthilfe den Rückzug des Staates legitimieren könnte. Soziale Rechte lassen sich jedoch nur dann für alle Menschen garantieren, wenn sie in verbindlichen universellen Regulierungen und Rechten münden. Solidarische Unterstützung in Teilgruppen kann soziale Rechte für Alle nicht ersetzen. → Fair Trade-Projekte sind eben keine Alternative für eine solidarische → Weltwirtschaftsordnung. Ebenso ersetzt Solidarische Ökonomie keine verbindliche und umfassende Regulierung der Ökonomie, etwa der Finanzmärkte.

Solidarische Ökonomie sollte sich als Teil des Kampfes um → Emanzipation für Alle verstehen. Sobald sie diese Perspektive einnehmen, können Projekte Solidarischer Ökonomie die politische Unterstützung für Alternativen verbreitern, indem wir schon heute mit der anderen Welt beginnen.

Sven Giegold

Zum Weiterlesen

Altvater, Elmar/Sekler, Nicola (2006): Solidarische Ökonomie – Reader des Wissenschaftlichen Beirats von Attac, Hamburg.

Courtrot, Thomas (2005): Démocratie contre capitalisme, La Dispute, Paris.

Giegold, Sven/Embshoff, Dagmar (Hrsg.) (2007): Solidarische Ökonome im globalisierten Kapitalismus. Hamburg.

Ripess – Internationales Netzwerk zur Förderung der sozialen und solidarischen Ökonomie (1997): Erklärung von Lima, www.ripess.net.

Solidarität

Solidarität drückt ein Zusammengehörigkeitsgefühl von Individuen oder Gruppen in einem Sozialgefüge aus, das sich in gegenseitiger Hilfe und Unterstützung äußert. Der Begriff leitet sich von dem lateinischen Begriff »in solidum« ab, was wörtlich übersetzt »auf das Ganze, für die Gesamtsumme« bedeutet und viele Anwendungen findet: Im Recht gibt es die *Gesamtschuld,* viele Religionen betonen das moralische Konzept der *Nächstenliebe,* die Sozialphilosophie unterscheidet *Solidarismus* im Sinne eines ursprünglichen Verbundenseins der Menschen zum Zweck des Gemeinwohls von Individualismus. Politisch gibt es das *Solidaritätsprinzip,* demzufolge jedes Mitglied Beiträge bezahlt, um Benachteiligte zu unterstützen. Solidarität ist also Ausdruck einer Weltsicht, die Menschen als Teil einer Gemeinschaft begreift.

Zur mobilisierenden Forderung wird Solidarität in Verhältnissen sozialer Ungleichheit und existenzieller Bedrohung. Die gesetzliche Institutionalisierung des Solidaritätsprinzips begann im 19. Jahrhundert während der kapitalistischen Industrialisierung. Die Arbeiterschaft erkannte in der Unterschiedlichkeit ihrer Einzelschicksale ein gemeinsames Klassenschicksal und begann sich mit Hilfe von Gewerkschaften kollektiv für bessere Arbeitsbedingungen einzusetzen. Auch in Ländern mit kommunistischer Zwangsherrschaft formierten sich Solidaritätsbewegungen gegen Ungerechtigkeit, Unrechtsstaatlichkeit, Missbrauch des Machtapparates und beschränkte Meinungsäußerung. Herausragendes historisches Beispiel ist die Gewerkschaft Solidarnosc in Polen, die 1980 aus einem Streik entstand und unter Lech Walesa 9,5 Mio. Mitglieder organisierte – ein Drittel der Bevölkerung. Die globalisierungskritische Bewegung heute ist eine Solidarbewegung für globale Gerechtigkeit, die sich ebenfalls gegen Ausbeutung, Ungleichheit und politische Ausgrenzung wendet und gegenseitige Unterstützung von Individuen, Gruppen und Bündnissen über staatliche Grenzen hinweg organisiert.

Das Solidaritätsmotiv hat also eine existenzielle Tiefendimension im Verbundenheitsgefühl von Menschen, die sich gegen schicksalhafte individuelle Gefährdungen und Einschränkungen von Lebensmöglichkeiten zur Wehr setzen und dabei allgemeine → Menschenrechte auf gleichberechtigte Lebenschancen zur Grundlage ihres Handelns machen. Dieser Impuls kann indes auch manipuliert werden, und Appelle an Solidarität werden hohl, wenn sie nicht mit authentischem Engagement verbunden sind. Im internationalen Wettbewerbsstaat z.B. taucht gesellschaftliche Orientierung und nationale Gemeinschaftsbetonung meist in Lohnverhandlungen und Debatten über Unternehmenssteuern auf, während ArbeitnehmerInnen sonst individuelle Eigenverantwortung übernehmen sollen und die Unternehmensgemeinschaft selbst bei zweistelligen Gewinnsprüngen Tausende entlässt. Auch Nationalität verliert ihren Wert bei der Entscheidung über Produktionsstätten schnell wieder. Im Namen der Solidarität wird auch zum »Kampf« gegen (vermeintlich) identifizierte Gegner aufgerufen, was den internen Zusammenhalt der »Gruppe« stärken soll, aber den ursprünglichen, gesamtgesellschaftlichen Solidaritätsgedanken schwächt. So werden oft nur Rollen innerhalb eines Systems getauscht und Extreme eingehegt. Systemkritische Strategien prangern deshalb Herrschaftsverhältnisse und strukturelle Ungleichheiten unabhängig von Einzelpersonen an. Für ihre Überwindung kann Solidarität sehr gute Orientierung bieten, wenn z.B. gegenseitige Verpflichtung zur Aufhebung von Konkurrenz betont wird.

Für eigenes Engagement lohnt sich ein Blick auf unterscheidbare Formen von Solidarität: Hinsichtlich der Qualität gegenseitiger Unterstützung lässt sich *Interessen-Solidarität* (Interessengleichheit in einer bestimmten Situation, die nach Erreichen des gemeinsamen Ziels endet) von *Solidarität des Handelns* (gegenseitige Hilfsbereitschaft) und *Solidarität der Gesinnung* (Einheitsbewusstsein) unterscheiden. Die Qualität von Solidaritätsappellen so zu klassifizieren, kann instrumentellen Charakter aufzeigen und Klarheit über gegenseitige Erwartungen schaffen.

Für → emanzipatorische Projekte kann Solidarität als konstitutionelle Praxis der Zusammengehörigkeit und → Gleichheit ein gutes Fundament bilden. Es gilt, eine gute Balance zwischen Offenheit und Verbindlichkeit zu schaffen: Sind Erwartungen der Beteiligten an die Qualität der Solidarität klar? Für welche Intensität von Vereinbarungen reicht die gemeinsame Gesinnung aus? Welche Regeln und Freiheiten werden gebraucht, um Vertrauen in gegenseitige Unterstützung (wieder) zu entwickeln – und wie werden diese umgesetzt? Es gibt vielfältige Projekte weltweit, die Alternativen leben, ebenso wie theoretische Debatten zur Erarbeitung gemeinsamer Regeln für solidarische Gemeinschaften. Ein Beispiel sind Solidaritäts-GmbHs als Gegensatz zu Ich-AGs. Als orientierendes Prinzip kann Solidarität jeder und jedem Wettbewerbsgenervten sofort den → Alltag verändern.

Maja Göpel

Zum Weiterlesen

Bayertz, Kurt (Hrsg.) (1998): Solidarität. Begriff und Problem, Frankfurt/M.

Lüpke, Geseko von/Erlenwein, Peter (2007): Projekte der Hoffnung. Ausblicke auf eine andere Globalisierung, München.

Soziale Arbeit

Soziale Arbeit bezeichnet den Diskurs in der (wissenschaftlichen) Sozialpädagogik und Sozialarbeitswissenschaft. Sie bezieht sich erstens auf Sozialarbeit als »organisierte Hilfe« im Kontext von Armut, sozialen Problemlagen, marginalisierten Personen, Exklusions- und Inklusionsprozessen, Diskriminierung und Beschränkung von Teilhabemöglichkeiten, zweitens auf Sozialpädagogik, deren Fokus sich auf Hilfe bei der Lebensbewältigung, Förderung informeller Bildungsgelegenheiten, Bewältigung der Krisen im Generationenverhältnis sowie Unterstützung von AdressatInnen in den »Problemen des Alltags« erweitert. International gibt es unterschiedliche Mischungsverhältnisse dieser beiden Traditionslinien, die mit Sozialer Arbeit bzw. »social work« einen gemeinsamen Begriff in Praxis, Ausbildung und Wissenschaft entwickelt haben.

Soziale Arbeit hat eine analytische, eine bewertende und eine intervenierende Dimension. Professionelles Handeln zeigt sich in Unterstützung, Beratung, Begleitung und Vermittlung von Informationen, Ermutigung zur → Partizipation, Zugang zu materiellen Hilfen, Reflexion, Bildung, Planung und Öffentlichkeitsarbeit, aber auch in Skandalisierung und politischem Engagement im Rahmen einer Politik des Sozialen. Soziale Arbeit bezieht sich auf eine Vielzahl von Praxis- bzw. Handlungsfeldern, z.B. pädagogische Arbeit in Kindertagesstätten, Jugendsozialarbeit und Jugendarbeit, Straßensozialarbeit, Gemeinwesenarbeit, Arbeitslosenberatung und Arbeit mit psychisch kranken Menschen. Die potenziellen Zielgruppen sind benachteiligte und marginalisierte Personengruppen, im weiteren Sinne all diejenigen, die zwischen gesellschaftlichen Ansprüchen und individuellen Ressourcen scheitern und professionelle, institutionelle Unterstützung benötigen, um einen »gelingenderen Alltag« (Thiersch) leben zu können. »Insoweit Kompetenzen von Individuen und Anforderungen der Gesellschaft nicht zusammenpassen, kann eine Intervention, ein Dazwischentreten erforderlich sein.« (Hamburger). Das »Gedächtnis« der Sozialen Arbeit weiß um die Janusköpfigkeit ihrer Begrifflichkeit. Problemgruppen werden immer auch in Machtdiskursen »hervorgebracht«. Zuschreibungsprozesse sind sowohl Ausgangspunkt von Stigmatisierung und Klientifizierung als auch Voraussetzung für eine rechtlich und professionell abgesicherte Intervention bzw. den Ausbau einer sozialen Infrastruktur. Die nationale und europäische Sozialpolitik, die jeweilige Trägerstruktur, der dominante Normalitätsdiskurs in der Gesellschaft, die Eigenlogik von Institutionen und Ausbildungsstätten sowie die (berechtigte) Sorge, der in der Sozialen Arbeit Tätigen um eine angemessen bezahlte Erwerbstätigkeit sowie die ethischen Grundsätze der Profession und die disziplinären Wissensbestände bilden den Rahmen für die professionelle Soziale Arbeit.

Soziale Arbeit kann auf Ehrenamtlichkeit, Freiwilligenaktivität und Selbsthilfe erweitert werden. Dies impliziert eine Gefahr, wenn das politisch-administrative System die Aktivierung der → Zivilen Gesellschaft propagiert und gleichzeitig die Finanzierung professioneller sozialer Dienstleistungen reduziert. Aus Selbsthilfe und Freiwilligenarbeit können »Alternativen des Denkens und Handelns« entstehen. In Gesellschaften, in denen professionelle Soziale Arbeit nur rudimentär etabliert ist, gehören ehrenamtliche Strukturen und die Arbeit von NGOs zur Sozialen Arbeit. Soziale Arbeit hat sowohl systemstabilisierende als auch kritisch alternative Elemente in sich aufgenommen und hervorgebracht. Diese Parallelität von Gegensätzen ist im Paradigma von »Kontrolle und Hilfe« oder »Hilfe und Kontrolle« gefasst und als grundlegender Rollenkonflikt benannt. Das alternative Potenzial der Sozialen Arbeit kann erst im Horizont der Reflexion über dieses Dilemma zur Geltung kommen. Im Blick auf den deutschsprachigen Theoriediskurs und die Praxis seit den 1980er Jahren ist festzustellen, dass sowohl sozialpolitische Indienstnahme, Ökonomisierung, spezifische Theoriemoden und Rituale der Praxis, als auch der hochschulpolitische Umbauprozess vom Diplomstudium zum Bachelor-/Masterstudium zu einem Rückgang einer explizit kritischen und sich politisch verstehenden Wissenschaft der Sozialen Arbeit geführt haben.

Die Breite der Konzepte methodischen Handelns weist weit über die drei klassischen Felder, nämlich Einzelfallhilfe (social casework), soziale Arbeit mit Gruppen (social groupwork) und Gemeinwesenarbeit (community organizing) hinaus. Die unterschiedlichen Methoden von der Mikro- bis zur Makroebene sind dann Bestandteil einer alternativen Strategie, wenn sie sich an den Bedürfnissen/Interessen der AdressatInnen, an → Sozialer Gerechtigkeit und → Menschenrechten orientieren.

Andreas Thimmel

Zum Weiterlesen

Anhorn, Roland/Bettinger, Frank (Hrsg.) (2005): Sozialer Ausschluss und Soziale Arbeit. Positionsbestimmungen einer kritischen Theorie und Praxis Sozialer Arbeit, Wiesbaden.
Hamburger, Franz (2003): Einführung in die Sozialpädagogik, Stuttgart.
Widersprüche: Zeitschrift für sozialistische Politik im Bildungs-, Gesundheits- und Sozialbereich, Bielefeld.

Soziale Bewegungen

Kreativität und Innovation, Zukunftsfähigkeit und Nachhaltigkeit können nicht von den herrschenden Institutionen erwartet werden. Stattdessen haben soziale Bewegungen immer wieder Experimentierbaustellen errichtet und überraschende Entwürfe für eine bessere Zukunft erprobt. Auch und gerade weil sich der globale Kapitalismus anschickt, in die letzte Pore der Weltgesellschaft einzudringen, hat sich die Marxsche Hoffnung auf *eine* umfassende proletarische Internationale, auf die eine große soziale Bewegung, die das Tor zur befreiten Gesellschaft aufstoßen kann, nicht erfüllt. Mehr denn je sind soziale Bewegungen ein vielstimmiger Chor, meist sogar viele Chöre mit sehr unterschiedlichen Melodien. In ihnen mischt sich die Klage über Ungerechtigkeiten und Menschenrechtsverletzungen, über autoritäre Herrschaft und vielfältige Unterdrückungen. Soziale Bewegungen bilden sich zudem häufig um Katastrophen und unerträgliche Missstände, protestieren gegen die Obszönität fortbestehender und runderneuerter Herrschaftsverhältnisse. Normativ greifen sie dabei zumeist – wie die Bürgerrechts- und Menschenrechtsbewegungen – auf jene Versprechen zurück, die laut vieler Verfassungen und Deklarationen eigentlich gelten sollten: → Freiheit, → Gleichheit, → Solidarität, Demokratie (→ Demokratisierung). Dieser defensive und verteidigende Charakter vieler Mobilisierungen, wie z.B. die Montagsdemonstrationen gegen den Abbau sozialstaatlicher Garantien im Namen von Hartz IV, ist nur die halbe Wahrheit. Soziale Bewegungen begreifen Gesellschaften als Projekt, als etwas, das bewusst verändert und gestaltet werden kann. Sie sind damit die lebendige Absage an die konservative Komplexitätsentmutigung oder das neoliberale Credo »There is no alternative!« – und wäre ihr Veränderungsanspruch noch so bescheiden.

Die westdeutschen sozialen Bewegungen der 1950er Jahre wollten eine andere Bundesrepublik: ohne Militär, ohne Altnazis in gesellschaftlichen Spitzenposition und ohne demo-autoritäre Restauration. Die politisch-kulturellen Aufbrüche der 1960er Jahre waren randvoll mit uneingelösten Alternativen. »Rebellische Subjektivität« lautete Herbert Marcuses Charakterisierung dieses Aufbruchs (→ Selbstermächtigung). Der aufgehäufte gesellschaftliche Reichtum schien nun alles zu ermöglichen: vom garantierten → Grundeinkommen bis zum sanften Umgang mit der inneren und äußeren Natur, dem Abschied von der Tierbändiger-Mentalität. Was mit dem Barrikaden-Motto des Pariser Mai »Phantasie an die Macht« begonnen hatte, setzten die neuen sozialen Bewegungen in den 1970er und 1980er Jahren in kleinerer Münze, aber durchaus praktisch fort: von den zahlreichen Frauenprojekten bis zu den »Alternativen der Alternativbewegung«. Gemeinsamer Nenner bleibt der Anspruch auf die Gestaltbarkeit gesellschaftlicher Verhältnisse, seien es nun erneuerbare Energiequellen, sanfte Technologien oder Gestaltungsalternativen im Lebenslauf, im Umgang mit Gesundheitsproblemen oder Hospize als Orte menschenwürdigen Sterbens. Keine dieser Bewegungen, so ist früh beobachtet worden, scheint für sich die Kraft zu haben, fundamentale gesellschaftliche Veränderungen voranzubringen, und doch ist die Summe der Veränderungsimpulse der neuen sozialen Bewegungen deutlich größer als die der großen Systemalternativen des 20. Jahrhunderts.

Seit Beginn des neuen Jahrhunderts befinden sich die sozialen Bewegungen in einer veränderten Konstellation. Mit den globalisierungskritischen Mobilisierungen und den transnationalen Kampagnen ist eine »Bewegung der Bewegungen« im Entstehen, die einen Großteil der historischen Themen neuer und nicht mehr so neuer sozialer Bewegungen im globalen Kontext erneut aufgreift und eigene Akzente setzt. Lokale Experimente, wie z.B. die aus Brasilien kommenden kommunalen Bürgerhaushalte, werden weltweit zirkuliert (→ Partizipativer Haushalt). Mit den → Sozialforen (→ Weltsozialforum) ist eine demokratische Innovation gelungen, die auf ihre Übersetzung in lokale und nationale Kontexte wartet. Die großen Fragen nach → sozialer Gerechtigkeit, nach einer starken Demokratie, nach Produktions- und Tauschverhältnissen, die eine menschenwürdige Existenz für alle ermöglichen, sind durch ihre Verlagerung auf die transnationale Ebene nicht leichter zu beantworten, aber angemessener gestellt. Nun prasselt eine solche Fülle von neuen und alten, nahen und fernen Alternativen auf uns ein, dass wirklich ein Lexikon vonnöten ist. Möglicherweise gelingt es den »Altermondialisten« diese Alternativen zu bewahren, zu aktualisieren und in konkrete »glokale« Veränderungspraxis zu übersetzen. Dies scheint umso dringlicher, weil wir es nicht nur mit den katastrophischen Potenzialen und Auswirkungen der neoliberalen Globalisierung zu tun haben, sondern auch mit einem Erstarken von rechtsextremen Gegenbewegungen, die davon mit ihren rassistischen Volksgemeinschaftsideologien profitieren wollen.

Roland Roth

Zum Weiterlesen

Roth, Roland/Rucht, Dieter (Hrsg.) (2007): Die sozialen Bewegungen in Deutschland seit 1945. Ein Handbuch, Frankfurt/M.

Soziale Gerechtigkeit

Gerechtigkeit ist eine zentrale Orientierungsgröße menschlichen Zusammenlebens und wird vielfach als Schlüsselbegriff gegenwärtiger Zukunftsdebatten charakterisiert. Etwas als gerecht zu bewerten meint zunächst, dass es angemessen oder richtig ist. Eine solche Bewertung beruht auf gesellschaftlich akzeptierten Kriterien. Sie ist nicht deckungsgleich mit dem in Gesetzesform kodifizierten Recht und kein Gerechtigkeitskriterium ist jemals unumstritten. Gerechtigkeit bezieht sich immer auf Verhalten oder Verhältnisse zwischen verschiedenen Menschen bzw. deren spezifische Interessen. Zudem werden Verfahrensweisen des Zustandekommens bestimmter Ergebnisse einer (formalen) Gerechtigkeitsbewertung unterzogen – z.B. im Hinblick auf Unparteilichkeit von Regeln – sowie vorfindliche Resultate, die das Ergebnis bestimmter Praxen sind (materiale Gerechtigkeit). So wird der Umstand, dass ein Fünftel der Weltbevölkerung in den Industrieländern rund vier Fünftel der globalen Ressourcen beansprucht, häufig als ungerecht bezeichnet.

Bei der Frage nach sozialer Gerechtigkeit geht es um Prinzipien der Verteilung von Gütern, Ressourcen und Teilhabemöglichkeiten. Sie ist insofern eng verbunden mit den ökonomischen Potenzialen zur Wohlstandsmehrung und dem sozialen Rahmen, innerhalb dessen diese organisiert sind. Da es sich bei Prinzipien sozialer Gerechtigkeit sowie darauf begründeten sozialen Verhältnissen um von Menschen gesetzte Regeln handelt, die veränderbar und rationaler Überprüfbarkeit zugänglich sind, stehen sie immer auch im Zusammenhang mit gesellschaftlichen Kämpfen um (→ Gegen-)Hegemonie.

In der Politik geht es darum, wie bestimmte Vorhaben *gerecht*fertigt werden können. Seit den 1970er Jahren haben hier vor allem drei Diskurse besondere Wirkmächtigkeit entfaltet. Am Beginn der Krise des Sozialstaats war es vor allem J. Rawls, der mit seiner Theorie der Gerechtigkeit zum Impulsgeber der Debatte wurde. Soziale und wirtschaftliche Ungleichheiten, so die Quintessenz seines »Differenzprinzips«, sind nur zulässig, wenn sie auch den am schlechtesten gestellten Mitgliedern zugute kommen. Die darin angelegte Legitimation sozialstaatlicher → Umverteilung rief zunächst vor allem Entgegnungen neoliberaler Theoretiker hervor. Da der Markt nicht nach moralischen Aspekten verteile, könnten auch die Ergebnisse nicht an moralischen Maßstäben gemessen werden. Der Begriff »soziale Gerechtigkeit« sei daher eine unsinnige Kategorie. Steuern werden mit Zwangsarbeit verglichen und die Verteilungsfrage für weitgehend obsolet erklärt bzw. zu einem Problem zwischen den Generationen umdefiniert. Im Ergebnis eines auf Tauscheffizienz verengten Gerechtigkeitsbegriffs erscheint dann der Abbau des Sozialstaates gleichsam als Bedingung der Besserstellung der am wenigsten Begünstigten.

Die kommunitaristischen Konzepte, die vor allem die »neue« Sozialdemokratie am Beginn des 21. Jahrhunderts beeinflusst haben, sehen als gerecht an, was die Eigenverantwortung stärkt und dazu beiträgt, dass die Regeln der Verteilung sozialer Güter der jeweiligen gesellschaftlichen Wertigkeit dieser Güter entsprechen. Wenn etwa der Markt Erfolg mit viel Geld belohnt, so ist hiernach zu verhindern, dass viel Geld zugleich ermöglicht, andere begehrte Güter zu erlangen, die nach allgemeiner Moralvorstellung aufgrund anderer Kriterien verteilt werden sollten (z.B. politischer Einfluss, Freundschaft o.ä.). Indem aber dem (globalen) Markt die Verantwortung zugewiesen wird, Arbeit und Wohlstand zu schaffen, und dem → Sozialstaat lediglich die nachgelagerte Aufgabe, etwaige Härten abzufangen, wird die individuelle Marktfähigkeit letztlich zur Bedingung von Teilhabe. Diese wird durch stärkere Kontrolle der Bedürftigen und eine Erhöhung des materiellen Existenzdrucks »gefördert und gefordert«. Soziale Gerechtigkeit gerät damit zur abhängigen Variablen nationaler Wettbewerbsfähigkeit.

Eine Alternative zur Deutung von Gerechtigkeit im Klammergriff des Marktes besteht darin, wieder deutlicher die Zusammenhänge zwischen Armut und Reichtum, zwischen Verteilungsverhältnissen und Teilhabemöglichkeiten hervorzuheben. Denn es ist paradox, dass die Menschheit über ein geschichtlich einzigartiges Potenzial zur Wohlstandsmehrung verfügt, dieser Produktionsapparat sich aber gegenüber der menschlichen Gesellschaft zunehmend verselbständigt und mehr soziale Ausgrenzung hervorbringt. Das Streben nach Gleichheit kann dabei als ein pluraler Ansatz verstanden werden, indem es darum geht, der These von der »produktiven Funktion der Ungleichheit« die Frage nach den sozialökonomischen Voraussetzungen der → Freiheit zur Entfaltung individueller Fähigkeiten und menschlicher Vielfalt entgegen zu halten.

Jörg Reitzig

Zum Weiterlesen

Grasse, Alexander/Ludwig, Carmen/Dietz, Berthold (Hrsg.) (2006): Soziale Gerechtigkeit. Reformpolitik am Scheideweg, Wiesbaden.

Möhring-Hesse, Matthias (Hrsg.) (2005): Streit um die Gerechtigkeit. Themen und Kontroversen im gegenwärtigen Gerechtigkeitsdiskurs, Schwalbach/Ts.

Reitzig, Jörg (2005): Gesellschaftsvertrag, Gerechtigkeit, Arbeit. Eine hegemonietheoretische Analyse zur Debatte um einen »Neuen Gesellschaftsvertrag« im postfordistischen Kapitalismus, Münster.

Soziale Infrastruktur

Es erscheint allen selbstverständlich, dass der Staat die Aufgabe hat, Eigentum, Vertrag, Kredit zu garantieren, Transportwege, Energieversorgung und Grundstückserschließung zu bieten und zuletzt »riskante« Investitionen noch finanziell zu unterstützen und so Infrastruktur für »die Wirtschaft« bereitzuhalten. Allenfalls wird gelegentlich an den Subventionen herumgemäkelt, aber auch da geht es eher um die Pendlerpauschale als um die massiven Absicherungen von unternehmerischem Risiko. Im Übrigen sind die rechtlich vorgegebenen Betriebsformen von der GmbH bis zum Konzern, die Regelungen der Verlustabschreibung und das Konkursrecht als Mechanismen konzipiert, um die Verluste möglichst auf die gesamte Gesellschaft von Steuerzahlern umzuverteilen. Was es analog als Absicherungen für die Reproduktion der Arbeitskraft gibt, ist, obwohl hierzulande weitgehend aus eigenen Beiträgen nach dem Versicherungsprinzip finanziert, immer im Ruf, ein Geschenk oder zumindest verweichlichender Luxus und also legitimer Gegenstand von Sparüberlegungen zu sein.

Trotz aller Bemühungen dazu geht aber der Mensch nicht ganz in seiner und ihrer Eigenschaft als Arbeitskraft auf. Auch ist die Lohnarbeit nicht die einzige, nicht einmal die wichtigste Form der Arbeiten, die getan werden und die nötig sind, um ein Leben zu führen. So sehr uns aus der Sicht der Wirtschaft suggeriert wird, dass nur Lohnarbeit Arbeit sei, alles andere Freizeit, so ist es doch unausweichlich so, dass die wichtigsten Arbeiten, von denen wir leben, die gemeinsamen Tätigkeiten und gegenseitigen Dienste sind, die als Hausarbeit, Eigenarbeit und Gemeindearbeit beschrieben werden können. Die Lohnarbeit, mit der wir Geld verdienen, ist nur ein notwendig gemachter Teil dieses Gesamt-Ensembles von Arbeiten der Haushaltsführung, von und in denen wir leben. Es war und ist eine törichte Illusion auch der Arbeiterbewegung, alle diese Arbeiten durch Waren und Dienste ersetzen zu können. Es war und ist ein törichtes Missverständnis, das Reich der → Freiheit mit dem Reich der Freizeit gleichzusetzen – als ob die Freiheit darin bestünde, fernzusehen, Bier zu trinken und mit den Kumpels oder den Freundinnen kesse Sprüche zu führen.

In der Arbeit des Lebens hat die Lohnarbeit nur einen begrenzten Stellenwert. Die über den Einsatz von Lohnarbeit hergestellten Waren sind darüber hinaus nur begrenzt für das Leben nützlich, im Gegenteil oft überflüssig bis (z.B. als Waffen direkt, sonst durch ökologische Folgen ihrer Produktion und ihres massenhaften Gebrauchs indirekt) schädlich. So betrachtet ist eine soziale Sicherung, die am – mehr oder weniger notdürftigen – Ersatz von ausfallenden Lohneinkünften orientiert ist, unzureichend. Soziale Sicherung besteht dann vielmehr darin, alle die Arbeiten zu ermöglichen, die wir für unser Leben brauchen. Man kann das auch so ausdrücken: Der Staat hält (in Analogie zu dem, was für die wirtschaftlichen Aktivitäten getan wird) die soziale Infrastruktur bereit. Wie im Fall der Wirtschaft tut er das aus Steuermitteln. Die Wirtschafts-Infrastruktur ist, so betrachtet, ein Spezialbereich der sozialen Infrastruktur. Sie muss sich daran ausweisen, ob sie wirtschaftlichen Aktivitäten dient, die für das soziale Leben notwendig und nützlich oder ihm schädlich sind.

Infrastruktur ist nötig für die defensiven Tätigkeiten der Sicherung von Nahrung, Kleidung, Unterkunft und Haushaltsausstattung. Infrastruktur ist nötig für die Tätigkeiten der Bildung und Entwicklung, des Zusammenlebens und der gegenseitigen Förderung. Infrastruktur ist nötig für die Pflege in vorhersehbaren Situationen und Zeiten der besonderen Bedürftigkeit, wie z.B. Kindheit und Jugend, Unfall, Krankheit, Alter. Infrastruktur ist nötig für die Ermöglichung von »ausgreifenden« Tätigkeiten der Organisation bestimmter Abläufe und Leistungen. Infrastruktur ist nötig für die Möglichkeit aller, sich an den Entscheidungen über die Zukunft der Gesellschaft zu beteiligen und ihre Ideen dazu beizutragen (Steinert/Pilgram). Diese Infrastruktur besteht daher in Einrichtungen der Grundversorgung, der Gesundheitspflege, der Bildung, der Ermöglichung von Pflege, der wirtschaftlichen und politischen Entwicklung, der Wissenschaft und Kunst, des Experimentierens mit Lebensweisen. Ein (nachgeordneter) Teil der Infrastruktur ist auch etwas wie ein → Grundeinkommen, das umso niedriger sein kann, je besser die Infrastruktur ausgebaut ist.

Politik der sozialen Sicherung so zu betrachten, ergibt sich einerseits aus einer aufgeklärten Einsicht in die verschiedenen Formen der Arbeit und ihre Bedeutung, andererseits aus der Aushebelung der Sozialversicherung durch Prekarisierung und Arbeitskraft-Unternehmertum in der Produktionsweise des Neoliberalismus. Ein grundsätzlicher Umbau der sozialen Sicherung ist notwendig. Er sollte sich nicht auf die Idee eines Grundeinkommens beschränken, sondern umfassender den Ausbau der sozialen Infrastruktur als Orientierung haben.

Heinz Steinert

Zum Weiterlesen

Steinert, Heinz/Pilgram, Arno (2003): Welfare Policy from Below: Struggles against Social Exclusion in Europe. Ashgate.

Soziale Rechte

Soziale Rechte sind Teil der → Menschenrechte. Im Unterschied zu den politischen und bürgerlichen Menschenrechten haben sie erst im 20. Jahrhundert Eingang in die Menschenrechtserklärungen gefunden. Exemplarisch ist hier die Allgemeine Erklärung der Menschenrechte der Vereinten Nationen von 1948 zu nennen: Nach ihr hat jeder Mensch ein Recht auf Arbeit mit existenzsichernder Entlohnung, auf Wohnung, Nahrung, Kleidung und ärztliche Versorgung sowie auf Bildung.

Soziale Rechte sind aber keine Erfindung des letzten Jahrhunderts. Seit Entstehung der bürgerlichen Gesellschaft werden sie von den Besitzlosen, also denjenigen, die sich ihren Lebensunterhalt durch den Verkauf ihrer Arbeitskraft verdienen müssen, eingefordert. Bereits in der Französischen Revolution wurde die Sozialpflichtigkeit des Eigentums verlangt: »Die Freiheit ist ein leerer Wahn, solange eine Menschenklasse die andere ungestraft aushungern darf.« (Jacques Roux). Soziale Rechte sind zudem der Unterbau der politischen Rechte und der Demokratie, denn ohne soziale Absicherung sind politische Rechte nicht lebbar: Die politische Existenz setzt die physische unumgänglich voraus. Daher ist der historische Kampf um formale → Gleichheit, d. h. Gleichheit vor dem Gesetz, ohne materielle, soziale Gleichheit unvollendet. Die Eingrenzung der Grundnorm der kapitalistischen Markgesellschaft – des Eigentumsrechts – durch das Lebensrecht der Nichteigentümer ist somit die Voraussetzung einer menschenwürdigen Existenz aller. Die Überwindung der frühkapitalistischen Arbeits- und Elendshölle in den Industrieländern innerhalb der letzten 150 Jahre ist untrennbar verbunden mit der Durchsetzung sozialer Rechte wie dem Acht-Stunden-Tag, dem Recht, freie Gewerkschaften zu bilden, oder dem Anspruch auf Versorgung bei Alter und Krankheit. Diese Rechte sind von den Herrschenden nie freiwillig gewährt worden, sondern mussten – vor allem durch die Arbeiterbewegung – in sozialen und politischen Auseinandersetzungen erkämpft werden.

In Deutschland existierte vor Inkrafttreten der Länderverfassungen nach dem Zweiten Weltkrieg kein rechtlicher Anspruch auf soziale Absicherung, da nach altem preußischen Recht die Fürsorge dem Bedürftigen lediglich aus Gründen der öffentlichen Ordnung, nicht aber um seiner selbst willen zu gewähren war. Die Verfassungen der westlichen Bundesländer sind im Hinblick auf soziale Rechte ergiebiger als das Grundgesetz. Sie sind stärker von der kurz nach Ende des Zweiten Weltkrieges vorherrschenden kapitalismuskritischen Stimmung geprägt, die auch in der erlebten Kollaboration von Großindustrie und faschistischer Diktatur gründete. Die Landesverfassungen kennen zum Teil ein Recht auf Arbeit (Art. 28 Hessische LV) bzw. die Verpflichtung des Staates, dafür zu sorgen, dass jeder »durch Arbeit seinen Lebensunterhalt erwerben kann« (Art. 48 Abs. 2 LV Bremen). Das ist ein Grundsatz, der in Zeiten von allgemeinem Lohndumping und Hartz IV vom Bundesgesetzgeber ignoriert wird. Die hessische Verfassung postuliert die BürgerInnenversicherung, indem sie vorschreibt, dass eine »das gesamte Volk verbindende Sozialversicherung« (Art. 35) geschaffen werden solle. In Art. 24 der NRW-Landesverfassung heißt es: »Im Mittelpunkt des Wirtschaftslebens steht das Wohl des Menschen. Der Schutz seiner Arbeitskraft hat den Vorrang vor dem Schutz materiellen Besitzes.« Die offensichtliche Prägung der Landesverfassungen durch den damaligen Zeitgeist zeigt: Das Niveau von sozialen Rechten ist stets abhängig vom gesellschaftlichen Kräfteverhältnis zwischen Kapital und Arbeit.

Das deutsche Grundgesetz von 1949 hingegen ist schon deutlich von der einsetzenden Restauration bestimmt und enthält keine expliziten sozialen Grundrechte. Allerdings wird in der höchstrichterlichen Rechtsprechung aus dem Sozialstaatsprinzip, der Sozialgebundenheit des Eigentums und insbesondere dem Gebot der Menschenwürde ein Recht auf das Existenzminimum abgeleitet. Dieses gewährleistet nicht nur ein Leben bei »Wasser und Brot«, sondern das so genannte sozio-kulturelle Existenzminimum, also Teilhabe am kulturellen Leben auf dem jeweiligen Niveau der Zeit. Konkret heißt das: Der Mensch braucht ein Recht auf angemessene Arbeitsbedingungen, auf Bildung, soziale Absicherung im Falle von Krankheit, Arbeitslosigkeit und Alter. Derartige Regelungen finden sich im Arbeits- und Sozialversicherungsrecht. Dem Abbau von sozialen Rechten, der gegenwärtig durch den Neoliberalismus massiv betrieben wird, ist zunächst das Sozialstaatsprinzip des Grundgesetzes mit seinen oben dargestellten Implikationen entgegenzuhalten: Der Versuch, soziale Rechte mit Anspruchscharakter zu bloßen Almosen zu degradieren, ist verfassungswidrig und muss entsprechend benannt werden. Bereits erkämpfte Rechte sind die Grundlage, von der aus weitergehende Forderungen wie etwa jene nach Wirtschaftsdemokratie zu erheben sind.

Regina Viotto/Lars Niggemeyer

Zum Weiterlesen

Abendroth, Wolfgang (1977): Arbeiterklasse, Staat und Verfassung, Köln, Frankfurt/M.
Canfora, Luciano (2006): Eine kurze Geschichte der Demokratie, Köln.
Rittstieg, Helmut (1975): Eigentum als Verfassungsproblem, Darmstadt.

Soziales Europa

Der Begriff wurde in einer Zeit geprägt, als die Europäische Gemeinschaft sich mit dem Binnenmarktprojekt für eine marktzentrierte Integrationsweise entschied. Um dies zu legitimieren, dem zu schaffenden Markt aber auch eine soziale Dimension zu verleihen, entwickelte der damalige Kommissionspräsident Delors die Idee, gemeinsame soziale Werte – ein »Europäisches Sozialmodell« – zu bestimmen, welche(s) es im Angesicht der zunehmenden ökonomischen Verflechtung zu verteidigen bzw. zu bewahren gelte. Die europäische Ebene sollte zunehmend Verantwortung für sozialen Ausgleich und sozialpolitische Regulierung übernehmen, um Gerechtigkeit und → Solidarität mit Leistungsfähigkeit und Effizienz zu verbinden.

Betrachtet man die Entwicklung seit den 1980er Jahren, ist von der angestrebten Gleichrangigkeit von sozialem und ökonomischem Fortschritt nicht viel zu sehen: Der Binnenmarkt, gekrönt von der Wirtschafts- und Währungsunion, hat den Standortwettbewerb zwischen den Mitgliedstaaten deutlich verschärft, was zu einem Abwärtstrend bei sozialen Leistungen, Steuereinnahmen und Regulierungen geführt hat. Die Sozialausgaben werden zusätzlich von den Sparanforderungen des Stabilitäts- und Wachstumspaktes unter Druck gesetzt. Schließlich kämpfen die Mitgliedstaaten mit hohen Arbeitslosen- und wachsenden Armutsraten.

Obgleich man von einem Sozialen Europa weiter entfernt ist als je zuvor, erlebt der Begriff seit der Strategie von Lissabon (2000) eine Renaissance: Alle europäischen Organe sprechen sich dafür aus – gemeinsame Ziele werden festgelegt und Aktionspläne verabschiedet. Anlass zu Optimismus besteht bei genauerem Hinsehen jedoch nicht. Unter einem Sozialen Europa wird in diesem Zusammenhang vor allem eins verstanden: Sozialpolitik soll in erster Linie dazu dienen, der Wirtschaft gut ausgebildete, flexible und billige Arbeitskräfte zur Verfügung zu stellen. Durch eine zunehmende Privatisierung der Renten- und Gesundheitssysteme sollen die Unternehmen sowie die Staatshaushalte entlastet werden. Das Soziale Europa ist zum Deckmantel einer neoliberalen Strategie geworden, mit der im Namen von Wachstum und Wettbewerbsfähigkeit die unter Delors noch bewahrenswerten sozialen Errungenschaften »modernisiert« (sprich: reduziert) werden sollen.

Auch oder gerade vor diesem Hintergrund sollten die → sozialen Bewegungen sich den Begriff des Sozialen Europas zu eigen machen. Durch seine Verwendung wird zum einen deutlich, dass man sich positiv auf die – wenngleich in ihrer jetzigen Form stark zu kritisierende – EU bezieht und keine

Alternative in einer Rückkehr zum Nationalismus sieht. Zum anderen muss allerdings ein Streit um die (Neu-)Besetzung des Begriffs geführt werden. Hierfür kann auf einige Vorschläge zurückgegriffen werden: In einer *defensiven Variante* stellt sich das Soziale Europa als Schutz für die nationalen Sozialstaaten dar. Über die Setzung absoluter oder relativer, in jedem Fall jedoch anspruchsvoller Mindeststandards im Bereich sozialer Leistungen, Regulierungen und Steuern werden diese zumindest zum Teil aus dem Wettbewerb herausgenommen und damit den Mitgliedstaaten wieder Gestaltungsspielräume geöffnet. Eine Alternative muss jedoch auch *offensiv und wirklich europäisch* sein. Neben einer Änderung der wirtschaftspolitischen Ausrichtung, mit der diese klar den sozialen Zielen untergeordnet wird, bietet sich hier zum einen die gemeinsame Entwicklung eines Katalogs sozialer Rechte (auf Bildung, Wohnung, soziale Sicherung etc.) an. In einem »Alternativen Stabilitätspakt« können weiterhin klare Ziele für die Bekämpfung von Armut und Arbeitslosigkeit, den Schutz der Umwelt etc. festgelegt werden. Auch grenzüberschreitende Projekte zum Ausbau öffentlicher Dienstleistungen (z.B. Eisenbahn, Energieversorgung), die in allen Ländern unter Liberalisierungsdruck stehen, stellen ein wichtiges Element eines Sozialen Europas dar – und können gleichzeitig zum ökologischen Umbau der Gesellschaften sowie der Schaffung menschenwürdiger Arbeitsplätze beitragen. Zunehmend sollte bei all diesen Maßnahmen auch eine → Umverteilung zwischen reichen und ärmeren Mitgliedstaaten stattfinden.

Auf diese Weise, durch eine öffentliche, demokratische Diskussion geteilter Werte und Interessen, die Verfolgung gemeinsamer Ziele ebenso wie durch Konflikte, auf deren Basis soziale Kompromisse gefunden werden, kann auch eine transnationale Solidarität entstehen, die keiner gemeinsamen spezifisch europäischen Identität bedarf. Diese Solidarität ist daher auch nicht exklusiv und begegnet somit der Gefahr, dass das Soziale Europa sich nach außen hin abschließt. Dies beinhaltet weiterhin, sich über neue Wohlstandsmodelle zu verständigen, damit diese Alternative weder auf dem Rücken des globalen Südens noch auf dem der Natur verwirklicht wird.

Anne Karrass

Zum Weiterlesen

Aust, Andreas/Leitner, Sigrid/Lessenich, Stephan (2002): Konjunktur und Krise des Europäischen Sozialmodells, in: PVS (2), S. 272-301.

Beirat für gesellschafts-, wirtschafts- und umweltpolitische Alternativen (Hrsg.) (2007): Kampf für ein soziales Europa, Kurswechsel 1, Wien

Karrass, Anne/Schmidt, Ingo u.a. (2004): Europa: lieber sozial als neoliberal, AttacBasisTexte 11, Hamburg.

Sozialforen

Seit 2001 treffen sich verschiedene soziale Bewegungen, Organisationen und AkteurInnen in Sozialforen. Zunächst als Gegenforum zum zeitgleich stattfindenden Weltwirtschaftsforum organisiert, entwickelte sich die Idee rasant über reine Gegnerschaft und Kritik an ökonomischer Globalisierung hinaus. Wie die im Anschluss an das erste → Weltsozialforum entstandenen kontinentalen, regionalen und lokalen Sozialforen wurden sie zu Gegenentwürfen »anderer Welten«, in der sich globale → soziale Bewegungen treffen, neue Infrastrukturen für produktiven Streit, Erfahrungsaustausch und gemeinsame Reflexion sowie für dezentral und dennoch global organisierte Widerstandsprozesse schaffen. Wenngleich internationale Treffen – ob zum Protest gegen die Gipfel der Herrschenden oder als intergalaktische Treffen der Zapatistas – nichts Neues sind, sondern die wachsende Bedeutung globaler sozialer Bewegungen ausdrücken, stellen doch (Welt-)Sozialforen eine neue Form globaler Organisierung dar. Denn Sozialforen sind kein repräsentativer Rat mit Stimmrecht ausgestatteten DelegiertInnen einer (emanzipatorischen) globalen Zivilgesellschaft, wo Abschlusserklärungen verfasst oder Entscheidungen getroffen werden. Sozialforen verstehen sich als offener Raum, als Forum für Debatten, als Bewegung von Ideen und als horizontaler Prozess der Erneuerung für den Aufbau einer solidarischen Welt.

Die Idee des Raumes ist für die Organisierung der Sozialforen zentral und ist in der Charta der (14) Prinzipien des Weltsozialforums festgehalten. Getragen von der Überzeugung, dass gesellschaftliche Macht- und Herrschaftsverhältnisse nur nachhaltig verändert werden können, wenn Widerstand von unten – basisdemokratisch und dezentral – wächst, ist sie sich gleichzeitig der glokalen Kontextualisierung bewusst. Deswegen wird die Multiplizierung von lokalen, regionalen oder polyzentrischen Sozialforen als entscheidend angesehen. Der Prozess muss den verschiedenen und dennoch voneinander abhängigen Realitäten in der Welt, unterschiedlichen politischen Perspektiven wie (auch linken) Erbschaften der Vergangenheit Rechnung tragen. Dafür braucht es offene Räume für den Austausch von Erfahrungen, für demokratische Debatten, politischen Streit und Reflexion wie auch für neuartige Vernetzungen. Und tatsächlich ist die Bedeutung transnationaler – häufig thematischer orientierter – Vernetzungen im Laufe der vergangenen Sozialforen rasant gestiegen. Entstanden sind neue Netzwerke, wie z.B. das African Water Network, aus denen neue widerständige Aktivitäten hervorgehen.

Dennoch stehen Sozialforen vor Herausforderungen. Dauerhaft gestritten wird um die Frage, ob das Sozialforum weiterhin ein vermeintlich unentschiedener Raum sein oder pro-aktive einheitliche und kämpferische Bewegung werden soll. Immer wieder wird versucht, die Organisierungsform des Sozialforums mit Aufrufen oder Appellen zu verändern (wie zuletzt mit dem »Bamako Appell«), die von wenigen verfasst aber perspektivisch für das gesamte Weltsozialforum sprechen sollen. Problematisch daran ist, dass mit einer solchen Veränderung der Form ein einheitliches kraftvolles Agieren kurzfristig aufscheint, das verspricht, durch (zentralistische) Widerspruchsfreiheit und Einheit, die menschenverachtende und kriegerische Weltordnung verändern zu können. Ob dies das Dilemma gesellschaftsverändernder Politik – seiner Schwierigkeit nämlich – lösen kann, bleibt offen. Verloren ginge zuallererst das, was die (Welt-)Sozialforen ursprünglich so attraktiv und historisch einzigartig machte.

Globale soziale Bewegungen kommen nicht umhin, mit der Wut über den Status Quo und der Schwierigkeit radikaler Veränderung den begonnenen Weg weiter voranzuschreiten. Der offene Raum muss dabei weiter und tatsächlich, d.h. strukturell und nachhaltig, demokratisiert und geöffnet werden. Netzwerke und Netzwerkarbeit müssen über thematische Grenzen hinweg zwischen offenem Raum, Reflexion und handelnden AkteurInnen situiert werden. Dabei sollte den regionalen und lokalen Sozialforen weitaus mehr Bedeutung beigemessen werden, u.a. weil sie an der Schnittstelle von kontinuierlicher Arbeit, durchaus ambivalentem Basisbezug und Aktionsorientierung agieren. Umgekehrt wäre dies auch eine Herausforderung für die Sozialforen in Deutschland. Mittlerweile gibt es etliche lokale Sozialforen und im Herbst 2007 fand das zweite Sozialforum in Deutschland statt. Netzwerkbildung, gemeinsame Praxis oder Bezugnahme aufeinander ist hierbei nicht weit entwickelt. Wie auf »kleinen« und »großen« Ebenen verschiedene Organisierungsformen und Themenfelder, Menschen und Ausgangspunkte von Politik miteinander organisch zu verbinden wären, ist das Schwierige, aber eben auch Spannende im Sozialforumsprozess.

Corinna Genschel

Zum Weiterlesen

Anand, Anita/Escobar, Arturo/Sen, Jai/Waterman, Peter (Hrsg.) (2004): Eine andere Welt. Das Sozialforum. Berlin, (rls Schriften 15).

Sen, Jai/Kumar, Madhuresh/Bond, Patrick/Waterman, Peter (Hrsg.) (2007): A Political Programme for the World Social Forum. (als freier Download unter: www.cacim.net)

Whitaker, Chico (2007): Das Weltsozialforum. Offener Raum für eine andere Welt, Hamburg.

Sozialismus

Sozialismus ist als geistige Grundströmung im Resultat von Großer Französischer Revolution und kapitalistischer Umwälzung in Großbritannien und anderen Ländern Westeuropas entstanden. Sein Anspruch war, den emanzipativen Forderungen von Freiheit, Gleichheit und Brüderlichkeit (→ Solidarität) und der Deklaration der → Menschenrechte universelle Geltung zu verschaffen. Schon 1793 hatte der Führer der radikaldemokratischen Bewegung der »Entrüsteten« (Enragés), Jacques Roux, sich an den Revolutionskonvent gewandt: »Die Freiheit ist ein leerer Wahn, solange eine Menschenklasse die andere ungestraft aushungern kann. Die Gleichheit ist ein leerer Wahn, wenn der Reiche mit Hilfe des Monopols das Recht über Leben und Tod seines Mitmenschen ausübt. Die Republik ist nichts als ein leerer Wahn, wenn sich die Konterrevolution Tag für Tag durch den Preis der Lebensmittel vollzieht, den Dreiviertel der Bürger nicht bezahlen können, ohne Tränen zu vergießen...« Der Sozialismus formulierte also das Ziel, die Eigentums- und Machtverhältnisse sowie die Lebensweise und Kultur der Gesellschaft, das Verhältnis zur Natur und zwischen den Völkern und Geschlechtern so umzugestalten, dass auch die am stärksten benachteiligten Klassen und Gruppen der Gesellschaft Zugang zu den materiellen und geistigen Gütern eines freien Lebens in Würde erhalten.

Historisch entstanden vier grundlegende Varianten des Sozialismus, die sich vor allem bezüglich der Rolle des Staates sowie hinsichtlich der Eigentumsvorstellungen unterschieden. → Kommunismus und Sozialreformismus wollten beide den Staat als zentrales Mittel der Umwälzung einsetzen. Während der Kommunismus aber auf dem Gemeineigentum und der Planwirtschaft als Wesensmerkmale einer neuen Gesellschaft insistierte, sah der Sozialreformismus die Hauptaufgabe vor allem in der Schaffung grundlegend neuer staatlicher Rahmenbedingungen für Märkte, des Sozialstaats und im Ausbau öffentlicher Sektoren. Der → Anarchismus dagegen sieht in jedem Staat selbst ein Hauptinstrument von Unterdrückung und strebt unmittelbar die freie → Kooperation der Individuen ohne Hierarchien in selbstverwalteten Kollektiven an, während ein demokratischer Sozialismus dieses Ziel durch eine Verbindung von solidarischer Wirtschaft mit einer Vergesellschaftung der Verfügung über das Eigentum und durch eine radikale partizipative Demokratie zu erreichen sucht.

Der Sozialismus wurde in seinen verschiedenen Varianten zum Bezugspunkt wichtiger Emanzipationsbewegungen – der Arbeiterbewegung, der

Frauenbewegung und des → Feminismus, der Bewegung gegen die Sklaverei, den Rassismus, Kolonialismus und Antisemitismus sowie der Friedens- und der Ökologiebewegung. Alle diese Bewegungen hatten bzw. haben einen sozialistischen Flügel und bereicherten die Ideen des Sozialismus mit konkreten Erfahrungen, Utopien und alternativen Ansätzen. Einerseits fanden diese Bewegungen im Sozialismus eine Begründung dafür, dass ihre Ziele ohne eine grundlegende Transformation der Gesellschaft, der Macht- und Eigentumsstrukturen wie aber auch der Denkweisen und Organisationsformen sowie der Lebensweise unmöglich sei. Andererseits sah der Sozialismus in diesen Bewegungen die Kraft, sozialistische Ziele in einer solchen Umwälzung zu realisieren. So schrieb Karl Marx 1843/44: »So wie die Philosophie (der radikalen Befreiung – M.B.) im Proletariat ihre materiellen, so findet das Proletariat in der Philosophie ihre geistigen Waffen…«

Mit der Errichtung einer Parteidiktatur durch die Bolschewiki im Jahre 1918 kam es zur Spaltung zwischen dieser spezifischen Ausrichtung des Kommunismus und den demokratischen Strömungen des Sozialismus. Der Versuch von Rosa Luxemburg und anderen radikalen SozialistInnen, Demokratie und Sozialismus zu verbinden, blieb im 20. Jahrhundert in der Minderheit oder wurde, wie in der Tschechoslowakei 1968 bzw. in Chile 1973, mit Waffengewalt unterdrückt. Die westliche Neue Linke, die sich in den 1960er Jahren formierte, strebte eine antiautoritäre und emanzipatorische Erneuerung des Sozialismus an. Im Zusammenhang mit den Zapatistas in Mexiko, dem Weltsozialforumsprozess, den neuen sozialen Bewegungen, der Um- und Neubildung linker Parteien und Regierungsprojekten in Venezuela oder Bolivien werden gegenwärtig Ideen eines Sozialismus des 21. Jahrhunderts formuliert. Vorstellungen einer → solidarischen Ökonomie und radikalen Demokratie sowie → globale soziale Rechte rücken in den Vordergrund.

Michael Brie

Zum Weiterlesen

Brie, Michael/Spehr, Christoph (2006): Was ist heute Links. Kontroversheft 1/2006 der Rosa Luxemburg Stiftung. (http://www.rosalux.de/cms/fileadmin/rls_uploads/pdfs/kontrovers0601.pdf)

Crome, Erhard (2006): Sozialismus im 21. Jahrhundert. Zwölf Essays über die Zukunft, Berlin. http://www.rosalux.de/cms/fileadmin/rls_uploads/pdfs/Texte17.pdf

Demokratischer Sozialismus in Europa seit dem Zweiten Weltkrieg: Referate und Diskussionen einer internationalen Konferenz des Gesprächskreises Geschichte der Friedrich-Ebert-Stiftung und des Instituts für Soziale Bewegungen der Universität Bochum in Berlin am 2. Oktober 2000. Bonn, 2001 http://library.fes.de/fulltext/historiker/00990toc.htm

Dieterich, Heinz/Modrow, Hans/Steinitz, Klaus (Hrsg.) (2007): Sozialismus im 21. Jahrhundert. Erfahrungen aus Vergangenem und Gegenwärtigem – Vorstellungen für die Zukunft, Berlin.

Sozialstaat

In der öffentlichen Wahrnehmung erscheint der Sozialstaat in der Regel als große Wohltätigkeitsveranstaltung. Während seine liberalen Kritiker das Bild des die Bürger und Bürgerinnen entmündigenden und überbetreuenden »Versorgungsstaats« zeichnen und dessen Rückzug aus der Gesellschaft fordern, empören sich seine wohlmeinenden Verteidiger über eben diesen Abbau von Sozialleistungen und klagen die Einhaltung des grundgesetzlichen »Sozialstaatsgebots« ein. In dieser Fixierung der Debatte – sei es in skandalisierender oder bewahrender Absicht – auf die ebenso zahlreichen wie kostenträchtigen Leistungsprogramme des Sozialstaats, vom Kindergeld und der Familien- und Ausbildungsförderung über die Gesundheitsversorgung und Arbeitslosenversicherung bis hin zur Unterstützung im Alter und bei Pflegebedürftigkeit, geht allzu häufig der Sinn für die »dunkle Seite« der sozialstaatlichen Macht verloren. Denn der Sozialstaat ist keineswegs allein damit beschäftigt, »Gutes« zu tun.

Der Sozialstaat ist nicht bloß eine öffentlich-säkularisierte Variante der christlichen Caritas, nicht nur ein Ort und Hort der Hilfe, → Solidarität und Sorge. Er ist zwar – auch und mehr oder weniger – all dies. Aber er ist eben zudem ein Instrument sozialer Regulierung, Kontrolle und Disziplinierung. Staatliche Sozialpolitik schafft individuelle Handlungsspielräume – und neue Abhängigkeiten. Sie ist ein Instrument der wechselseitigen Unterstützung – und zugleich der sozialen Schließung. Sie mildert die Ungleichheit der Lebenschancen – und produziert dabei neue Ungleichheiten. Sie bezieht im Verlauf ihrer Geschichte immer weitere Personenkreise und immer neue Sachverhalte in den Wirkungsbereich ihrer Einrichtungen und Programme ein – und weist zugleich zahlreiche Formen und Mechanismen des Ausschlusses nicht nur Einzelner, sondern ganzer Personenkategorien auf.

Wer für den Sozialstaat, oder genauer: für die sozialstaatliche Idee und den demokratisch-emanzipatorischen Gehalt derselben eintreten will, wird die Augen vor dieser Doppeldeutigkeit nicht verschließen können. Jede realistische Vision von einem alternativen Sozialstaat, der den liberalen Rückzugsparolen zu widerstehen und zugleich der Versuchung einer bloß konservativen Verteidigung des Bestehenden zu entsagen vermag, wird die prinzipielle und unhintergehbare Ambivalenz sozialpolitischer Intervention in kapitalistische Verhältnisse in Rechnung stellen müssen. Denn jeder zukünftige Sozialstaat wird sich zwei zentralen Fragen gegenübersehen, die – realistisch, und das heißt: ohne linke Sozial(staats)illusionen gesehen –

grundsätzlich ein erhebliches Problem-, Konflikt- und Ungleichheitspotenzial aufweisen.

Zum einen wird ein Sozialstaat, der im Grundsatz um das System der Lohnarbeit herum konstruiert ist, sich immer gegenüber der Frage positionieren müssen, wie er mit erwerbsgesellschaftlich »unproduktiven« Sozialkategorien – den Nicht-Erwerbstätigen und Erwerbsunfähigen aller Art – und ihren Ansprüchen auf gleichberechtigte Teilhabe am gesellschaftlichen Leben umzugehen gedenkt. Machen wir uns nichts vor: In einer auf den Lohn-Leistungs-Nexus fixierten Gesellschaft wird die Frage der (Ent-)Kopplung von Arbeit und Einkommen ein – auch innerhalb der Linken – umkämpftes Terrain sein, auf dem Idee und Politik des Sozialstaats auf eine entscheidende und dauerhafte Probe gestellt werden. Das andere zentrale Konfliktfeld des Sozialstaats wird – ebenso unvermeidbar – dessen Grenzregime sein. Wir leben in einer weltgesellschaftlichen Konstellation, in der die sozialen Solidargemeinschaften der Privilegierten nach wie vor national definiert werden, die auf Inklusionschancen spekulierende transnationale Mobilitätsbereitschaft der Benachteiligten jedoch tendenziell zunimmt. Damit wird die Frage der Grenzen von gesellschaftlicher Zugehörigkeit und sozialer Berechtigung zu einem politischen Problem erster Ordnung. Auch in diesem Konflikt hilft bloßes Wohlwollen, ein wohlmeinend-rhetorischer Internationalismus nicht weiter: Wie im Falle der Versorgungsansprüche der nach kapitalistischer Verwertungslogik »Unproduktiven« gilt es auch hier, die breite Masse der gesellschaftlichen »Mittelschicht« davon zu überzeugen, dass ein Sozialstaat, der allen auf seinem Territorium lebenden Menschen gleichwertige Lebensverhältnisse verspricht und gewährt, ein Gebot nicht nur der Humanität und vielleicht auch des Selbstinteresses, sondern auch und vor allen Dingen der gelebten Demokratie ist.

Der Sozialstaat der Zukunft wird daher nicht nur universalistisch in seiner Reichweite und egalitär in seinen Leistungsverbürgungen, sondern eben auch realistisch in seinen Problemdefinitionen und offensiv in seinen Begründungsstrategien sein müssen – oder aber er wird nicht sein.

Stephan Lessenich

Zum Weiterlesen

Castel, Robert (2005): Die Stärkung des Sozialen. Leben im neuen Wohlfahrtsstaat, Hamburg.

Ganßmann, Heiner (2000): Politische Ökonomie des Sozialstaats, Münster.

Lessenich, Stephan u.a. (2005): Den Sozialstaat neu denken, herausgegeben von der Otto Brenner Stiftung, Hamburg.

Sozialstandards

Die effektive Verankerung sozialer Mindeststandards in der globalen Ökonomie ist eine zentrale Forderung der internationalen Gewerkschaftsbewegung. Beim G8-Gipfel in Heiligendamm 2007 wurden Sozialstandards wieder auf die multilaterale Tagesordnung gesetzt, nachdem sie lange durch die Verweigerungshaltung der Welthandelsorganisation (WTO) auf die Ebenen bilateraler und inter-regionaler Handelsverträge bzw. mehr oder minder freiwilliger unternehmerischer Verhaltenskodizes verbannt schienen.

Der Begriff umfasst Mindeststandards bei der Ausgestaltung von Arbeitsverträgen (Arbeitszeit, Lohn etc.) und ArbeitnehmerInnenrechte wie Vereinigungsfreiheit und Tarifverhandlungsrecht. Unter den BefürworterInnen eines expliziten Schutzes von ArbeitnehmerInnenrechten im Welthandel besteht weitgehend Konsens hinsichtlich der zentralen Sozialstandards bzw. fundamentalen Rechte, die durch die Übereinkommen der Internationalen Arbeitsorganisation (ILO) definiert sind: Vereinigungsfreiheit, Recht auf Kollektivverhandlungen, Verbot von Kinderarbeit bzw. besonders ausbeuterischen Formen der Kinderarbeit, Verbot von Zwangsarbeit, Verbot von Diskriminierung in Beschäftigung und Beruf, Beseitigung von geschlechtsspezifischer Lohndiskriminierung. Die BefürworterInnen betonen den menschenrechtlichen Charakter der »Befähigungsrechte«, welche es ermöglichen, durch Verhandlungen Verbesserungen der Arbeitsbedingungen zu vereinbaren. GegnerInnen betonen dagegen den starren Charakter von Mindeststandards, die an den unterschiedlichen Lebensrealitäten vorbeigingen.

Die Diskussion der Forderungen der Gewerkschaftsbewegung konzentriert sich bisher eher auf Standards denn auf → Menschenrechte. Zum einen dominieren in der Globalisierungsdebatte die Wirtschaftswissenschaften, die auf quantifizierbare Wirkungen abstellen. Zum anderen wird die Forderung nach sozialen Mindeststandards oft mit den Gewerkschaften der entwickelten Länder identifiziert. Akteure in Ländern des Globalen Südens interpretieren sie deshalb auch als versteckten Protektionismus und lehnen sie vor allem dann als Einschränkung der eigenen Wettbewerbs- und Entwicklungsfähigkeit ab, wenn sie mittels Handelssanktionen durchgesetzt werden sollen (Sozialklauseln). BefürworterInnen verweisen aber auf die Notwendigkeit der Regulation, denn über den Konkurrenzmechanismus des zunehmend liberalisierten Weltmarkts kann die Nichtgewährung der fundamentalen ArbeitnehmerInnenrechte in einigen Ländern zur Nichteinhaltung dieser Rechte in anderen Ländern führen. Die Gefahr eines ruinösen Wettbewerbs besteht vor allem zwischen Ländern des Globalen Südens, deren Konkurrenzvorteile gleichermaßen auf großen Potenzialen gering qualifizierter Arbeitskräfte basieren. Der regulative Schutz durch Sozialstandards ermöglicht langfristig größere Entwicklungschancen, weil er, u.a. durch Anreize zur Qualifizierung, einen Ausweg aus der Spezialisierungsfalle »Niedriglohn« bietet.

Wenn ArbeitnehmerInnenrechte tatsächlich die wirtschaftliche Entwicklung fördern, müsste dann nicht ihre Einhaltung freiwillig erfolgen? Die Ablehnung dieser Rechte, insbesondere des Rechts auf gewerkschaftliche Organisation, hat in vielen Ländern machtpolitische Gründe, weil Gewerkschaften oft Hort der Opposition gegen autoritäre Regime werden. Ein wichtiger Grund für die Missachtung von ArbeiterInnenrechten liegt aber auch darin, dass ungewiss ist, ob sich die langfristigen Vorteile kurzfristig einstellen.

Die politische Debatte um globale soziale Mindeststandards und ihre effektive Verankerung findet bisher in den von den Antreibern einer weitgehend liberalisierten Weltwirtschaftsordnung vorgegebenen Parametern der Dichotomie von Freihandel und Protektionismus statt. Sie werden daher von diesen als nicht wünschenswerte protektionistische Beschränkungen wahrgenommen. Die HauptbefürworterInnen von Sozialstandards, die Gewerkschaften in OECD-Ländern, verbinden mit ihrer Forderung nicht die Überwindung etablierter Institutionen der dominanten Globalisierungsform, insbesondere der WTO, sondern wollen diese in den Dienst einer alternativen Globalisierungsform nehmen, die sich an den regulierten nationalen Kapitalismen der Nachkriegsjahrzehnte orientiert (Stichwort »Global New Deal«). Dies führt gelegentlich über den Protektionismusvorwurf hinaus zum Verdacht eines Neo-Imperialismus. Es überlagern sich mithin die Konfliktlinien Arbeit/Kapital und Nord/Süd. Damit die in der Forderung nach globalen Sozialstandards angelegte Perspektive eines regulierten Kapitalismus wirkungsmächtig, d.h. gegenüber einer immer stärker liberalisierten Globalisierung politisch aussichtsreich werden kann, bedarf es insbesondere der intergewerkschaftlichen Vertrauensbildung.

Thomas Greven

Zum Weiterlesen

Greven, Thomas/Scherrer, Christoph (2005): Globalisierung gestalten. Weltökonomie und soziale Standards, Bonn.

Greven, Thomas (2003): Clash of Globalizations? The Politics of International Labor Rights in the United States, Frankfurt/M.

Scherrer, Christoph/Greven, Thomas/Frank, Volker (1998): Sozialklauseln. Arbeiterrechte im Welthandel, Münster.

Subversion

Subversion ist die Kunst, die vielfältigen politischen, sozialen, ökonomischen und kulturellen Grenzen zu sprengen. Dabei ist es wichtig, mit Meinungsverschiedenheiten umzugehen. Es ist eine Strategie, die vom »Kleinen« her nach dem »Was tun?« fragt, eine Strategie der eher geräuschlosen Praktiken, die unspektakulär, aber mit Standfestigkeit stattfinden.

Die Subversion ist Teil eines horizontalen Denkens und sieht die Prozesse in einer langfristigen oder sogar unendlichen Perspektive. Das Ziel ist, die Gesellschaft zu transformieren, die bestehende Ordnung und die sozialen Organisationsformen aber nicht zu zerbrechen oder auf Konfrontationskurs zu gehen, sondern sie mit neuen Möglichkeiten zu modifizieren. Auf diese Weise wird gleichzeitig die Kontinuität in Frage gestellt und es öffnet sich die Tür für etwas Neues. Die subversive Methode ist verbunden mit einer libertären Konzeption, die die Unterdrückung in ihrer ganzen Komplexität erkennt, ohne davon auszugehen, dass eine ihrer Dimensionen eine andere löst bzw. ersetzt. Die Klassen- und Genderverhältnisse, die kulturelle Dimension oder die Frage der Hautfarbe, die im Mittelpunkt der Konstruktionen und Visionen der Welt aus der Sicht der Macht stehen, erzeugen nicht nur eine nachhaltige Dominanz, sondern auch eine Erklärung der Welt, ihrer Logiken und Unmöglichkeiten, die sich auf diese Dominanz und ihre Wahrnehmung bezieht. Deshalb ist es notwendig, alles subversiv zu betrachten: den Kolonialismus, den Machismo, den Kapitalismus, die Macht, die Realität und das Denken, um eine neue Gesellschaft zu konstruieren, eine andere Gesellschaft, die mehr an die Utopien heranreicht. Die Subversion ist eine permanente Methode, um die Macht aufzubrechen, sie ist ein Alarmruf gegen jede Form von Dominanz und Diskriminierung. Dafür muss sie sich in den Alltag als Lebenspraxis eingliedern. Wenn die dominanten Beziehungen sich bis in die feinsten Äderchen der Gesellschaft fortsetzen, wie Foucault es nennt, ist das auch der Ort, wo man subversiv sein muss. Wenn die Rassen-, die kulturelle, soziale oder Gender-Diskriminierung sich in den intimsten Winkeln der Gesellschaft ausdrücken und reproduzieren, dann ist es notwendig, auch in den intimsten Bereichen subversiv zu sein, um die Kräfte der → Emanzipation zu entfesseln.

Die Subversion als Methode kennt keine Grenzen und kann auch nicht sanftmütig sein. Der subversive Prozess, der die intimsten und einfachsten Bereiche der sozialen Beziehungen berührt, benötigt ein tiefgehendes Wissen der Konzepte, Ideologien und Materialien des dominanten Systems, um es zu de-konstruieren und seine Mechanismen zu demontieren. Mechanismen des Diffamierens der Unterschiedlichkeit, der Kriminalisierung, der Dissidenz, der Verdrängung der Untertöne, der Etablierung allgemeiner Gültigkeiten, sowohl materiell als auch symbolisch.

Die Subversion überwindet die Uniformität, die Mono-Interpretationen, den Unilateralismus; die Subversion zeigt die Unregelmäßigkeiten auf, entlarvt die Diskrepanzen und die Anormalität der Normalität. Die Subversion will das aufzeigen, was die Macht verdecken will, um es so in die → Freiheit zu entlassen. Der subversive Widerstand, der widersteht und ausharrt, der dekonstruiert und konstruiert, ist das Notfall-Terrain von neuen Gesellschaften, der Gesellschaft der Gesellschaften für die → Diversität von Kulturen, Sichtweisen und Visionen auf die Welt, die unter dem Fachwerk der Macht wirken. Die Subversion als Methode und als Lebenspraxis ist die Kraft, der Entsubjektivierung, mit der der Kapitalismus sich reproduziert und am Leben erhält, zu widerstehen, und sie ist auch gleichzeitig die konstante Neuentdeckung der sozialen Subjektivität. Subversiv zu widerstehen heißt, neue Inter-Subjektivitäten zu konstruieren, der neuen Gesellschaft Gestalt zu geben, nicht in einem großen Akt, sondern Tag für Tag. Subversiv zu sein, widerstehend sich zu verändern, die Dominanz zu entleeren, der Macht entgegenzustehen, die Wege des Un-Möglichen zu ebnen, die Wahrnehmungen zu verschieben, neue Fluchtmöglichkeiten zu schaffen, die Welt aus einem anderen Blickwinkel neu zu denken, mit einer anderen Logik ... all das ist eine andere Art, den Weg zur Emanzipation wahrzunehmen, mit Bescheidenheit, mit Durchhaltevermögen und ohne Nachgiebigkeit.

Subversiv sein bedeutet, eine Zukunft zu denken, die unendlich, multidimensional, autonom, libertär ist; es heißt, eine Welt aufzubauen, in der alle Welten aufgehen, im Bewusstsein, dass diese Aufgabe niemals beendet sein wird. Subversiv sein ist eine Kunst, die Kunst, das Gewünschte und offensichtlich Unmögliche zu schaffen; es ist die Kunst, anders zu denken, mit anderen Regeln, auf anderen Wegen. Es ist die Kunst zu erfinden und sich zu befreien, sich loszulösen, es zu wagen, ein freies, mannigfaltiges, diverses, unverzagtes und vor allem lebendiges und selbstbestimmtes menschliches Wesen zu sein (als Individuum und als kollektives Wesen).

Ana Esther Ceceña (Übersetzung: Stefan Thimmel)

Zum Weiterlesen

Brand, Ulrich/Ceceña, Ana Esther (Hrsg.) (1999): Reflexionen einer Rebellion. Chiapas und ein anderes Politikverständnis, Münster.

Foucault, Michel (2004): Geschichte der Gouvernementalität, 2 Bände, Frankfurt/M.

Third Wave Feminism

Ist man sich in der Bundesrepublik ziemlich sicher, dass von einer Frauenbewegung seit den 1980er Jahre nicht mehr viel zu sehen ist, finden sich im angloamerikanischen Raum seit rund 15 Jahren schillernde Personen, Projekte und Aktionen unter dem Label »Third Wave Feminism«. Zur Bewegung zählen so unterschiedliche Frauen wie die Musikerin und Riot Girl Ikone Kathleen Hanna (Bikini Kill, Le Tigre) oder die Schriftstellerinnen Naomi Wolf (The Beauty Myth) und Rebecca Walker (Ms. Magazine, To be Real: Telling the Truth and Changing the Face of Feminism). Aber es gibt es auch in anderen Ländern ähnliche Tendenzen, wie etwa in Asien der »Young Feminism«.

Third Wave Feminism bezeichnet sich als eine neue eigenständige Generation der Frauenbewegung und grenzt sich in Inhalten und Organisationsformen von vorherigen Wellen ab. Mit Selbstbezeichnung wie »Grrl«, »Chick« oder »Bitch« werden nicht nur verniedlichende und abwertende Begriffe positiv umgedeutet, sondern auch die Vorbehalte von Vertreterinnen der Zweiten Frauenbewegung (aktiv v.a. in den 1960er bis 1980er Jahren) gegenüber einer selbstbewussten Girlie-Kultur zurückgewiesen. Ihre Kritik machen die Third Wavers häufig am Lehrkanon der im angloamerikanischen Raum stark institutionalisierten Frauenforschung fest: Gegen das dort (angeblich) vertretene homogene Frauenbild werden Diversität, → queere und offene Konzepte von Geschlechtlichkeit stark gemacht. Viele Third Wavers wenden sich gegen die Annahme der zweiten Welle, dass patriarchale Unterdrückung eine universale (Opfer-)Erfahrung aller Frauen sei. Stattdessen stehen Themen wie Identität, Medien, Mode, Populärkultur, Schönheit, Sexualität und, etwas weniger prominent, globale soziale Gerechtigkeit im Vordergrund.

Hatten die erste und die zweite Frauenbewegung mit dem Wahlrecht für Frauen bzw. politischer und rechtlicher Gleichberechtigung relativ klar definierte Ziele, bleibt die politische Agenda der Third Wave absichtlich diffus. Dies macht zugleich die Stärken und Schwächen der Bewegung aus: Sie verleiht den verschiedenen Widerstands- und Emanzipationsformen junger Frauen ein gemeinsames feministisches Dach, erweitert den AdressatInnen- und AktivistInnenkreis um Queer-AktivistInnen und Männer und kann die komplexe Verwobenheit verschiedener Ungleichheitsmechanismen thematisieren. Third Wave bietet also vielfältige Möglichkeiten, wer und wie man FeministIn sein kann. Gleichzeitig stehen kulturelle Themen im Vordergrund und eher selten (die weiterhin ungelösten) Fragen → globaler sozialer Gerechtigkeit und politischer Teilhabe. Der Aktivismus folgt keinem festgelegten Programm, ist häufig eher spezifisch, lokal und privat ausgerichtet, findet aber zum Teil auch innerhalb der globalisierungskritischen Bewegung seinen Ort. Viele der Third Waver haben Frauen- und Geschlechterforschung studiert und die Aktionen richten sich häufig an die Öffentlichkeit auf dem Uni-Campus.

Neben unzähligen kleineren Projekten, Aktionen und Veröffentlichungen, sind im Laufe der Jahre beständigere Projekte entstanden: Seit zehn Jahren erfolgreich sind zum Beispiel das Magazin »Bitch. A Feminist Response to Pop Culture«, mit einer aktuellen Auflage von 47.000 Exemplaren oder die »Third Wave Foundation«, die in ihren ersten fünf Jahren 350.000 US-Dollar für die Unterstützung von Projekten von jungen FeministInnen – für die allgemeine Organisation und Interessenvertretung sowie den Themenbereich reproduktive Rechte – eingeworben und vergeben hat.

In Deutschland wurde Anfang der 1990er Jahre im Rahmen eines »Generationenkonflikts« – symptomatisch an Judith Butlers Buch »Das Unbehagen der Geschlechter« und politisch um queer politics – eine ähnliche Debatte geführt. Auch wenn diese sich entschärft hat, lebt »der Generationenkonflikt« als Subtext feministischer Diskussionen weiter. Generationsfragen scheinen immer dann akut zu werden, wenn der gesellschaftliche Orientierungsrahmen feministischer Politik und das Weiterbestehen einer Frauenbewegung zur Disposition stehen. Diese Auseinandersetzung hat nicht zu neuen größeren feministischen Bewegungen geführt, auch wenn Praxen – queere, künstlerische und globalisierungskritische Interventionen oder popkulturelle wie Ladyfeste – zunehmen, die in eine ähnliche Richtung wie Third Wave Feminism gehen. Third Wave Feminism ist zwar keine (große) soziale Bewegung, aber für das Denken eines aktualisierten Feminisismus wichtig: Politische Praxis kann Spaß machen, auch einige junge Männer sind mit den Geschlechterverhältnissen unzufrieden und es ergeben sich erfrischende Impulse für den alten Spagat zwischen Feminismus als parteiischer Kritikform und dem Anspruch, Fragen sozialer Ungleichheit nicht unterkomplex zu beleuchten.

Helen Schwenken/Charlotte Ullrich

Zum Weiterlesen

Baumgardner, Jennifer/Richards, Amy (2000): ManifestA: Young Women, Feminism, and the Future, New York.

Gillis, Stacy/Gillian Howie/Munford, Rebecca (Hrsg.) (2007): Third Wave Feminism: A Critical Exploration, New York.

Labaton, Vivian/Martin, Dawn Lundy (Hrsg.) (2004): The Fire this Time. Young Activists and the New Feminism, New York.

Transnationale Migration

Transnationalität bezeichnet ökonomische, kulturelle, politische und soziale länderübergreifende Verflechtungen und Organisationsformen, die quer zu nationalstaatlichen Grenzen verlaufen. Im engeren, hier verwendeten Sinn ist damit die Verbindung zwischen Privatpersonen über Staatsgrenzen hinweg gemeint. In transnationaler Migration überschreiten MigrantInnen die Grenzen von Nationalstaaten. Sie können durch ihre Lebensführung neue Räume bilden, die als transnationale Räume bezeichnet werden können. Deren Merkmal ist nicht der geographische Ort, sondern die soziale Verflechtung, soziale Praktiken des Austauschs sowie symbolische Repräsentationen. Transnationale Räume werden gebildet durch Zugehörigkeitsgefühle, kulturelle Gemeinsamkeiten, Arbeitszusammenhänge, → alltägliche Lebenspraxis und darauf bezogene gesellschaftliche Regulierungen.

Glick-Schiller et al. haben zu Beginn der 1990er Jahre den Begriff in der sozialwissenschaftlichen Forschung stark gemacht, bis heute wird er vorrangig in wissenschaftlichen Zusammenhängen verwendet. Die Forscherinnen weisen darauf hin, dass eine Lebensführung, die in und über mehrere Länder hinweg agiert, eigene soziale Formen ausbildet. Sie betonen das aktive, gestaltende Potenzial der MigrantInnen in der Herausbildung von sozialem Leben jenseits altbekannter geographischer, politischer und kultureller Grenzen; MigrantInnen werden damit zu handelnden Subjekten. Die Überwindung der Grenzen durch die Individuen, die Verbindung über Kulturen und nationalstaatliche Regelungen hinweg ist damit Teil einer supranationalen Praxis der Vernetzung, die neue Denkweisen, Kommunikationsbeziehungen und Strukturen ermöglicht. Diese antworten auf durch Migration entstehende Lebensbedingungen und beinhalten Veränderungspotenziale für die Menschen in Herkunftsländern und in Zielländern der Migration. Dem Begriff ist damit die Kritik an einigen Annahmen inhärent: den Annahmen einer kulturell engen, heimatbezogenen Lebensführung von migrantischen Communities und der Abweichung migrantischer Lebensführung (was sich in Begriffen wie ethnisches Ghetto, Parallelgesellschaft etc. widerspiegelt) sowie der Annahme, dass das soziale Leben in den Grenzen von Nationalstaaten verlaufen und damit der Nationalstaat als Ausgangspunkt des Sozialen vorausgesetzt werden müsse.

In der Diskussion um transnationale Migration wird auf Widersprüche aufmerksam gemacht und damit vor allzu großer Euphorie ob des kritischen Potenzials gewarnt: Historisch ist weder die Migration selbst noch die Herausbildung transnationaler Räume neu, dennoch haben Formen und Vielfalt des Austauschs – vor allem durch moderne Medien und Transportmöglichkeiten – an Intensität enorm zugenommen. Dies ist wiederum eng mit einer kapitalistischen Globalisierungslogik verbunden: Migration ist auch als Antwort auf Globalisierung zu sehen. Viele MigrantInnen verlassen ihre Herkunftsländer auf der Suche nach Arbeit und bedienen damit die Nachfrage nach Arbeitskraft. Wie das Kapital, das nicht der nationalstaatlichen Logik folgt, bilden auch sie Gemeinschaften, die weder an die geographische Lage noch an die Grenzen des Nationalstaats gebunden sind. Das bedeutet jedoch nicht, dass staatliche und suprastaatliche Migrationspolitiken für sie weniger wichtig wären. Im Gegenteil werden diese weiter ausgebaut, auch wenn der Begriff transnationale Migration die Abnahme der Relevanz der Nationalität impliziert. Der Nationalstaat muss wohl oder übel durch seine restriktiven Praktiken bezüglich der Migration Bezugspunkt bleiben. Zugleich eröffnet der Begriff der transnationalen Migration eine Perspektive, die aufzeigt, dass eben jener Nationalismus überhaupt erst ein »Problem Migration« schafft, das er dann versucht in Form von Regulierungen der Migration, Kriminalisierungen und Grenzen zu bearbeiten.

Offen bleibt auch, inwiefern transnationale Migration tatsächlich eine Hauptform von Migration darstellt, oder ob sie nicht vielleicht nur einer »Elite« zugeschrieben werden kann, die durch einen besonderen Status nicht begrenzt wird. Dass der Begriff der transnationalen Migration noch eine relative Offenheit aufweist, ist problematisch, birgt aber auch Potenziale: Transnationale Räume überwinden einen geographischen Raumbegriff. Einige sehen die migrantische Biographie als Hauptbezugspunkt des transnationalen Raumes – in seiner Biographie vereint das Individuum verschiedene Orte in sich und wird damit selbst zur Verkörperung des transnationalen Raumes. In dem Netzwerkcharakter, der für das Transnationale der Migration charakteristisch ist, werden zudem Potenziale vermutet, die → gegenhegemoniale Entwürfe umsetzbar werden lassen.

Susanne Spindler

Zum Weiterlesen

Glick-Schiller, Nina/Basch, Linda/Szanton-Blanc, Cristina (Hrsg.) (1992): Towards a Transnational Perspective on migration. Annals of the New York Academy of Science 645, New York.

Pries, Ludger (2002): Transnationalisierung der sozialen Welt? In: Berliner Journal für Soziologie, Heft 2, S. 263-272.

Transit Migration Forschungsgruppe (Hrsg.) (2007): Turbulente Ränder. Neue Perspektiven auf Migration an den Grenzen Europas, Bielefeld.

Trotzkismus

Es begann am Anfang des 20. Jahrhunderts, als der junge russische Revolutionär Leo Trotzki die marxistische Theorie des Sozialismus um die Erkenntnis bereicherte, dass es in der Epoche des neuen, imperialistisch vernetzten Weltmarktkapitalismus möglich und – unter bestimmten Bedingungen – sogar wahrscheinlich sei, dass die von Marx und Engels einst für die industriell fortgeschrittenen Länder anvisierte Diktatur des Proletariats zuerst in jenen rückständigen Ländern der weltwirtschaftlichen Peripherie errichtet werden könne, die nach der orthodoxen Theorie noch gar nicht reif dazu waren. Bürgerliche und sozialistische → Revolution fallen zusammen, wo sich die bürgerliche Klasse der in Rückständigkeit gehaltenen Länder nicht vom einheimischen Feudaladel und vom Weltmarkt, sprich: vom ausländischen Kapital, freimachen könne und die an sich bürgerlich-demokratischen Aufgaben (Agrarrevolution und nationale Unabhängigkeit) nicht löse. Trotzki nannte dies die permanente Revolution: »Unter gewissen Bedingungen können zurückgebliebene Länder früher als die fortgeschrittenen zur Diktatur des Proletariats kommen, aber später zm Sozialismus«. Dieser kühne Gedanke hatte Folgen. Trotzki wurde nicht nur der Organisator der Oktoberrevolution von 1917, er wurde auch zum erbitterten und meistgehassten Feind der nachrevolutionären Sowjetbürokratie, der er mit reichlich Autorität den vermeintlich sozialistischen Charakter absprach.

Der Begriff des Trotzkismus wurde deswegen erstmals als denunzierender Kampfbegriff der sich stalinisierenden → kommunistischen Bewegung verwendet. Positiv gefasst war er der Versuch, seit 1923 eine Linke Opposition zum aufkommenden Stalinismus zu bilden, die zum aktiven Kampf gegen die Bürokratisierung des nachrevolutionären Staates aufrief und eine Rückkehr zur innerparteilichen Demokratie und schließlich zum radikaldemokratischen → Rätesozialismus forderte. Ökonomisch setzte die Linke Opposition auf eine zunehmende Industrialisierung mittels Planwirtschaft (allerdings ohne Zwang), lehnte jedoch die Stalinsche Theorie, dass man so den »Sozialismus in einem Lande« aufbauen könne, als Illusion und Herrschaftsideologie einer nachrevolutionären Bürokratie ab. In den 1930er Jahren, im Angesicht des Versagens der kommunistischen Weltbewegung, den Aufstieg der faschistischen Barbarei zu stoppen und die sozialistische Weltrevolution fortzusetzen, wurde der Trotzkismus so zum Versuch, eine neue sozialistische Weltbewegung jenseits von sozialdemokratischem Reformismus und stalinistischer Erziehungsdiktatur aufzubauen. »Die weltpolitische

Lage in ihrer Gesamtheit ist vor allem gekennzeichnet durch die historische Krise der Führung des Proletariats«, schrieb Trotzki im Gründungsprogramm der IV. Internationale von 1938. Die Gratwanderung der 1950er bis 1970er Jahre, gleichzeitig das politische Erbe des klassischen Marxismus zu verteidigen und eine den gewandelten historischen Umständen entsprechende neue politisch-soziale Weltbewegung aufzubauen, charakterisierte seitdem die trotzkistische Bewegung und hat ihre Homogenität nicht gerade gefördert. Vor allem an der Frage der Einschätzung des Charakters und der Dynamik der »sozialistischen« Übergangsgesellschaften, zu der trotzkistische Autoren Pionierhaftes und Bleibendes beigetragen haben, hat sich die Bewegung mehrfach zerstritten und gespalten.

In den 1980er Jahren schließlich, und vor allem nach dem Epochenbruch 1989-1991, wurde auch den meisten der inzwischen vielfältigen Trotzkismen klar, dass es nicht mehr nur darum gehen kann, einer an sich revolutionären Arbeiterbewegung eine neue Führung anzubieten. Seitdem orientiert sich die IV. Internationale auf eine sowohl gewerkschaftliche als auch politische Erneuerung der weltweiten Arbeiterbewegung in der Tradition eines radikaldemokratischen Rätesozialismus und auf eine Vereinigung der heterogenen revolutionär-sozialistischen Kräfte. Sie engagiert sich nicht zuletzt in den globalisierungskritischen Bewegungen für einen neuen Internationalismus in der Tradition der revolutionären Arbeiterbewegung: »Nimmt man England und Indien als die Gegenpole kapitalistischer Typen, so muss man feststellen, dass der Internationalismus des britischen und des indischen Proletariats sich keineswegs auf die *Gleichartigkeit* der Bedingungen, Aufgaben und Methoden stützt, sondern auf ihre untrennbare *gegenseitige Abhängigkeit.* Erfolge der Freiheitsbewegung in Indien setzen die revolutionäre Bewegung in England voraus und umgekehrt. Weder in Indien noch in England ist die Errichtung einer *selbständigen* sozialistischen Gesellschaft möglich. Beide werden als Teile in eine höhere Gesamtheit eingehen müssen. Darin und nur darin besteht das unerschütterliche Fundament des marxistischen Internationalismus.« (Leo Trotzki 1930)

Christoph Jünke

Zum Weiterlesen

Alles, Wolfgang (Hrsg.) (1989): Die Kommunistische Alternative. Texte der Linken Opposition und IV. Internationale 1932-1985, Frankfurt/M.

Bensaid, Daniel (2004): Was ist Trotzkismus?, Köln.

Kellner, Manuel (2004): Trotzkismus. Einführung in seine Grundlagen – Fragen nach seiner Zukunft, Stuttgart.

Mandel, Ernest (1982): Revolutionärer Marxismus heute, Frankfurt/M.

Umsonstökonomie

Umsonstökonomie (auch »Schenkökonomie«) basiert auf der Grundidee, Nehmen und Geben zu entkoppeln. Damit entspricht sie dem Marxschen Ideal »Jeder nach seinen Fähigkeiten, jedem nach seinen Bedürfnissen!« Hierin spiegelt sich eine wertkritische Grundeinstellung. Während selbst in der Tauschökonomie – wie beispielsweise in den Tauschringen praktiziert – menschliche Eigenschaften und menschliches Tun als abstrakte Werte getauscht und damit letztlich auf ihren Wert reduziert werden, wird in der Umsonstökonomie diese Tauschlogik überwunden.

Von Umsonstökonomie kann nur gesprochen werden, wenn das Prinzip der Offenheit bewahrt wird; somit ist dieser Ansatz von Kollektiven zu unterscheiden. Ebenso wenig darf sie mit Einrichtungen verwechselt werden, welche sich speziell an Bedürftige richten. Der Grundsatz lautet: Alles für alle. Umsonstinitiativen existieren meist als Projekte, die einen Teil der Bedürfnisse abdecken, und in seltenen Fällen als (offene) Gemeinschaften, die versuchen, ihr gesamtes Leben auf dieser Basis zu organisieren. Ein wichtiges Element sind die Umsonstläden: Alles, was brauchbar (sowie heil und sauber) ist, kann gebracht werden; alles, was gebraucht wird, genommen werden. Um einer Schnäppchen-Mentalität vorzubeugen sowie der Gefahr, als Grundlage für Flohmarktverkäufe zu dienen, gilt häufig eine Begrenzung für die Mitnahme, so dürfen z.B. nur drei Teile pro Besuch ausgewählt werden. Zudem behalten sich die meisten Umsonstläden vor, Ladenverbote auszusprechen, wenn sich jemand ihrer bedient, um Geschäfte zu machen.

Der erste Umsonstladen, vermutlich nicht nur Deutschlands, sondern auch weltweit, entstand 1999 in Hamburg. Inzwischen hat sich die Initiative *Neue Arbeit Hamburg* ausgeweitet und umfasst ebenfalls u.a. ein Kleinmöbellager, eine Fahrradwerkstatt und psychologische Beratungen, wobei jedoch für Nicht-Mitglieder nicht mehr in allen Fällen die Geldlosigkeit gilt.

Im Jahr 2007 existieren in Deutschland ca. 30 Umsonstläden in rund 20 Städten, wobei allerdings nicht alle aus den oben genannten Grundsätzen der Umsonstökonomie entstanden, sondern teilweise eher karitativ oder ökologisch ausgerichtet sind. Umsonstinitiativen bestehen auch im Internet. Auch in anderen Ländern existieren *free shops,* etwa in den Niederlanden und in den USA. Der Versuch einer europäischen Vernetzung hielt jedoch nicht auf Dauer stand. Generell findet sich Umsonstökonomie nur in reichen Ländern, in denen Überfluss herrscht. Im Gegensatz zu entsprechenden Kritiken, dass die Produktionssphäre nicht mit einbezogen werde, wird dieser Reichtum von AktivistInnen bewusst genutzt: Es geht darum, die Reste der Gesellschaft zu verwerten und somit der Wegwerfgesellschaft etwas entgegenzusetzen. Der Prozess des Recycelns schließt wiederum produktive Tätigkeiten mit ein. Damit verbunden existiert eine Kampagne gegen Nahrungsmittelvernichtung. In diesem Sinne kann auch *Containern* zur Umsonstökonomie gezählt werden, das heißt aus Containern bei Supermärkten, Großbäckereien, Gemüsehändlern nach weggeworfenem Essen zu suchen. Teilweise bestehen jedoch auch Vereinbarungen mit Bäckereien, Großhändlern oder auch Bauernhöfen, nicht verkäufliches Essen (das beispielsweise der EU-Norm nicht entspricht) abholen zu dürfen. Solches Essen bietet häufig auch die Grundlage für *Volxküchen,* die umsonst oder gegen Spende öffentlich kochen.

Weiter zur Umsonstökonomie zählen NutzerInnengemeinschaften (kurz: NutziGems), also Personen, die etwas gemeinschaftlich nutzen. NutziGems basieren auf dem Prinzip, dass nicht alle alles besitzen müssen, nur um es ab und zu gebrauchen zu können. Dies können Gegenstände sein oder auch Fertigkeiten und Wissen. Auch NutziGems bestehen sowohl lokal (z.B. an einen Umsonstladen angeschlossen) als auch webgestützt. »Alles für alle« lautet auch der Grundsatz der (inzwischen meist ehemaligen) Initiativen »Berlin umsonst«, »Hamburg umsonst« etc., welche durch spektakuläre, direkte Aktionen → Aneignung von commons (als politisierter Begriff von öffentlichen Gütern) und Kultur praktizieren: Freier Zugang zu Bädern, Museen, Konzerten, Kinos etc. Eine Vernetzung zwischen dieser Umsonstszene und einer Umsonstökonomie kam jedoch trotz einiger Ansätze nie dauerhaft zustande. Dabei ist beiden gemein, sich auf der Suche nach einer besseren Gesellschaft zu befinden. Auf der Website der Wiener Initiative W.E.G. heißt es: »Wir wollen eine freie Assoziation und Kooperation von Menschen, die nicht tauschen, sondern teilen, nicht konkurrieren, sondern zusammenarbeiten. Dabei gehen wir von den sozialen, geistigen und materiellen Bedürfnissen aus. Was wir angehen, ist ein Experiment; ein gemeinsamer Lernprozess, wie es uns besser gehen kann, wenn wir nicht kaufen, sondern teilen... Nur eine [soziale] Bewegung kann herausfinden, was alles und wie es zu ändern ist.«

Friederike Habermann

Zum Weiterlesen

Herrschaftsfrei Wirtschaften. Nullnummer der Zeitschrift fragend voran... (2005). Zu bestellen oder als download unter: www.fragend-voran.de.vu/
www.anderslebenwiki.de.vu

Umverteilung

Umverteilung meint die Korrektur der Aufteilung materieller oder immaterieller Größen auf Individuen, Gruppen oder soziale Klassen in einer Gesellschaft. Strukturen und Mechanismen der (Um-)Verteilung prägen nicht nur die Wachstums- und Entwicklungsbedingungen der Ökonomie, sondern auch die soziale Qualität der Gesellschaft. In kapitalistischen Gesellschaften sind Verteilungsstruktur und -mechanismen zunächst durch die Funktionsprinzipien kapitalistischer Märkte geprägt. Die kapitalistische Eigentumsordnung erzeugt eine Aneignungsweise, in der den Besitzern der Produktionsmittel das Recht auf die private Aneignung der Wertschöpfung zugestanden wird. Diese so entstehende Verteilungsordnung führt zu einer systematischen Ungleichverteilung von Einkommen, Vermögen und sozialen Lebenschancen zwischen den Klassen bzw. innerhalb der Klasse der Lohnabhängigen sowie tendenziell zu einer Übernutzung der natürlichen Lebensgrundlagen. Gleichwohl sind innerhalb dieser Grundstruktur verschiedene Entwicklungsvarianten möglich, über die in sozialen Kämpfen und politischen Aushandlungskonflikten entschieden wird.

Der westeuropäische sozialdemokratisch-keynesianische Wohlfahrtsstaat zielte u.a. auf die Korrektur der strukturell ungleichen, markt- und machtvermittelten Verteilung durch Umverteilungspolitik. Gleiches galt für die Politik der Gewerkschaften, denen im Rahmen des wohlfahrtsstaatlichen Klassenkompromisses eine wichtige, oftmals institutionell abgesicherte Rolle zukam. Auch wenn der Wohlfahrtsstaat die Grundlagen der kapitalistischen Eigentums- und Aneignungsordnung unangetastet ließ, Frauen und MigrantInnen in der Arbeits- und Lebenswelt Gleichstellung vorenthielt und auf einem naturgefährdenden Wachstumsmodell beruhte, konnte er ansehnliche Umverteilungserfolge und → Sozialstandards realisieren. Seit Beginn der 1980er Jahre ist der Wohlfahrtsstaat durch die Strukturprobleme seines sozialökonomischen Entwicklungsmodells (»fordistisches Akkumulationsregime«), die konzeptionellen Defizite seiner Anhänger und die Offensive neoliberaler und neusozialdemokratischer Politiken in die Krise geraten. Beide Politikkonzepte treffen sich vor allem in dem Ziel, die Arbeitsmärkte zu deregulieren, die sozialen Sicherungssysteme für die Verwertungsinteressen der Finanzmarktakteure zu öffnen, verteilungsmächtige Gewerkschaften zu »bändigen« und die Institutionen der kollektiven Arbeitsbeziehungen zu schwächen. All das läuft auf die Auflösung der wohlfahrtsstaatlichen Verteilungs- und Klassenkompromisse und die Enteignung erkämpfter, sozialer Eigentumsrechte der Lohnabhängigen hinaus. An die Stelle des Wohlfahrtsstaates tritt der kapital- und marktfördernde Wettbewerbsstaat. Und das alte Verteilungsregime wird durch eine neue Variante der »Akkumulation durch Enteignung« (Harvey) ersetzt.

Die Perspektive einer linken, emanzipatorischen Politik kann sich nicht in der Verteidigung des traditionellen Wohlfahrtsstaates erschöpfen. Sie könnte in einem »neosolidarischen (Um-)Verteilungsregime« liegen, das sich auf vier Umverteilungsprojekte zu stützen hätte: *Erstens* auf die Neuverteilung sozial geschützter, gesellschaftlich sinnvoller, ökologisch verträglicher und geschlechterdemokratisch orientierter Erwerbsarbeit (→ Gute Arbeit). *Zweitens* auf die Umverteilung von Einkommen und Vermögen durch eine solidarische Einkommenspolitik der Gewerkschaften und eine soziale Steuer- und Abgabenpolitik des Staates (z.B. über eine progressive Einkommens-, Vermögens- und Erbschaftssteuer). Die so generierten Finanzmittel sollten *drittens* in die Erneuerung bedarfsorientierter Sozialsysteme sowie in ein umfassendes Angebot an öffentlichen Gütern (in den Bereichen Bildung, Gesundheit, Mobilität, Kommunikation sowie familiäre Reproduktion) investiert werden, die ohne soziale Zugangsschranken zugänglich sein müssten. *Viertens* ginge es um eine Reduzierung und Neuverteilung des Naturverbrauches vor allem zwischen den kapitalistischen Metropolen und den anderen Weltregionen, verbunden mit der Erneuerung der energetischen Grundlage des Wirtschaftens.

Für die Realisierung eines solchen Umverteilungsregimes bleiben national organisierte Gewerkschaften und Nationalstaaten unverzichtbare Schlüsselakteure. Gleichwohl gilt es die Grenzen nationalstaatlich begrenzter Politikkonzepte zu überwinden. Im globalisierten Finanzmarkt-Kapitalismus müssen Lebenschancen transnational neu verteilt und über globale Regulierungsstrukturen (»Global Governance«) institutionell fixiert und gesichert werden. Das setzt die Überwindung der »Akkumulation durch Enteignung« und die Umstellung von Produktion und Konsum auf ein ökologisch verträgliches Entwicklungsmodell voraus. Damit weist ein solches Projekt über die finanzkapitalistische Aneignungs- und Entwicklungsordnung der Gegenwart hinaus.

Hans-Jürgen Urban

Zum Weiterlesen

Altvater, Elmar (2005): Das Ende des Kapitalismus, wie wir ihn kennen, Münster.
Harvey, David (2005): Der neue Imperialismus, Hamburg.
Urban, Hans-Jürgen (2004): ktivierung und Eigenverantwortung. Stützpfeiler einer neuen Wohlfahrtsarchitektur?, in: WSI Mitteilungen, H. 9, S. 467-473.

Vergesellschaftung

Vergesellschaftung bedeutet Überführung von individuellem Privateigentum an Produktionsmitteln in das Eigentum von Gesellschaftern bzw. in das Eigentum der Gesellschaft (→ öffentliches Eigentum), in der sich Menschen genossenschaftlich assoziieren bzw. in deren Namen der demokratische Staat handelt. Erst mit der Entwicklung der bürgerlich-kapitalistischen Gesellschaft seit dem 18. Jahrhundert wird die Vergesellschaftung reale Möglichkeit bzw. Gegenstand politischer und sozialer Auseinandersetzungen. Ausgangspunkt ist die Tatsache der Gesellschaftlichkeit der Arbeit, die mit der Entwicklung der Produktivkräfte und der Arbeitsteilung kontinuierlich zunimmt.

Das kapitalistische Wirtschaftssystem beruht auf dem Privateigentum an den Produktionsmitteln. Der individuelle Kapitalist eignet sich kraft seines Eigentums, zu dem auch die mit Lohn entgoltene Arbeitskraft gehört, das Mehrprodukt der gesellschaftlichen Arbeit in seinem Unternehmen in der Form des Profits an. Seit dem späten 19. Jahrhundert setzt sich mit der Bildung der modernen Aktiengesellschaften ein Prozess der Vergesellschaftung des Privateigentums durch. Je komplexer die Funktionsbedingungen der kapitalistischen Ökonomie werden, umso mehr müssen allgemeine Bedingungen der Produktion (Bildung, Infrastruktur etc.) durch den Staat gewährleistet werden. Post, Fernmeldewesen und Eisenbahnen wurden in vielen Staaten – auch im Interesse des Militärs – als Staatsunternehmen betrieben; mit dem Wachstum der Großstädte entstand kommunales Eigentum (Energieversorgung, Transport, Bildungs- und Gesundheitswesen etc.).

Die sozialistische und später die kommunistische Arbeiterbewegung forderte die Vergesellschaftung der Produktionsmittel, um den Widerspruch zwischen dem gesellschaftlichen Charakter der Produktion und der privaten Aneignung aufzuheben, der das gesamte Wirtschaftssystem auf die Produktion des Profits festlegt sowie die subalterne gesellschaftliche Klassenlage des Proletariats festschreibt. Vergesellschaftung bedeutete daher nicht nur eine Änderung der Eigentumsform, sondern gesellschaftliche → Aneignung verlangt ein System der rationalen Planung der Wirtschaft und »unter Beteiligung aller Mitglieder der Gesellschaft« (Engels). Die Gründung von Genossenschaften (Produktions-, Konsumgenossenschaft, aber auch Kreditgenossenschaft) war früh Bestand der Programme der Arbeiterbewegung.

Am Ende des Ersten Weltkrieges vertraten die sozialdemokratischen Parteien in Westeuropa umfassende Sozialisierungsmaßnahmen; vor allem der so genannten Schlüsselindustrien (Grundstoffindustrien). Gleichzeitig unterstützten sie – als Programm der → Wirtschaftsdemokratie – die Ausweitung eines genossenschaftlich verfassten gemeinwirtschaftlichen Sektors. Nach dem Ende des Zweiten Weltkrieges bildete sich in Westeuropa – in unterschiedlichen Varianten und als Fundament des »fordistischen Klassenkompromisses« – ein System der »gemischten Wirtschaft« (»mixed economy«) heraus. Der privatwirtschaftliche Sektor existiert neben einem entwickelten Staatssektor, der weite Teile der öffentlichen Daseinsvorsorge, der Infrastruktur, der sozialstaatlichen Regulation und – in einzelnen Ländern – auch Schlüsselsektoren der Wirtschaft (Bergbau, Stahlindustrie, Automobilproduktion usw.) umfasste. Nach den Erfahrungen des »Zeitalters der Katastrophen« (Kriege, Weltwirtschaftkrise, Faschismus) sollte dieser entwickelte Staatssektor, dessen Kriterium »non profit production« ist, einerseits soziale Sicherungen (→ Sozialstaat) gewährleisten, aber auch ein krisenfreies Wirtschaftswachstum sichern.

Die neoliberale Politik der Privatisierung und Deregulierung hat in den vergangenen Jahrzehnten diese Tendenz zur Vergesellschaftung zurückgefahren: Nach der Privatisierung großer Staatsunternehmen im Bereich Telekommunikation, Transport, Energie werden weite Bereiche der öffentlichen Daseinsvorsorge privatisiert und der Kapitalverwertung geöffnet. Damit verschlechtern sich in der Regel die Arbeitsbedingungen der in diesen Sektoren tätigen Lohnabhängigen sowie die Qualität der angebotenen Dienstleistungen. Außerdem wird die demokratische Kontrolle über diese Unternehmungen beseitigt. Für die Linke in den Kapitalmetropolen stellt sich zunächst die Aufgabe, den Widerstand gegen die Politik der Privatisierung zu organisieren und zu unterstützen. Eine solidarische Gesellschaft zeichnet sich nicht durch Staatszentralismus aus, sondern durch einen breiten »Non-Profit-Sektor« im Bereich der öffentlichen Daseinsvorsorge sowie durch verschiedene Formen des Eigentums.

Frank Deppe

Zum Weiterlesen

Altvater, Elmar/Sekler, Nicola (2006): Solidarische Ökonomie, Hamburg.

Bieling, Hans-Jürgen u.a. (Hrsg.) (2007): Die Reorganisation der öffentlichen Infrastruktur in der Europäischen Union, Forschungsgruppe Europäische Integration (FEI), Studie Nr. 25, Marburg.

Lichtblau, Karl (2001): Vergesellschaftung, in: Historisches Wörterbuch der Philosophie, Bd. 11, S. 666-671.

Robelin, Jean (1989): Vergesellschaftung, in: W. F. Haug (Hrsg.), Kritisches Wörterbuch des Marxismus, Bd. 8, Berlin, S. 1370-1378.

Verstaatlichung

Verstaatlichung wird häufig synonym verwendet mit → Vergesellschaftung oder Nationalisierung. Dabei bedeutet Verstaatlichung die Enteignung und Überführung von (Privat-)Eigentum ganz oder teilweise in Staatseigentum bzw. in die Dispositionsgewalt des Staates oder einer anderen öffentlichen Körperschaft. Vergesellschaftung kann bedeuten, Eigentum in die Hände von Staat, Kommunen, privaten Eigentumsformen mit öffentlicher Mehrheitsbeteiligung oder in genossenschaftliches Eigentum zu überführen. In den 1970er Jahren wurde → Vergesellschaftung von undogmatischen Linken in Abgrenzung zu staatssozialistischen Modellen benutzt. Nationalisierung hingegen bedeutet Übertragung von Eigentum von einem ausländischen auf einen inländischen Besitzer. Gemäß der kapitalistischen Wirtschaftsordnung gehören die Produktionsmittel Privaten, die darüber zur individuellen Profitmaximierung verfügen. Ziel von Verstaatlichung ist, bestimmte Sektoren der Verfügungsgewalt von privatem Kapital zu entziehen. Meist handelt es sich um Produktionsmittel in Schlüsselindustrien, strategisch wichtige Rohstoffquellen oder Infrastruktur, vor allem Verkehrs- und Versorgungsbetriebe.

Marx und Engels erklärten 1848 im Manifest der Kommunistischen Partei: »Das Proletariat wird seine politische Herrschaft dazu benutzen, der Bourgeoisie nach und nach alles Kapital zu entreißen, alle Produktionsinstrumente in den Händen des Staats, d.h. des als herrschende Klasse organisierten Proletariats, zu zentralisieren« und postulierten: »1. Expropriation des Grundeigentums... 5. Zentralisation des Kredits in den Händen des Staats durch eine Nationalbank mit Staatskapital und ausschließlichem Monopol. 6. Zentralisation des Transportwesens in den Händen des Staats«. Marx, Engels, Lenin und Trotzki betrachteten die Verstaatlichung der Produktionsmittel als notwendigen Zwischenschritt hin zur Vergesellschaftung und Übernahme der Produktion durch die ArbeiterInnen. Einige → kommunistische Strömungen zogen daraus den Schluss, die Verstaatlichung des Kapitals sei Sozialismus. Verstaatlichung bedeutet aber weder eine Überwindung kapitalistischer Arbeitsteilung, Ausbeutung oder Konkurrenz, noch eine Demokratisierung der Produktion. In den staatssozialistischen Systemen verlor die Bourgeoisie zwar die politische und ökonomische Macht, doch die kapitalistischen Gesetzmäßigkeiten blieben bestehen. In → trotzkistischen, rätekommunistischen und undogmatischen linken Strömungen wird das sowjetische Modell daher oft als Staatskapitalismus bezeichnet. Heute ist die Gleichsetzung von Verstaatlichung und Sozialismus eher in wirtschaftsliberalen Diskursen zu finden. Dabei wurden selbst in England und Frankreich nach dem Zweiten Weltkrieg die Eisenbahn, Montanindustrie und Stromversorgung verstaatlicht; in Frankreich auch Banken, Versicherungen und Renault.

Die meisten Verfassungen der Welt behalten dem Staat Enteignungen im Interesse des Gemeinwohls vor. Im Zuge von Infrastrukturmaßnahmen sind diese bis heute – gegen Entschädigung – allgemein üblich. Im deutschen Grundgesetz steht: »Grund und Boden, Naturschätze und Produktionsmittel können zum Zwecke der Vergesellschaftung durch ein Gesetz, das Art und Ausmaß der Entschädigung regelt, in Gemeineigentum oder in andere Formen der Gemeinwirtschaft überführt werden« (Art. 15). Dennoch kamen Enteignungen in Deutschland nur selten vor, so etwa im Braunkohle-Tagebau der Lausitz oder in der Ex-BRD für den Rhein-Main-Donau-Kanal. In der DDR waren Betriebe und Bodenschätze als »sozialistisches Eigentum an Produktionsmitteln« (Art. 9 und 12 der Verfassung) verstaatlicht, Agrarbetriebe waren Genossenschaften (Art. 46) und die »kleinen Handwerks- und anderen Gewerbebetriebe« gemeinwirtschaftlich orientiert (Art. 14).

In Ländern Afrikas, Asiens und Lateinamerikas stellten Verstaatlichungen oft einen Schritt im Entkolonialisierungsprozess dar. Aktuell spielen Verstaatlichungen im dominanten Diskurs keine Rolle. Propagiert wird vielmehr die Privatisierung von staatlichem und kommunalem Eigentum und Dienstleistungen. So stießen die in Venezuela und Bolivien kürzlich erfolgten Verstaatlichungen auf die Kritik des IWF sowie der US- und vieler EU-Regierungen. Venezuela verstaatlichte unter Präsident Hugo Chávez den Ölsektor, die Gasvorkommen, den Großgrundbesitz an Agrarland und geschlossene Unternehmen »von nationalem Interesse«. Die Verstaatlichung der Stromversorger und der in den 1990ern privatisierten Telefongesellschaft CANTV erfolgte mittels Aufkauf der Aktienmehrheit, Großgrundbesitz und Unternehmen wurden – soweit in legalem Besitz – gegen Entschädigung enteignet und teilweise in gesellschaftliches und genossenschaftliches Eigentum überführt. In Bolivien verstaatlichte Präsident Evo Morales die Öl- und Gasressourcen. Dadurch konnten die Staatseinnahmen und Sozialausgaben erhöht und die Wirtschaft auf eine Binnenentwicklung ausgerichtet werden.

Dario Azzellini

Zum Weiterlesen

Hirsch, Joachim (2005): Materialistische Staatstheorie. Transformationsprozesse des kapitalistischen Staatensystems, Hamburg.

Mandel, Ernest (Hrsg.) (1971): Arbeiterkontrolle, Arbeiterräte, Arbeiterselbstverwaltung, Frankfurt/M.

Völkerrecht

Als am 26. Juni 1945 in San Francisco die Charta der Vereinten Nationen verabschiedet wurde, hatten sich die Staaten Prinzipien geschaffen, nach denen sie in Zukunft leben wollten. Es war die Summe der Regeln, die sich in den jahrhundertlangen Auseinandersetzungen der Staaten im Krieg und → Frieden herausgebildet hatten, und die unter dem Eindruck des gerade beendeten Zweiten Weltkrieges neu definiert und kodifiziert wurden: ein Grundgesetz für eine Welt in Frieden. Die Zielsetzung der Charta ist eindeutig: »Wir, die Völker der Vereinten Nationen – fest entschlossen, künftige Geschlechter vor der Geißel des Krieges zu bewahren, die zweimal zu unseren Lebzeiten unsagbares Leid über die Menschheit gebracht hat, ... Bedingungen zu schaffen, unter denen Gerechtigkeit und die Achtung vor den Verpflichtungen aus Verträgen und anderen Quellen des Völkerrechts gewahrt werden können ... haben beschlossen, ... um die Erreichung dieser Ziele zusammenzuwirken.« Die Charta als Basis einer Friedensordnung: rechtliche Regeln – Völkerrecht – für die friedliche Gestaltung der Beziehungen zwischen den Staaten.

Staaten sind die Subjekte des Völkerrechts, und dieses ist im strengen Sinn kein Recht der Völker, sondern der Staaten. Das Volk hat als vorstaatliche Gemeinschaft nie internationale eigenständige Rechte und Pflichten entwickeln können. Nur in Gestalt staatlicher Organisation wurde es zum Subjekt des Völkerrechts – mit einer bedeutsamen Ausnahme. In den Befreiungskämpfen der Dekolonisierung nach 1945 bekamen die unterdrückten Völker und die sie repräsentierenden Befreiungsbewegungen auf der Basis des Selbstbestimmungsrechts der UNO-Charta eine Völkerrechtsqualität, die mit der Befreiung und der Bildung eines eigenen souveränen Staates auf diesen übergegangen ist. Das Selbstbestimmungsrecht war die juristische Legitimation der Befreiungskämpfe mit all ihren Konsequenzen der Gewalt gegen die Unterdrückung der Kolonialmächte. Diesen emanzipatorischen Gehalt hat das Recht auch heute noch, wenn sich Palästinenser oder Kurden darauf in ihrem Streben nach Unabhängigkeit oder → Autonomie berufen.

Weitere zentrale Elemente des in der Charta verankerten Völkerrechts sind die Souveränität der Staaten, die mit einem weitgehenden Verbot der Intervention verbunden ist, und das absolute Gewaltverbot. In Art 2 Z. 4 UNO-Charta hat der Wille Ausdruck gefunden, keinem Staat außer im Falle der Selbstverteidigung (Art. 51 UNO-Charta) das Recht zu geben, militärische Gewalt anzuwenden. Sie ist ausschließlich dem UNO-Sicherheitsrat vorbehalten, der im Rahmen des berühmten Kapitels VII (Art. 39ff.) auch Staaten und Staatenbündnisse zur Anwendung von Gewalt ermächtigen kann.

Die → Menschenrechte – auch sie sind Völkerrecht – finden in der UNO-Charta nur allgemeine Erwähnung, da sich ihre Schöpfer nicht über Umfang und Verbindlichkeit einigen konnten. Umso erstaunlicher ist ihre Entwicklung außerhalb der Charta in zahlreichen Pakten und Konventionen sowie die Errichtung internationaler Menschenrechtskommissionen und kontinentaler Gerichtshöfe einschließlich des Internationalen Strafgerichtshofs in Den Haag. Sie alle haben den Schutz der Menschen und seine Stellung in der Völkerrechtsordnung verstärkt. Die Tatsache, dass trotz absoluten Verbots von Krieg und Gewalt beide dennoch nicht aus den zwischenstaatlichen Beziehungen verbannt werden konnten, hat seit Mitte des 19. Jahrhunderts die Staaten veranlasst, Regeln zum Schutz der Zivilisten und zur Eindämmung der Brutalität der Kriegsführung zu entwickeln. Dieses »Humanitäre Völkerrecht« ist in den Haager und Genfer Konventionen von 1899-1907 und 1945 sowie in den Zusatzprotokollen von 1977 kodifiziert, ohne dass es die Barbarei der Kriegsführung wirksam begrenzen konnte. Die täglichen Berichte über Völkerrechtsverstöße täuschen aber darüber hinweg, dass die allermeisten zwischenstaatlichen Beziehungen relativ reibungslos und geregelt verlaufen – dank des Völkerrechts. Denn die zahllosen Verträge zur Regulierung der Handels-, Wirtschafts- und Kulturbeziehungen sind alle Völkerrecht, welches mit seinen zusätzlichen schiedsgerichtlichen Verfahren und Institutionen diese Bereiche weitgehend unauffällig regelt.

Dem Völkerrecht drohen Gefahren an zentraler Stelle seiner Friedensregulierung: die Auflösung des absoluten Gewaltverbots durch die Instrumentalisierung der Menschenrechte in Gestalt der »humanitären Intervention« oder der Konstruktion einer »Schutzverpflichtung« für die Menschen, denen ihr Staat nicht den notwendigen Schutz bieten kann. Das Ergebnis derartiger »Neuerungen« wäre allerdings kaum der verstärkte Schutz der Menschen und ihrer Rechte, sondern die willkürliche Intervention in schwächere Staaten zur Durchsetzung ökonomischer und strategischer Interessen.

Norman Paech

Zum Weiterlesen

Byers, Michael/Nolte, Georg (2003): United States Hegemony and the Foundation of International Law, Cambridge.

Ipsen, Knut (2004): Völkerrecht, München.

Paech, Norman/Stuby, Gerhard (2001): Machtpolitik und Völkerrecht in den Internationalen Beziehungen, Hamburg.

Vorsorgendes Wirtschaften

Das Konzept Vorsorgendes Wirtschaften betont die grundlegende Bedeutung der versorgungswirtschaftlichen Bereiche. Wirtschaften, verstanden als Einheit von Markt- und Versorgungsökonomie, ist in das soziale Leben der Menschen eingebunden. Wirtschaften ist vielfältig und mehrdimensional: Noch vor der monetären hat es eine soziale und eine physisch-stoffliche Dimension. Vorsorgendes Wirtschaften ist Wirtschaften im sozial-ökologischen Kontext. Der Blick auf das »Ganze des Wirtschaftens« erfolgt aus der Perspektive der sozialen Lebenswelt. Kritisch-analytisch macht dieser Perspektivwechsel die Eindimensionalität des herrschenden Ökonomie-Verständnisses deutlich: Dieses begrenzt Ökonomie auf Marktprozesse und ist rein monetär definiert. Unbezahlte sorgende und pflegende Tätigkeiten sowie die Leistungen der ökologischen Natur gelten als Nicht-Ökonomie, als wertlos, als »reproduktiv«. Vorsorgendes Wirtschaften kritisiert die von der herrschenden ökonomischen Theorie begründeten Trennungen von Versorgungs- und Marktökonomie, menschlichem Haushalt und Naturhaushalt sowie produktiven und »reproduktiven« ökonomischen Prozessen samt der in sie eingeschriebenen geschlechtshierarchischen Strukturierungen. Es betont die Einheit von Produktion und Reproduktion. Diese wird mithilfe der Kategorie (Re)Produktivität ausgedrückt. »Das (Re)Produktive muss bewusst gestaltet werden« – so der Ausgangspunkt dieses Konzepts. Drei Prinzipien leiten die theoretische Ausformulierung und die praktische Gestaltung einer Vorsorgenden Wirtschaftsweise: Vorsorge (statt Nachsorge), → Kooperation (statt Konkurrenz), Orientierung am für ein Gutes Leben Notwendigen (statt Orientierung an Wachstumsraten).

Im Zentrum des Handlungsprinzips Vorsorge steht der Begriff des Sorgens (caring) für sich und andere einschließlich zukünftiger Generationen und außermenschlicher Natur. Vorsorge drückt ein Um-Sich-, Vor-Sich-, Hinter-Sich-Schauen in sozialer, ökologischer, räumlicher und zeitlicher Hinsicht aus. Schonung und Nicht-Handeln sind Möglichkeiten effektiven Tätigseins. Sorgesituationen sind häufig durch Asymmetrien gekennzeichnet und erfordern verantwortliches Handeln. Sorgen ist zudem eine moralische Haltung, auf deren Grundlage auch das Konkurrenz- und Maximierungsprinzip des Marktes verändert wird. Die Erfahrungen in der Versorgungsökonomie zeigen, dass Menschen miteinander und mit der ökologischen Natur zwecks Gestaltung ihres »guten Lebens« kooperieren, soweit sie dazu die Fähigkeiten und die Ressourcen haben. Diese Kooperation ist prozessorientiert und entwickelt sich durch gegenseitige Verständigung. Das Wohlfahrtskonzept des Vorsorgenden Wirtschaftens ist vielfältig und mehrdimensional. Das Handlungsprinzip der Orientierung am für ein gutes Leben Notwendigen meint, dass sich gutes Leben nicht allein monetär definieren lässt, sondern in gesellschaftlichen Diskursen bestimmt wird. In diesen geht es auch um eine kritische Überprüfung der Bedürfnisse.

Diese Handlungsprinzipien richten sich an Menschen, die nicht ausschließlich eigene Interessen verfolgen, sondern fähig sind zur Weitsicht und zur Einfühlung in Andere. Genau wie die → Solidarische Ökonomie lässt das Vorsorgende Wirtschaften das Menschenbild des isolierten und an Konkurrenz orientierten »homo oeconomicus« herrschender Ökonomiekonzepte hinter sich – und damit auch das mit ihm verbundene Verständnis von Rationalität als Nutzenmaximierung. Die Vernunft des Vorsorgenden Wirtschaftens ist vielmehr eine haushaltsökonomische, die Denken und Fühlen vereint, sie lässt sich als »Bedachtsamkeit« verstehen.

Das Konzept hat sich seit 1992 im deutschsprachigen europäischen Raum herausgebildet. Die Forderung nach bewusster Gestaltung der Einheit von Reproduktivität und Produktivität teilt es jedoch mit entwicklungspolitischen Konzepten wie der *Frauenökonomie*. Das Ansetzen an lokalen (Über)Lebensbedingungen und Alltagserfahrungen zeigt die Gemeinsamkeiten mit sustainable livelihood-Konzepten aus Ländern des Globalen Südens. Vorsorgendes Wirtschaften ist keine abstrakte Idee, sondern heute schon Wirklichkeit. Das gleichnamige Netzwerk hat eine Vielzahl von Praxisbeispielen untersucht, die vor allem auf lokaler bzw. regionaler Ebene zu finden sind – sei es als nachhaltige Land- und Forstwirtschaft, als Haus der Eigenarbeit, als Bank mit auf den Lebenserhalt gerichteten Kriterien der Kreditvergabe oder als kooperative Nutzgartenwirtschaft. Vorsorgendes Wirtschaften ist ein Weg zu einer → nachhaltigen Ökonomie, der im Hier und Heute ansetzt, sich im Gehen festigt und weiter herausbildet und in diesem Prozess die kapitalistische Ökonomie hinter sich lässt.

Adelheid Biesecker/Daniela Gottschlich

Zum Weiterlesen

Biesecker, Adelheid et al. (Hrsg.) (2000): Vorsorgendes Wirtschaften. Auf dem Weg zu einer Ökonomie des Guten Lebens, Bielefeld.

Biesecker, Adelheid/Hofmeister, Sabine (2006): Die Neuerfindung des Ökonomischen. Ein (re)-produktionstheoretischer Beitrag zur Sozial-ökologischen Forschung, München.

Padmanabhan, Martina Aruna (2003): Frauenökonomie und Vorsorgendes Wirtschaften. in: Zeitschrift für Wirtschafts- und Unternehmensethik, Jg. 4/H. 1, S. 56-66.

Weltsozialforum

»Eine andere Welt ist möglich« – dieses Motto ist spätestens seit 2002 allgegenwärtig. Seitdem wird aber auch die Beliebigkeit des Slogans kritisiert: Viele KritikerInnen fordern, dass es eigentlich heißen müsste, »Eine andere Welt ist nötig«. Richtig ist beides: Eine andere Welt ist nötig und möglich.

Seit dem ersten Weltsozialforum, das im Januar 2001 im südbrasilianischen Porto Alegre stattfand (als Kontrapunkt zum parallel in Davos tagenden Weltwirtschaftsforum wurde es von acht brasilianischen Netzwerken organisiert) und an dem 12.000 Menschen teilnahmen, hat sich das Forum zum größten Treffen der → Zivilgesellschaft entwickelt. 2005 war es jedoch kaum noch eine Nachricht wert, obwohl 150.000 Menschen aus 135 Ländern in Porto Alegre zusammenkamen und sich 6.500 Organisationen an 2.500 Aktivitäten beteiligten. Wie schon von 2001 bis 2003 war die gefühlte »Andere Welt« auch 2005 wieder eindeutig brasilianisch. Auch aus diesem Grunde wurde vom Internationalen Rat (ca. 130 Organisationen) entschieden, das Forum dezentral auf drei Kontinenten stattfinden zu lassen. Von Januar bis März 2006 fanden Foren in Bamako/Mali, Caracas/Venezuela und Karatschi/Pakistan statt. Ein Modell, das nur bedingt erfolgreich war. Zwar versammelten sich in Caracas 80.000 AmerikanerInnen, in Bamako waren es unter den ca. 20.000 TeilnehmerInnen jedoch mehrheitlich AktivistInnen aus Mali selbst, die ihre Forderungen wie z.B. »Nein zum Ausverkauf Afrikas« oder »Nein zur Gentechnik« diskutierten. Das Forum in Karatschi hingegen wurde weder in Asien und erst recht nicht weltweit wahrgenommen. Im Januar 2007 zog die Karawane ins kenianische Nairobi. Nicht nur wegen der über 50.000 TeilnehmerInnen war das erste Weltsozialforum in Afrika ein großer Erfolg, sondern u.a. auch weil lokale afrikanische Kämpfe sich einmischten, teils gegen den Widerstand des Organisationskomitees.

Die großen Themen des → Sozialforums waren und sind die Privatisierung von → öffentlichen Gütern, → Menschenrechte, der Kampf gegen den un(→)gerechten Welthandel und den globalisierten Kapitalismus. Allein in Mumbai 2004 gab es einen Themenwechsel. Unter großer Beteiligung Marginalisierter wie der *Dalits* (Unberührbare) und der *Adivasi* (UreinwohnerInnen) standen Rassismus, soziale Rechte und Arbeitsverhältnisse im Vordergrund, Seminare zu politischer Ökonomie waren eher schwach besucht. Auffallend auch die »Arbeitsteilung«: Frauen waren dort mit konkreten Aktionsvorschlägen die Wortführerinnen; so die Schriftstellerin und Aktivistin Arundhati Roy oder die iranische Friedensnobelpreisträgerin Shirin

Ebadi, Struktur- und Metadebatten wurden weiterhin von und unter Männern geführt.

Immer wieder stellt sich die Frage, welchen politischen Einfluss das Weltsozialforum tatsächlich nehmen kann. Die pluralistische, strikt anti-hierarchische Struktur der Mitte 2001 verfassten und bis heute gültigen »Charta der Prinzipien« mit ihren 14 Punkten betont vor allem das Prozesshafte und den »Offenen Raum«. Das Dilemma: Einerseits will man konkrete Gegenentwürfe zur Globalisierung anbieten. Andererseits ist niemand autorisiert, Erklärungen abzugeben. Insgesamt scheint Ratlosigkeit vorzuherrschen, wie mit dem Phänomen Weltsozialforum umzugehen ist: Kann einerseits der einzigartige Charakter des Volks-Festes im besten Sinne des Wortes bewahrt und andererseits verhindert werden, dass das Forum als Instrument, Ideenschmiede und Markt der Alternativen in Beliebigkeit versinkt? Auch wenn viele überzeugt sind, dass globale Mega-Events sich überlebt haben und es an der Zeit ist, etwas Neues zu erfinden, ist der »Offene Raum« (Punkt 1 der Charta) ein Ort des aktionsorientierten Austauschs, des Netzwerke-Bildens und des »Lernens zu verlernen« (Alain Bertho, Mitorganisator des 2. Europäischen Sozialforums 2003 in Paris). Im chaotischen Gewühl entsteht eine Ahnung, wie die »andere, mögliche und nötige Welt« aussehen könnte.

2008 wird es kein Weltsozialforum geben, dafür aber einen weltweiten Aktionstag am 26. Januar (Global Action Day). 2009 wird das Forum nach Brasilien zurückkehren, nicht aber ins »reiche« Südbrasilien, sondern ins »arme« nördliche Belém. »Eine andere Welt ist möglich auch für SlumbewohnerInnen« – das Motto der Abschlusskundgebung in Nairobi macht die Herausforderung deutlich: → Differenz, Vielfalt, → Politisierung, → Partizipation und → Demokratisierung sind Stärken des Forums, es bleibt aber elitär, wenn es nicht gelingt, den *Grito de los/las Excluidos/as* (den Schrei der Ausgeschlossenen – so der Name einer lateinamerikaweiten Kampagne gegen Armut und Ausgrenzung) aufzunehmen. Auf die Kritik, das Weltsozialforum sei eine »Quatschbude«, entgegnete Arundhati Roy in Bombay 2004: »Es reicht nicht, dass wir im Recht sind. Es reicht nicht, zu sagen, wir werden sie vertreiben. Wir müssen hier vorankommen, und daher müssen wir uns auf etwas einigen, und sei es ein noch so kleiner Schritt.«

Stefan Thimmel

Zum Weiterlesen

Anand, Anita/Escobar, Arturo/Sen, Jai/Waterman, Meter (Hrsg.) (2004): Eine andere Welt. Das Weltsozialforum, Rosa Luxemburg Stiftung, Texte 15, Berlin.
Whitaker, Chico (2007): Das Weltsozialforum. Offener Raum für eine andere Welt, Hamburg.

Weltwirtschaftsordnung

Ohne Regeln und Ordnung kein Markt, ohne Weltordnung kein Weltmarkt: Der globale Kapitalismus braucht nicht nur Nationalstaaten, sondern zunehmend auch internationale Institutionen, die zur Regulierung des Handels-, Investitions-, Währungs- und Finanzgeschehens wichtige Staatsfunktionen übernehmen. Diese Institutionen wie u.a. die Welthandelsorganisation (WTO), der Internationale Währungsfonds (IWF) und die Weltbank bilden den politisch-institutionellen Teil der Weltwirtschaftsordnung. Sie soll Regeln setzen für die globalen Finanzmärkte, Produktionsnetzwerke und Konsumweisen, insbesondere für die Transnationalen Konzerne samt ihrer privaten Preis-, Recht- und Standardsetzung. Doch dieser Bereich macht nur einen Teil der (Welt-)Wirtschaft aus. Ganzheitlich betrachtet, etwa aus Sicht des → Vorsorgenden Wirtschaftens, muss berücksichtigt werden, dass der Kapitalismus mit einer permanenten Ausblendung, → Aneignung und Abwertung (re)produktiver Leistungen (Reproduktionsarbeit, Ökologie, Soziales, Kultur) einhergeht. Bei der Skizzierung einer alternativen Weltwirtschaftsordnung sind also nicht nur Machtfragen, sondern auch die internationalen Geschlechter-, Migrations-, Umwelt-, Kultur- und Sozialordnungen mit zu denken. Deshalb können Alternativen in diesem Bereich nicht als umfassende Blaupause entwickelt werden, sondern es handelt sich um verschiedene »Baustellen« und politische Kämpfe.

Eine internationale Debatte über Alternativen zur herrschenden Weltwirtschaftsordnung gab es in den späten 1960er und 1970er Jahren im UN-Rahmen: Die mehrheitlich in der »Gruppe der 77« zusammengeschlossenen Entwicklungsländer forderten eine Neue Weltwirtschaftsordnung. Zu den zentralen Forderungen der Süd-Regierungen zählten die Regulierung der Rohstoff- und Warenmärkte mit Hilfe internationaler Vorratslager, der erleichterte Marktzugang der Entwicklungsländer zu den westlichen Kapital- und Warenmärkten, die verbindliche Regulierung Transnationaler Konzerne, die Schuldenentlastung sowie die stärkere Demokratisierung der Bretton Woods-Institutionen IWF und Weltbank. Allerdings scheiterte diese Agenda am Widerstand der Industrienationen und geriet in der »neoliberalen Konterrevolution« seit Anfang der 1980er Jahre weitgehend in Vergessenheit.

In Deutschland wurde Anfang der 1990er Jahre bei den Grünen ein Konzept mit dem Titel »Auf dem Weg zu einer ökologisch solidarischen Weltwirtschaft« diskutiert und verabschiedet. Es enthielt radikal-reformistische Grundorientierungen (Wachstumskritik; Internationalismus; Bewegungsorientierung; Gegenmachtbildung zu Transnationalen Konzernen u.v.m.) sowie teils sehr weit reichende Forderungen zur Umgestaltung und Demokratisierung der Weltwirtschaft. Dies stand in scharfem Kontrast zur heutigen Programmatik und Politik von Bündnis90/Die Grünen.

2003 setzte bei Attac eine Phase intensiver Arbeit an einem Konzept einer »Alternativen Weltwirtschaftsordnung« ein. Das schließlich im Herbst 2004 verabschiedete Papier bewegt sich im Spannungsverhältnis von Positionen reformorientierter GlobalisierungskritikerInnen, radikaler GlobalisierungsgegnerInnen und AntikapitalistInnen. Der Text ist am »Leitbild Nachhaltige Entwicklung« orientiert und benennt klar die Konsens- und Dissenspunkte. Die strategischen Ansätze reichen von »Globalisierung gerechter gestalten« über »Entglobalisierung« bis »Lokalisierung« und von Vorstellungen »ökosozialer Marktwirtschaft« bis hin zu Kapitalismus transformierenden Positionen »ökologischer Wirtschaftsdemokratie«. Zur Neuordnung der internationalen Handels-, Finanz- und Währungsbeziehungen nennt das Papier eine Vielzahl konkreter Kritikpunkte und Veränderungsvorschläge.

Als eine in Teilen bereits realisierte Alternative zur herrschenden Weltwirtschaftsordnung ist im Dezember 2004 das Projekt ALBA (Bolivarische Alternative für die Amerikas) begonnen worden und umfasst inzwischen die Mitgliedsländer Venezuela, Bolivien, Kuba und Nicaragua. Es orientiert sich an den Leitprinzipien der »Kooperation, Solidarität und Komplementarität«. Obwohl nicht ohne Widersprüche und Mängel, zeigt es, dass es Alternativen zum neoliberalen Freihandelsmodell gibt. An ALBA wird der Zusammenhang zwischen innenpolitischen Transformationen und außenpolitischem Agieren deutlich. Solange die internen Machtverhältnisse in fast allen kapitalistischen Ländern noch für weitere Entsolidarisierung und Ökonomisierung stehen, braucht es absehbar keine dicken Blaupausen für eine Alternative Weltwirtschaftsordnung – sondern konkrete regionale, nationale und lokale Gegenmachtbildung, die Zurückdrängung bestehender Regeln und Institutionen, welche die mächtigen ökonomischen und politischen Akteure stärken, sowie viele spezifische Alternativen, die dann in ihrer Gesamtheit zu gesellschaftlichen Alternativen werden.

Peter Fuchs

Zum Weiterlesen

Bello, Walden (2005): De-Globalisierung. Widerstand gegen die neue Weltordnung, Hamburg.
Biesecker, Adelheid/Büscher, Martin/Sauer, Thomas/ Stratmann-Mertens, Eckhard (Hrsg.) (2004): Alternative Weltwirtschaftsordnung. Perspektiven nach Cancun, Hamburg.

Widerstand

→ Soziale Bewegungen verstehen unter Widerstand Aktionen und Mobilisierungen gegen die Mächtigen und gegen den Staat. Das Widerstandskonzept begann sich in Lateinamerika in den 1960er Jahren massiv auszubreiten, als die Phase der Staatsstreiche durch die Militärs in Brasilien (1964), Argentinien (1966 und 1976), Chile und Uruguay (1973), um nur die wichtigsten zu nennen, begann. In diesen Jahren, noch bevor die Militärs vollends die Macht an sich rissen, wurden im Zuge der politischen Annäherung an die USA und um den Einfluss der Kubanischen Revolution (1959) zu bekämpfen, autoritäre politische und ökonomische Instrumente durchgesetzt (unter anderem mit Unterstützung des Internationalen Währungsfonds). Dadurch wurden die Errungenschaften der Bewegungen in der Periode der Importsubstituierung der 1960er Jahre zurückgedrängt. Das war der Moment, als einerseits der ohnehin nur schwach ausgeprägte Wohlfahrtsstaat zusammenbrach und andererseits sich die – allerdings geschwächten – Bewegungen entschieden, dieser Politik zu widerstehen.

Dies entstand aus einer Situation der Defensive, in der progressive Kräfte darum kämpften, die vorherrschende Politik zu delegitimieren. Als Widerstand kann man insofern die Bündelung von Kräften bezeichnen, um Erkämpftes zu bewahren, seien es soziale Errungenschaften (Lohnsicherheit, Soziale Sicherheit, öffentliche Freiheiten etc.) oder selbstbestimmte, unabhängige Organisationsformen wie Gewerkschaften, Kooperativen und Parteien der Linken. In den langjährigen Erfahrungen des Widerstandes haben sich allmählich soziale Kräfte und politische Fähigkeiten herausgebildet, um offensiver, d.h. gestaltend Politik zu machen. Die brasilianische MST (Bewegung der Landlosen) erhob sich in den 1990er Jahren, in der Hochzeit der neoliberalen Offensive, mit der Parole: »Besetzen, Widerstehen, Produzieren«. Die Landbesetzungen und der Widerstand gegen die vom Staat durchgeführten Räumungen waren während dieser Phase elementar, um die Basis für das Überleben der Bewegung zu schaffen. Vergleichbares vollzog sich bei der Indigenen Bewegung in Lateinamerika. 2007 wurde der III. Kontinentale Gipfel der Indigenen Völker und Nationen in Guatemala unter dem Motto »Vom Widerstand zur Macht« durchgeführt. Damit wurde die Bedeutung des langen Widerstandskampfes für die heutige Offensive der Indigenen Bewegungen verdeutlicht.

Im Unterschied zur »Ersten Welt«, wo Widerstand in der Regel ziviler, gewaltfreier Widerstand bedeutet, findet in Lateinamerika keine breit geführte

Auseinandersetzung über die Mittel des Kampfes statt. Generell gibt es nicht die Vorstellung, dass die bewaffneten Organisationen nicht Teil des breiten Spektrums von Widerstandsformen sind. Für die Bewegungen können die Formen des Widerstandes pazifistisch oder gewaltsam sein. Obwohl die Grenzlinien zwischen beiden Formen in den letzten Jahren kaum klar verliefen, bevorzugten die Bewegungen in der Praxis friedliche Aktionsformen oder wählten bei konkreten Angriffen durch repressive Kräfte Formen der passiven Gewalt. Trotzdem gibt es nur wenige Bewegungen, die prinzipiell eine gewaltfreie Ideologie propagieren. Ein gutes Beispiel sind die *Mütter der Plaza de Mayo* aus Argentinien, die seit 30 Jahren gewaltfreie Protestformen praktizieren, aber eben auch die Legitimität des bewaffneten Widerstandes verteidigen. In der Phase der eher defensiven Orientierungen bildeten sich Führungspersönlichkeiten und Organisationen heraus, die in der veränderten Situation seit Ende der1990er Jahre enorme Bedeutung haben. 1974 veröffentlichte eine Gruppe von *Aymaras* in Bolivien das *Manifest von Tiahuanaco* und 1974 wurde der Kongress der Indigenen in Chiapas/Mexiko abgehalten, woraus später der Katarismus (beruft sich auf den Indígena-Führer Tupac Katari, der Ende des 18. Jahrhunderts einen Aufstand in Bolivien anführte – Anm. S.T.) und der Zapatismus hervorgingen. 1977, inmitten des Genozids der argentinischen Militärs, wurden die bereits erwähnten *Madres de Plaza de Mayo* gegründet. Sie wurden in den 1980er und 1990er Jahren zur wichtigsten Organisation des Landes. 1979, während der Militärdiktatur in Brasilien, gab es die ersten Landbesetzungen, initiiert durch die Land-Pastorale, die Keimzelle der MST.

In Lateinamerika sind die Jahre des Widerstandes auch die Jahre des Entstehens und des Sich-Entwickelns der neuen sozialen Bewegungen. Heute erleben wir eine zweite neoliberale Welle nach den Privatisierungen der 1990er Jahre, sichtbar durch die Entwicklungen im Bergbau, in der Forstwirtschaft, in den Soja- und Zuckerrohrmonokulturen. Es geht zuvorderst um Exportorientierung. Unter diesen Bedingungen entsteht ein neuer Widerstand, der vielleicht in einigen Jahren ebenfalls eine entscheidende Rolle bei der Herausbildung eines sozialen Wandels spielen wird.

Raúl Zibechi (Übersetzung: Stefan Thimmel)

Zum Weiterlesen

Randle, Michael (1998): Resistencia civil, Barcelona.
Seone, José/Taddei, Emilio (Hrsg.) (2001): Resistencias mundiales. De Seattle a Porto Alegre, Buenos Aires.
Zibechi, Raúl (2007): Autonomías y emancipaciones. América Latina en movimiento, Lima.

Wirtschaftsdemokratie

Wirtschaftsdemokratie bedeutet, demokratische Mitsprache aller von herrschaftlichen Entscheidungen Betroffenen auch auf wirtschaftliche Prozesse auszudehnen. Die mit der Gewalt von Naturgesetzen sich zur Geltung bringenden Marktprozesse, an die sich das Verhalten der Menschen dem liberalen und neoliberalen Verständnis nach anpassen soll, sollen gebrochen werden. Dies bedeutet, nicht zu akzeptieren, dass der Markt zum Wohle der Menschen am besten sich selbst überlassen bleibt. Vielmehr gilt die Einsicht, dass wirtschaftliche Gesetzmäßigkeiten nicht natürlicher, unveränderbarer Notwendigkeit entsprechen, sondern → Freiheit darstellen, allerdings die Freiheit einer kleineren Zahl von Menschen, die diese Gesetzmäßigkeiten maßgeblich gestalten und davon profitieren. Wenn die wirtschaftlichen Prozesse Ergebnis von Entscheidungen sind, dann liegt es nahe, diese Entscheidungen zu demokratisieren. Dies gilt umso mehr, wenn – wie es die Erfahrung mit dem Nationalsozialismus lehrt – konzentrierte Kapitalmacht es ermöglicht, die Spielregeln der parlamentarischen Demokratie einzuschränken oder außer Kraft zu setzen. Negativ kann Wirtschaftsdemokratie also als ein Mittel der Kontrolle verstanden werden, das verhindert, dass sich in der Wirtschaft Machtinteressen durchsetzen, die die demokratische Gesellschaft insgesamt gefährdet. Positiv lässt sich erwarten, dass eine allgemeine Beteiligung an wirtschaftlichen Entscheidungen dazu führt, dass nicht allein die partikularen Interessen besonderer Personengruppen, sondern die aller von diesen Entscheidungen Betroffenen Berücksichtigung finden.

Auch wenn von Wirtschaftsdemokratie durchaus erwartet wurde, dass sie zu → Sozialismus führen könnte – wenn dieser zunächst einmal verstanden wird als Abschaffung des Privateigentums an den Produktionsmitteln –, so ist sie mit jenem nicht gleichzusetzen. Zunächst ist damit gemeint, dass alle als BürgerInnen des wirtschaftlichen Gemeinwesens anerkannt werden, in dem sie eine gleiche Stimme haben. Solche Beteiligungsrechte können gewährt werden, ohne dass das Eigentumsrecht an den Produktionsmitteln insgesamt in Frage gestellt wird. Doch muss der Zugang zu den Produktionsmitteln allen ermöglicht werden, da in kapitalistischen Marktgesellschaften alle als Einzelne sich durch ihre Leistung ihren Lebensunterhalt sichern sollen. Deswegen wird der Grad des Ausschließungsrechts durch Eigentum im Grundgesetz zur Disposition demokratischer Regelung gestellt: Grund, Boden, Produktionsmittel können vergesellschaftet werden, wenn die mit den vom Volkssouverän verliehenen Ausschließungsrechte dem Volkssouverän selbst schaden. Das besagt, dass aus der demokratietheoretischen Sicht eine Art Beweislastumkehr gilt: Es ist nicht die Wirtschaft, die ihre Sphäre als unbefragte, von naturhaft wirkenden Marktgesetzen setzt, dem sich die Demokratie zu unterwerfen hat. Vielmehr verhält es sich umgekehrt. Da Eigentum demokratisch geregelt ist, wird das Demokratieprinzip auf die Wirtschaft anwendbar. Wenn alle BürgerInnen des Gemeinwesens Wirtschaft sind, dann müssen sie die Möglichkeit erhalten, sich zu beteiligen. Dies schließt am Ende auch die Möglichkeit ein, dass sich Mehrheiten bilden, die für eine sozialistische Organisation der Wirtschaft deswegen entscheiden, weil die bestehende Form der demokratischen Beteiligung abträglich ist.

In der gewerkschaftlichen Diskussion seit den 1920er Jahren gab es zahlreiche Vorschläge: Auf der Mikro-, Meso- und Makroebene der Wirtschaft wären Gremien der Mitbestimmung einzurichten. Über die Gewerkschaften als Repräsentanten der Lohnabhängigen hinaus wurde auch die Beteiligung der KonsumentInnen eingefordert, zunehmend auch eine direkte Partizipation am Arbeitsplatz. Die wirtschaftsdemokratische Beteiligung erstreckt sich auf alle Aspekte des Wirtschaftsprozesses: Auf der Mikroebene bezieht sie sich auf Arbeitsverhältnisse, Sozialversicherung, Qualifikation, Unternehmensziele und -planung, Investitionen, Stilllegungen, Veräußerungen oder Auslagerungen, Produkte; auf der Mesoebene umfasst sie Tarifpolitik, Löhne, Arbeitszeiten und soziale Standards, Entwicklung von Branchen, Aufbau von öffentlichen und genossenschaftlichen Unternehmen (und die Rücknahme der Privatisierung von Unternehmen für die öffentliche Daseinsvorsorge); auf der Makroebene betrifft sie Besteuerung, Wirtschaftspolitik, öffentliche Kontrolle der Zentralbanken, → Nachhaltigkeit.

Wurde unter dem Eindruck der spekulativen Finanzmarktdynamik längere Zeit nur eine Regulierung gefordert, so finden sich mittlerweile auch Vorschläge, die Finanzmarktakteure wirtschaftsdemokratischer Kontrolle zu unterwerfen und öffentliche Fonds oder Ratingagenturen einzurichten. Das sind erste Ansätze einer neu beginnenden wirtschaftsdemokratischen Diskussion unter Bedingungen des globalen Kapitalismus.

Alex Demirović

Zum Weiterlesen

Bontrup, Heinz J./Müller, Julia u.a. (2006): Wirtschaftsdemokratie. Alternative zum Shareholder-Kapitalismus, Hamburg.

Demirović, Alex (2007): Demokratie in der Wirtschaft. Positionen – Probleme – Perspektiven, Münster.

Naphtali, Fritz (1966): Wirtschaftsdemokratie. Ihr Wesen, Weg und Ziel, Frankfurt/M.

Wissensallmende

Eine Art Goldrausch ist ausgebrochen in der Wissensgesellschaft, bei dem die Claims mit geistigen Eigentumsrechten, wie Patenten, Marken- oder Urheberrechten, abgesteckt werden. In einem bestimmten Zeitraum dürfen die InhaberInnen festlegen, wer ihr Wissen nutzen darf und zu welchem Preis. Auf diese Weise werden unterschiedlichste Wissensgüter privatisiert: Software und Kultur, Gene und Saatgut, technische Erfindungen und Designs. Dieser durch Zäune und Barrieren eingeschränkten Wissenswelt steht die Vision einer Wissensallmende gegenüber – in Anlehnung an gemeinsam genutzte Weideflächen des Mittelalters, die Allmenden genannt wurden. Eine geistige Welt ohne Schranken, in der das »Gemeinschaftsgut« Wissen allen gehört. Alle beteiligen sich an Erhalt und Pflege und steigern so das Gemeinwohl. Über Regeln und nötige Rahmenbedingungen dafür muss aber dringend diskutiert werden, da die Wissensallmende mehr und mehr durch Privatisierung und andere Barrieren beschnitten wird.

Der Begriff Wissensallmende ist erst wenige Jahre alt, die Idee dahinter hingegen existiert schon seit jeher. Gemeinsam genutztes Wissen ist essenziell für die Entwicklung der Menschheit. Bestehendes Wissen ist die Basis von »neuem«: »Wenn ich weiter als andere gesehen habe, dann nur deshalb, weil ich auf den Schultern von Riesen stand.« (Isaac Newton) Während ein gegenständliches Gut wie ein Apfel an Wert verliert, weil es genutzt wird, verliert Wissen an gesellschaftlichem Wert, wenn es nicht genutzt wird. Eben deshalb muss jede Einschränkung der Wissensallmende gut überlegt sein und eine Ausnahme bleiben. Immer weiter verstärkte geistige Eigentumsrechte, wie Patente oder Urheberrechte, führen z.B. zu einer solchen Unternutzung. Eigentlich sollte die Wissensallmende durch diese Rechte gestärkt werden. Indem sie monetäre Anreize zur Erstellung von neuen Wissensgütern bieten, würden sie langfristig helfen, den Schatz an gemeinsamem Wissen zu vergrößern. Daher sei eine vorübergehende Unternutzung hinzunehmen.

Insbesondere im Bereich der Gesundheit ist der Schaden durch die so durchgeführte Privatisierung von Wissen erheblich. Da Patentinhaber die Preise bestimmen können, sind einige wenige Konzerne in der Lage, hohe Preise zu diktieren und machen Medikamente für große Teile der Weltbevölkerung unerschwinglich – z.B. für HIV/AIDS-Kranke in Afrika. Dabei gibt es Alternativen zu geistigen Eigentumsrechten. Beispielhaft seien staatlich finanzierte Fonds genannt, aus denen ForscherInnen bezahlt werden, die ihr Wissen der Allgemeinheit zur Verfügung stellen. Im Rahmen der Weltgesundheitsorganisation wird bereits über ein solches alternatives System für Medikamente beraten. Millionen Menschen, die heute an behandelbaren Krankheiten sterben, könnten gerettet werden.

In anderen Bereichen ist die Wissensallmende schon heute Realität. EntwicklerInnen von Freier- und → Open Source- Software schreiben Programme, die sie in unterschiedlichen Freiheitsgraden allen zur Verfügung stellen. So wird z.B. die Fehlersuche erleichtert und doppelte Entwicklungen vermieden. Die Wissenschaft ist eine der traditionellen Wissensallmenden, in der die monetären Bedürfnisse der WissenschaftlerInnen meist über öffentliche Finanzierung befriedigt werden – nicht über die Privatisierung von Wissen. Doch auch hier halten Patente mehr und mehr Einzug, werden immer mehr Forschungsergebnisse privatisiert – trotz öffentlicher Förderung.

Eine gemeinsame Vorstellung von einer Wissensallmende und ihrer Ökonomie könnte helfen, die momentane »Wissens«-Politik zu ändern, so eine These von James Boyle. Der Begriff »Umwelt« brachte schon in den 1960er Jahren durch die gemeinsame Idee eines schützenswerten Ganzen zum Beispiel VogelschützerInnen und KlimaforscherInnen zusammen. Ebenso könnten sich Ärzte und Software-EntwicklerInnen unter dem Begriff der »Wissensallmende« vereinen und so an Stärke gewinnen. Das Netzwerk Freies Wissen vertritt diesen Ansatz hier in Deutschland.

Die Frage, ob eine Abschaffung geistiger Eigentumsrechte die beste Lösung wäre, ist seit ihrer Einführung umstritten und bisher nicht zufriedenstellend beantwortet worden. Fest steht aber, dass die Nachteile immer schwerwiegender werden, je mehr die Rechte ausgedehnt werden. Die Folgen sind auf der ganzen Welt spürbar, am deutlichsten in Entwicklungsländern. Über 80% der weltweit gültigen geistigen Eigentumsrechte gehören Unternehmen aus den Industriestaaten, die ihren Vorsprung gerne verteidigen wollen. Geistige Eigentumsrechte sind für diese Entwicklung zentral. Auch im Sinne einer gerechteren Weltwirtschaftsordnung sollte die Wissensallmende daher besser geschützt und ein Umdenken im Bereich geistiger Eigentumsrechte ausgelöst werden.

Petra Buhr

Zum Weiterlesen

Boyle, James (2003): The Second Enclosure Movement and the Construction of the Public Domain, 66 Law & Contemp. Probs. 33, www.law.duke.edu/boylesite

Moldenhauer, Oliver u.a. (2005): Wissensallmende. Gegen die Privatisierung des Wissens der Welt durch »geistige Eigentumsrechte«, AttacBasisTexte 15, Hamburg.

Zivile Gesellschaft

Mit dem Begriff lässt sich Politik über den Staat im engeren Sinne hinaus denken. In was für einer Gesellschaft wir leben, wird auch außerhalb von Parlamenten bestimmt; von Vereinen und Verbänden über Kirchen bis hin zu → sozialen Bewegungen spielen verschiedene Formen organisierter sozialer Beziehungen eine zentrale Rolle für gesellschaftlichen Wandel oder auch die Zementierung von Herrschaftsverhältnissen. Der Begriff öffnet also den Blick auf Bereiche kollektiven Handelns jenseits staatlicher Institutionen.

Ein affirmativer Bezug auf die Zivilgesellschaft findet sich hierzulande zumeist im neoliberalen Ruf nach mehr »bürgerschaftlichem Engagement« – oft gerade auch von staatlicher Seite. Ob sich Tante Erna dem rechtsradikalen Mob in den Weg stellen soll oder eine Suppenküche für Hartz-IV-Verarmte als Exempel für die »Selbstheilungskräfte der Gesellschaft« gelobt wird: Wo der Staat versagt, soll es die Zivilgesellschaft richten. Diese neoliberale Wendung fußt auf einer bis in die Antike zurückreichenden Begriffstradition, in der die Zivilgesellschaft (oft auch »bürgerliche Gesellschaft« vom griechischen »politiké koinonia«, im lateinischen »societas civilis«) als eine vom Staat unabhängige Sphäre konzipiert wird, in der BürgerInnen ihren Anspruch auf Selbstbestimmung und → Partizipation entfalten können.

Dieser normative Bezug auf die Zivilgesellschaft ist keineswegs nur den Apologeten des Neoliberalismus vorbehalten. Auch die gegen die neoliberale Globalisierung kämpfenden Zapatistas rufen die mexikanische und die globale Zivilgesellschaft an, sie in ihrem Kampf zu unterstützen. Damit berufen sie sich auf eine Tradition, die mit der Herausbildung neuer sozialer Bewegungen seit den 1960er Jahren und insbesondere mit den Kämpfen in Lateinamerika und Osteuropa in den 1980er Jahren verknüpft ist: Die Bildung breiter Oppositionskoalitionen aus politischen Parteien, Gewerkschaften und sozialen Bewegungen unter dem Label der »geeinten Zivilgesellschaft«. Wenn eine als Inbegriff von Demokratie verstandene Zivilgesellschaft so mitunter als schlagkräftiger Kampfbegriff dienen kann – gerade um Mindeststandards bürgerlicher → Vergesellschaftung einzufordern –, wird diese Vorstellung der Realität entfalteter Zivilgesellschaften nicht gerecht. Mehr noch: Allzu idealisierte Bezüge auf die Zivilgesellschaft drohen den Blick auf ihre Funktion zur Stabilisierung von Herrschaftsverhältnissen zu verstellen.

Für eine kritisch-analytische Herangehensweise an den Begriff Zivilgesellschaft hat sich der italienische Kommunist Antonio Gramsci als produktiver

Vordenker erwiesen. Ausgangspunkt Gramscis war die Frage danach, warum – entgegen → marxistischer Erwartungen – die → Revolution in Russland gelungen, in den reiferen kapitalistischen Gesellschaften des Westens aber gescheitert war. Die Antwort: »Im Osten war der Staat alles, die Zivilgesellschaft war in ihren Anfängen und gallertenhaft; im Westen bestand zwischen Staat und Zivilgesellschaft ein richtiges Verhältnis, und beim Wanken des Staates gewahrte man sogleich eine robuste Struktur der Zivilgesellschaft. Der Staat war nur ein vorgeschobener Schützengraben, hinter welchem sich eine robuste Kette von Festungen und Kasematten befand.« In der von Gramsci betrachteten historischen Situation erwies sich die Zivilgesellschaft als Bastion der herrschenden Verhältnisse, eine Beobachtung, aus der sich eine zentrale theoretische Erkenntnis gewinnen lässt: Die Entfaltung von Zivilgesellschaft bzw. zivilgesellschaftlichen Aktivitäten ist nicht gleichbedeutend mit → Demokratisierung und → Emanzipation, sie ändert aber die Bedingungen, unter denen um diese Ziele gerungen wird. Im »erweiterten Staat« genügt es nicht, die Staatsmacht zu erringen, es gilt auch, die eigenen politischen Strategien und Projekte »hegemonial« werden zu lassen, das heißt in den Tiefen des vorgeblich privaten Alltags – vom Sportclub bis zu Straßennamen – kulturell zu verankern. Die Betonung liegt hier auf »auch« und dies in zweierlei Hinsicht: Erstens muss Hegemonie auch materiell gestiftet werden. Die gesellschaftlichen Projekte, um die in der Zivilgesellschaft gerungen wird, müssen sich auch in der ökonomischen Sphäre realisieren. Zweitens betont Gramsci zu Recht die Verschränkung von Staat und Zivilgesellschaft und bringt dies auf die viel zitierte Kurzformel: »Staat = politische Gesellschaft + Zivilgesellschaft, das heißt Hegemonie, gepanzert mit Zwang«. Zivilgesellschaftliches Handeln ist also keineswegs frei von staatlichen Zugriffen. Im bundesdeutschen Kontext setzt z.B. der »Terrorismusparagraph« 129a dem Ringen um Hegemonie mitunter ein jähes Ende. Seine Streichung muss Ziel emanzipativer Kämpfe sein, die sich somit auf den Staat im engeren Sinne richten, der Konsens für diese Streichung muss aber auch auf einem anderen Terrain organisiert werden: der Zivilgesellschaft.

Martina Blank

Zum Weiterlesen

ak 2000: Zivilgesellschaft und Revolution: Antonio Gramscis Definition eines Begriffs, der zum Modewort wurde, in: Analyse & Kritik, Nr. 441, 31.8.2000

Gramsci, Antonio (1991ff.): Gefängnishefte. Kritische Gesamtausgabe in 10 Bänden, hrsg. von Klaus Bochmann und Wolfgang Fritz Haug, Hamburg/Berlin.

Ziviler Ungehorsam

Spräche man nicht besser von zivilem Gehorsam? BürgerInnen sind überzeugt, dass Gesetze oder regierungsamtliches Handeln in fundamentalem Widerspruch zu den Verfassungsprinzipien und den → Menschenrechten stehen. Ihr Gewissen verlangt Widerspruch aus Gehorsam gegenüber höherrangigen, aber der Verfassung zugrunde liegenden Rechten, den der jeweiligen Zeit gemäß verstandenen Menschenrechten. Als »übergeordnete« Rechte sind sie Bestandteil des positiven Rechts, müssen allerdings immer wieder neu ausgelegt und überprüft werden. Jedenfalls kann aus diesen fundamentalen Einsichten Ziviler Ungehorsam gegenüber den nachrangigen Gesetzen erfolgen. Als »Väter« des Konzepts gelten Henry David Thoreau, Mahatma Gandhi und Martin Luther King, die gegen die Sklaverei in Amerika, gegen Rassentrennung, Kriegspolitik und die imperialistische Politik Englands in Indien gekämpft und den Ungehorsam theoretisch begründet haben. Frauen, die sich Gesetzen verweigert haben, gelten paradoxerweise nicht als Mütter des Zivilen Ungehorsams. Rosa Parks, eine Schwarze, blieb in den USA entgegen den geltenden rassistischen Regeln im Bus sitzen und löste den offenen Kampf gegen diese Apartheidpolitik aus. In der alten Bundesrepublik bewirkten Frauen mit der Selbstbezichtigungskampagne »Wir haben abgetrieben« die Veränderung des § 218. Ein Höhepunkt in den Auseinandersetzungen um Zivilen Ungehorsam entstand in der BRD in den 1980er Jahren um die Sitzblockaden gegen die Stationierung der Atomwaffen. Praktisch spielt Ziviler Ungehorsam vor allem eine Rolle in Fragen der Atomenergiepolitik, der Friedenspolitik und des Asylrechts (z.B. Kirchenasyl), zunehmend im Streit um die Biopolitik (Gentechnik).

Wie Ziviler Ungehorsam zu rechtfertigen ist, darüber wurde vehement gestritten. Ralf Dreier schlägt zur juristischen Rechtfertigung von Zivilem Ungehorsam vor: »Wer allein oder gemeinsam mit anderen öffentlich, gewaltlos und aus politisch-moralischen Gründen den Tatbestand einer Verbotsnorm erfüllt, handelt grundrechtlich gerechtfertigt, wenn er dadurch gegen schwerwiegendes Unrecht protestiert und sein Protest verhältnismäßig ist« (nach Glotz 1983). Problematisch bleibt jeder juristische Rechtfertigungsversuch nicht nur in den Fragen der Überprüfbarkeit. Ziviler Ungehorsam lebt geradezu von der Rechtsverletzung. Der bewusste Regelverstoß soll auf die Not des eigenen Gewissens, aber letztlich auf die Verletzung der Ordnung durch staatliches Handeln aufmerksam machen. Zum Zivilen Ungehorsam gehört insofern eine Bereitschaft, sich den strafrechtlichen Konsequenzen zu stellen. Dies muss jedoch nicht das Einverständnis mit der Strafe implizieren. Eine öffentliche Auseinandersetzung über die Legitimität des Protests kann auch vor Gericht betrieben werden. Gerichte könnten eine Normverletzung als legitim werten, wenn sie nur *prima facie* illegal, auf den zweiten Blick aber legal war. In den Auseinandersetzungen der 1980er Jahre ging es juristisch vor allem um die Frage, ob Sitzblockaden als »nötigende Gewalt« zu verstehen sind. 1995 hat das Bundesverfassungsgericht diese Frage eindeutig verneint mit der Folge, dass die meisten SitzblockiererInnen Jahre später freigesprochen wurden.

Zur juristischen Rechtfertigung von Zivilem Ungehorsam wird sich auf den rechtfertigenden Notstand (§ 34 StGB) bezogen. Manchmal wird er mit dem Widerstandsrecht aus Art. 20 Abs. 4 GG begründet. In der Folge der Sitzblockaden gegen den völkerrechtswidrigen Irakkrieg spielten diese Argumentationen eine verstärkte Rolle. Das Grundgesetz verbiete die Vorbereitung eines Angriffskrieges, folglich auch seine Unterstützung. Gemeinhin wird mit dem Widerstandsrecht – einem Artikel, der schon in sich einen Widerspruch offenbart, weil er illegale Handlungen rechtlich legitimieren will – der Widerstand gegen die Abschaffung der Rechtsordnung insgesamt verstanden. Die Aushöhlung der rechtsstaatlichen Ordnung geschieht jedoch Schritt für Schritt. Freiheitsrechte werden im Namen der Sicherheit geopfert und völkerrechtswidrige Kriege menschenrechtlich begründet. Aus diesem Zusammenhang wird das »kleine Widerstandsrecht« abgeleitet.

Jedenfalls geht die Rechtfertigung von Zivilem Ungehorsam eher von einem positiven Bezug auf die vorhandene Ordnung aus. Es geht nicht um Umsturz, sondern um den Kampf um Rechtspositionen, um die Durchsetzung der wohlverstandenen BürgerInnen- und Menschenrechte innerhalb der bestehenden Ordnung. Die Proteste gegen den G8-Gipfel in Heiligendamm haben deutlich gemacht, in welchem Maße Ungehorsam beispielsweise gegenüber einem ausufernden Demonstrationsverbot eine breite Zustimmung gerade bei jungen BürgerInnen gefunden hat. Das offensive Umgehen von Polizeiketten sowie die Sitzblockaden scheinen seit den Protesten gegen die Nutzung der Atomenergie bei den Castor-Transporten ein von vielen als legitim erachtetes und öffentlichkeitswirksames Mittel geworden zu sein.

Elke Steven

Zum Weiterlesen

Glotz, Peter (Hrsg.) (1983): Ziviler Ungehorsam im Rechtsstaat, Frankfurt/M.
Komitee für Grundrechte und Demokratie (Hrsg.) (1992): Ziviler Ungehorsam, Sensbachtal.

Autorinnen und Autoren

Elmar Altvater, Dr., Professor i.R. für Politikwissenschaft am Otto-Suhr-Institut der FU Berlin. Mitglied im Wissenschaftlichen Beirat von Attac (WBAttac).

Autonome a.f.r.i.k.a.-Gruppe, ein weltweit tätiger Zusammenhang von Teilzeit-Desperados. Ist nicht die beste Subversion, die Codes zu entstellen, statt sie zu zerstören?

Dario Azzellini, Politikwissenschaftler, Autor, Dokumentarfilmer und Übersetzer, Mitarbeiter u.a. der Zeitschrift »arranca!«.

Joachim Becker, Dr., ao. Professor am Institut für Außenwirtschaft und Entwicklung der Wirtschaftsuniversität Wien, Redakteur des »Kurswechsel«.

Adelheid Biesecker, Dr., em. Professorin am Fachbereich Wirtschaftswissenschaft der Universität Bremen, Mitglied im Netzwerk »Vorsorgendes Wirtschaften« und im WBAttac.

Martin (pyrx) Birkner, studierte in Wien und Neapel, Redakteur der in Wien erscheinenden Zeitschrift »grundrisse. zeitschrift für linke theorie & debatte«.

Joachim Bischoff, Dr., Ökonom und Publizist, Mitherausgeber der Zeitschrift »Sozialismus«, Mitglied im Beirat von WISSENTransfer.

Martina Blank, M.A., wissenschaftliche Mitarbeiterin am Lateinamerika-Institut der Freien Universität Berlin, Mitglied in der Assoziation für kritische Gesellschaftsforschung (AKG).

Manuela Bojadžijev, Dr., Lecturer am Department of Sociology, Goldsmiths, University of London, davor Mitarbeiterin bei TRANSIT MIGRATION an der Universität in Frankfurt/M.

Ulrich Brand, Dr., Professor für Internationale Politik an der Universität Wien, aktiv in der Bundeskoordination Internationalismus (BUKO), Mitglied in der AKG und im WBAttac.

Lutz Brangsch, Dr., Diplomwirtschaftler, Bereichsleiter in der Rosa Luxemburg Stiftung Berlin.

Peter Bremme, ver.di-Fachbereichsleiter Besondere Dienstleistungen in Hamburg.

Ariane Brenssell, Kritische Psychologin, u.a. aktiv im Antipatriarchalen Netz Berlin.

Lars Bretthauer, promoviert an der FU Berlin, Mitglied bei reflect! – Assoziation für politische Bildung und Gesellschaftsforschung und in der AKG.

Michael Brie, Dr., stellvertretender Vorsitzender des Vorstandes der Rosa Luxemburg Stiftung und Leiter des Bereichs Politikanalyse, Mitglied der AKG und des WBAttac.

Achim Brunnengräber, Dr., Politikwissenschaftler am Fachbereich Politik- und Sozialwissenschaften der Freien Universität Berlin, Mitglied in der AKG und im WBAttac.

Simone Buckel, aktiv in der Bundeskoordination Internationalismus (BUKO), promoviert im Graduiertenkolleg der Heinrich-Böll-Stiftung.

Petra Buhr, Mitbegründerin und Koordinatorin des Netzwerk Freies Wissen, hat Geschichte, Politik- und Rechtswissenschaften in Dresden und Berlin studiert.

Nicola Bullard, arbeitet in Bangkok für Focus on the Global South, zuvor in Kambodscha, Thailand und Australien, studierte in Den Haag und in Melbourne.

Annelie Buntenbach, Mitglied des geschäftsführenden DGB-Bundesvorstands, zuständig u.a. für Arbeitsmarktpolitik, Mitglied im WBAttac.

Ana Esther Ceceña, Dr., Professorin am wirtschaftswissenschaftlichen Forschungsinstitut der Universidad Nacional Autónoma de Mexico.

Erhard Crome, Dr., Referent für Friedens- und Europapolitik in der Rosa Luxemburg Stiftung, Mitglied im WBAttac.

Christina Deckwirth, wissenschaftliche Mitarbeiterin und Promovendin am Institut für Politikwissenschaft der Universität Marburg, Mitglied der AKG, Redaktionsmitglied der PROKLA.

Alex Demirović, Dr., lehrt an der TU Berlin. Mitglied in der AKG, des WBAttac und der Redaktion der PROKLA.

Frank Deppe, Dr., Professor i.R. am Fachbereich Politikwissenschaft der Universität Marburg, Mitglied im Beirat von WISSENTransfer und des WBAttac.

Kristina Dietz, wissenschaftliche Mitarbeiterin am FB Gesellschaftswissenschaften der Universität Kassel, Promovendin im Fach Politik.

Ulrich Duchrow, Dr., Professor für Systematische Theologie, Universität Heidelberg. Mitbegründer des europäischen Basisnetzwerkes Kairos und von Attac-Deutschland.

Thomas Dürmeier, Dipl.-Volkswirt, wissenschaftlicher Mitarbeiter an der Universität Kassel, promoviert zu »Macht transnationaler Unternehmen«, Vorstandsmitglied bei LobbyControl.

Angelika Ebbinghaus, Dipl.-Psychologin, Historikerin, Vorsitzende der Stiftung Sozialgeschichte des 20. Jahrhunderts, Mitherausgeberin der Zeitschrift Sozial.Geschichte.

Tim Engartner, studierte in Trier, Oxford und Köln, promoviert über die Deregulierung und Privatisierung des deutschen und britischen Bahnwesens.

Andreas Fisahn, Dr., Professor für öffentliches Recht, Umwelt- und Technikrecht, Rechtstheorie an der Universität Bielefeld, Mitglied des WBAttac.

Robert (Fuzi) Foltin, studierte Sprachwissenschaft und Philosophie, Mitherausgeber und Redakteur der »grundrisse.zeitschrift für linke theorie und debatte«.

Daniel von Fromberg, Dipl.-Politologe, promoviert zum War on Terror als neuer Weltauffassung am Beispiel der deutschen Sicherheitspolitik, aktiv beim Bildungsnetzwerk reflect!, Mitglied in der AKG.

Peter Fuchs, Dipl.-Sozialökonom, Mitarbeiter bei Weltwirtschaft, Ökologie & Entwicklung (WEED) zur internationalen Handels- und Investitionspolitik sowie zum Thema Transnationale Konzerne.

Thomas Gebauer, Dipl.-Psychologe, Geschäftsführer von medico international in Frankfurt/M.

Corinna Genschel, aktiv im Berliner Sozialforum, arbeitet in der Kontaktstelle soziale Bewegungen der Fraktion DIE LINKE. im Bundestag.

Sven Giegold, Wirtschaftswissenschaftler, Vertreter des BUND im Koordinierungskreis von Attac-Deutschland.

Maja Göpel, Dr., Handelsreferentin beim BUND, arbeitet beim World Future Council zu Klima und Energie.

Christoph Görg, Dr., arbeitet am Helmholtz-Zentrum für Umweltforschung – UFZ in Leipzig und lehrt an der Universität Kassel, Mitglied der AKG.

Daniela Gottschlich, Politikwissenschaftlerin, wissenschaftliche Mitarbeiterin für Internationale Politik an der Universität Osnabrück, Mitglied im WBAttac.

Thomas Greven, Dr., Wissenschaftlicher Assistent am John F. Kennedy-Institut für Nordamerikastudien der FU Berlin, Mitglied im WBAttac.

Friederike Habermann, Historikerin und Ökonomin, engagiert sich in der BUKO, Mitglied der AKG.

Michael Heinrich, Dr., Mathematiker und Politikwissenschaftler in Berlin, Mitglied der AKG und der Redaktion der PROKLA.

Silke Helfrich, studierte an der Universität Leipzig, von 1999-2007 Regionalbüroleiterin der Heinrich-Böll-Stiftung in San Salvador und Mexiko.

Josef Moe Hierlmeier, lebt in Nürnberg. Redakteur der Zeitschrift »Fantômas«, aktiv im Sozialforum Nürnberg und in der BUKO.

Cornelia Hildebrandt, Dipl.-Phil., wissenschaftliche Mitarbeiterin im Bereich Politikanalyse der Rosa Luxemburg Stiftung.

Joachim Hirsch, Dr., Professor i.R. für Politikwissenschaft an der Universität Frankfurt/Main. Vorstandsmitglied von medico international und Mitglied von links-netz.de und der AKG.

John Holloway, Dr., Professor für Soziologie am Instituto de Ciencias Sociales y Humanidades der Universidad Autónoma de Puebla.

Jörg Huffschmid, Dr., em. Professor für politische Ökonomie und Wirtschaftspolitik an der Universität Bremen, Mitglied im WBAttac und in der Euro-Memorandum-Gruppe.

Bernd Hüttner, Politikwissenschaftler. Regionalmitarbeiter Bremen der Rosa Luxemburg Stiftung. Gründer des Archivs der sozialen Bewegungen Bremen.

Christoph Jünke, Dr., Historiker und politischer Publizist.

Christina Kaindl, Dipl.-Psychologin, promoviert in Politikwissenschaften an der FU Berlin zum Zusammenhang von Neoliberalismus und Rechtsextremismus.

Gregor Kaiser, promoviert an der Uni Kassel und Wuppertal-Institut zu Fragen geistiger Eigentumsrechte auf genetische Ressourcen, aktiv in der BUKO-Kampagne gegen Biopiraterie.

Anne Karrass, Dipl.-Sozialökonomin, promoviert in Hamburg zum »Verhältnis von Markt und Staat im Verlauf der Europäischen Integration«, aktiv bei Attac.

Gerhard Klas, Mitarbeiter des Rheinischen JournalistInnenbüros in Köln, das seit 25 Jahren in wechselnder Besetzung zu Themen des Internationalismus arbeitet.

Dieter Klein, Dr., Leiter der Zukunftskommission der Rosa Luxemburg Stiftung.

Bettina Köhler, Promovendin an der Universität Kassel, Redaktion Journal für Entwicklungspolitik, Wien, aktiv in der BUKO, Mitglied der AKG.

Caren Kunze, studiert Politikwissenschaft an der Universität Kassel, aktiv in der BUKO, Mitglied der AKG.

Stephan Lanz, Dr., Stadtforscher in Berlin, lehrt an der Europa-Universität Viadrina in Frankfurt/Oder.

Manfred Lauermann, Dr., Soziologe, zuletzt als Spinoza-Forscher Gastprofessur in Brasilien.

Stephan Lessenich, Dr., Professor für Soziologie mit dem Schwerpunkt Vergleichende Gesellschafts- und Kulturanalyse an der Friedrich-Schiller-Universität Jena.

Christoph Lieber, Dipl.-Soziologe, Verlagsmitarbeiter und Redakteur der Zeitschrift »Sozialismus«.

Michael Löwy, Dr., Prof. und Forschungsdirektor für Soziologie am Centre National de Recherche Scientifique in Paris.

Bettina Lösch, Dr., wissenschaftliche Assistentin an der Universität zu Köln. Mitglied in der AKG und im WBAttac.

Gundula Ludwig, arbeitet am Institut für Politikwissenschaft der Universität Wien, promoviert zu »Staat und vergeschlechtlichte Subjektivierung«, Mitglied der AKG.

Alexandra Manzei, Dr., Leiterin des DFG-Projekts »Erfahrungswissen in der technisierten Medizin« am Institut für Soziologie der Technischen Universität Berlin, Mitglied der AKG.

Claus Matecki, Mitglied des geschäftsführenden DGB-Bundesvorstands, zuständig u.a. für Wirtschaftspolitik.

Margit Mayer, Dr., Professorin für vergleichende und nordamerikanische Politik an der Freien Universität Berlin, forscht zu städtischen sozialen Bewegungen.

Andreas Merkens, Dipl.-Sozialökonom, Doktorand und Lehrbeauftragter an der Universität Hamburg.

Klaus Meschkat, Dr., Professor i.R. für Soziologie an der Universität Hannover. Mitglied im WBAttac.

Malte Meyer, lebt in Köln und promoviert zu den Perspektiven des Widerstands gegen Prekarisierung.

Lutz Mez, Dr., Hochschullehrer für Politikwissenschaft der Freien Universität Berlin, Geschäftsführer der Forschungsstelle für Umweltpolitik, Mitglied im WBAttac.

Florian Moritz, studierte Volkswirtschaftslehre und Politik, arbeitet als Fachreferent für Wirtschaftspolitik bei der Fraktion DIE LINKE. im Bundestag.

Urs Müller-Plantenberg, Dr., Professor i.R. für Politische Soziologie Lateinamerikas an der Warschauer Universität, Mitbegründer der Lateinamerika-Nachrichten, Mitglied im WBAttac.

Wolf-Dieter Narr, Dr., Professor i.R. für Politikwissenschaft an der FU Berlin, Mitglied des Komitees für Grundrechte und Demokratie.

Lars Niggemeyer, Sozialwissenschaftler, Mitglied der Memorandum-Gruppe sowie der AG »ArbeitFairteilen« von Attac-Deutschland.

Iris Nowak, Diplom-Sozialökonomin, promoviert an der Hamburger Universität, Department für Wirtschaft und Politik zum Thema »Wandel von ›Familie‹ und neoliberale Hegemonie«.

Sabine Nuss, Dr., wissenschaftliche Referentin für politische Bildung bei der Rosa Luxemburg Stiftung in Berlin, Redaktionsmitglied der PROKLA.

Norman Paech, Dr., MdB, Fraktion DIE LINKE., Professor i.R. für Öffentliches Recht an der ehem. Hamburger Universität für Wirtschaft und Politik (HWP), Mitglied im WBAttac.

Klaus Pickshaus, Leiter des Projekts Gute Arbeit und des Ressorts Arbeits- und Gesundheitsschutz beim Vorstand der IG Metall.

Ralf Ptak, Dr., lehrt Allgemeine Volkswirtschaftslehre an der Universität Köln. Mitglied im WBAttac und der Memorandum-Gruppe.

Katharina Pühl, Sozialwissenschaftlerin, arbeitet als Forschungskoordinatorin am Zentrum Gender Studies der Universität Basel.

Oliver Pye, war für eine Oxfam Kampagne Researcher in Kambodscha, arbeitet in der Abteilung für Südostasienwissenschaften an der Universität Bonn, Mitglied im WBAttac.

Werner Rätz, Mitarbeiter bei der Informationsstelle Lateinamerika (ila) in Bonn, für diese im bundesweiten Koordinierungskreis von Attac-Deutschland.

Fabian Rehm, arbeitet als Jugendbildungsreferent bei ver.di in Frankfurt, aktiv in der Gruppe dissident und in der Interventionistischen Linken.

Jörg Reitzig, Dr., Professor für Sozialwissenschaften und Sozialpolitik an der EFH Ludwigshafen, Mitglied der AKG und des WBAttac.

Christine Resch, Dr., Vertretungsprofessorin am Fachbereich Gesellschaftswissenschaften der Universität Frankfurt am Main, aktiv bei www.links-netz.de.

Rainer Rilling, Dr., apl. Prof. an der Universität Marburg und wissenschaftlicher Referent im Bereich Politikanalyse der Rosa Luxemburg Stiftung, Mitglied im WBAttac.

Karl Heinz Roth, Dr., Mediziner und Historiker, Mitarbeiter der Stiftung für Sozialgeschichte des 20. Jahrhunderts und Mitherausgeber der Zeitschrift Sozial.Geschichte.

Roland Roth, Dr., Professor für Politikwissenschaft an der Hochschule Magdeburg-Stendal, aktiv im Komitee für Grundrechte und Demokratie, Mitglied im WBAttac.

Richard Rother, in Ostberlin geboren, ging im September 1989 nach Westberlin und studierte an der FU Berlin Politische Wissenschaften, Redakteur der »taz« (Wirtschaft und Arbeit).

Bernd Röttger, Dr., arbeitet an der Universität Jena in der empirischen Gewerkschaftsforschung, Mitglied im WBAttac.

Detlef Sack, Dr., wissenschaftlicher Assistent am Fachbereich Gesellschaftswissenschaften der Universität Kassel, Mitglied im WBAttac.

Peter Scheiffele, freier Journalist und Soziologe am Zentrum für europäische Gesellschaftsforschung in Köln, Mitglied der AKG.

Christoph Scherrer, Dr., Professor für Globalisierung & Politik an der Universität Kassel, Mitglied im WBAttac.

Thorsten Schulten, Dr., Referatsleiter für Arbeits- und Tarifpolitik in Europa am Wirtschafts- und Sozialwissenschaftlichen Institut (WSI) in der Hans-Böckler-Stiftung.

Helen Schwenken, Dr., arbeitet an der Uni Kassel (FG Globalisierung & Politik), Gründungsmitglied der arbeitgruppe feministische theorie und praxis in Bochum, Mitglied in der AKG.

Thomas Seibert, Dr., Mitarbeiter von medico international, Aktivist u.a. bei Attac, Redakteur der Zeitschrift »Fantômas«.

Nicola Sekler, MA, promoviert zu postneoliberalen Konzepten und Strategien in Lateinamerika an der Uni Kassel, koordinierte bis Sommer 2007 den WBAttac.

Pedram Shahyar, studierte Literatur- und Politikwissenschaft, Mitglied im Koordinierungskreis von Attac-Deutschland, Projektmitarbeiter und Berater für DIE LINKE. im Bundestag.

Karl-Heinz Simon, Dr., Mitarbeiter am Wissenschaftlichen Zentrum für Umweltsystemforschung der Universität Kassel.

Christoph Spehr, Dr., Fraktionsgeschäftsführer DIE LINKE. in der Bremischen Bürgerschaft, Mitglied im Organisatorenkreis des Bremer Kultur- und Veranstaltungszentrums Paradox.

Susanne Spindler, Dr., Lehrbeauftragte an der Universität zu Köln, Bildungsreferentin der Rosa Luxemburg Stiftung NRW, Mitglied im WBAttac.

Cornelia Staritz, Ökonomin, Dissertation an der New School for Social Research in New York, aktiv bei Attac-Österreich.

Gerd Steffens, Dr., Professor i.R. an der Universität Kassel, Mitglied im WBAttac.

Heinz Steinert, Dr., Professor für Soziologie an der Universität Frankfurt/M., Mitglied von www.

links-netz.de.

Elke Steven, Dr., arbeitet beim Komitee für Grundrechte und Demokratie e.V. (Köln), Mitherausgeberin des jährlich erscheinenden Grundrechte-Reports.

Peter Strotmann, Redakteur des elektronischen Attac-Magazins »Sand im Getriebe«.

Andreas Thimmel, Dr., Professor für Wissenschaft der Sozialen Arbeit an der Fachhochschule Köln, Fakultät für angewandte Sozialwissenschaften.

Stefan Thimmel, freier Journalist und entwicklungspolitischer Gutachter, Mitglied in der AKG und seit Sommer 2007 Koordinator des WBAttac.

Siegfried Timpf, Dr., Koordinator der DFG-SFB-Initiative »Transnationale Normbildungsnetzwerke« an der Universität Hamburg.

Anne Tittor, studierte in Marburg Soziologie, promoviert in Kassel, aktiv in der Gruppe dissident und in der Interventionistischen Linken.

Charlotte Ullrich, Mitarbeiterin an der Ruhr-Uni Bochum, promoviert zu Körperpraxen und Kinderwunschbehandlung, Gründungsmitglied der ag feministische theorie und praxis.

Hans-Jürgen Urban, Dr., Leiter des Funktionsbereichs Gesellschaftspolitik/Grundsatzfragen/Strategische Planung beim Vorstand der IG Metall.

Monika Urban, Diplom-Sozialarbeitswissenschaftlerin, promoviert an der Universität Oldenburg zum Diskurs über antisemitische Semantiken in linker Kapitalismuskritik.

Viviana Uriona, Poltikwissenschaftlerin, Vorbereitung einer Dissertation zu freien Radios und sozialen Bewegung in Lateinamerika, aktiv in der BUKO und Mitglied im WBAttac.

Silke Veth, Soziologin, arbeitet als Referentin für Internationale Politik bei der Rosa Luxemburg Stiftung, Redakteurin der Zeitschrift »arranca!«

Klaus Viehmann, Feldstudien zum bewaffneten Kampf in der BRD und speziellen Formen des Strafvollzugs, forscht zu postadoleszentem militantem Leben.

Dagmar Vinz, Dr., wissenschaftliche Mitarbeiterin an der Freien Universität Berlin, Vertretung Juniorprofessur »Politik & Geschlecht« an der Ruhr-Uni Bochum, Mitglied im WBAttac.

Regina Viotto, Juristin, wissenschaftliche Mitarbeiterin im Bereich des Öffentlichen Rechts an der Universität Bielefeld.

Peter Wahl, Sozialwissenschaftler, Mitarbeiter der NGO Weltwirtschaft, Ökologie & Entwicklung (WEED), Mitbegründer von Attac-Deutschland und Mitglied in dessen Koordinierungskreis.

Heike Walk, Dr., Projektleiterin am Zentrum Technik und Gesellschaft der TU Berlin, Mitglied in der AKG und im WBAttac.

Christa Wichterich, Dr., Publizistin und Beraterin in der Entwicklungszusammenarbeit, Mitglied im WBAttac

Uta von Winterfeld, Dr., Projektleiterin am Wuppertal Institut für Klima, Umwelt, Energie, Privatdozentin an der Freien Universität Berlin, Mitglied im WBAttac.

Jens Wissel, Dr., Lehrbeauftragter in Frankfurt/M. und Marburg, aktiv bei www.links-netz.de, Mitglied in der AKG.

Markus Wissen, Dr., wissenschaftlicher Mitarbeiter am Leibniz-Institut für Regionalentwicklung und Strukturplanung (IRS) in Erkner, Mitglied in der BUKO und der AKG.

Stefanie Wöhl, Dr., wissenschaftliche Assistentin am Institut für Politikwissenschaft der Universität Wien, Mitglied in der AKG.

Frieder Otto Wolf, Dr., Honorarprofessor für Philosophie, Freie Universität Berlin.

Mag Wompel, Industriesoziologin und freie Journalistin, verantwortliche Redakteurin des LabourNet Germany.

Joscha Wullweber, promoviert an der Uni Kassel zur gesellschaftlichen Durchsetzung der Nanotechnologie, aktiv im BUKO-Arbeitsschwerpunkt Weltwirtschaft, Mitglied in der AKG.

Raul Zelik, Schriftsteller, veröffentlichte zuletzt den Roman »Der bewaffnete Freund«.

Aram Ziai, PD Dr., ist Sozialwissenschaftler, Mitarbeiter an der Universität Hamburg und Mitglied in der BUKO.

Raul Zibechi, Journalist und Mitherausgeber der Wochenzeitung Brecha in Montevideo.

Attac will

Es ist genug für alle da – wenn gerecht verteilt wird. Die Finanzmärkte brauchen demokratische Kontrolle. Hohe Sozial- und Umweltstandards müssen globalisiert werden. So genannte Entwicklungsländer müssen aus der Schuldenfalle befreit, ihr Mitspracherecht in den internationalen Institutionen gestärkt werden. People over Profit – die Interessen der Menschen dürfen nicht den Interessen der Konzerne untergeordnet werden.

Attacies

Attac hat in Deutschland inzwischen über 19.000 Mitglieder – und täglich werden es mehr.
In rund 200 Gruppen, verteilt über die Republik, sind Attacies vor Ort aktiv.
Weltweit mischen 100.000 Menschen in 50 Ländern bei Attac mit und sich ein – gegen die Ungerechtigkeiten der neoliberalen Globalisierung.

Attaction

Attac braucht Aktion – um Raum zu schaffen für Diskussion, für Bewegung und um zu lernen. Dafür brauchen wir Unterstützung. Eine Mitgliedschaft, Beteiligung an unseren Akionen, Engagement in einer Attac-Gruppe oder eine Spende – all das stärkt Attac den Rücken. Und nur eine starke Bewegung bewegt.

Attac Bundesbüro
Münchener Str. 48 • 60329 Frankfurt/M.
Tel.: 069-900 281-10 • Fax -99
Mail: info@attac.de • Web: www.attac.de

attac

Attac Trägerverein e.V., Kto.-Nr. 800 100 800, GLS Gemeinschaftsbank, BLZ 430 609 67

- ❑ Ich möchte mehr Informationen über Attac.
- ❑ Ich möchte in den E-Mail-Verteiler von Attac aufgenommen werden (max. eine Mail/Woche)

Name:________________

Tel.:________________

Str./Nr.:________________

PLZ/Ort:________________

E-Mail:________________

Anz0703-i

Rosa Luxemburg **Stiftung**

Rosa-Luxemburg-Stiftung
Gesellschaftsanalyse und politische Bildung e.V.
Franz-Mehring-Platz 1, 10243 Berlin
Tel. 030 44310-123, Fax 030 44310-122
info@rosalux.de, www.rosalux.de

ERWEITERTE VORZUGSAUSGABE MIT CD-ROM

BESTELLEN:

www.monde-diplomatique.de/atlas.
Oder in Ihrer Buchhandlung.

ISBN 978-3-937683-13-3
Gebunden, 240 Seiten,
über 300 Karten
und Schaubilder.
Mit CD-ROM
für Windows,
Mac und Linux.

»Eine unverzichtbare Lektüre für alle, die sich wirklich über den Zustand unseres Planeten informieren möchten.« Klaus Bednarz

LE MONDE *diplomatique*
Der globale Blick

VSA: Politische Alphabetisierung

224 Seiten; Fadenheftung;
Klappenbroschur; € 10.00
ISBN 978-3-89965-139-3
Was Sie schon immer über Globalisierung wissen wollten!

Mit einem Vorwort von Jürgen Peters
248 Seiten; € 14.80
ISBN 978-3-89965-195-9
Dieses ABC hilft, sich in den Ambivalenzen und Widersprüchen des Neoliberalismus zurechtzufinden.

BEIGEWUM
Mythen der Ökonomie
Anleitung zur geistigen Selbstverteidigung in Wirtschaftsfragen
168 Seiten; € 13.80
ISBN 978-3-89965-119-5

Ulrich Brand
Gegen-Hegemonie
Perspektiven globalisierungskritischer Strategien
224 Seiten; € 13.80
ISBN 978-3-89965-116-4
Kompakte Analysen zu neoliberaler Globalisierung, Politik der Nachhaltigkeit, Nichtregierungsorganisationen und internationalen Protestbewegungen sowie zu Chancen radikaler globaler Demokratisierung.

Prospekte anfordern!

VSA-Verlag
St. Georgs Kirchhof 6
20099 Hamburg
Tel. 040/28 09 52 77-10
Fax 040/28 09 52 77-50
mail: info@vsa-verlag.de

www.vsa-verlag.de